임동석중국사상100
한시외전
韓詩外傳

韓嬰 撰 / 林東錫 譯註

象犀珠玉珍怪之物有悅於人之耳目而不適於用金石草木絲麻五穀六材有適於用而用之則弊取之則竭悅於人之耳目而適於用用之而不弊取之而不竭賢不肖之所得各因其才仁智之所見各隨其分才分不同而求無不獲者惟書乎

丁亥菊秋錄 東坡李氏山房藏書記 丘堂 呂元九

"상아, 물소 뿔, 진주, 옥, 진괴한 이런 물건들은 사람의 이목은 즐겁게 하지만 쓰임에는 적절하지 않다. 그런가 하면 금석이나 초목, 실, 삼베, 오곡, 육재는 쓰임에는 적절하나 이를 사용하면 닳아지고 취하면 고갈된다. 그렇다면 사람의 이목을 즐겁게 하면서 이를 사용하기에도 적절하며, 써도 닳지 아니하고 취하여도 고갈되지 않고, 똑똑한 자나 불초한 자라도 그를 통해 얻는 바가 각기 그 자신의 재능에 따라주고, 어진 사람이나 지혜로운 사람이나 그를 통해 보는 바가 각기 그 자신의 분수에 따라주되 무엇이든지 구하여 얻지 못할 것이 없는 것은 오직 책뿐이로다!"

《소동파전집》(34) 〈이씨산방장서기〉에서 구당(丘堂) 여원구(呂元九) 선생의 글씨

책머리에

《한시외전韓詩外傳》은 중국 한漢나라 때 한영韓嬰이라는 사람이《시경詩經》의 내용을 소재로 당시까지 전하던 아름다운 일화를 연결하여 시를 해석한 참고서였던 셈이다. 정식으로《시경》의 구절을 하나씩 훈고에 맞추어 풀어내어 밝히는 작업이 아니어서 이름을《외전》이라 한 것이며 한영의 성씨를 취하여 전체 책이름이 알려져 내려왔을 뿐이다.

여기에 실려 있는 이야기는 지금도 널리 회자되는 참으로 아름다운 내용들이며 가슴을 뭉클하게 하는 감동적인 고사들이다. 누구나 고등학교 시절 한문 시간에 배운 "나무가 고요하고자 하나 바람이 멎지 아니하고, 자식이 봉양하고자 하나 어버이가 기다려주지 않는다樹欲靜而風不止, 子欲養而親不待"라는 구절 하나쯤은 기억하고 있을 것이다. 그리고 그 하단에 '출전:《한시외전韓詩外傳》'이란 표시까지 머리에 생생하게 떠오를 것이다. 이렇게 단장취의斷章取義된 구절이지만 우리의 수양과 정서를 순화시키고 윤리와 효성에 보탬이 될 청소년기를 보낼 수 있었다는 것은 얼마나 고마운 일인가! 이 구절은 바로 여기《한시외전》권 9, 권 1, 권 7에 실려 있는 증자曾參와 고어皐魚의 효성을 기록한 것이다. 그렇다면 어버이를 어떻게 모셔야 하겠는가? "짐은 무겁고 갈 길이 먼 자는 땅을 가리지 않고 쉬는 법이요, 어버이는 늙고 집이 가난한 자는 관직을 가리지 않고 벼슬하는 법任重途遠者, 不擇地而息; 家貧親老者, 不擇官而仕"인 것이다. 이런 해결책까지 설명되어 있다. 그리고 이런 상황에 맞는《시경》의 구절을 찾아 "세상이 불꽃같이 험악하여도, 어버이 계시니 어쩔 수 없네雖則如燬, 父母孔邇"라 하여 세상에 어버이가 먼저임을 깨우치고 있다.

고전, 특히 경학은 그 고매한 철학적 의미 이전에 당장 그 문자文字 풀이조차 어렵다. 더구나 삼경(三經: 《시경詩經》, 《서경書經》, 《역경易經》)은 축약된 문자에 뜻은 온 우주의 철리를 모두 담고 있어, 주석·해석이 없거나 가르침을 직접 듣기 전에는 접근하기가 그리 쉬운 일이 아니다. 현대의 우리만이 그러한 것은 아니다. 고대 중국인도 마찬가지였다. 자기의 언어요, 자신들의 문자였건만 별도리가 없었던 것이다. 한漢나라에 이르러 국가 정책으로 유학(특히 경학)을 발흥시키고자 이러한 경에 대한 해석 능력을 가진 이를 우대하여 박사博士로 삼았다. 그래서 지역마다 뛰어난 해석학자가 나타났다. 노(魯, 지금의 山東省 曲阜) 지역에서 강학講學되던 시를 《노시魯詩》, 제(齊, 지금의 山東)지역의 《제시 齊詩》가 있었고, 여기의 《한시韓詩》는 연(燕, 지금의 北京) 지역에 한영韓嬰이란 학자가 풀이하여 가르치고 있었던 것이다. 이를 '삼가시三家詩'라 하며 그 중 《한시》는 특이하게 지역명이 아닌 학자 성씨姓氏를 딴 것이다.(그 뒤 《모시毛詩》 라는 것이 출현하였으며 지금 전하는 《시경詩經》은 바로 이 《모시》이다. 뒷면 해제 부분을 볼 것) 그런데 시를 강학하면서 문자풀이로 설명을 해 보았자 이를 아주 쉽게 전달할 수가 없었다. 이에 해설서나 참고서 하나쯤 있었으면 하는 아쉬움이 있었을 것이다. 이렇게 하여 이루어진 것이 '외전外傳'이다. 이 「외전」이란 '내전(內傳, 本經)'에 상대되는 말로 그야말로 쉽게 풀이한 부교재인 셈이다. 그렇다면 부교재의 체재나 내용은 당연히 아주 비근한 예화를 들어 흥미와 동기 유발을 꾀한 다음, 시의 구절을 맞추어 주면 가장 효과적일 것이다. 이에 이 책은 재미있는 고사는 물론, 널리 알려진 역사 사건, 혹은 쉽게 이해할 수 있는 논제를 앞세우고, 한두 구절의 시를 제시하여 결론을 맺는 형식으로 되어 있다.

이를테면 세상의 그릇된 명분에 치우쳐 제 목숨까지 버리는 자의 예화를 들고는 "깊으면 옷 입은 채 건너면 되고, 얕으면 옷 걷고 건너면 되지"(021)라 하였고, 딸을 시집보내는 집안의 근심함을 들어 그 딸의 장래를 비는 예화에는 "어머니는 옷고름 매어 주시며 아흔 가지 법도를 일러 주셨네"(061)라 한 것 등이다.
 "정성 없이 세우면 오래 견디지 못하고, 자신은 성실하지 못하면서 입으로만 떠들면 믿어주는 자가 없다. 자질이 아무리 훌륭하다 해도 군자의 도를 듣지 않으면 은폐되고 고립되어 재앙이 찾아 든다"라 하고는 "나라가 어쩌다가 이리되었나, 모두가 물에 빠져 허우적대네"라고 끝을 맺으며(176) "백성이란 고달프면 쉬고 싶어하고, 정치가 포악하면 어진 이가 나서 주기를 바라며, 형벌이 겁나면 숨어들게 마련이며, 나라가 절단나면 하늘의 뜻을 생각하는 법"이라 하고는 "이제 더 이상 생각할 기력도 없다오. 하늘만 우러러보고 있다오"라는 《시경》의 노래를 결론으로 제시한다.
 그리고 "천자는 많고 적음을 화제로 삼지 아니하고, 제후는 이익과 손해에 대하여 말하지 아니하며, 선비는 재물을 위해 지식을 쓰지 아니하고, 귀족 집안은 이익을 보겠다고 서민이 해야 할 일을 빼앗지 아니하고, 대부는 텃밭조차도 일구지 아니하여, 누구에게나 일거리가 있게 하고, 누구에게나 그에 맞는 소득이 있도록 해야 한다"라 하면서 "저기에 두어둔 곡식 단 있고, 여기엔 줍지 않은 벼이삭 있네. 이것은 불쌍한 과부 몫일세"라고 《시경》의 구절을 제시, 오늘날 의미하는 사회 분배의 정의까지 이미 언급하고 있다.
 그리고 위魏나라 해호解狐라는 사람이 원수 사이인 형백류荊伯柳를 높은 직위에 추천하자 형백류가 이를 알고 나서 고맙다고 인사차 들르게 되었다.

그러자 해호는 "그대를 추천한 것은 공적인 일이요, 원수로 여기는 것은 나의 사적인 일. 공적인 일은 끝났지만 원수로 여기는 심정은 끝나지 않았소!"라고 하면서 활을 겨눈 사건을 들고는 "나라를 맡길 만한 곧음이로다"라고 시를 인용하였다.(267)

또, 관직에 있는 자는 무엇을 이루었다고 하는데서 교만이 생기고, 병이란 조금 나았을 때부터 더욱 깊어지며, 화禍란 게으름과 태만에서 비롯되고, 효도는 아내와 자식 때문에 시들어간다. 《주역周易》에는 "여우가 물을 다 건너 놓고 아차 그만 꼬리를 적셨네" 하였고, 《시》에는 "처음에 잘하려 하지 않은 것은 아니건만, 어쩌다 끝마무리가 이리 되었나" 하고 한탄을 하였다.

그 외에도 '백아절현伯牙絶絃', '남상濫觴', '당랑거철螳螂拒轍', '능지陵遲' 등 헤아릴 수 없는 많은 고사와 성어를 풍부히 담고 있어 옛사람의 지혜를 얻는 데 큰 연못의 역할을 충분히 해내고 있다.

고전의 가치란 바로 이처럼 어느 시대, 어느 상황에도 감별의 척도가 되며 되비침의 거울이 된다는 데에 있는 것이다. 물질을 다루되 정신이 깃들지 않는 것은 가치가 없다는 점을 영원히 두고 일러 주고 있으며, 내일을 알고자 하면 어제를 보면 된다고 웅변하고 있다.

그러나 한나라 때 저술 풍토는 당시까지의 기록이나 민간 고사를 누구라도 자신의 책에 옮겨 실을 수 있었다. 뒤에 학자들은 이를 「나는 너에게 베끼고, 너는 나를 베낀我抄你, 你抄我」 시대라 한다. 따라서 여기에 실린 많은 이야기는 대개 다른 책에도 실려 있는 것들이다. 이는 찬자撰者 한영이 자신의 《시》 강학에 필요한 것을 모으되, 끝에 시구詩句를 제시하여 마무리한 특이한 체재로 그 독창성과 차별성이 드러난다. 역주에는 이들 관련 기록도 모두 실어 학문 연구에 도움을 주고자 하였으며 이는 사실 표점까지 통일되게 부여해야 하는 매우 힘들고 고통이 수반되는 작업이었지만 의미 있는 일이라 자찬해 보고 싶다.

한편 나는 이 책을 역주하면서 그저 그러려니 하고 읽었던《시경》이 이리도 핍진하고 아름다운 것인가 하고 다시 한 번 공자의 "시 삼백 편은 한마디로 말하면 생각에 사악함이 없다는 것이다"(詩三百, 一言以蔽之曰: '思無邪'.《論語》 爲政篇)란 말에 흠뻑 젖게 되었다. 이에 나는《시경》을 읽고자 하는 자는 먼저 이《한시외전》이란 부교재를 읽어 보도록 권하고 싶다. 우선 310가지의 고사가 가슴을 저리게 하며, 지금의 실생활에 정서를 풍부하게 할 뿐만 아니라 목적을 두고 의도하지 않아도 저절로 선한 길로 가게 되는 고맙고 소중한 이야기로 가득 차 있기 때문이다. 존재하는 모든 만물의 존재 가치가 아름다우며, 벌어지는 상황 모두가 그 소이연所以然이 있음에 더욱 삶이 값져 보인다. 의분과 침잠이 함께 있고, 동動과 정靜이 한 몸체이며, 선과 악이 융화되는 그러한 사례도 여기에서 찾을 수 있다.

동면冬眠과 우울의 시대나 상황도 있을 수 있다. 그러나 "하늘이 아무리 무섭다 해도 나에게는 아무런 죄가 없다오"라면 그저 "큰 수레 뒤는 따르지 마소. 그 먼지 몽땅 뒤집어쓰나니"(214)일 뿐, "무섭게 퍼붓는 저 눈송이, 햇볕이 나면 녹고 말겠지" 하는 자연과 세상의 순환 원리를 믿되, "높은 산은 마땅히 우러러보아야 하고 훌륭한 행동은 따라야 하는 것"(281)처럼 수양하고 준비를 다져 천하에 유일한 나의 실존을 확인하면 될 것이다.

특히 이《한시외전》은 우리나라의 고려高麗시대에 이미 번간翻刊되어 상당히 읽혔던 고전이다. 즉 원元 지정至正 十年(1350년) 심변지(沈辨之. 野竹齋, 吳郡 사람)의 서문이 있는 책을 번간한 것이며, 이에 대하여 청대淸代 엽창치葉昌熾는 "經籍訪古志: 韓詩外傳, 昌熾案: 高麗翻沈本也"라 고증하였다. 이것이 일본 으로 건너가〈경적방고지經籍訪古志〉에 저록되었고, 다시 중국으로 유입, 유명한 〈한위총서본漢魏叢書本〉의《한시외전》은 바로 이 고려 간본을 근거로 교정 校訂한 것이니 우리로서는 실로 육, 칠백년 후에 다시 역주한다는 감회는

새롭다 못해 조상에게 진 빚을 조금이나마 갚는다는 사명감도 없지 않다.(부록: 50 日本, 森立之, 經籍訪古志 부분 참조) 그러나 우리나라 현재 판본으로는 국립도서관 소장의 《한시외전》 사본이 있을 뿐이다.(국립도서관 漢: 韓嬰撰, 寫本. 58장, 19.5× 15.8cm: 의산 古1233-46)

그런가 하면 《고려사高麗史》에는 1091년(高麗 宣宗 8년, 宋 哲宗 元祐 6년)에 이자의李資義 등이 송나라에 사신으로 갔다가 귀국하여 송 철종의 요구에 의해 고려 소장의 많은 양의 서적을 보내도록 요구한 기록이 실려 있다.

丙午李資義等還自宋奏云:「帝聞我國書籍多好本, 命館伴書所求書, 目錄授之.」乃曰:「雖有卷第不足者, 亦須傳寫附來.」 百篇尙書, 荀爽周易十卷, 京房易傳十卷, 鄭康成周易九卷, 陸績注周易十四卷, 虞飜注周易九卷, 東觀漢記一百二十七卷, 謝承後漢書一百三十卷, 韓詩二十二卷, ……計然子十五卷. (《高麗史》世家 卷第十, 宣宗 八年)

여기에서도 역시 "《한시韓詩》(二十二卷)"의 목록이 보인다. 이는 《신당서新唐書》 예문지藝文志에 저록된 「韓詩, 卜商序, 韓嬰注, 二十二卷, 又外傳十卷」의 《한시韓詩》(本傳, 혹 內傳)가 아닌가 한다. 좌우간 송나라에서는 이를 바탕으로 자신들의 책을 고려로부터 재수집하여 이를 교정校訂, 부사副寫하여 태청루太淸樓와 천장각天章閣에 보관하였다고 하니 고려시대의 출판문화와 서적의 풍부함을 짐작하고도 남음이 있다.

줄포茁浦 임동석林東錫이 부곽재負郭齋에서 적음.

일러두기

1. 이 책은 문연각본文淵閣本 사고전서四庫全書 《한시외전韓詩外傳》(原題는 《시외전詩外傳》 經部 三, 詩類, 附錄)과 사부총간본四部叢刊本 《시외전詩外傳》(商務印書館 1926년판을 上海書店에서 영인한 것. 1989)을 저본으로 하여 완역상주完譯詳註한 것이다.
2. 현대 교주본은 굴수원屈守元의 《한시외전전소韓詩外傳箋疏》(巴蜀書社, 1996년, 成都)가 있으며 아주 훌륭한 자료로 참고하였다.
3. 그 외에 백화본白話本으로는 《한시외전금주금역韓詩外傳今註今譯》(賴炎元, 臺灣商務印書館, 1972, 臺北)이 있어 역시 참고하였다.
4. 분장分章은 본문 총 310장으로 나누었으며, 이에 일련번호를 부여하고 다시 괄호 속에 권-장의 번호를 넣어 찾기 쉽게 하였다. 한편 분장은 학자마다, 판본마다 상이하여 이를 해당부분에 설명하였다.
5. 일문逸文 26장과 존의문存疑文 22장, 그리고 잘못 집질輯軼된 문장 16장은 모두 굴수원屈守元의 《한시외전전소韓詩外傳箋疏》에 의거, 이를 전재하여 학술연구에 도움이 되도록 하였다.
6. 주註는 인명, 지명, 사건명, 연대 등과 역문의 부가설명, 추가내용 등을 위주로 하였으며 장이 바뀌는 곳에도 반복하여 실은 것도 있다.
7. 해제解題와 참고參考 및 기왕의 《한시외전韓詩外傳》 관련 연구기록의 원문은 뒤로 실어 학술적인 연구에 도움이 되도록 하였다.
8. 원의原義에 충실을 기하기 위해 직역으로 하였다. 문장이 순통하지 못하거나 오류가 발견되면 질정叱正과 편달鞭撻을 내려주기 바란다.
9. 매장 끝의 참고 부분에는 모든 관련기록을 가능한 한 찾아 실었다. 우선 시경 구절을 출처와 함께 실어 전체의 원문을 살필 수 있게 하였으며, 그밖에 원문과 관련이 있는 관련 전적의 기록을 싣고 아울러 현재 통용되는 표점부호를 부여하였다. 실제 이 작업은 엄청난 노력과 시간이 소요되었다.

게다가 각종 고판본古板本 원문에 일일이 표점標點과 문장부호를 통일되게 부여하는 일은 본문역주보다 훨씬 많은 작업량이었으나 학문적인 중요한 가치를 감안하여 심혈을 기울여 찾아 전재한 것이다. 단일본을 대상으로 역주하였을 경우의 오류를 최소화할 수 있고 동일한 내용에 대해 문장의 차이, 고석考釋, 비교比較, 정위正僞를 밝히는 일은 물론, 문법文法, 수사修辭, 어휘語彙, 어법語法 등 무궁한 분석 자료를 한 곳에 모아둠으로서 일목요연하게 해결하는 데 용이한 체제이기 때문이다. 물론 자료 수집의 한계 때문에 모든 기록을 빠짐없이 다 실을 수는 없고 경우에 따라서는 완전 일치하는 기록이라기보다 전체 내용 중 일부에 관련된 것도 있다. 이에 대하여는 따로 관련기록의 소재와 책이름의 편명만을 밝힌 것도 있다.

10. 본 《한시외전韓詩外傳》의 완역상주 작업에 참고로 쓰인 문헌은 대략 다음과 같다.

※ 참고 문헌

1. 《韓詩外傳》(原題《詩外傳》) 漢, 韓嬰 撰 四庫全書(文淵閣本) 經部 3, 詩類 附錄
2. 《韓詩外傳》(原題《詩外傳》) 漢 韓嬰 撰 四部叢刊本 上海書店(1929년 商務印書館本을 근거로 영인한 것) 1989, 上海
3. 《韓詩外傳今註今譯》 賴炎元 臺灣商務印書館 1972, 臺北
4. 《太平御覽》 北宋, 李昉등 中華書局 印本 1995 북경
5. 《藝文類聚》 唐, 歐陽詢등 文光出版社 活字本 1977 臺北
6. 《太平寰宇記》 北宋, 樂史 文海出版社 1980 臺北
7. 《北堂書鈔》 唐, 虞世南 中國書店 1989 北京

8. 《水經注》後魏, 酈道元 世界書局 活字本 1983 臺北
9. 《初學記》唐, 徐堅等 鼎文書局 活字本 1976 臺北
10. 《史記》漢, 司馬遷 鼎文書局 活字本 1979 臺北
11. 《漢書》後漢, 班固   〃
12. 《博物志》晉, 張華
13. 《列女傳》漢, 劉向
14. 《晏子春秋》張純一校註(新編諸子集成本)
15. 《呂氏春秋》晉, 呂不韋(新編諸子集成本)
16. 《淮南子》漢, 劉安(新編諸子集成本)
17. 《蒙求集註》唐, 李瀚注 宋, 徐子光子 四庫全書 類書類
18. 《關尹子》周, 關尹喜 四庫全書 子部 道家類
19. 《搜神記》晉, 干寶 四庫全書 小說家類
20. 《拾遺記》晉, 王嘉   〃
21. 《續博物志》宋, 李石   〃
22. 《高士傳》晉, 皇甫謐 史部 傳記類
23. 《唐摭言》五代 王定保 子部 小說家類   〃
24. 《春秋繁露》漢 董仲舒 經部 春秋類   〃
25. 《文子》周 辛鈃 子部 道家類   〃
27. 《世說新語》南朝宋, 劉義慶 (楊勇校註本) 正文書局 1992 臺北
28. 《說苑》漢, 劉向 四庫全書 儒家類
29. 《戰國策》漢, 劉向 四庫全書 史類
30. 《左傳》周, 左丘明 十三經注疏本
31. 《穀梁傳》漢, 穀梁赤 十三經注疏本
32. 《公羊傳》漢, 公羊高 十三經注疏本

33. 《穀梁傳》周, 穀梁赤 十三經注疏本
34. 《周易》十三經注疏本
35. 《詩經》十三經注疏本
36. 《書經》十三經注疏本
37. 《論語》周, 穀梁赤 十三經注疏本
38. 《孟子》周, 穀梁赤 十三經注疏本
39. 《孝經》周, 穀梁赤 十三經注疏本
40. 《爾雅》周, 穀梁赤 十三經注疏本
41. 《莊子全譯》貴州人民出版社 全譯本
42. 《荀子全譯》貴州人民出版社 全譯本
43. 《楚辭全譯》貴州人民出版社 全譯本
44. 《孔子家語》魏 王肅 中州古籍出版社 1991년
45. 《孔子集語》淸 孫星衍 上海古籍出版社 1993년
46. 《水經注疏》楊守敬(등) 上海古籍出版社 1989년
47. 《太玄經校注》劉韶軍 華中師範大學出版社 1996년
48. 《列仙傳今譯, 神仙傳今譯》邱鶴亭 中國社會科學研究所 1996년
49. 《新語》漢, 陸賈 百家總書本 印本 上海古籍出版社 1990 上海
50. 《潛夫論》東漢, 王符
51. 《國語》周, 左丘明
52. 《文選(六臣注)》梁, 蕭統 華正書局 影印本 1983 臺北
53. 《說文解字注》漢, 許愼 淸, 段玉裁주 漢京文化出版社 影印本 1980 臺北
54. 《經學辭典》黃開國 四川人民出版社 1993 重慶
56. 《中國儒學百科全書》中國大百科全書出版社, 1997 北京
57. 《中國大百科全書》(民族, 文學, 哲學, 歷史)

해 제

1. 《한시외전韓詩外傳》

《한시韓詩》는 한漢나라 때 한영韓嬰이란 학자가 가르치고 연구하던 《시詩》, 즉 《시경詩經》이란 뜻이고, 「외전外傳」은 내전內傳(本傳)에 상대되는 말로 오늘날 개념으로 참고서, 해설서쯤이 된다. 한나라 때는 오경五經(易·詩·書·禮·春秋)이 국학國學(學官)의 기본 과목이었으며, 오경박사五經博士를 두어 국가사업으로 이를 전수하고 교학하였다. 그러다가 「경經」을 다시 풀이한 「전傳」이라는 이름의 교재가 출현하였다. 예를 들면 《춘추경春秋經》이 《춘추좌씨전春秋左氏傳》, 《춘추공양전春秋公羊傳》, 《춘추곡량전春秋穀梁傳》, 그리고 《시경詩經》이 이 책처럼 《한시외전韓詩外傳》 하는 식이다. 이렇게 오경 다음 단계의 해설서인 전傳도 중요한 교육과정이 되자 14박사제도까지 늘어났으며, 이들 중 중요한 유가儒家의 경전經傳이 송宋대에 이르러 소위 「십삼경十三經」이라는 편목으로 자리잡게 된 것이다.

한편 《한시외전韓詩外傳》은 《한서漢書》 예문지藝文志에 「韓內傳 四卷, 韓外傳 六卷」이라 저록되어 있다. 그러나 《내전》은 송宋나라 때 이미 없어졌고, 《외전》은 《수서隋書》 경적지經籍志, 《당서唐書》 예문지藝文志에 모두 십권十卷으로 저록되어 있어 오늘날 전하는 십권十卷과 같다. 이에 일부 학자는 이 십권은 한시 《내전》·《외전》이 합친 것이 아닌가 여기기도 한다.

이 《한시외전》의 내용은 《한지漢志》에 "춘추에서 취하기도 하고, 여러 이야기를 잡채한 것으로 모두가 그 본의는 아니다"(或取春秋, 雜采衆說, 咸非其本義)라 하였고, 《사고전서총목제요四庫全書總目提要》에는 왕세정王世貞의 말을 빌려 "외전은 시를 인용하여 일사를 증명한 것이며, 일을 인용하여 시를 증명한 것은 아니다. 그 설은 지극히 명확하다"(外傳, 引詩以證事, 非引事以明詩, 其說至確)라 하였다.

지금의 《외전》은 10권 320장(판본과 학자에 따라 차이가 있으며 본 책은 310장으로 나누었다)으로 되어 있으며, 춘추의 역사고사는 물론 기타 민간잡설, 제자백가에 실린 고사 등을 폭넓게 인용하여 이를 제시하고 그 끝에 《시경詩經》의 한둘, 혹은 서너 구절을 들어 그 뜻을 인증印證하는 체제로 되어 있다. 모두가 유가의 경세치학經世治學, 애민화육愛民化育, 인의도덕仁義道德, 처세비유處世譬喩 등 교훈적인 일화로 가득차 있다. 이는 세상의 사건을 들어 《시경詩經》의 구절을 설명한 것으로 한대漢代 흥하였던 고사수집기풍故事蒐集氣風(예로 《설원說苑》, 《신서新序》, 《열녀전列女傳》, 《안자춘추晏子春秋》 등)과는 그 편집 목적이 뚜렷이 달랐음을 보여 주는 독특한 형식이다. 한나라 때의 많은 저술, 편찬, 찬집의 큰 흐름은 "나는 너를 베끼고, 너는 나를 베끼는"(我抄你, 你抄我) 이른 바 「초사찬집抄寫撰集」이 당연한 환경이었다. 그 때문에 이 《한시외전》의 많은 내용도 《설원說苑》, 《신서新序》, 《안자춘추晏子春秋》, 《열년전閱年傳》, 《전국책戰國策》, 《좌전左傳》, 《순자荀子》, 《국어國語》, 《춘추번로春秋繁露》, 《대대례기大戴禮記》, 《상서대전尙書大傳》, 《가의신서賈誼新書》, 《회남자淮南子》, 《여씨춘추呂氏春秋》, 《한비자韓非子》, 《논형論衡》, 《열자列子》, 《노자老子》, 《장자莊子》, 《맹자孟子》, 《공자가어孔子家語》 등 제자백가의 여러 책에도 당연히 중복되게 실려 있다. 따라서 어떠한 한 고사나 성어의 원 출전出典을 확정짓는 일은 사실 어려운 면도 없지 않다. 이에 본 역주본에는 관련 기록란을 두어 가능한 한 빠짐없이 이 중복된 기록을 모아 실어 대조對照와 교감校勘에 훌륭한 자료가 되도록 하였다.

2. 한영韓嬰(생몰 연대는 미상임. 西漢 초기의 인물)

한영은 서한西漢의 금문경학자今文經學者로서 《시詩》와 《역易》에 밝았다. 연燕(지금의 北京) 사람으로 《한서漢書》 유림전儒林傳에 의하면 "효문제孝文帝(劉恒: BC.179년~BC.157년 재위) 때 박사博士가 되었으며, 경제景帝(劉啓: BC.156년~BC.141년 재위) 때 상산태부常山太傅에 올랐다. 그리고 그는 시인詩人(여기서는 《詩經》)의 뜻을 추론하여 《내외전內外傳》 수만 언을 지었고, 그 언어는 제로齊魯(산동) 지역과 자못 달랐으나 그 귀결은 하나이다"라 하였다. 연조燕趙 일대에 《시경》을 풀이하는 자로서 널리 알려졌으며, 《역》에 더욱 밝았으나 오히려 《시》에 대한 평가 때문에 《역》에 대한 명성이 줄어들기도 하였다. 그의 손자인 한상韓商이 박사가 되어 그의 《역》을 이어갔다고도 하였다. 무제武帝(劉徹: BC.140년~BC.87년 재위) 때에는 동중서董仲舒(BC.179~BC.104)와 경학에 대한 논변을 벌였는데 한영이 워낙 정한精悍하고 처사處事가 분명하여 동중서도 손을 들고 말았다고도 한다. 한편 한영의 《시》는 하남河南의 조자趙子에게 전수되었고 조씨는 다시 이를 채의蔡誼에게, 채의는 다시 식자공食子公과 왕길王吉에게 전수하였다. 그리고 그 중 왕길은 치천淄川의 장손순長孫順에게, 식자공은 태산泰山의 율풍栗豐에게 전수하였다.

이에 《한시韓詩》는 왕길, 식자공, 장손순 등의 학문으로 분화되었다. 식자공과 장손순은 박사가 되었으며 그들의 제자들도 대관大官에 오르는 영광을 누렸다. 한영의 《한시내전韓詩內傳》은 이미 사라졌고, 《한시외전》(《시외전詩外傳》이라고도 함)만 오늘날까지 전하고 있다. 기타 자세한 사적은 알 수 없고 여기에 《한서漢書》 유림전儒林傳에 실린 〈한영전韓嬰傳〉을 번역하고 원문을 병기한다.

한영은 연 땅 사람이다. 효문제 때 박사가 되었으며 경제 때에는 상산태부에 올랐다. 그는 시인의 뜻을 추론하여 《내외전》 수만 언을 지었는데 그 말은 제로齊魯 지역과 사뭇 달랐으나 그 귀결은 하나이다. 회남의 비생賁生이 이를 전수받았다. 연조燕趙 지역에 《시》를 다루는 자는 한생으로부터 배운 것이었다.

한영은 또한 《역》도 전수하였으며 《역》의 의미를 추론하여 《전傳(易傳)》을 지었다. 연조 지역에서는 《시》를 좋아하여 《역》은 쇠미해지고 말아 오직 한영은 자전自傳하는 길밖에 없었다.

무제武帝 때 그는 한때 동중서와 임금 앞에서 논변을 벌였는데 그 사람됨이 정한하고 처사가 분명하여 동중서도 그를 어렵게 하지 못하였다. 그 뒤 손자인 한상韓商이 박사가 되었다. 효선제孝宣帝 때 탁군涿郡 한생韓生은 그의 후예로서 《역》을 잘한다고 불려가 궁중의 대조待詔가 되어 이렇게 말하였다.

"제가 전수받은 《역易》은 선조 태부太傅께서 전한 바입니다. 일찍이 《한시》도 전수받았으나 《한씨역韓氏易》만큼 깊지 못합니다. 태부께서 그 까닭으로 오로지 이것《易》을 전수하신 것입니다."

사예교위인 개관요蓋寬饒가 역을 맹희孟喜로부터 전수받았는데 한생이 《역》을 설명하는 것을 보고는 이를 좋아하여 곧바로 바꾸어 이를 전수받았다.

韓嬰, 燕人也. 孝文帝時爲博士, 景帝時至常山太傅. 嬰推詩人之意, 而作內外傳數萬言, 其語頗與齊·魯間殊, 然歸一也. 淮南賁生受之. 燕趙間言詩者由韓生. 韓生亦以易授人, 推易意而爲之傳. 燕趙間好詩, 故其易微, 唯韓氏自傳之. 武帝時, 嬰嘗與董仲舒論於上前, 其人精悍, 處事分明, 仲舒不能難也. 後其孫商爲博士. 孝宣時, 涿郡韓生其後也, 以易徵, 待詔殿中, 曰:「所受易卽先太傅所傳也. 嘗受韓詩, 不如韓氏易深, 太傅故專傳之.」司隷校尉蓋寬饒本受易於孟喜, 見涿韓生說易而好之, 卽更從受焉.

3. 한대漢代의 경학經學과 시경詩經

여기서 잠깐 한나라 당시의 경학연구經學硏究와 그 중 《시경》에 대한 학술 활동을 설명하여 이해를 돕고자 한다.

1. 한대漢代 경학經學의 발흥

1) 협서금법挾書禁法의 폐지

춘추전국春秋戰國의 찬란하던 학술은 진秦의 통일로 대단원을 마감하게 된다. 그러나 그 결말이 분서갱유焚書坑儒라는 방법으로 나타나자 결과적으로 인간 본연의 학술적 욕구심리를 억누른 꼴이 되어 자연히 새로운 전기를 모색하지 않으면 안 되었다. 특히 유방劉邦이 한제국漢帝國을 건설하고 나서 위정爲政을 위한 사상적 근간을 찾지 않으면 안 되었을 때 정책적으로 유가의 사상을 채택하게 되었고, 그 일환으로 진대秦代에 생겨난 악법인 「협서금법挾書禁法」 (책을 끼고 다니기만 해도 저촉되는 법률)을 혜제惠帝 4년(BC. 191년)에 폐지하여 학문 (특히 유학)을 자유로이 연구할 수 있는 길을 터놓았다.

2) 헌서獻書의 길

위의 협서금법의 폐지만으로는 학문의 발달을 기대할 수 없게 되었다. 이에 유가사상의 대본인 경전을 국가적 차원에서 모아 연구하는 기풍을 진작시킬 정책적인 배려가 필요하였던 것이다. 이것이 문제文帝 때에 시도된 「개헌서지로開獻書之路」이다. 이는 분서 때 혹 숨겨 놓은 책을 자유로이 국가에 헌납하여 수집하고자 하는 의도에서 시작되었으나 실제로 남아 있던 책이 없었다.

3) 구전초사口傳抄寫 사업

이에 할 수 없이 나라에서는 유가의 학풍이 남아 있는 제로齊魯(지금의 山東)지역으로 학자를 파견하여 나이 많은 학자가 외우고 있던 경서經書를 받아 적는 방법이었다. 이에 따라 《역》은 전하田何에서 시수施讐・맹희孟喜・양구하梁丘賀로 전수되었고, 《서》는 복생伏生에서 구양생歐陽生・대소하후大小夏侯(勝・建)로 전수되었으며, 《시》는 신배공申培公(魯)・원고생轅固生(齊) 및 한영韓嬰(燕)의 구사본口寫本이 나타나게 되었으며, 《예》는 고당생高堂生・대소대大小戴(德・聖)로, 《춘추》는 《공양전公羊傳》이 동중서董仲舒・호무생胡毋生・엄팽조嚴彭祖・안안락顏安樂으로, 《곡량전穀梁傳》은 하구瑕丘・강공江公으로 전수된 것이다. 그리고 원제元帝 때에는 《경씨역京氏易》이 나타났고, 평제平帝 때에는 유흠劉歆에 의해 《좌씨춘추左氏春秋》・《모시毛詩》・《일례逸禮》・《고문상서古文尙書》도 조정의 박사제도에 의해 열입되었으며 공벽孔壁에서 나온 고문경古文經도 빛을 보게 된 것이다.

4) 박사제도의 설립

무제武帝 때에 이르러서는 유학儒學의 표장表章을 위해 정식으로 오경박사五經博士제도를 설치하여 역・서・시・춘추에의 유가경전에 대해 연구와 전습을 도와 드디어 경학연구의 대풍을 진작시켰다. 전수된 각 경전은 모두 박사제도를 두어 전승, 발전시키되 이러한 박사제도는 후에 선제宣帝, 원제元帝, 평제平帝, 광무제光武帝를 거치면서 수시로 증감, 십사박사十四博士로 늘어나기도 하였다.

2. 금문파今文派와 고문파古文派의 대립

1) 금문경今文經과 고문경古文經의 출현

앞서 설명한 대로 한초漢初에 협서금법을 폐지하고 헌서의 길을 열어 놓자 많은 경전들이 나타났다. 그 중에 사제 간에 전승으로 구전되어 오던 것을 당시에 통용되던 문자인 예서隸書로 베껴 적었는데 이를 「금문경今文經」이라 한다. 그 뒤 무제武帝 말에 노魯(지금의 曲阜)나라 공왕恭王이 자신의 궁실을 넓히려고 공자孔子의 구택舊宅을 헐자 그 벽에서 《상서》·《예기》·《논어》·《효경》등이 쏟아졌다. 그 이들 경전의 글씨는 당시 쓰지 않던 글자인 「과두문자蝌蚪文字」(올챙이처럼 시작부분이 굵고 끝이 가는 篆書의 일종인 籒書로 되어 있었다. 이를 「고문경古文經」이라 불렀다. 결국 금문과 고문은 사용된 문자의 고금으로 이름 붙여진 것이다. 그러나 이 두 종류의 경전이 일치하지 않은데서 학자들의 주장이 엇갈리기 시작하였고 급기야 서로 받드는 소종所宗도 달라지게 되었다. 대체로 서한西漢 때에는 금문경학이 우세하였고, 동한東漢 때에는 고문경학이 풍미하였으며 금문은 학관學官을 중심으로 연구되었고, 고문경학은 민간民間을 중심으로 발전하였다.

2) 금문경과 고문경의 전수

한초에 금문경을 전수한 자는 《역》에서 시수施讐·맹희孟喜·양구하梁丘賀·경방京房 등 사가四家였으며, 《서》는 구양생歐陽生·하후승夏侯勝(大夏侯)·하후건夏侯建(小夏侯) 등 삼가三家였고, 《시》는 신배공申培公(魯詩)·원고생轅固生(齊詩)·한영韓嬰(韓詩, 燕) 등 삼가였으며, 《예》는 대덕戴德(大戴)·대성戴聖(小戴)·경보慶普등 삼가였다. 한편 《춘추》는 공양고公羊高(《公羊傳》)·곡량적穀梁赤(《穀梁傳》) 등 이가二家였으며, 공양고의 《춘추공양전春秋公羊傳》 뒤에는 엄팽조嚴彭祖와 안안락顔安樂 등 이가가 더 출현하게 된다. 그 중에 경보慶普의 《예기》 외에는 모두가 학관에 열입되었고, 다시 《곡량穀梁》을 제외한 나머지

십사가十四家에 모두 박사제도를 두어 「십사박사十四博士」가 이루어졌다.
한편 고문경은 공안국孔安國이 바쳤던 공벽출현孔壁出現의 《상서》·《예기》·《논어》 외에 서한西漢 때 《주관周官》(뒤에 《周禮》로 이름이 바뀜)과 《비씨역費氏易》·《모공시毛公詩》(오늘날의 《詩經》)·《좌씨춘추左氏春秋》가 나타났으나 학관에 들지 못하였다.

3) 고금문파의 쟁론

공자 구택 벽에서 나온 고문경과 그 뒤 각 가의 경전이 학관에 들지 못하고 있을 때 유흠劉歆(劉向의 아들)이 비각秘閣의 구서舊書를 교감하다가 이들을 발견하고 학관에 열입시킬 것을 주장하였다. 그러나 당시 태상박사太常博士 등은 모두 이를 반대하며 유흠을 「전도오경顚倒五經」이니 「변란사법變亂師法」이니 하면서 몰아붙였다. 그러자 유흠도 「전기수잔專己守殘」, 「구설무빙口說無憑」이라 하며 맞서 결국 서한西漢 말부터 동한東漢 말까지 근 200년 동안의 고금문의 쟁론에 불을 붙이고 나섰다. 이 고금문의 쟁론은 4번의 큰 대립이 있었다. 즉 서한 애제哀帝 때, 동한 광무제光武帝 때, 동한 장제章帝 때, 그리고 동한 환제桓帝·영제靈帝 때이다. 그 뒤 한말에 이르러 정현鄭玄과 왕숙王肅에 의해 이들에 대한 통합이 이루어져 오늘날의 경전으로 굳어지게 된 것이다. 특히 장제 때에는 가규賈逵와 이육李育이 금문인 삼가시三家詩(《齊詩》,《魯詩》,《韓詩》)보다 고문경인 《모시毛詩》의 우세를 주장하였고, 이것이 한말 정현이 《시전詩箋》을 쓸 때에 당시의 배척을 무릅쓰고 《모시》를 위주로 하는 계기가 되었으며, 이 정현의 《시전》이 출현하자 삼가시三家詩는 끝내 빛을 잃고 말았다.

3. 시詩의 파별派別과 전수傳受 및 《한시외전》

1) 삼가시三家詩와 《모시毛詩》

시의 파별은 흔히 삼가시三家詩와 《모시》 등 넷으로 구분한다. 삼가시는 《제시齊詩》(轅固生, 齊나라 지역에서 전습되던 금문, 魏나라때 없어짐), 《노시魯詩》(申培公, 魯나라 지역에 전습되던 금문, 西晉 때 없어짐), 《한시韓詩》(한영, 燕나라 지역에 전습되던 금문, 지금은 《外傳》만 전함)이다. 이 중에 《제시》와 《노시》는 그 지역 이름을 붙였으나 《한시》만은 전수자의 성씨로 책명을 삼은 특이한 경우이다. 신배공은 순자荀子의 재전제자再傳弟子로 그와 한영은 모두 문제文帝 때 박사가 되었으나, 원고생은 경제景帝 때 이르러 박사에 올랐다. 그리고 동한 때에 이르러서 고문경이 빛을 보게 되자 나타난 것이 《모시》이다. 《모시》는 조인趙人 모형毛亨(大毛公)이 전한 것으로, 그는 스스로 자하子夏로부터 전해 받은 것이라 하면서 《모시고훈전毛詩故訓傳》 30권을 지었고, 이를 다시 같은 조인趙人 모장毛萇(小毛公)에게 전해 주었다. 이 모시는 한 평제平帝 때 잠깐 박사로 학관에 오르기는 하였으나 오히려 민간 쪽으로 유전되다가 정현이 《고훈전故訓傳》을 근거로 《모시전毛詩箋》을 짓게 되자 그의 학문 지명도에 힘입어 크게 성행하게 되었다. 당唐의 태종太宗은 이를 공영달孔穎達에게 명하여 《오경정의五經正義》를 지을 때 시경詩經은 《모전정전毛傳鄭箋》을 표준으로 삼게 하였으며(이것이 오늘날의 十三經本이 됨), 이에 따라 당송唐宋 양 대에 걸쳐 또다시 그 위치를 굳히게 되었다. 송대 이후 비록 이 모시에 반대하는 학자가 적지 않았고, 청대淸代에 유가들의 삼가시三家詩에 대한 연구와 집본輯本이 있었지만 완전하지 못하자 《모시》는 당연히 독존적인 위치로 오늘날까지 《시詩》의 기본基本 남본藍本으로 읽히게 된 것이다.

2) 시의 전수

삼가시 중에 《제시》는 위魏나라 때에 없어졌고, 《노시》는 진晉나라 때 없어졌으며, 《한시》는 북송北宋 때 없어지고 말았다. 《한시韓詩》는 원래 36권과 따로 《내전》 4권·《외전》 6권이 있었으나 36권은 이미 일찍이 사라지고, 수당隋唐 이후에 내외전을 합하여 지금의 《한시외전》 10권이 이루어진 것 아닌가 하며, 다만 원본에 비해 잔결殘缺이 있는 것으로 여겨진다.

이 《한시》는 동한 때에 이르러 학습하는 자가 점점 줄어들었고, 이를 연구하는 이도 설한薛漢의 《설군장구薛君章句》·후포侯包의 《한시익요韓詩翼要》·조엽趙曄의 《시세詩勢》와 《시력신연詩歷神淵》 등이 있었을 뿐이었다. 삼국 이후에는 더욱 줄어들어 사전史傳에 보이는 저술로 위魏나라의 최염崔炎, 촉蜀의 두경杜瓊·하수何隨, 오吳의 복양개濮陽闓·장굉張紘 등이 있었고, 진晉나라에 이르러서는 다만 동경도董景道 한 사람뿐이었다. 게다가 당송 이후로는 시를 연구하는 사람들이 《모시》만 알고 삼가시三家詩에는 전혀 등한시하였으며, 남송 때에 왕응린王應麟이 비로소 삼가시에 대하여 주의를 기울여 삼가시의 유문을 수집하였다. 청대에 이르러서는 장용臧庸·송면초宋綿初·범가상范家相·완원阮元·풍등부馮登府·정안丁晏·왕모王謨·진교종陳喬樅을 들 수 있다. 특히 진교종은 《삼가시유설고三家詩遺說考》를 지어 이 방면의 탁월한 업적을 남겼다. 한편 현대에 전하는 판본板本으로는 명대明代 가정嘉靖 연간에 나온 소주蘇州 소헌가蘇獻可의 《통진초당본通津草堂本》, 심변지沈辨之의 《야죽재본野竹齋本》, 제남濟南 설래薛來의 《부용천서옥본芙蓉泉書屋本》, 만력萬曆연간에 나온 신안新安 정영영程榮의 《한위총서본漢魏叢書本》, 전당錢塘 호문환胡文煥의 《격치총서본格致叢書本》, 천계天啓 연간에 나온 항주杭州 당림唐琳의 《쾌각장서본快閣藏書本》, 숭정崇禎 연간에 나온 우산虞山 모진毛晉의 《급고각진체비서본汲古閣津逮秘書本》 등이 있다. 그리고 이 《한시외전》의 교정校訂에는 송宋대 경력慶歷 연간 문언박文彦博이 시작한 이래 청淸대 건륭乾隆 때 이르러

조회옥趙懷玉과 주정채周廷寀가 함께 작업한 《한시외전교주韓詩外傳校注》가 있으며, 그 뒤를 이어 진사가陳士軻의 《한시외전소증韓詩外傳疏證》, 허한許瀚의 《한시외전교의韓詩外傳校議》가 있다. 그리고 널리 알려진 것으로 다시 유월兪樾의 《독한시외전讀韓詩外傳》과 손이양孫詒讓의 《한시외전찰이韓詩外傳札迻》 등도 있다. 뒤에 왕선겸王先謙이 각가의 업적을 종합하여 《시삼가의집소詩三家義集疏》를 내어 오늘날의 연구에 큰 도움을 주고 있다. 현재 통행본으로는 1980년에 중화서국에서 출판된 허진휼許進遹의 《한시외전집해韓詩外傳輯解》본과 굴수원屈守元의 《한시외전전소韓詩外傳箋疏》(1996, 巴蜀書社)가 가장 널리 알려져 있다.

欽定四庫全書

詩外傳卷一

漢 韓嬰 撰

曾子仕於莒得粟三秉方是之時曾子重其祿而輕其身親沒之後齊迎以相楚迎以令尹晉迎以上卿方是之時曾子重其身而輕其祿懷其寶而迷其國者不可與語仁居其家不治其家事者不可與語孝任重道遠者不擇地而息家貧親老者不擇官而仕故君子橋褐趨時當務為急傳云不逢時而仕任事而敦其慮為之使而不入其謀貧為之故而不得嫁也詩曰風夜在公實命不同

傳曰夫行露之人許嫁矣然而未往也見一物不具一禮不備守節貞理守死不往君子以為得婦道之宜故舉而傳之揚而歌之以絕無道之求防汙道之行乎詩曰雖速我訟亦不爾從

孔子南遊適楚至於阿谷之隧有處子佩瑱而浣者孔子曰彼婦人其可與言矣乎抽觴以授子貢曰善為之辭以觀其語子貢曰吾北鄙之人也將南之楚逢天之

暑思心潭潭願乞一飲以表我心婦人對曰阿谷之隧隱曲之汜水戴清載濁流而趨海欲飲則飲何問婦人乎受子貢觴迎流而挹之奐然而棄之促流而挹之奐然而溢之坐置之沙上曰禮固不親授子貢以告孔子曰丘知之矣抽琴去其軫以授子貢曰善為之辭以觀其語子貢曰向者之言穆如清風不悖我語和暢我心於此有琴而無軫願借子以調其音婦人對曰吾野鄙之人也僻陋而無心五音不知安能調琴子貢以告

欽定四庫全書

詩外傳

孔子曰丘知之矣抽絺綌五兩以授子貢曰善為之辭以觀其語子貢曰吾北鄙之人也將南之楚於此有絺綌五兩吾不敢以當子身敢置之水浦婦人對曰客之行差遲乘人分其資財棄之野鄙吾年甚少何敢受子子不早去今竊有狂夫之者矣詩曰南有喬木不可休息漢有遊女不可求思此之謂也

哀公問孔子曰有智壽乎孔子曰然人有三死而非命也者自取之也居處不理飲食不節勞過者病共殺之

韓詩外傳卷第一

漢燕人韓嬰著 據趙本補 新安周廷寀校注

穀輔叢書

傳曰夫行露之人許嫁矣然而未往也見一物不備守節貞理辭死不往守死不嫁也汙道之行乎詩曰雖速我訟亦不女從

孔子南遊適楚至於阿谷之隧有處子佩瓖而浣者孔子曰彼婦人其可與言矣乎抽觴以授子貢曰善為之辭以觀其語子貢曰吾北鄙之人也將南之楚逢天之暑思心潭潭願乞一飲以表我心婦人對曰阿谷之隧隱

曾子仕於莒得粟三秉方是之時曾子重其祿而輕其身親沒之後齊迎以相楚迎以令尹晉迎以上卿方是之時曾子重其身而輕其祿親戚不擇官而仕故君子橋褐趨時當務為急傳云不逢時而仕任事而敦其慮為之使而不入其謀貪為祿仕也故也詩曰夙夜在公實命不同

孔子南遊適楚至阿谷之隧有處子佩瓖而浣者孔子曰彼婦人可與言乎抽觴以授子貢曰善為之辭以觀其語子貢以告孔子孔子曰丘知之矣

曲之汜記傳曰其水載清載濁流而趨海欲飲則飲何問婦人乎傳曰十四引作而人乎十四引作何問於婢子趙校語御覽七列女傳同受子貢觴迎流而挹之奐然而棄之促流而挹之奐然而溢之坐置之沙上曰禮固不親授子貢以告孔子曰丘知之矣抽琴去其軫以授子貢曰善為之辭以觀其語子貢以告孔子野鄙之人也抽琴去其軫以授子貢曰善為之辭以觀其語子貢對曰吾野鄙之人也僻陋而無心五音不知安能調琴子之琴子貢對曰抽絺紘五兩以授子貢曰善為之辭以觀其語子貢以告孔子曰丘知之矣抽絺紘趙本同

以授子貢曰善為之辭以觀其語子貢曰吾北鄙之人也將南之楚於此有絺紘五兩吾不敢置之水浦之傳云願以薦諸從者婦人對曰客之行差遲乖人傳云嗟然永久年少何敢受子子不早去今竊有狂夫守之者矣詩曰南有喬木不可休思漢有游女不可求思此之謂也孔子曰丘已知之矣斯婦人達於人情而知禮詩廿四字趙校語列女傳作今者君之行旄從之可乎行其妻心者也

《韓詩外傳》周廷寀(校注) 趙懷玉(校語) 清 光緒 25년(1899) 畿輔叢書

詩外傳卷第一

韓嬰

曾子仕於莒得粟三秉方是之時曾子重其祿而輕其身親没之後齊迎以相楚迎以令尹晉迎以上卿方是之時曾子重其身而輕其祿懷其寶而迷其國者不可與語仁窶其身而約其親者不可與語孝任重道遠者不擇地而息家貧親老者不擇官而仕故君子橋褐趨時當務爲急傳云不逢時而仕任事而敦其慮爲之使而不入其謀貧焉故也詩曰夙夜在公實命不同

傳曰夫行露之人許嫁矣然而未牲也見一物不具一禮不備守節貞理守死不往君子以爲得婦道之宜故舉而傳之揚而歌之以絕無道之求防汙道之行乎詩曰雖速我訟亦不爾從

孔子南遊適楚至於阿谷之隧有處子佩瑱而浣者孔子曰彼婦人其可與言矣乎抽觴

《毛詩》(詩經) 十三經注疏本

차 례

❧ 책머리에
❧ 일러두기
❧ 해제
　1. 《한시외전韓詩外傳》
　2. 한영韓嬰
　3. 한대漢代의 경학經學과 시경詩經

韓詩外傳 三

卷四

102(4-1)	紂作炮烙之刑 포락지형	434
103(4-2)	桀爲酒池 술로 만든 연못	437
104(4-3)	有大忠者 충신의 등급	440
105(4-4)	哀公問取人 사람을 가려 쓰는 법	443
106(4-5)	齊桓公獨以管仲謀伐莒 군자의 세 가지 표정	446
107(4-6)	今有堅甲利兵 아무리 좋은 물건이 있다 해도	452
108(4-7)	傳曰舜彈五絃之琴 성인의 다스림	454
109(4-8)	齊桓公伐山戎 제후끼리는 국경을 넘을 수 없다	457
110(4-9)	韶用干戚 예의는 삼천 가지	460
111(4-10)	禮者治辯之極也 법도에 맞는 예의와 정치	463
112(4-11)	君人者以禮分施 선왕의 예에 대한 헤아림	468
113(4-12)	晏子聘魯 노나라에 간 안자	472
114(4-13)	古者八家而井田 정전법	475
115(4-14)	天子不言多少 대부는 텃밭을 일구지 않는다	478

116(4-15)	人主欲得善射及遠中微 훌륭한 임금만이 사랑을 안다	481
117(4-16)	問者不告 도리에 맞는 말만 대답하라	486
118(4-17)	子爲親隱 아비를 숨겨주는 것	488
119(4-18)	齊桓公問於管仲曰 백성은 왕의 하늘이다	490
120(4-19)	善御者不忘其馬 이익을 앞세우면 아들이 아비를 죽인다	492
121(4-20)	出則爲宗族患 집 안팎의 걱정거리	494
122(4-21)	有君不能事 자신에게 어두운 자	496
123(4-22)	夫當世之愚 대중을 미혹시킨 열 사람	498
124(4-23)	君子大心則敬天而道 군자와 소인	502
125(4-24)	傳曰愛由情出 사랑은 정에서 생겨난다	504
126(4-25)	客有說春申君者曰 병든 자신보다 임금이 더 불쌍하다	506
127(4-26)	南苗異獸之鞹 기이한 짐승의 가죽	513
128(4-27)	孟子曰 잃어버린 마음	515
129(4-28)	道雖近 도가 아무리 가깝다 해도	517
130(4-29)	傳曰誠惡惡 악을 미워하는 것은	519
131(4-30)	孔子見客 공자가 만난 손님	521
132(4-31)	僞詐不可長 정이 사라진 두 사람	524
133(4-32)	所謂庸人者 움직일수록 위태로워진다	526
134(4-33)	客有見周公者 둘 중 하나를 택하십시오	528

卷五

135(5-1)	子夏問曰 관저장의 의미	534

136(5-2)	孔子抱聖人之心 인륜이 제자리를 찾아야	537
137(5-3)	王者之政 왕도 정치	539
138(5-4)	君者民之源也 임금은 백성의 근원	541
139(5-5)	造父天下之善御者矣 천하의 말 잘 모는 조보	545
140(5-6)	楚成王讀書於殿上 글로 전할 수 없는 것	550
141(5-7)	孔子學鼓琴於師襄子而不進 공자의 음악 공부	553
142(5-8)	傳曰聞其末而達其本者 멸망을 자초한 주왕	557
143(5-9)	夫五色雖明 만물의 마땅함을 따라	559
144(5-10)	禮者則天地之體 예와 스승	561
145(5-11)	上不知順孝 만백성의 왕	563
146(5-12)	成王之時 중국에 성인이 계시나 보다	565
147(5-13)	登高臨深 높이 올라 멀리 보듯이	568
148(5-14)	儒者儒也 선비라는 뜻	570
149(5-15)	傳曰天子居廣廈之下 앉아서 천하를 알다	573
150(5-16)	天設其高 하늘이 높은 이유	575
151(5-17)	繭之性爲絲 누에고치	578
152(5-18)	智如泉源 지혜가 샘물 같아	581
153(5-19)	昔者禹以夏王 옛일을 알려 주는 거울	583
154(5-20)	傳曰驕溢之君寡忠 교만한 군주	588
155(5-21)	水淵深廣 물이 깊어야 용이 살 듯이	590
156(5-22)	孔子曰夫談說之術 말하는 기술	593
157(5-23)	夫百姓內不乏食 백성은 예의로 가르쳐야	595
158(5-24)	天有四時 춘하추동	598

159(5-25)	藍有靑 쪽색은 쪽풀에서 난다	601
160(5-26)	福生於無爲 욕심은 환난을 부른다	604
161(5-27)	哀公問於子夏曰 성인의 스승	606
162(5-28)	德也者 덕의 신묘함	609
163(5-29)	如歲之旱 가뭄 끝의 단비	611
164(5-30)	道者何也 도란 무엇인가	613
165(5-31)	聖人養一性而御夫氣 중용을 얻어라	617
166(5-32)	朝廷之士爲祿 관리는 녹을 위해 일한다	619
167(5-33)	孔子侍坐於季孫 명분이 바로 서야 한다	621

卷六

168(6-1)	比干諫而死 비간의 죽음	626
169(6-2)	齊桓公見小臣 다섯 번 찾아가 만난 소신	628
170(6-3)	賞勉罰偸 정교함의 극치	631
171(6-4)	子路治蒲三年 자로의 통치술	634
172(6-5)	古者有命 옛날의 법령	637
173(6-6)	天下之辯 변론의 등급	639
174(6-7)	吾語子 마음을 굴복시키는 방법	642
175(6-8)	仁者必敬其人 남을 공경하는 두 가지 방법	645
176(6-9)	子曰不學而好思 군자의 도를 들어 보라	647
177(6-10)	民勞思佚 백성이 고달프면	649

178(6-11)	問者曰 선생의 의미 ·· 650
179(6-12)	田常弑簡公 충과 효 사이의 갈등 ······················ 658
180(6-13)	易曰困于石 곤궁할 때엔 현자를 찾아라 ············ 660
181(6-14)	孟子說齊宣王 살았을 때의 일 ···························· 664
182(6-15)	孔子曰可與言終日 학문만이 싫증이 나지 않는 일이다 ····· 668
183(6-16)	子曰不知命 천명을 알지 못하면 ························ 670
184(6-17)	王者必立牧 천자의 눈과 귀 ································ 673
185(6-18)	楚莊公伐鄭 초장왕의 전술 ·································· 676
186(6-19)	君子崇人之德 도와 덕의 범위 안에서 ················ 681
187(6-20)	衛靈公晝寢而起 용기 있는 자들 ·························· 683
188(6-21)	孔子行 노래로 시름을 달랜 공자 ······················ 689
189(6-22)	詩曰愷悌君子 백성의 부모 ·································· 693
190(6-23)	事强暴之國難 포악한 나라를 복종시키는 법 ······ 695
191(6-24)	勇士一呼 호응해 주는 자가 없는 지도자 ············ 698
192(6-25)	昔者趙簡子薨 성이 저절로 무너지는데도 ············ 701
193(6-26)	威有三術 위엄의 종류 ·· 704
194(6-27)	晉平公游於河而樂 홍곡의 힘 ······························ 708

卷七

| 195(7-1) | 齊宣王謂田過曰 어버이가 임금보다 중하다 ·················· 716 |
| 196(7-2) | 趙王使人於楚 변통이 필요하다 ·································· 719 |

197(7-3)	齊有隱士東郭先生 두 사람의 은자	722
198(7-4)	孔子曰昔者周公事文王 세 번을 변신한 주공	726
199(7-5)	傳曰鳥之美羽勾啄者 세 가지 조심해야 할 끝	729
200(7-6)	孔子困於陳蔡之間 곤액에 처한 공자	731
201(7-7)	曾子曰往而不可還者 자식이 어버이를 부양하고자 하나	742
202(7-8)	趙簡子有臣曰周舍 악악대는 신하가 있어야 한다	745
203(7-9)	傳曰齊景公問晏子 사당의 쥐	748
204(7-10)	昔者司城子罕相宋 악역을 대신 맡겠소	753
205(7-11)	衛懿公之時 임금의 간을 뱃속에 품고	757
206(7-12)	孫叔敖遇狐丘丈人 손숙오와 호구장인	761
207(7-13)	孔子曰明王有三懼 임금이 두려워해야 할 세 가지	764
208(7-14)	楚莊王賜其羣臣酒 갓끈을 끊어라	768
209(7-15)	傳曰伯奇孝而棄於親 어질기 때문에 죽은 사람들	772
210(7-16)	紂殺比干 비간의 죽음	775
211(7-17)	宋玉因其友見楚襄王 토끼와 사냥개	779
212(7-18)	宋燕相齊 선비는 쓰기 어렵구나	782
213(7-19)	傳曰善爲政者 정치를 잘하는 자	786
214(7-20)	魏文侯之時 찔레나무를 심어 놓고	788
215(7-21)	正直者 모든 사람이 다 따라 나서면	791
216(7-22)	昔者衛大夫史魚病且死 죽음으로 간언한 사어	793
217(7-23)	孔子閑居 아랫사람의 도리	796
218(7-24)	傳曰南假子過程本 군자는 사모의 대상일 뿐	799
219(7-25)	子貢問大臣 어진 이를 추천할 줄 아는 자	801

220(7-26) 孔子遊於景山之上 세 사람의 희망 사항 ················ 804
221(7-27) 昔者孔子鼓瑟 공자의 거문고 연주에 담긴 뜻 ········ 809
222(7-28) 夫爲人父者 아버지로서의 의무 ·························· 812

韓詩外傳 下

卷一

001(1-1) 曾子仕於莒 증자의 벼슬 ······································· 50
002(1-2) 傳曰夫行露之人 시집갈 수 없는 이유 ····················· 54
003(1-3) 孔子南遊 아곡의 처녀 ··· 56
004(1-4) 哀公問孔子曰 세 종류의 죽음 ······························· 62
005(1-5) 傳曰在天者 사람에게 있어서 가장 밝은 것 ············· 65
006(1-6) 君子有辯善之度 선악의 분별 ································ 67
007(1-7) 傳曰不仁之至 용서할 수 없는 죄악 ······················· 70
008(1-8) 王子比干 세 성인의 차이 ······································ 72
009(1-9) 原憲居魯 가난한 원헌의 지조 ······························· 76
010(1-10) 傳曰所謂士者 선비로서의 언행 ·························· 80
011(1-11) 傳曰君子潔其身 깨끗함을 지켜야 한다 ················ 82
012(1-12) 荊伐陳 예를 표하지 않는 이유 ··························· 84
013(1-13) 傳曰喜名者 명예를 좋아하면 원망을 산다 ··········· 87
014(1-14) 傳曰聰者自聞 귀 밝은 자와 눈 밝은 자 ··············· 89

015(1-15) 傳曰安命養性者 덕과 의는 자신이 품고 있으면 된다 ········· 91
016(1-16) 古者天子左五鐘 천자의 의전 ········· 93
017(1-17) 枯魚銜索 나무가 무성하고자 하나 ········· 96
018(1-18) 孔子曰 군자의 세 가지 근심 ········· 98
019(1-19) 魯公甫文伯死 공보문백의 어머니 ········· 100
020(1-20) 傳曰天地有合 성징性徵과 음양의 이치 ········· 103
021(1-21) 楚白公之難 백공의 난과 장선 ········· 107
022(1-22) 晉靈公之時 맹주로서 할 임무 ········· 110
023(1-23) 傳曰水濁則魚喁 탁한 물의 물고기 ········· 113
024(1-24) 傳曰衣服容貌者 의복과 용모 ········· 116
025(1-25) 仁道有四 네 가지 어진 도리 ········· 118
026(1-26) 申徒狄非其世 강물에 몸을 던진 신도적 ········· 121
027(1-27) 鮑焦衣弊膚見 물가에서 말라 죽은 포초 ········· 124
028(1-28) 昔者周道之盛 소백의 감당나무 ········· 128

卷二

029(2-1) 楚莊王圍宋 적에게 진실대로 말하다 ········· 134
030(2-2) 魯監門之女 화와 복은 서로 표리 관계 ········· 140
031(2-3) 高子問於孟子曰 시에 그 이름이 오른 이유 ········· 144
032(2-4) 楚莊王聽朝罷晏 초 장왕과 번희 ········· 147
033(2-5) 閔子騫始見於夫子 혈색이 좋아진 민자건 ········· 152
034(2-6) 傳曰雩而雨者 천재와 인재 ········· 155

035(2-7)	孔子曰口欲味 입은 좋은 맛을 탐하게 마련	158
036(2-8)	高牆豊上激下 너무 늦은 후회	160
037(2-9)	曾子曰 군자가 지녀야 할 세 마디	163
038(2-10)	夫霜雪雨露 하늘을 받드는 이유	166
039(2-11)	傳曰孔子云 주인이 나를 이렇게 부리는구나	169
040(2-12)	顔淵侍坐魯定公于臺 저 말은 거꾸러질 것이다	172
041(2-13)	崔杼弑莊公 안자의 절의	177
042(2-14)	楚昭王有士曰石奢 법관의 아버지가 바로 살인자	182
043(2-15)	外寬而内直 아들로 삼고 싶고 신하로 삼고 싶은 자	186
044(2-16)	傳曰孔子遭齊程本子 노변정담	188
045(2-17)	君子有主善之心 자신을 비워 남을 수용하라	192
046(2-18)	君子易和而難狎也 마구 친할 수 없는 군자	194
047(2-19)	商容嘗執羽籥 삼공의 자리도 거절한 상용	196
048(2-20)	晉文侯使李離爲大理 무고한 사람을 사형에 처한 실수	198
049(2-21)	楚狂接輿躬耕以食 초광접여의 아내	202
050(2-22)	昔者桀爲酒池糟隄 걸왕의 주지육림	206
051(2-23)	伊尹去夏入殷 닭의 다섯 가지 미덕	210
052(2-24)	子賤治單父 복자천의 다스림	214
053(2-25)	子路曰 선비의 진면목	217
054(2-26)	子路與巫馬期 자로와 무마기	220
055(2-27)	孔子曰士有五 선비의 다섯 종류	225
056(2-28)	上之人所遇 용모부터 보게 마련	228
057(2-29)	子夏讀詩已畢 자하의 시 공부	230

058(2-30)	傳曰國無道 주나라의 태평시대	234
059(2-31)	夫治氣養心之術 기와 마음을 다스리는 방법	236
060(2-32)	玉不琢不成器 옥은 다듬어야 그릇이 된다	239
061(2-33)	嫁女之家 아홉 가지 법도를 일러 주셨네	241
062(2-34)	原天命 치도의 네 가지	244

卷三

063(3-1)	傳曰昔者舜甑盆無膻 대도와 대덕	250
064(3-2)	有殷之時 탕 임금의 덕치	253
065(3-3)	昔者周文王之時 문왕의 병과 지진	258
066(3-4)	王者之論德也 임금이 갖추어야 할 덕	261
067(3-5)	傳曰以從俗爲善 각 직분의 차이	263
068(3-6)	魏文侯欲置相 선비를 판별하는 다섯 가지 방법	266
069(3-7)	成侯嗣公 현명한 군주의 길	273
070(3-8)	楚莊王寢疾 초 장왕이 패자가 된 까닭	276
071(3-9)	人主之疾 임금의 열두 가지 병	279
072(3-10)	傳曰太平之時 나라의 병을 고치는 의사	282
073(3-11)	傳曰喪祭之禮廢 상례와 제례	284
074(3-12)	人事倫 합당한 인사	286
075(3-13)	武王伐紂 은나라를 정벌한 무왕	288
076(3-14)	旣反商及下車 네 가지 큰 가르침	292
077(3-15)	孟嘗君請學於閔子 가서 가르치는 법은 없다	298
078(3-16)	劍雖利 칼을 숫돌에 갈지 않으면	300

079(3-17)	凡學之道 스승은 천자에게도 북면하지 않는다	302
080(3-18)	傳曰宋大水 송나라의 홍수	304
081(3-19)	齊桓公設庭燎 제 환공의 정료	307
082(3-20)	太平之時 태평성대의 뜻	310
083(3-21)	能制天下 천하치도의 네 가지	313
084(3-22)	公儀休相魯而嗜魚 공의휴의 지혜	316
085(3-23)	傳曰魯有父子訟者 부자 사이의 소송	319
086(3-24)	當舜之時 유묘씨	328
087(3-25)	季孫子之治魯也 계손자와 정자산의 차이	331
088(3-26)	問者曰夫智者 지자요수의 이유	335
089(3-27)	問者曰夫仁者 인자요산의 이유	338
090(3-28)	傳曰晉文公嘗出亡 진문공의 논공행상	341
091(3-29)	夫詐人者曰 성인은 속일 수 없다	345
092(3-30)	舜生於諸馮 시공은 달라도 성인은 같다	348
093(3-31)	孔子觀於周廟 좌우명	350
094(3-32)	周公踐天子之位 주공의 겸손	354
095(3-33)	傳曰子路盛服以見孔子 남상濫觴	359
096(3-34)	君子行不貴苟難 언행일치의 중요성	362
097(3-35)	伯夷叔齊目不視惡色 성인의 세 부류	365
098(3-36)	王者之等賦正事 공평한 세금	369
099(3-37)	孫卿與臨武君 병법의 요체	371
100(3-38)	受命之士 신용에 따른 선비의 등급	378
101(3-39)	昔者不出戶而知天下 백성의 네 가지 고통	380

韓詩外傳 三

卷八

223(8-1)	越王勾踐使廉稽獻民於荊王 나라마다 다른 풍습	866
224(8-2)	人之所以好富貴安樂 사람에게 있어서 가장 귀중한 것	869
225(8-3)	吳人伐楚 나의 생업은 푸줏간 일	871
226(8-4)	齊崔杼弑莊公 임금을 위해 죽는다는 것	877
227(8-5)	遜而直 간언의 방법	880
228(8-6)	宋萬與莊公戰 횡포와 용기	882
229(8-7)	可於君 충과 효의 차이	885
230(8-8)	黃帝卽位 황제와 봉황새	886
231(8-9)	魏文侯有子曰擊 위 문후의 두 아들	890
232(8-10)	子賤治單父 복자천의 행정	898
233(8-11)	度地圖居以立國 나라의 기틀 세우기	902
234(8-12)	齊景公使人於楚 높은 누각은 없지만	904
235(8-13)	傳曰予小子使爾繼邵公之後 아홉 가지 상품	906
236(8-14)	齊景公謂子貢曰 태산과 같은 공자	909
237(8-15)	一穀不升謂之嗛 흉년의 임금 밥상	913
238(8-16)	古者天子爲諸侯受封 제후의 봉지	915
239(8-17)	梁山崩 양산이 무너지다	917
240(8-18)	晉平公使范昭觀齊國之政 임금을 시험하다니	922
241(8-19)	三公者何 삼공이 하는 일	927
242(8-20)	夫賢君之治也 태평시대는 천재지변도 없다	930
243(8-21)	昨日何生 하루하루의 다짐	932
244(8-22)	官怠於有成 병은 나아갈 때가 위험하다	934
245(8-23)	孔子燕居 군자의 휴식	936

246(8-24) 魯哀公問冉有曰 배워야만 됩니까 ·············· 942
247(8-25) 曾子有過 증자 아버지의 매질 ·············· 946
248(8-26) 齊景公使人爲弓 삼년을 걸쳐 만든 활 ·············· 949
249(8-27) 齊有得罪於景公者 끔찍한 선례를 남길 수 없다 ·············· 952
250(8-28) 傅曰居處齊 모든 것이 조화를 이루면 ·············· 954
251(8-29) 魏文侯問狐卷子曰 사람의 도움이란 한계가 있는 것 ·············· 956
252(8-30) 湯作濩 탕 임금의 음악 ·············· 959
253(8-31) 孔子曰易先同人 겸손의 도 ·············· 961
254(8-32) 昔者田子方出 늙고 병든 말 ·············· 966
255(8-33) 齊莊公出獵 당랑거철 ·············· 968
256(8-34) 魏文侯問李克曰 남에게 미움을 사지 않는 법 ·············· 970
257(8-35) 有鳥於此 갈대 줄기에 둥지를 튼 새 ·············· 972

卷九

258(9-1) 孟子少時誦 맹자 어머니의 가르침 ·············· 976
259(9-2) 田子爲相 의롭지 못한 재물 ·············· 980
260(9-3) 孔子行聞哭聲甚悲 어버이는 기다려 주지 않는다 ·············· 983
261(9-4) 伯牙鼓琴 백아와 종자기 ·············· 988
262(9-5) 秦攻魏破之 천금을 거부한 유모 ·············· 990
263(9-6) 子路曰人善我 공자의 제자들 ·············· 993
264(9-7) 齊景公縱酒 통치의 근본 ·············· 995

265(9-8)	傳曰堂衣若扣孔子之門 공자에게 오만한 당의약		999
266(9-9)	齊景公出弋 무슨 죄인지 알려나 줍시다		1001
267(9-10)	魏文侯問於解狐曰 원수를 추천하다		1004
268(9-11)	楚有善相人者 관상은 이렇게 보는 것		1008
269(9-12)	孔子遊少源之野 비녀를 잃고 우는 여인		1011
270(9-13)	傳曰君子之聞道 군자와 소인의 차이		1013
271(9-14)	孔子與子貢子路顏淵遊於戎山之上 소원을 말해 보렴		1015
272(9-15)	賢士不以恥食 명예와 몸과 재물		1018
273(9-16)	孟子妻獨居 아내를 내쫓으려 한 맹자		1020
274(9-17)	孔子出衛之東門 상갓집 개		1023
275(9-18)	脩身不可不愼也 요행은 몸을 망치는 무서운 도끼		1028
276(9-19)	君子之居也 군자의 평상시 생활		1030
277(9-20)	田子方之魏 빈천한 자의 교만		1032
278(9-21)	戴晉生弊衣冠而往見梁王 새장에 갇힌 새		1035
279(9-22)	楚莊王使使齎金百斤 부귀영화는 필요 없다		1037
280(9-23)	傳曰昔戎將由余使秦 이웃나라에 성인이 있으면		1040
281(9-24)	子夏過曾子 낭비와 소비		1044
282(9-25)	晏子之妻 늙은이는 버리고		1048
283(9-26)	夫鳳凰之初起也 봉황을 비웃은 참새		1050
284(9-27)	齊王厚送女 못생긴 공주		1052
285(9-28)	傳曰孔子過康子 공자 제자들의 언쟁		1054

卷十

286(10-1)	齊桓公逐白鹿 노인의 지혜	1058
287(10-2)	鮑叔薦管仲 포숙이 관중만 못한 다섯 가지	1063
288(10-3)	晉文公重耳亡 죄인을 등용한 진 문공	1065
289(10-4)	傳曰言爲王之不易也 천자의 등극 의식	1069
290(10-5)	君子溫儉以求於仁 주나라 태왕의 세 아들	1071
291(10-6)	齊宣王與魏惠王會田於郊 나라의 진짜 보물	1075
292(10-7)	東海有勇士 진짜 용사	1078
293(10-8)	傳曰齊使使獻鴻於楚 고니를 놓친 사신의 달변	1082
294(10-9)	扁鵲過虢侯 편작의 의술	1085
295(10-10)	楚丘先生披蓑帶索 늙은이가 할 수 있는 일	1091
296(10-11)	齊景公遊於牛山之上 사람이 죽지 않는다면	1094
297(10-12)	秦繆公將田 임금의 말을 잡아먹은 사람들	1097
298(10-13)	傳曰卞莊子好勇 변장자의 용맹	1100
299(10-14)	天子有爭臣七人 천자에게 쟁간하는 신하	1104
300(10-15)	齊桓公出遊 복숭아나무를 심은 뜻	1108
301(10-16)	齊桓公置酒 벌주	1110
302(10-17)	齊景公遣晏子南使楚 강남의 귤과 강북의 탱자	1112
303(10-18)	吳延陵季子遊於齊 황금을 거절한 목동	1116
304(10-19)	顔淵問於孔子曰 안연의 미덕	1119
305(10-20)	齊景公出田 심장이 있어야 사지가 움직인다	1121
306(10-21)	楚莊王將興師伐晉 눈앞의 이익	1124
307(10-22)	晉平公之時 화재로 소실된 보물 창고	1128
308(10-23)	魏文侯問里克曰 승리가 나라를 망친다	1131

309(10-24) 楚有士曰申鳴 충과 효를 동시에 수행할 수 없으니 ················· 1134

310(10-25) 昔者太公望周公旦受封而見 작은 징조를 통해 미래를 본다 ······· 1138

◉ 부록

Ⅰ.《한시외전》佚文・存疑・辨誤 ································· 1145

Ⅱ.《한시외전》序跋 ·· 1161

  ⑴ 錢惟善《韓詩外傳序》

  ⑵ 楊祐《韓詩外傳序》

  ⑶ 陳明《韓詩外傳序》

  ⑷ 薛來《跋韓詩外傳後》

  ⑸ 茅坤《韓詩外傳叙》

  ⑹ 唐琳《韓詩外傳序》

  ⑺ 毛晉 津逮秘書本《韓詩外傳跋語》

  ⑻ 顧千里《元本韓詩外傳題記》

  ⑼ 黃丕烈《元本韓詩外傳題記》

  ⑽ 黃丕烈《題記》第二首

  ⑾ 瞿中溶《元刻韓詩外傳題記》

  ⑿ 傅增湘《元本韓詩外傳題記》

  ⒀ 秦更年《校元本韓詩外傳叙》

  ⒁ 張映漢《韓詩外傳疏證序》

  ⒂ 盧文弨《趙校韓詩外傳序》

⑯ 趙懷玉《校刻韓詩外傳序》
　　⑰ 胡虔善《周注韓詩外傳序》
　　⑱ 周廷寀《韓詩外傳目錄序》
　　⑲ 周宗杬《韓詩外傳校注拾遺識語》
　　⑳ 吳棠《周趙合校本韓詩外傳序》
　　㉑ 黃丕烈《校元本韓詩外傳題識》

Ⅲ.《한시외전》 板本題記 ···································· 1185

　　⑴ 元刊本《韓詩外傳》題記(一)
　　⑵ 元刊本《韓詩外傳》題記(二)
　　⑶ 明 嘉靖中 蘇獻可 通津草堂本《韓詩外傳》題記
　　⑷ 明 嘉靖中 沈氏 野竹齋本《韓詩外傳》題記
　　⑸ 明 芙蓉泉書屋刻本《韓詩外傳》題記
　　⑹ 程榮 漢魏叢書本《韓詩外傳》題記
　　⑺ 胡文煥 格致叢書本《韓詩外傳》題記
　　⑻ 明 天啓中 唐琳快閣藏書本《韓詩外傳》題記
　　⑼ 明 崇禎 毛晉刻 津逮祕書本《韓詩外傳》題記

Ⅳ.《한시외전》 叙錄 ···································· 1205

　　⑴ 周廷寀《韓詩外傳校注》叙錄
　　⑵ 趙懷玉《韓詩外傳》十卷,《補逸》一卷 叙錄
　　⑶ 陳士軻《韓詩外傳疏證》十卷,《附佚文》一卷 叙錄
　　⑷ 陳喬樅《韓詩遺說考》叙錄
　　⑸ 許瀚《韓詩外傳校議》叙錄
　　⑹ 俞樾 曲園雜纂《校韓詩外傳》
　　⑺ 孫詒讓 札迻《校韓詩外傳》

V. 《한시외전》 著錄 및 評述資料 ··· 1212

　(1) 《漢書》 藝文志 六藝略 詩家
　(2) 王經麟 《漢書藝文志考證》 卷二 詩
　(3) 姚振宗 《漢書藝文志條理》 卷一之上
　(4) 劉光蕡 《前漢書藝文志注》 摘錄
　(5) 《隋書》 經籍志 經部 詩類
　(6) 姚振宗 《隋書經籍志考證》 卷三 經部 詩類
　(7) 《舊唐書》 經籍志 甲部 經錄 詩類
　(8) 《新唐書》 藝文志 甲部 經錄 詩類
　(9) 《宋史》 藝文志 經部 詩類
　(10) 《崇文總目》 卷一 詩類(錢東垣等 輯釋本)
　(11) 《文獻通考》 經籍考 經部 詩類
　(12) 《玉海》 卷三十八 藝文部 詩類
　(13) 《郡齋讀書志》 經部 詩類
　(14) 《直齋書錄解題》 經部 詩類
　(15) 《四部全書總目提要》 經部 詩類
　(16) 許瀚 《韓詩外傳校議辨誣》
　(17) 余嘉錫 《四庫提要辨證》 經部 一
　(18) 朱彝尊 《經義考》 卷一
　(19) 皮日休 《皮子文藪讀韓詩外傳》(《皮日休文集》 卷八, 《全唐文》 799)
　(20) 歐陽修 《崇文總目叙釋》 詩類(《文忠集》 124)
　(21) 洪邁 《容齋續筆》 卷八 韓嬰詩
　(22) 洪邁 《容齋三筆》 卷十二 「曾晳待子不慈」
　(23) 王應麟 《困學紀聞》 卷三
　(24) 王應麟 《困學紀聞》 卷三

⑵⑸ 王應麟《困學紀聞》卷三
⑵⑹ 王應麟《玉海》卷三十八
⑵⑺ 俞文豹《吹劍錄》
⑵⑻ 趙彥衛《雲麓漫鈔》卷十
⑵⑼ 尤袤《遂初堂書目》詩類
⑶⑴ 高儒《百川書志》經志 詩(卷一)
⑶⑴ 鄭曉《學古瑣言》卷下
⑶⑵ 王世貞《弇州山人四部稿》卷百十二「讀韓詩外傳」
⑶⑶ 《焦氏筆乘續集》卷三「韓詩外傳」
⑶⑷ 董斯張《吹景集》卷十二「世傳韓詩，汲冢周書，國策諸書非全書」
⑶⑸ 錢謙益《絳雲樓書目》卷一 詩類
⑶⑹ 錢遵王《述古堂藏書目》卷一 詩
⑶⑺ 《天祿琳琅書目》卷七「明版經部」
⑶⑻ 《天祿琳琅書目》卷七「明版經部」
⑶⑼ 《孫氏祠堂書目》內篇 卷一 經學 第一 詩
⑷⑴ 丁丙《善本室藏書志》卷二 經部 三
⑷⑴ 季滄葦《藏書目宋元雜版書雜部》
⑷⑵ 《皕宋樓藏書志》卷五 經部 詩類 附錄
⑷⑶ 臧琳《經義雜記》「韓子知命說」
⑷⑷ 陳澧《東塾讀書記》卷六「論韓詩外傳兩條」
⑷⑸ 廉石居《藏書記》內篇 卷上 經學
⑷⑹ 《結日廬書目》卷一 經部
⑷⑺ 嚴可均《鐵橋漫錄》卷三「荀子當從祀議」
⑷⑻ 汪中《述學補遺》「荀卿子通論」
⑷⑼ 莫友《芝邸亭知見傳本書目》卷二 經部 詩類 附錄

⑸ 日本 森立之《經籍訪古志》卷一 經部上 詩類
⑸ 楊守敬《日本訪書志》卷一
⑸ 葉德輝《郋園讀書志》卷一 經部
⑸ 沈家本《世說注所引書目》經部
⑸ 劉咸炘《舊書別錄》卷一

卷四

〈草屋圖〉

102(4-1) 紂作炮烙之刑
포락지형

주紂가 포락지형炮烙之刑을 만들자 왕자王子 비간比干이 말하였다.

"임금이 포악한데도 간언을 하지 않는 것은 충忠이 아니며, 죽음이 두렵다고 말을 하지 않는다면 이는 용勇이 아니다. 따라서 잘못을 보면 간해야 하고 받아들여지지 않으면 죽음도 마다하지 않는 것, 이것이 충성의 지극한 길이다."

그리고는 나아가 간언을 하며 사흘 동안 조정을 떠나지 않았다. 그러자 주는 이를 가두어 죽여 버리고 말았다.

《시詩》에는 이렇게 말하였다.

"하늘이 아무리 두렵다 해도　　　　　昊天大憮
　나로서는 아무런 죄진 것 없소!"　　予愼無辜

紂作炮烙之刑.

王子比干曰:「主暴不諫, 非忠也; 畏死不言, 非勇也. 見過卽諫, 不用卽死, 忠之至也.」

遂諫, 三日不去朝, 紂囚殺之.

詩曰:『昊天大憮, 予愼無辜!』

【炮烙之刑】紂 임금 때의 極刑의 일종. 불 위에 銅柱를 걸쳐 놓고 이를 걷게 하여 떨어져 죽게 하는 형벌.
【比干】紂 임금의 諸父.
【詩曰】《詩經》小雅 巧言의 구절. 이 詩는 '참훼하는 자를 풍자한 것'이라 한다.

참고 및 관련 자료

1. 《詩經》小雅 巧言

悠悠昊天, 曰父母且. 無罪無辜, 亂如此憮. 昊天已威, 予愼無罪. 昊天泰憮, 予愼無辜. 亂之初生, 僭始旣涵. 亂之又生, 君子信讒. 君子如怒, 亂庶遄沮. 君子如祉, 亂庶遄已. 君子屢盟, 亂是用長. 君子信盜, 亂是用暴. 盜言孔甘, 亂是用餤. 匪其止共, 維王之邛. 奕奕寢廟, 君子作之. 秩秩大猷, 聖人莫之. 他人有心, 予忖度之. 躍躍毚兎, 遇犬獲之. 荏染柔木, 君子樹之. 往來行言, 心焉數之. 蛇蛇碩言, 出自口矣. 巧言如簧, 顏之厚矣. 彼何人斯, 居河之麋. 無拳無勇, 職爲亂階. 旣微且尰, 爾勇伊何. 爲猶將多, 爾居徒幾何.

2. 《史記》殷本紀

紂愈淫亂不止. 微子數諫不聽, 乃與大師・少師謀, 遂去. 比干曰:「爲人臣者, 不得不以死爭.」迺强諫紂. 紂怒曰:「吾聞聖人心有七竅.」剖比干, 觀其心. 箕子懼, 乃詳狂爲奴, 紂又囚之.

3. 《新序》節士篇

紂作炮烙之刑, 王子比干曰:「主暴不諫, 非忠臣也; 畏死不言, 非勇士也. 見過則諫, 不用則死, 忠之至也.」遂進諫, 三日不去朝, 紂因而殺之. 詩曰:「昊天太憮, 予愼無辜.」無辜而死, 不亦哀哉!

4. 《列女傳》殷紂妲己

妲己者, 殷紂之妃也, 嬖幸於紂. 紂材力過人, 手格猛獸. 智足以距諫, 辯足以飾非. 矜人臣以能, 高天下以聲, 以爲人皆出己之下. 好酒淫樂, 不離妲己. 妲己之所譽, 貴之; 妲己之所憎, 誅之. 作新淫之聲, 北鄙之舞, 靡靡之樂, 收珍物積之於後宮, 諛臣群女, 咸獲所欲. 積糟爲邱, 流酒爲池, 懸肉爲林, 使人裸形相逐其間, 爲長夜之飲. 妲己好之. 百姓怨望, 諸侯有畔者. 紂乃爲炮烙之法, 膏銅柱, 加之炭. 令有罪者行其上, 輒墮炭中, 妲己乃笑. 比干諫曰:「不修先王之典法, 而用婦言, 禍至

無日!」紂怒, 以爲妖言. 妲己曰:「吾聞聖人之心有七竅.」於是剖心而觀之. 囚箕子. 微子去之. 武王遂受命興師伐紂, 戰於牧野. 紂師倒戈. 紂乃登廩臺, 衣寶玉衣而自殺. 於是武王遂致天之罰, 斬妲己頭, 懸於小白旗, 以爲亡紂者, 是女也. 書曰:「牝雞無晨, 牝雞之晨, 惟家之索.」詩云:「君子信盜, 亂是用暴. 匪其止共, 維王之邛.」此之謂也. 頌曰:「妲己配紂, 惑亂是修. 紂旣無道, 又重相謬. 指笑炮炙, 諫士剖囚. 遂敗牧野, 反商爲周.」

5.《十八史略》卷一

歷太丁・帝乙, 至帝辛, 名受, 號爲紂. 資辯捷疾, 手格猛獸, 智足以拒諫, 言足以飾非, 始爲象箸, 箕子歎曰:「彼爲象箸, 必不盛以土簋; 將爲玉杯, 玉杯象箸, 必不羹藜藿. 衣短褐, 而舍茆茨之下, 則錦衣九重, 高臺廣室, 稱此以求, 天下不足矣.」紂伐有蘇氏, 有蘇以妲己女焉, 有寵, 其言皆從, 厚賦稅, 以實鹿臺之財, 盈鉅橋之粟, 廣沙丘苑臺, 以酒爲池, 縣肉爲林, 爲長夜之飲, 百姓怨望, 諸侯有畔者, 紂乃重刑辟, 爲銅柱以膏塗之, 加於炭火之上, 使有罪者緣之, 足滑跌墜火中, 與妲己觀之大樂, 名曰炮烙之刑. 淫虐甚, 庶兄微子數諫, 不從, 去之, 比干諫, 三日不去, 紂怒曰:「吾聞聖人之心有七竅.」剖而觀其心, 箕子佯狂爲奴, 紂囚之, 殷大師, 持其樂器祭器奔周. 周侯昌, 鄂及九侯, 侯, 爲紂三公, 紂殺九侯, 鄂侯爭, 幷脯之, 昌聞而歎息, 紂囚昌, 羑里, 昌之臣散宜生, 求美女珍寶進, 紂大悅, 乃釋昌, 昌退而修德, 諸侯多叛紂歸之, 昌卒, 子發立, 率諸侯伐紂, 紂敗于牧也, 衣寶玉自焚死, 殷亡. 箕子後朝周, 過故殷墟, 傷宮室毀壞生禾黍, 欲哭不可, 欲泣則爲近婦人, 乃作麥秀之歌曰:「麥秀漸漸兮, 禾黍油油兮, 彼狡童兮, 不與我好兮.」殷民聞之, 皆流涕. 殷爲天子三十一世, 六百二十九年.

6. 기타 참고자료

《韓詩外傳》(6)・《荀子》議兵篇

103(4-2) 桀爲酒池
술로 만든 연못

걸桀이 술로 못을 만들자 족히 배를 띄울 만하였으며, 술 찌꺼기로 언덕을 쌓자 그 위에 올라 족히 십 리를 볼 수 있을 정도였고, 소처럼 엎드려 술을 마시는 자가 삼천 명이나 되었다. 이를 보다 못한 관룡봉關龍逢이 나섰다.

"옛날의 임금 된 자는 몸소 예와 의를 행하고, 백성을 사랑하고 재물을 아꼈습니다. 그래서 나라가 편안하고 자신도 장수를 누렸던 것입니다. 그런데 지금 그대는 재물을 쓰되 마치 무진장한 것처럼 여기고, 사람을 죽이되 그들이 죽지 않으면 어쩌나 할 정도이니 그대가 만약 어서 고치지 않으면 틀림없이 하늘의 재앙이 내릴 것이며, 그대의 죽음도 틀림없이 다가올 것입니다. 왕께서는 어서 고치십시오."

그러면서 선 채로 조정을 떠나지 않자 걸은 그를 가두어 죽여 버리고 말았다. 군자가 이를 듣고 이렇게 말하였다.

"하늘의 운명인저!"

《시詩》에는 이렇게 말하였다.

"하늘이 아무리 두렵다 해도	昊天太憮
나로서는 아무런 죄진 것 없소!"	予愼無辜

桀爲酒池, 可以運舟; 糟丘, 足以望十里; 而牛飲者三千人.
關龍逢進諫曰:「古之人君, 身行禮義, 愛民節財, 故國安而身壽. 今君用財若無窮, 殺人若恐弗勝, 君若不革, 天殃必降, 而誅必至矣. 君其革之!」

立而不去朝. 桀因而殺之.

君子聞之曰:「天之命矣!」

詩曰:『昊天太憮, 予愼無辜!』

【桀】夏의 末王. 末姬에게 빠져 나라를 망쳤다.
【關龍逢】桀王 때의 賢臣. 桀에게 죽임을 당하였다. 판본에 따라 '관룡방(關龍逄)'으로 표기된 것도 있다. 《說苑》 참조.
【詩曰】《詩經》 小雅 巧言의 구절.

참고 및 관련 자료

1. 《詩經》 小雅 巧言(102)

2. 《新序》 節士篇

桀爲酒池, 足以運舟, 糟丘, 足以望七里, 一鼓而牛飲者三千人. 關龍逢進諫曰:「爲人君, 身行禮義, 愛民節財, 故國安而身壽也. 今君用財若無盡, 用人若恐不能死, 不革, 天禍必降, 而誅必至矣, 君其革之!」立而不去朝, 桀因囚拘之, 君子聞之曰:「天之命矣夫!」

3. 《博物志》 卷七

夏桀之時, 爲長夜宮於深谷之中, 男女雜處, 三旬不出聽政. 天乃大風揚沙, 一夕塡此宮谷. 又爲石室瑤臺, 關龍逢諫, 桀言曰:「吾之有民, 如天之有日, 日亡我則亡.」以爲龍逢妖言而殺之. 其後夏於山谷下作宮在上, 耆老相與諫, 桀又以爲妖言而殺之.

4. 《十八史略》卷一

孔甲之後, 歷王皐·王發·王履癸, 號爲桀, 貪虐, 力能伸鐵鉤索, 伐有施氏, 有施以末喜女焉, 有寵, 所言皆從, 爲傾宮瑤臺, 殫民財, 肉山脯林, 酒池可以運船, 糟堤可以望十里, 一鼓而牛飮者參千人, 末喜以爲樂, 國人大崩. 湯伐夏, 桀走鳴條而死.

5. 기타 참고자료

《新序》(6)·《列女傳》(7)·《尙書大傳》(2)

104(4-3) 有大忠者
충신의 등급

    대충大忠, 차충次忠, 하충下忠, 그리고 국적國賊이 있다. 도로써 임금을 덮어주고 교화시키는 것, 이를 일컬어 대충이라 하며, 덕으로써 임금을 조절하여 보필하는 것, 이를 차충이라 하고, 그릇된 임금이라 간언하면서 원망하는 것, 이를 하충이라 한다. 그리고 공도公道를 달의達義에 도달하도록 힘쓰지 않고 오히려 구차스럽게 투합偸合하고 동조同調하여 녹만 받아먹고 있는 것, 이를 일컬어 국적이라 한다.

    이를테면 주공周公이 성왕成王에게 한 것이 대충이며, 관중管仲이 환공桓公에게 한 것은 차충이라 할 수 있고, 오자서伍子胥가 부차夫差에게 한 것은 하충이며, 조촉룡曹觸龍이 주紂에게 한 경우는 국적이라 할 수 있다. 이들 신하된 자들의 행동은 모두가 자신들의 길吉, 흉凶, 현賢, 불초不肖에 따라 그 효과가 달리 나타난 것이다.

    《시詩》에는 이렇게 말하였다.

"신하 본분 제대로 지키지 못해	匪其止共
임금이 대신 재앙을 받네!"	惟王之邛

有大忠者, 有次忠者, 有下忠者, 有國賊者. 以道覆君而化之, 是謂大忠也. 以德調君而輔之, 是謂次忠也. 以諫非君而怨之,

伍子胥《三才圖會》

是謂下忠也. 不恤乎公道之達義, 偷合苟同, 以持祿養者, 是謂國賊也. 若周公之於成王, 可謂大忠也; 管仲之於桓公, 可謂次忠也; 子胥之於夫差, 可謂下忠也; 曹觸龍之於紂, 可謂國賊也. 皆人臣之所爲也, 吉凶賢不肖之効也.

　詩曰:『匪其止共, 惟王之卭!』

【周公】周公 旦, 成王의 숙부.
【成王】姬誦. 武王의 뒤를 이어 天子가 되었으나 나이가 어려 周公이 섭정하였다.
【管仲】管夷吾. 齊桓公 때의 명재상.
【齊桓公】춘추오패의 首長.
【伍子胥】楚나라 출신으로 아버지와 형이 平王에게 죽임을 당하자 吳나라로 망명하여 많은 일화를 낳았다.《史記》伍子胥列傳 참조
【夫差】闔廬의 뒤를 이은 吳나라 마지막 왕. 伍子胥를 죽였다.
【曹觸龍】紂 임금 때의 간신.
【詩曰】《詩經》小雅 巧言의 구절.

참고 및 관련 자료

1. 《詩經》 小雅 巧言(102)

2. 《荀子》 臣道篇

有大忠者, 有次忠者, 有下忠者, 有國賊者. 以德復君而化之, 大忠也; 以德調君而補之, 次忠也; 以是諫非而怨之, 下忠也; 不恤君之榮辱, 不恤國之臧否, 偸合苟容, 以之持祿養交而已耳, 國賊也. 若周公之於成王也, 可謂大忠矣; 若管仲之於桓公, 可謂次忠矣; 若子胥之於夫差, 可謂下忠矣; 若曹觸龍之於紂者, 可謂國賊矣.

3. 《藝文類聚》(20)

韓詩外傳曰: 有大忠, 有次忠, 有下忠, 若周公於成王, 可謂大忠; 管仲於桓公, 可謂次忠; 子胥於夫差, 可謂下忠矣.

4. 《初學記》(17)

韓詩外傳曰: 忠之道有三: 有大忠, 有次忠, 有下忠, 以道覆君而化之, 大忠也; 以德調君而輔之, 次忠也; 以是諫非君而怨之, 下忠也. 周公於成王, 可謂大忠也; 管仲於桓公, 可謂次忠也; 子胥於夫差, 可謂下忠也.

5. 기타 참고자료

《天中記》(24) · 《太平御覽》(418) · 《類說》(38) · 《淨土三經音義》

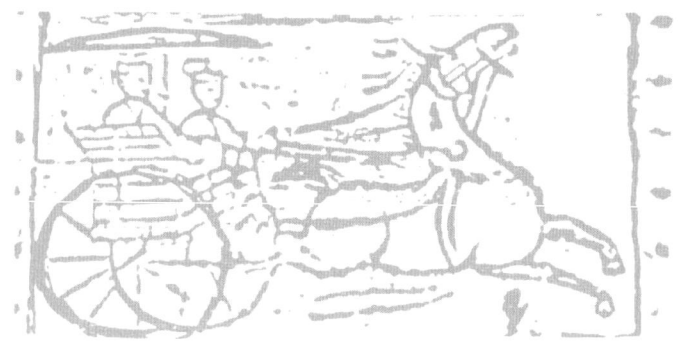

105(4-4) 哀公問取人
사람을 가려 쓰는 법

애공哀公이 사람 취해 쓰는 법을 묻자 공자孔子는 이렇게 설명하였다.

"건健한 자를 쓰지 마시고, 영佞한 자를 쓰지 말며, 입으로 남을 헐뜯기 좋아하는 자를 쓰지 마십시오. 건은 교만함을 말하며, 영은 아첨함을 말하고, 참讒은 거짓말을 뜻합니다. 따라서 활은 잘 조절한 연후라야 그 강함을 요구할 수 있고, 말은 길을 잘 들인 후라야 그 장점을 요구할 수 있습니다. 마찬가지로 선비는 믿음직하고 성실해야만 그 다음으로 지식을 요구할 수 있는 것입니다. 선비로서 믿음이 없으면서 지식만 많다면 이런 자는 비유컨대 시랑豺狼과 같아서 가까이 해서는 안 됩니다. 《주서周書》에는 '호랑이에게 날개까지 달아준다'라 하였으니 역시 위험한 일이 아니겠습니까?"

《시詩》에

"신하 본분 제대로 지키지 못해	匪其止共
임금이 대신 재앙을 받네!"	惟王之邛

라 하였으니 이는 자기의 직무를 공경히 수행하지 않아 그로 인해 임금을 병들게 한다는 뜻이다.

哀公問取人.

孔子曰:「無取健, 無取佞, 無取口讒. 健, 驕也, 佞, 諂也, 讒, 誕也. 故弓調然後求勁焉, 馬服然後求良焉, 士信慤然後求知焉, 士不信焉, 又多知, 譬之豺狼, 其難以身近也. 周書曰: 『爲虎傅翼也.』 不亦殆乎?」

詩曰:『匪其止共, 惟王之卭!』

言其不恭其職事, 而病其主也.

【哀公】春秋 말기 魯나라 군주. 孔子와 同時의 人物. 이름은 將. 재위 27년 (B.C.494~468).
【健】犍(건)의 가차자. '교만·오만함'을 뜻한다. 〈四庫全書〉에는 「健」으로, 〈四部叢刊〉에는 '犍'으로 되어 있음.
【爲虎傅翼也】《周書》寤儆篇의 구절.
【詩曰】《詩經》小雅 巧言의 구절.

> 참고 및 관련 자료

1. 《詩經》 小雅 巧言(102)

2. 《荀子》 哀公篇
魯哀公問於孔子曰:「請問取人?」孔子對曰:「無取健, 無取詌, 無取口啍. 健, 貪也; 詌, 亂也; 口啍, 誕也. 故弓調而後求勁焉, 馬服而後求良焉, 士信慤而後求知能焉. 士不信慤而有多知能, 譬之其豺狼也, 不可以身爾也. 語曰:「桓公用其賊, 文公用其盜.」故明主任計不信怒, 暗主信怒而不任計. 計勝怒則強, 怒勝計則亡.」

3. 《說苑》 尊賢篇
哀公問於孔子曰:「人何若而可取也?」孔子對曰:「毋取拑者, 無取健者, 毋取口銳者.」哀公曰:「何謂也?」孔子曰:「拑者大給利不可盡用; 健者必欲兼人, 不可以爲法也; 口銳者多誕而寡信, 後恐不驗也. 夫弓矢和調而後求其中焉; 馬慤愿順, 然後

求其良材焉；人必忠信重厚，然後求其知能焉．今人有不忠信重厚而多知能，如此人者，譬猶豺狼與，不可以身近也．是故先其仁信之誠者，然後親之；於是有知能者，然後任之；故曰：親仁而使能，夫取人之術也．觀其言而察其行，夫言者所以抒其匈而發其情者也，能行之士必能言之，是故先觀其言而揆其行，夫以言揆其行，雖有姦軌之人，無以逃其情矣．」哀公曰：「善．」

4.《**孔子家語**》五儀解

哀公問於孔子曰：「請問取人之法．」孔子對曰：「事任於官，無取捷捷，無取鉗鉗，無取啍啍，捷捷，貪也；鉗鉗，亂也；啍啍，誕也．故弓調而後求勁焉，馬服而後求良焉，士必愨而後求智能者焉．不愨而多能，譬之豺狼不可邇．」

5.《**春秋繁露**》必仁且智篇

莫近於仁，莫急於智．不仁而有勇力材能，則狂而操利兵也．不智而辯慧獧給，則迷而乘良馬也．故不仁不智而有在能，將以其材能，以輔其邪狂之心，而贊其僻違之行，適足以大其非，而甚其惡耳．其強足以覆過，其禦足以犯詐，其慧足以惑愚，其辨足以飾非，其堅足以斷辟，其嚴足以拒諫，此非無材能也，其施之不當，而處之不義也．有否心者，不可藉便執，其質愚者，不與利器，論之所謂不知人也者，恐不知別此等．仁而不智，則愛而不別．智而不仁，則知而不爲也．故仁者所愛人類也，智者所以除其害也．

6.《**孔子集語**》論人篇

韓詩外傳四：哀公問取人．孔子曰：「無取健，無取佞，無取口讒．健，驕也，佞，諂也，讒，誕也．故弓調然後求勁焉，馬服然後求良焉，士信愨然後求知焉，士不信焉，又多知，譬之豺狼，其難以身近也．周書曰：「爲虎傅翼也．」不亦殆乎？」

106(4-5) 齊桓公獨以管仲謀伐莒
군자의 세 가지 표정

제齊 환공桓公이 오직 관중管仲에게만 거莒를 칠 모책을 일러 주었는데 이상하게 제나라 사람들이 모두 이를 아는 것이었다. 환공이 관중에게 물었다.

"과인이 그대 중보仲父에게만 말하였는데 나라사람들이 이를 알고 있으니 어찌 된 일입니까?"

관중은 이렇게 대답하였다.

"생각건대 나라에 성인이 있는 것 같습니다. 동곽아東郭牙가 지금 어디 있습니까?"

환공이 돌아보며 말하였다.

"여기 있소."

관중이 동곽아를 보고 물었다.

"그대가 말하였소?"

그러자 동곽아가 대답하였다.

"그렇소!"

관중이 물었다.

"어떻게 알았소?"

동곽아는 이렇게 대답하였다.

"제가 듣건대 군자는 세 가지 표정이 있다고 하였습니다. 내 이를 보고 알았소."

관중이 다시 물었다.

"그 세 가지 표정이라는 것이 무엇이오?"

畵像磚(漢) 〈齊桓公과 管仲〉

이에 동곽아는 이렇게 설명하였다.
"기쁘고 즐거울 때는 그 얼굴에 종고鐘鼓의 색깔이 납니다. 그러나 슬프고 근심스러울 때는 최질衰絰의 빛이 나지요. 또 용맹함이 충만할 때는 병혁兵革의 얼굴빛이 됩니다. 이로써 알 수 있는 것이지요."
관중이 다시 물었다.
"그렇다면 어떻게 거를 칠 것이라는 것을 알게 되었소?"
동곽아는 이렇게 대답하였다.
"임금께서 동남쪽을 손가락으로 가리키며, 입을 크게 벌리고 다물지 않으며, 혀를 높이고 낮추지 않더이다. 이로써 거 땅을 치려 하신다는 것을 알았습니다."
이 말에 환공은 이렇게 감탄하였다.
"훌륭하오.

《시詩》에

'다른 사람 먹은 마음　　　　　　　他人有心
헤아리면 알 수 있지'　　　　　　　予忖度之

라 하였소."
　그러자 동곽아는 다시 이렇게 말하였다.
　"눈이란 마음의 부호符號이며, 말이란 행동의 방향입니다. 무릇 지혜로운 자는 다른 사람에 대하여 지식을 구해본 다음에야 능히 아는 것이 아닙니다. 오직 그 용모를 살펴보고, 그 기지氣志를 관찰하며 그가 취사取捨를 어떻게 결정하는가를 보고서 그 사람의 사정을 다 아는 것입니다."
　《시詩》에는 이렇게 말하였다.

"다른 사람 먹은 마음,　　　　　　他人有心
헤아리면 알 수 있지."　　　　　　予忖度之

齊桓公獨以管仲謀伐莒, 而國人知之.
桓公謂管仲曰:「寡人獨爲仲父言, 而國人以知之, 何也?」
管仲曰:「意若國中有聖人乎! 今東郭牙安在?」
桓公顧曰:「在此.」
管仲曰:「子有言乎?」
東郭牙曰:「然.」
管仲曰:「子何以知之?」
曰:「臣聞君子有三色, 是以知之.」
管仲曰:「何謂三色?」

曰:「歡忻愛說, 鐘鼓之色也; 愁悴哀憂, 衰絰之色也; 猛厲充實, 兵革之色也. 是以知之.」

管仲曰:「何以知其莒也?」

對曰:「君東南面而指, 口張而不掩, 舌擧而不下, 是以知其莒也.」

桓公曰:「善. 詩曰:『他人有心, 予忖度之.』」

東郭先生曰:「目者, 心之符也; 言者, 行之指也. 夫知者之於人也, 未嘗求知而後能知也, 觀容貌, 察氣志, 定取舍, 而人情畢矣.」

詩曰:『他人有心, 予忖度之.』

【莒】齊나라 동쪽의 소국. 지금의 山東省 莒縣.
【東郭牙】人名. 당시의 현인. 사물에 통달한 사람.
【鐘鼓之色】음악을 들을 때의 기쁜 표정.
【衰絰】원래는 거칠게 만든 상복을 말한다. 여기에서는 '상을 당하였을 때와 같은 슬픈 표정'이라는 뜻.
【兵革】원래는 전쟁·무기. 여기에서는 전쟁 때의 결연한 표정.
【他人之心, 予忖度之】이 부분에 대하여 趙善詒는 "毛本, 通津本, 此下有'詩曰: 他人之心, 予忖度之'十字, 今案: 若非衍, 則當分兩條"라 하였으며 屈守元은 衍文이라 단정하여 삭제하였다.
【詩曰】《詩經》小雅 巧言의 구절.

> 참고 및 관련 자료

1. 《詩經》小雅 巧言(102)

2. 《呂氏春秋》重言篇

齊桓公與管仲謀伐莒, 謀未發而聞於國, 桓公怪之曰:「與仲父謀伐莒, 謀未發而聞於國, 其故何也?」管仲曰:「國必有聖人也.」桓公曰:「譆! 日之役者, 有執蹠𣂪而上視者, 意者其是邪?」乃令復役, 無得相代. 少頃, 東郭牙至. 管仲曰:「此必是已.」

乃令賓者延之而上, 分級而立. 管子曰:「子邪? 言伐莒者?」對曰:「然.」管仲曰:「我不言伐莒, 子何故言伐莒?」對曰:「臣聞君子善謀, 小人善意. 臣竊意之也.」管仲曰:「我不言伐莒, 子何以意之?」對曰:「臣聞君子有三色, 顯然喜樂者, 鐘鼓之色也; 湫然清靜者, 衰絰之色也; 艴然充盈, 手足矜者, 兵革之色也. 日者, 臣望君之在臺上也, 艴然充盈, 手足矜者, 此兵革之色也. 君呿而不唫, 所言者莒也, 君擧臂而指, 所當者莒也. 臣竊以慮諸侯之不服者, 其惟莒乎. 臣故言之.」凡耳之聞以聲也, 今不聞其聲, 而以其容與臂, 是東郭牙不以耳聽而聞也. 桓公, 管仲雖善匿, 弗能隱矣.

3. 《論衡》知實篇

齊桓公與管仲謀伐莒, 謀未發而聞於國. 桓公怪之, 問管仲曰:「與仲甫謀伐莒, 未發, 聞於國, 其故何也?」管仲曰:「國必有聖人也.」少頃, 當東郭牙至, 管仲曰:「此必是已.」乃令賓延而上之, 分級而立. 管仲曰:「子邪, 言伐莒?」對曰:「然.」管仲曰:「我不言伐莒, 子何故言伐莒?」對曰:「臣聞君子善謀, 小人善意, 臣竊意之.」管仲曰:「我不言伐莒, 子何以意之?」對曰:「臣聞君子有三色: 驩然喜樂者, 鍾鼓之色; 愁然清淨者, 衰絰之色; 怫然充滿, 手足矜者, 兵革之色. 君口垂不唫, 所言莒也; 君擧臂而指, 所當又莒也. 臣竊虞國小諸侯不服者, 其唯莒乎! 臣故言之.」夫管仲, 上智之人也, 其別物審事矣. 云「國必有聖人」者, 至誠謂國必有也. 東郭牙至, 云「此必是已」, 謂東郭牙聖也.

4. 《管子》小問篇

桓公與管仲闔門而謀伐莒, 未發也, 而已聞于國矣. 桓公怒謂管仲曰:「寡人與仲父闔門而謀伐莒, 未發也, 而已聞于國, 其故何也?」管仲曰:「國必有聖人.」桓公曰:「然夫日之役者, 有執席食以視上者, 必彼是邪?」于是乃令之復役, 毋復相代. 少焉, 東郭郵至, 桓公令儐者延而上, 與之分級而上, 問焉, 曰:「子言伐莒者乎?」東郭郵曰:「然, 臣也.」桓公曰:「寡人不言伐莒而子言伐莒, 其故何也?」東郭郵對曰:「臣聞, 君子善謀, 而小人善意, 臣意之也.」桓公曰:「子奚以意之?」東郭郵曰:「夫欣然喜樂者, 鐘鼓之色也; 夫淵然清靜者, 縗絰之色也; 漻然豐滿, 而手足拇動者, 兵甲之色也. 日者, 臣視二君之在台上也, 口開而不闔, 是言也; 擧手而指, 勢當莒也. 且臣觀小國諸侯之不服者, 唯莒, 于是臣故曰伐莒.」桓公曰:「善哉, 以微射明, 此之謂乎! 子其坐, 寡人與子同之.」

5. 《說苑》權謀篇

齊桓公與管仲謀伐莒, 謀未發而聞於國. 桓公怪之, 以問管仲. 管仲曰:「國必有聖

人也.」桓公歎曰:「歖! 日之役者, 有執柘杵而上視者, 意其是邪!」乃令復役, 無得相代. 少焉, 東郭垂至. 管仲曰:「此必是也.」乃令儐者延而進之, 分級而立. 管仲曰:「子言伐莒者也?」對曰:「然.」管仲曰:「我不言伐莒, 子何故言伐莒?」對曰:「臣聞君子善謀, 小人善意, 臣竊意之也.」管仲曰:「我不言伐莒, 子何以意之?」對曰:「臣聞君子有三色; 優然喜樂者, 鐘鼓之色; 愀然清靜者, 縗絰之色; 勃然充滿者, 此兵革之色也. 日者, 臣望君之在臺上也, 勃然充滿, 此兵革之色也, 君呀而不吟, 所言者莒也, 君擧臂而指所當者莒也. 臣竊慮小諸侯之未服者, 其惟莒乎? 臣故言之.」君子曰:「凡耳之聞, 以聲也. 今不聞其聲而以其容與臂, 是東郭垂不以耳聽而聞也. 桓公 管仲雖善謀, 不能隱聖人之聽於無聲, 視於無形, 東郭垂有之矣. 故桓公乃尊祿而禮之.」

6.《列女傳》賢明篇「齊桓衛姬」의 내용 일부가 본편과 같다.

衛姬者, 衛侯之女, 齊桓公之夫人也. 桓公好淫樂, 衛姬爲之不聽鄭衛之音. 桓公用管仲·甯戚, 行霸道, 諸侯皆朝, 而衛獨不至. 桓公與管仲謀伐衛, 罷朝入閨. 衛姬望見桓公, 脫簪珥, 解環佩, 下堂再拜曰:「願請衛之罪.」桓公曰:「吾與衛無故, 姬何請耶?」對曰:「妾聞之: 人君有三色: 顯然喜樂, 容貌淫樂者, 鐘鼓酒食之色; 寂然清靜, 意氣沈抑者, 喪禍之色; 忿然充滿, 手足矜動者, 攻伐之色. 今妾望君, 擧趾高, 色厲音揚, 意在衛也, 是以請也.」桓公許諾. 明日臨朝, 管仲趨進曰:「君之蒞朝也, 恭而氣下, 言則徐, 無伐國之志, 是釋衛也.」桓公曰:「善.」乃立衛姬爲夫人, 號管仲爲仲父. 曰:「夫人治內, 管仲治外, 寡人雖愚, 足以立於世矣.」君子爲衛姬信而有行. 詩曰:「展如之人兮, 邦之媛也.」頌曰:「齊桓衛姬, 忠款誠信. 公好淫樂, 姬爲修身. 望色請罪, 桓公加焉. 厥使治內, 立爲夫人.」

7. 기타 참고자료
《金樓子》志怪篇

107(4-6) 今有堅甲利兵
아무리 좋은 물건이 있다 해도

　지금 여기에 견고한 갑옷과 날카로운 무기가 있다고 하자. 그러나 이것만으로 적과 맞닥뜨려 이기기에는 족하지 못하다. 활과 화살이 잘 다듬어져 있다고 하자. 역시 이것만으로 멀리 있는 미세한 과녁을 맞추기에는 족하지 않다. 이런 것만 가지고는 무기가 없는 것과 같다. 또 여기에 백성이 있다 하자. 그러나 이것만으로 적에게 대응시키기에는 족하지 않다. 이것만 가지고는 백성이 없는 것과 같다.
　그러므로 반석이 천리에 뻗쳐져 있다면 이를 두고 토지가 있다고 할 수 없으며, 어리석은 백성이 백만이 있다 해도 이를 두고 백성이 있다고는 할 수 없다.
　《시詩》에는 이렇게 말하고 있다.

"남쪽 하늘의 저 키 같은 기성,	維南有箕
그러나 그것으로 키질 할 수는 없네.	不可以簸揚
북쪽 하늘의 저 국자 같은 북두성,	維北有斗
그러나 그것으로 떠먹을 수는 없네."	不可以挹酒漿

　今有堅甲利兵, 不足以施敵破虜; 弓良矢調, 不足射遠中微, 與無兵等爾. 有民不足强用嚴敵, 與無民等爾. 故盤石千里, 不爲

有地; 愚民百萬, 不爲有民.

　詩曰:『維南有箕, 不可以簸揚; 維北有斗, 不可以挹酒漿.』

【詩曰】《詩經》小雅 大東의 구절.

참고 및 관련 자료

1. 《詩經》小雅 大東(085)

2. 《韓非子》顯學篇
磐石千里, 不可謂富; 象人百萬, 不可謂强. 石非不大, 數非不衆也, 而不可謂富强者, 磐不生粟, 象人不可使距敵也.

3. 기타 참고자료
《太平御覽》(499)

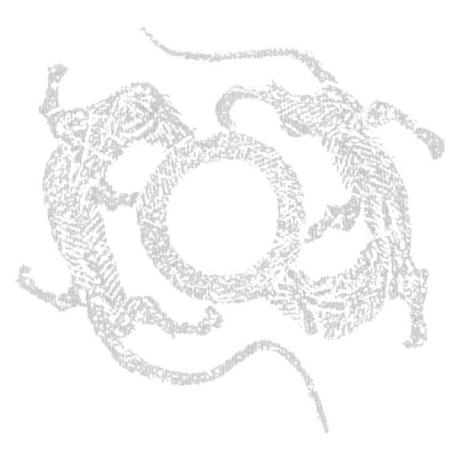

108(4-7) 傳曰舜彈五絃之琴
성인의 다스림

이렇게 전하고 있다.

순舜임금은 오현지금五絃之琴을 타면서 남풍南風의 노래만 부르고 있었어도 천하가 잘 다스려졌고, 주공周公은 술 앞에서 떠나지 않고 종고鐘鼓의 악기를 풀어 내려놓지 않았음에도 역시 온 천하가 잘 다스려졌다. 필부匹夫라면 땅 백 묘에 집 하나 다스리기에도 한가하게 거할 틈이 없어서 어디 한 번 다녀올 수도 없는데, 무릇 혼자서 천하의 일을 다 아울러 듣고 그 하루도 여유 있게 아래를 다스리니 이는 사람을 잘 부려서 하기 때문이다.

무릇 사람을 부릴 수 있는 권한을 쥐고 있으면서도 여러 사람을 아래로 잘 제어하지 못한다면 그는 윗사람으로서 자격이 없는 사람이다.

《시詩》에

"남쪽 하늘의 저 키 같은 기성,	維南有箕
그러나 그것으로 키질 할 수는 없네.	不可以簸揚
북쪽 하늘의 저 국자 같은 북두성,	維北有斗
그러나 그것으로 떠먹을 수는 없네"	不可以挹酒漿

라 하였으니 이는 윗사람으로서 그 일을 직접 담당하지 않음을 말한 것이다.

傳曰: 舜彈五絃之琴, 以歌南風, 而天下治. 周平公酒不離於前, 鐘石不解於懸, 而宇內亦治. 匹夫百畝一室, 不遑啓處, 無所移之也. 夫以一人而兼聽天下, 其日有餘而下治, 是使人爲之也. 夫擅使人之權, 而不能制衆於下, 則在位者, 非其人也.

詩曰:『維南有箕, 不可以簸揚; 維北有斗, 不可以挹酒漿.』言有位無其事也.

【南風】舜임금이 불렀다는 노래.
【周公】원문은 周 平公. 이는 周公의 誤記이다.
【詩曰】《詩經》 小雅 大東의 구절.

참고 및 관련 자료

1. 《詩經》 小雅 大東(085)

2. 《淮南子》 詮言訓

舜彈五絃之琴, 而歌南風之詩, 以治天下; 周公殽膰不收於前, 鐘鼓不解於縣, 以輔成王, 而海內平. 匹夫百畝一守, 不遑啓處, 無所移之也. 以一人兼聽天下, 日有餘, 而治不足, 使人爲之也. 處尊位者如尸, 守官者如祝宰, 尸雖能剝狗燒彘, 弗爲也. 弗能無虧 俎豆之列次, 黍稷之先後, 雖知弗敎也, 弗能無害也, 不能祝者, 不可以爲祝, 無害於爲尸, 不能御者, 不可以爲僕, 無害於爲佐. 故位愈尊, 而身愈佚, 身愈大, 而事愈少.

3. 《淮南子》 泰族訓

立事者, 賤者勞, 而貴者逸. 舜爲天子, 彈五絃之琴, 謌南風之詩, 而天下治; 周公肴膰不收於前, 鐘鼓不解於懸, 而四夷服.

4. 《孔子家語》 辯樂解

昔者, 舜彈五弦之琴, 造南風之詩, 其詩曰:「南風之薰兮, 可以解吾民之慍兮; 南風之時兮, 可以阜吾民之財兮.」唯修此化, 故其興也勃焉. 德如泉, 流至于今, 王公大人, 述而弗忘.

5. 《十八史略》卷一

四海之內, 咸戴舜功. 彈五絃之琴, 歌南風之詩, 而天下治, 詩曰:「南風之薰兮, 可以解吾民之慍兮! 南風之時兮, 可以阜吾民之財兮!」時景星出, 卿雲興. 百工相和而歌曰:「卿雲爛兮, 禮縵縵兮, 日月光華, 旦復旦兮.」

6. 기타 참고자료

《風俗通義》聲音篇・《文選》〈琴賦〉注・《禮記》〈樂記〉疏・《越絶書》(13)・《新書》(賈誼) 無爲篇

109(4-8) 齊桓公伐山戎
제후끼리는 국경을 넘을 수 없다

제齊 환공桓公이 산융山戎을 치러 갔다가 돌아오는 길에 연燕나라 땅을 거치게 되었다. 그런데 연나라 임금이 그를 배웅하면서 그만 그 경계를 넘고 말았다. 환공이 관중管仲에게 물었다.
"제후끼리 서로 배웅하면서 국경을 넘을 수 있습니까?"
관중이 대답하였다.
"천자가 아니라면 국경을 넘어서는 안 됩니다."
환공은 난감해하였다.
"그렇다면 예에 어긋난 일이 아닌가 두렵소. 나는 연나라로 하여금 이런 실례를 범하게 할 수 없소."
그리고는 연나라 임금이 넘어왔던 땅만큼을 떼어 연나라에게 주어 버렸다. 제후들이 이 소문을 듣고 모두가 제나라에 조견을 왔다.
《시詩》에는 이렇게 말하였다.

"그대 자리 공경스럽게 잘 받들어	靖恭爾位
언제나 정직을 좋아한다면	好是正直
하늘도 그대 말을 들어주리라.	神之聽之
크나큰 복으로 내려 주리라!"	介爾景福

齊桓公伐山戎, 其道過燕. 燕君送之出境.
桓公問管仲曰:「諸侯相送, 固出境乎?」
管仲曰:「非天子不出境.」
桓公曰:「然, 畏而失禮也. 寡人不可使燕失禮.」
乃割燕君所至之地以與之.
諸侯聞之, 皆朝於齊.
詩曰:『靖恭爾位, 好是正直. 神之聽之, 介爾景福!』

【齊桓公】춘추오패의 首長. 재위 43년(B.C.685~643).
【山戎】燕나라의 요청으로 桓公 23년(B.C.663)에 山戎을 쳤다. 山戎은 북쪽 이민족. 흉노의 전신이다.
【管仲】桓公을 모신 재상. 仲父.
【詩曰】《詩經》小雅 小明의 구절. "大夫以二月西征, 至於歲莫而不得歸, 故呼天而訴之"(二月에 出征하여 세밑까지 돌아올 수 없게 되자 하늘을 향해 울부짖는 내용)라 하였다.

> 참고 및 관련 자료

1. 《詩經》小雅 小明

明明上天, 照臨下土. 我征徂西, 至于艽野. 二月初吉, 載離寒暑. 心之憂矣, 其毒大苦. 念彼共人, 涕零如雨. 豈不懷歸, 畏此罪罟. 昔我往矣, 日月方除. 曷云其還, 歲聿云莫. 念我獨兮, 我事孔庶. 心之憂矣, 憚我不暇. 念彼共人, 睠睠懷顧. 豈不懷歸, 畏此譴怒. 昔我往矣, 日月方奧. 曷云其還, 政事愈蹙. 歲聿云莫, 采蕭穫菽. 心之憂矣, 自詒伊戚. 念彼共人, 興言出宿. 起不懷歸, 畏此反覆. 嗟爾君子, 無恆安處. 靖共爾位, 正直是與. 神之聽之, 式穀以女. 嗟爾君子, 無恆安息. 靖共爾位, 好是正直. 神之聽之, 介爾景福.

2. 《左傳》莊公 30年 傳

冬, 遇于魯濟, 謀山戎也. 以其病燕故也.

3.《說苑》貴德篇

齊桓公北伐山戎氏，其道過燕，燕君逆而出境，桓公問筦仲曰：「諸侯相逆固出境乎?」筦仲曰：「非天子不出境。」桓公曰：「然則燕君畏而失禮也，寡人不道而使燕君失禮，乃割燕君所至之地以與燕君。」諸侯聞之，皆朝於齊. 詩云：「靖恭爾位，好是正直，神之聽之，介爾景福。」此之謂也.

4.《史記》齊太公世家

二十三年，山戎伐燕，燕告急於齊. 齊桓公救燕，遂伐山戎，至于孤竹而還. 燕莊公遂送桓公入齊境. 桓公曰：「非天子，諸侯相送不出境，吾不可以無禮於燕。」於是分溝割燕君所至與燕，命燕君復修召公之政，納貢于周，如成康之時. 諸侯聞之，皆從齊.

5.《史記》燕世家

二十七年，山戎來侵我，齊桓公救燕，遂北伐山戎而還. 燕君送齊桓公出境，桓公因割燕所至地予燕，使燕共貢天子，如成周時職；使燕復修召公之法.

6.《新書》(賈誼) 春秋篇

齊桓公之始伯也，翟人伐燕，桓公為燕北伐翟，乃至於孤竹國，而使燕君復召公之職，桓公歸，燕君送桓公入齊地百六十六里. 桓公問於管仲曰：「禮諸侯相送，固出境乎?」管仲曰：「非天子不出境。」桓公曰：「然則燕君畏而失禮也. 寡人恐後世之以寡人能存燕而欺之也。」乃下車而令燕君還車，乃割燕君所至之地以與之. 遂溝以為境而後去. 諸侯聞桓公之義，口不言而心皆服矣. 故九合諸侯，莫不樂德扶興天子，莫不勸從誠退讓人，孰弗戴也？

110(4-9) 韶用干戚
예의는 삼천 가지

소韶를 연주할 때에 방패와 도끼를 들고 춤을 추는 것을 보면 그 소韶라는 것도 지악至樂은 아니며, 순舜임금이 요堯임금의 두 딸을 동시에 아내로 맞은 것도 훌륭한 달례達禮는 아니다. 또 황제黃帝가 열아홉 명의 아들에게 토지를 봉한 것 역시 법의法義는 아니며, 순임금이 아버지를 위해 들에 나가 운 것도 천명을 다한 것이라 볼 수 없다. 이상은 사람의 입장에서 보면 옳은 일이지만 법으로 이를 헤아려보면 꼭 맞는 것은 아니다.

예禮에는 "예의는 삼백 가지, 위의는 삼천 가지"라고 하였고, 《시詩》에는 이렇게 노래하였다.

"그대 자리 공경히 받들어	靖恭爾位
정직한 이와 더불어 같이 한다면	正直是與
하늘도 그대 말을 들어주리라.	神之聽之
너에게 좋은 복 내려 주리라."	式穀以女

韶用干戚, 非至樂也; 舜兼二女, 非達禮也; 封黃帝之子十九人, 非法義也. 往田號泣, 未盡命也. 以人觀之則是也, 以法量之則未也. 禮曰: 『禮儀三百, 威儀三千.』

詩曰: 『靖恭爾位, 正直是與, 神之聽之, 式穀以女.』

【韶】舜 임금 때의 음악.
【二女】堯가 그의 두 딸 娥皇과 女英을 舜에게 시집보낸 일.
【往田號泣】舜 임금이 아버지 瞽叟 때문에 들에 나가서 운 일.《新序》卷一(001) 참조.
【禮儀三百】《禮記》中庸의 구절.
【詩曰】《詩經》小雅 小明의 구절.

참고 및 관련 자료

1. 《詩經》 小雅 小明(108)

2. 《尙書》 堯典

岳曰:「瞽子, 父頑, 母嚚, 象傲; 克諧以孝, 烝烝乂, 不格姦.」帝曰:「我其試哉!」女于時, 觀厥刑于二女. 釐降二女于嬀汭, 嬪于虞. 帝曰:「欽哉!」

3. 《史記》 五帝本紀

嶽曰:「盲者子. 父頑, 母嚚, 弟傲, 能和以孝, 烝烝治, 不至姦.」堯曰:「吾其試哉.」於是堯妻之二女, 觀其德於二女. 舜飭下二女於嬀汭.

4. 《列女傳》 母儀篇

有虞二妃者, 帝堯之二女也: 長娥皇·次女英. 舜父頑, 母嚚; 父號瞽叟. 弟曰象, 敖游於嫚, 舜能諧柔之; 承事瞽叟以孝. 母憎舜而愛象; 舜猶內治, 靡有姦意. 四嶽薦之於堯, 堯乃妻以二女, 以觀厥內. 二女承事舜於畎畝之中, 不以天子之女故, 而驕盈怠嫚, 猶謙謙恭儉, 思盡婦道.

5. 《新序》 雜事(一)

昔者, 舜自耕稼陶漁而躬孝友. 父瞽叟頑, 母相, 及弟象傲, 皆下愚不移. 舜盡孝道, 以供養瞽叟. 瞽叟與象, 爲浚井塗廩之謀, 欲以殺舜, 舜孝益篤. 出田則號泣, 年五十猶嬰兒慕, 可謂至孝矣.

6. 《中庸》 27장

大哉! 聖人之道! 洋洋乎! 發育萬物, 峻極于天. 優優大哉! 禮儀三百, 威儀三千. 待其人而後行. 故曰:「苟不至德, 至道不凝焉.」故君子尊德性而道問學, 致廣大而盡精微, 極高明而道中庸. 溫故而知新, 敦厚以崇禮. 是故居上不驕, 爲下不倍.

國有道, 其言足以興; 國無道, 其默足以容. 詩曰:「旣明且哲, 以保其身.」其此之謂與!

7.《十八史略》卷一

帝舜有虞氏: 帝舜有虞氏, 姚姓, 或曰名重華, 瞽瞍之子, 顓頊六世孫也. 父惑於後妻, 愛少子象, 常欲殺舜, 舜盡孝悌之道, 烝烝乂不格姦. 畊歷山, 民皆讓畔, 漁雷澤, 人皆讓居, 陶河濱, 器不苦窳, 所居成聚, 二年成邑, 三年成都. 堯聞之聰明, 舉於畎畝, 妻以二女, 曰娥黃・女英, 釐降于嬀汭, 遂相堯攝政, 放驩兜, 流共工, 殛鯀, 竄三苗.

8. 기타 참고자료

《類說》(38)

111(4-10) 禮者治辯之極也
법도에 맞는 예의와 정치

예禮라고 하는 것은 치변지극治辯之極이요, 강국지본强國之本이며, 위행지도威行之道요, 공명지통功名之統이다. 왕공이 이로 말미암았기 때문에 천하를 하나로 통일할 수 있었던 것이고, 이로 말미암지 않았기 때문에 그 사직이 무너지게 된 것이다.

그 까닭으로 훌륭한 갑옷과 무기가 있다 해도 이를 무武라고 여기기에는 부족하며, 높은 성과 깊은 못을 팠다고 해도 이를 요새로 여길 수는 없으며, 엄한 법령과 빠질 구멍이 없는 형벌이 갖추어져 있다 해도 이를 위엄으로 여길 수는 없는 것이다. 오직 도로 말미암기만 하면 실행될 것이나 도로 말미암지 않는다면 이들은 폐기될 것이다.

옛날 초楚나라는 교어蛟魚 가죽과 서시犀兕로 갑옷을 만들어 그 견고하기가 금석과 같았으며, 완宛 땅에서 나는 창은 지독하기가 벌이나 가뢰독 같고, 그 군대는 가볍고 날카로우며, 날래고 빨라 갑작스럽기가 돌개바람 같았다. 그러나 그 군대는 수사垂沙에서 무너져 당자唐子는 죽고, 장교莊蹻는 도주하였으며, 초나라는 셋 넷으로 갈라지고 말았다. 이것이 어찌 훌륭한 무기가 없어서 벌어진 일이겠는가? 바로 옳은 도로 통솔하지 않았기 때문이다.

다음으로 여수汝水, 회수淮水를 험요險要로 삼고, 강수江水와 한수漢水를 방어용의 못으로 삼아 이를 따라 방성方城까지 잇고 등림鄧林을 경계로 하였다. 그러나 진秦나라 군대가 수도인 언鄢 영郢까지 들이쳐 올 때는 마치 마른나무 흔들리듯 하였으니 이것이 어찌 견고한 요새가 없어서 일어난 일이겠는가? 바로 그를 통솔한 자가 옳은 도로 하지 않았기 때문이다.

주紂가 비간比干을 살해하고 기자箕子를 가두며, 포락지형炮烙之刑을 만들어 무시로 사람을 죽이자 많은 아랫사람들이 근심과 원망 속에서 생명에 대한 희망을 잃을 정도였다. 그러나 주周나라 군대가 이르자 그의 명령이 좌우의 측근에게조차 통하지 않을 정도였으니 이것이 어찌 엄한 법령과 빠져나갈 수 없는 형벌이 마련되지 않았기 때문이었겠는가? 이는 바로 나라를 통솔하는 자가 옳은 도로 하지 않았기 때문이다.

무릇 도를 밝혀 고르게 분배해 주고, 진실한 사랑으로 때맞추어 백성을 부린다면 아랫사람이 윗사람을 마치 그림자나 메아리처럼 따르게 될 것이다. 그런데도 명령에 따르지 않는 자가 있을 경우 그때서야 형벌로 이를 다스린다면 한 사람에게만 벌을 내려도 천하가 복종할 것이며, 아랫사람이 윗사람을 비방하는 일도 없게 될 터이니 이는 자기에게 죄가 있음을 알기 때문이다.

이렇게 되면 형벌은 다투어 사라지게 되며, 위엄은 물이 흐르듯이 실행될 것이다. 이는 다른 이유에서가 아니다. 옳은 도로 말미암았기 때문이다.

《시詩》에는

"서쪽에서 동쪽에서,	自西自東
남에서 북에서,	自南自北
복종해 오지 않는 자가 없네"	無思不服

라 하였으니 이처럼 가까이 있는 자는 노래 부르고, 멀리 있는 자는 달려오며, 아주 멀리 누추하고 편벽한 나라는 사람을 보내어 즐거움을 표하지 아니하는 나라가 없으며, 그 모습이 마치 어린아이가 자애로운 부모 품에 달려가듯 하게 될 것이니 이는 무슨 이유에서이겠는가? 바로 어진 형벌에, 의가 바로 서고 가르침이 진실되고 사랑이 깊으며, 예악이 서로 교감하여 통하기 때문이다.

《시詩》에는 이렇게 말하였다.

"예의도 모두가 법에 맞으며,   禮儀卒度
웃으며 말하는 것도 때에 맞도다."   笑語卒獲

禮者, 治辯之極也, 强國之本也, 威行之道也, 功名之統也. 王公由之, 所以一天下也; 不由之, 所以隕社稷也. 是故堅甲利兵, 不足以爲武; 高城深池, 不足以爲固; 嚴令繁刑, 不足以爲威; 由其道則行, 不由其道則廢. 昔楚人蛟革犀兕以爲甲, 堅如金石, 宛如鋸蛇, 慘若蜂蠆, 輕利剛疾, 卒如飄風. 然兵殆於垂沙, 唐子死, 莊蹻走, 楚分爲三四者, 此豈無堅甲利兵也哉? 所以統之非其道故也. 汝淮以爲險, 江漢以爲池, 緣之以方城, 限之以鄧林. 然秦師至於鄢郢, 擧若振槁然, 是豈無固塞限險也哉? 其所以統之者, 非其道故也. 紂殺比干, 而囚箕子, 爲炮烙之刑, 殺戮無時, 羣下愁怨, 皆莫冀其命. 然周師至, 令不行乎左右, 而豈其無嚴令繁刑也哉? 其所以統之者, 非其道故也. 若夫明道而均分之, 誠愛而時使之, 則下之應上, 如影響矣. 有不由命, 然後俟之以刑, 刑一人而天下服. 下不非其上, 知罪在己也. 是以刑罰競消, 而威行如流者, 無他, 由是道故也.

　詩曰: 『自東自西, 自南自北, 無思不服.』

　如是則近者歌謳之, 遠者赴趨之, 幽閒僻陋之國, 莫不趨使而安樂之, 若赤子之歸慈母者, 何也? 仁刑義立, 敎誠愛深, 禮樂交通故也.

　詩曰: 『禮儀卒度, 笑語卒獲.』

【宛】地名. 지금의 河南省 南陽縣. 초나라 경내의 지명.
【垂沙】地名. 구체적으로는 알 수 없다.
【唐子】唐蔑. 唐昧. 楚나라 장수.《史記》楚世家에 "楚懷王二十八年. 秦與齊 韓魏, 共攻楚. 殺楚將唐昧"라 하였다.
【莊蹻】원래 강도였으나 뒤에 楚나라 장수가 된 인물. '장각'으로도 읽는다.
【汝水】물 이름.
【淮水】물 이름.
【方城】方城山. 楚나라의 북쪽 경계.
【鄧林】등림산. 지금의 湖北省 襄陽縣.
【鄢】楚나라의 地名. 지금의 湖北省 宜城縣 서남쪽.
【郢】楚나라의 도성. 지금의 湖北省 江陵縣 북쪽.
【自西自東】《詩經》大我 文王有聲의 詩. "此詩言文王遷豐, 武王遷鎬之事"―朱子 (이 詩는 文王이 豐邑으로, 무왕이 鎬京으로 천도한 사실을 노래한 것)라 하였다.
【禮儀卒度】《詩經》小雅 楚茨의 구절.

참고 및 관련 자료

1.《詩經》大雅 文王有聲

文王有聲, 遹駿有聲. 遹求厥寧, 遹觀厥成. 文王烝哉. 文王受命, 有此武功. 旣伐于崇, 作邑于豐. 文王烝哉. 築城伊淢, 作豐伊匹. 匪棘其欲, 遹追來孝. 王后烝哉. 王公伊濯, 維豐之垣. 四方攸同, 王后維翰. 王后烝哉. 豐水東注, 維禹之績. 四方攸同, 皇王維辟. 皇王烝哉. 鎬京辟廱. 自西自東, 自南自北, 無思不服. 皇王烝哉. 考卜維王, 宅是鎬京. 維龜正之, 武王成之. 武王烝哉. 豐水有芑, 武王豈不仕. 詒厥孫謀, 以燕翼子. 武王烝哉.

2.《詩經》小雅 楚茨(073)

3.《荀子》議兵篇

禮者, 治辨之極也, 强固之本也, 威行之道也, 功名之總也. 王公由之, 所以得天下也; 不由, 所以隕社稷也. 故, 堅甲利兵, 不足以爲勝; 高城深池, 不足以爲固; 嚴令繁刑, 不足以爲威. 由其道則行, 不由其道則廢. 楚人鮫革犀兕以爲甲, 鞈如金石, 宛鉅鐵

金也, 慘如蜂蠆, 輕利僄遬, 卒如飄風, 然而兵殆於垂沙, 唐蔑死, 莊蹻起, 楚分而爲三四. 是豈無堅甲利兵也哉? 其所以統之者非其道故也. 汝・潁以爲險, 江・漢以爲池, 限之以鄧林, 緣之以方城, 然而秦師至而鄢・郢舉, 若振槁然. 是豈無固塞隘阻也哉? 其所以統之者非其道故也.

4. 《史記》 禮書

治辨之極也, 彊固之本也, 威行之道也, 功名之總也. 王公由之, 所以一天下, 臣諸侯也; 弗由之, 所以捐社稷也. 故堅革利兵不足以爲勝, 高城深池不足以爲固, 嚴令繁刑不足以爲威. 由其道則行, 不由其道則廢. 楚人鮫革犀兕, 所以爲甲, 堅如金石; 宛之鉅鐵施, 鑽如蜂蠆, 輕利剽遬, 卒如熛風. 然而兵殆於垂涉, 唐昧死焉; 莊蹻起, 楚分而爲四參. 是豈無堅革利兵哉? 其所以統之者非其道故也. 汝潁以爲險, 江漢以爲池, 阻之以鄧林, 緣之以方城. 然而秦師至鄢郢, 舉若振槁. 是豈無固塞險阻哉? 其所以統之者非其道故也. 紂剖比干, 囚箕子, 爲炮格, 刑殺無辜, 時臣下懍然, 莫必其命. 然而周師至, 而令不行乎下, 不能用其民. 是豈令不嚴, 刑不陵哉? 其所以統之者非其道故也.

5. 기타 참고자료

《淮南子》 兵略訓・《太平御覽》(87)・《北堂書鈔》(9)

112(4-11) 君人者以禮分施
선왕의 예에 대한 헤아림

임금 된 자는 예禮에 맞게 분배하고 베풀되 두루 고르게 하여 치우침이 없게 하며, 신하된 자는 예로써 임금을 섬기되 충성과 순종으로 해이함이 없도록 하며, 아비 된 자는 관용과 은혜를 베풀되 예에 맞게 하며, 아들 된 자는 경애로움으로 모시되 공손함을 다하며, 형 된 자는 자애로움으로 하되 우애를 드러내며, 아우 된 자는 공경하여 따르되 맞서는 일이 없도록 하며, 지아비 된 자는 보살피고 도와주되 분별이 있게 하며, 아내 된 자는 유순하게 하여 듣고 따르되 만약 남편의 행동이 도에 맞지 않을 때는 두려움을 주어 스스로 깨닫게 해야 한다. 이처럼 도를 온전히 해야 하는 것이니 이를 치우치게 세우면 혼란이 일어나고 갖추어 세우면 잘 다스려진다.

그렇다면 청하여 묻건대 이를 아울러 모두 능하게 하려면 어찌 해야 하는가? 대답은 바로 예를 잘 살피라는 것이다.

옛날, 선왕이 예를 잘 살펴 천하를 은혜롭게 하자 그 덕이 천지에 미쳤으며, 어떻게 움직여도 정당하지 않은 경우가 없었다. 무릇 군자는 공경히 하되 겁을 내지는 않으며, 경애롭게 하되 고집을 피우지는 않으며, 빈궁하더라도 박약하게 굴지 않으며, 부귀하더라도 교만하게 굴지 않으며, 변화에 적응하되 궁색하게 하지는 않는다. 이는 예에 맞추어 헤아리기 때문이다.

따라서 군자는 예에 있어서 공경하되 그것을 편안히 여기며, 그 일에 있어서 벼리로 삼되 이를 잃지 않으며, 사람을 대하는 데에 있어서는 관용과 너그러움으로 원망을 적게 가지되 아첨하지 아니하며, 그 의표儀表에 있어서는 잘 다듬되 거슬리지 않게 하며, 변화에 응할 때는 신속하고 민첩하게 하되 거기에 얽매이지 않는다.

그런가 하면 백관과 기예伎藝 있는 자를 대할 때는 그 능력을 다투지 않고 도리어 그들의 공을 잘 활용하며, 천지만물에 대하여는 그 천연스러움을 휘젓지 않고 도리어 조심하여 그 풍성함을 이루도록 심어준다.

그리고 윗사람을 대접할 때는 충성과 순종으로 하되 해이하게 하지 아니하고, 아랫사람을 부림에는 두루 고르게 하여 치우침이 없게 하며, 그의 교유交游에는 같은 동류를 따라 의의가 있게 하고 향곡鄕曲에 대해서는 모두 용납하여 혼란이 일어나지 않게 한다. 이렇게 함으로써 궁하면 이름을 얻고, 통하면 공을 이루며 인의가 천하에 널리 덮여 끝이 없게 된다.

천지를 명통明通하고, 온갖 변화에 순리를 따름으로 해서 의심이 없으며, 혈기가 화평하고 지의志意가 광대하여 의의 실행이 천지를 메우게 되니 인仁과 지知의 지극함이 이와 같은 것이다. 무릇 이를 일컬어 선왕의 예에 대한 헤아림이라 한다.

이상과 같이만 하면 늙은이도 편안을 얻을 것이요, 어린이도 보호를 받을 것이며, 친구 사이라면 믿음을 얻게 되나니 마치 어린아이가 자애로운 어머니 품으로 돌아감과 같다.

이렇게 말할 수 있다. 인이 실행되고 의가 세워지며, 교화가 진실되고 사랑이 깊고 예악이 서로 교감하고 통하기 때문이라고.

《시詩》에는 이렇게 말하였다.

"예의도 모두가 법에 맞으며,　　　　　　　　禮儀卒度
　웃으며 말하는 것도 때에 맞도다."　　　　　笑語卒獲

君人者, 以禮分施, 均徧而不偏; 臣以禮事君, 忠順而不解. 父寬惠而有禮; 子敬愛而致恭; 兄慈愛而見友; 弟敬詘而不慢; 夫照臨而有別; 妻柔順而聽從, 若夫行之而不中道, 卽恐懼而自竦. 此全道也, 偏立則亂, 具立則治. 請問: 兼能之奈何? 曰: 審禮. 昔者, 先王審禮以惠天下, 故德及天地. 動無不當. 夫君子恭而弗難, 敬而不鞏, 貧窮而不約, 富貴而不驕, 應變而不窮, 審之禮也. 故君子於禮也, 敬而安之; 其於事也, 經而不失; 其於人也, 寬裕寡怨而不阿; 其於儀也, 脩飾而不危; 其應變也, 齊給便捷而不累; 其於百官伎藝之人也, 不與爭能而致用其功; 其於天地萬物也, 不拂其所而謹裁其盛; 其待上也, 忠順而不解; 其使下也, 均遍而不偏; 其於交游也, 緣類而有義; 其於鄉曲也, 容而不亂. 是故窮則有名, 通則有功. 仁義兼覆天下而不窮. 明通天地, 理萬變而不疑. 血氣平和, 志意廣大, 行義塞天地, 仁知之極也. 夫是謂先王審之禮也. 若是, 則老者安之, 少者懷之, 朋友信之, 如赤子之歸慈母也. 曰: 仁刑義立, 教誠愛深, 禮樂交通故也.

　詩曰:『禮儀卒度, 笑語卒獲.』

【鄕曲】편벽한 지역. 궁벽한 시골
【詩曰】《詩經》小雅 楚茨의 구절.

참고 및 관련 자료

1. 《詩經》 小雅 楚茨(073)
2. 《荀子》 君道篇
請問爲人君? 曰: 以禮分施, 均遍而不遍. 請問爲人臣? 曰: 以禮待君, 忠順而不懈.

請問爲人父？曰：寬惠而有禮．請問爲人子？曰：敬愛而致文．請問爲人兄？曰：慈愛而見友．請問爲人弟？曰：敬詘而不苟．請問爲人夫？曰：致功而不流，致臨而有辨．請問爲人妻？曰：夫有禮則柔從聽侍，夫無禮則恐懼而自竦也．此道也，偏立而亂，具立而治，其足以稽矣．請問兼能之奈何？曰：審之禮也．古者，先王審禮，以方皇周浹於天下，動無不當也．故君子恭而不難，敬而不鞏，貧窮而不約，富貴而不驕，并遇變態而不窮，審之禮也．故君子之於禮，敬而安之；其於事也，徑而不失；其於人也，寡怨寬裕而無阿；其所爲身也，謹修飾而不危；其應變故也，齊給便捷而不惑；其於天地萬物也，不務說其所以然，而致善用其材；其於百官之事・技藝之人也，不與之爭能，而致善用其功；其待上也，忠順而不懈；其使下也，均遍而不偏；其交遊也，緣義而有類；其居鄉里也，容而不亂．是故，窮則必有名，達則必有功，仁厚兼覆天下而不閔，明達用天地理萬變而不疑，血氣和平，志意廣大，行義塞於天地之間，仁知之極也．夫是之謂聖人，審之禮也．

113(4-12) 晏子聘魯
노나라에 간 안자

안자晏子가 노魯나라에 초빙을 받아 갔을 때, 당堂에 올라서는 뛰었고 옥을 선물로 주자 꿇어앉는 것이었다. 자로子路가 이를 괴이히 여겨 공자孔子에게 이렇게 여쭈었다.

"안자는 예를 아는 사람입니까? 지금 안자가 이 노나라에 초빙을 받아 와서는 당에 올라서는 뛰었고 옥을 내려주자 꿇어앉더이다. 어찌 된 일입니까?"

이에 공자는 이렇게 말하였다.

"그럴만한 이유가 있겠지. 그가 나를 만나러 올 것이니 내 장차 물어 보마."

잠시 후 안자가 오자 공자가 물어 보았다. 그러자 안자는 이렇게 설명하는 것이었다.

"무릇 당에 올랐을 때의 예란 임금이 한 번 움직이면 신하는 두 배로 움직여야 하는 것입니다. 임금의 행보가 빠른데 신하가 어찌 감히 뛰지 않을 수 있겠습니까? 또 지금 임금께서 선물을 내리면서 아주 몸을 낮추시니 신하로서 감히 꿇어앉지 않을 수 있겠습니까?"

공자가 이를 듣고 이렇게 말하였다.

"훌륭하오! 예禮속에 또 예가 있었군요. 사賜(由의 잘못)야! 너는 사신으로 가 본적이 적으니 어찌 족히 그러한 예를 알겠느냐?"

《시詩》에

"예의도 모두가 법에 맞으며,   禮儀卒度
웃으며 말하는 것도 때에 맞도다"   笑語卒獲

라 하였으니 안자 같은 경우를 두고 한 말이다.

晏子聘魯, 上堂則趨, 授玉則跪.
子貢怪之, 問孔子曰:「晏子知禮乎? 今者, 晏子來聘魯, 上堂則趨, 授玉則跪, 何也?」
孔子曰:「其有方矣. 待其見我, 我將問焉.」
俄而晏子至, 孔子問之.
晏子對曰:「夫上堂之禮, 君行一, 臣行二. 今君行疾, 臣敢不趨乎? 今君之授幣也卑, 臣敢不跪乎?」
孔子曰:「善. 禮中又有禮. 賜, 寡使也, 何足以識禮也.」
詩曰:『禮儀卒度, 笑語卒獲.』
晏子之謂也.

【晏子】晏嬰. 平仲. 春秋時代 齊나라의 名相. 靈公・莊公・景公을 섬기며 많은 일화를 남겼다. 《史記》管晏列傳 및 《晏子春秋》참조.
【子路】孔子의 弟子. 子由.
【賜】子貢의 이름. 由의 잘못으로 보인다.
【詩曰】《詩經》小雅 楚茨의 구절.

> 참고 및 관련 자료

1. 《詩經》 小雅 楚茨(073)

2. 《晏子春秋》 內篇 雜上

晏子使魯. 仲尼命門弟子往觀. 子貢反, 報曰:「孰謂晏子習于禮乎? 夫禮曰「登階不歷. 堂上不趨. 授玉不跪.」今晏子皆反此, 孰謂晏子習于禮者?」晏子旣已有事于魯君, 退見仲尼. 仲尼曰:「夫禮「登階不歷. 堂上不趨. 授玉不跪.」夫子反此. 禮乎?」晏子曰:「嬰聞兩楹之間, 君臣有位焉. 君行其一, 臣行其二. 君之來速, 是以登階歷, 堂上趨, 以及位也. 君授玉卑, 故跪以下之. 且吾聞之, 大者不踰閑, 小者出入可也.」晏子出, 仲尼送之以賓客之禮. 反. 命門弟子曰:「不法之禮, 維晏子爲能行之.」

3. 《論衡》 知實篇

晏子聘於魯, 堂上不趨, 晏子趨, 授玉不跪, 晏子跪. 門人怪而問於孔子. 孔子不知, 問於晏子. 晏子解之, 孔子乃曉. 聖人不能先知, 十五也.

4. 《孔子集語》 臣術篇

韓詩外傳四: 晏子聘魯, 上堂則趨, 授玉則跪. 子貢怪之, 問孔子曰:「子知禮乎? 今日晏子來聘魯, 上堂則趨, 授玉則跪, 何也?」孔子曰:「其有方矣. 待其見我, 我將問焉.」俄而晏子至, 孔子問之. 晏子對曰:「夫上堂之禮, 君行一, 臣行二. 今君行疾, 臣敢不趨乎? 今君之授幣也卑, 臣敢不跪乎?」孔子曰:「善. 禮中又有禮. 賜, 寡使也, 何足以識禮也.」詩曰:「禮儀卒度, 笑語卒獲.」晏子之謂也.

5. 기타 참고자료

《太平御覽》(523)

114(4-13) 古者八家而井田
정전법

옛날에는 여덟 집을 하나의 정전井田으로 삼았다. 사방 일 리里를 일 정井이라 하며, 폭이 삼백 보, 길이가 삼백 보인 넓이를 일 리里라 하여 그 토지는 구백 무畝가 된다. 또 폭이 한 보, 길이가 백 보를 한 무라 하며, 폭이 백 보, 길이가 백 보인 넓이를 백 무라 한다.

여덟 집이 한 인鄰을 이루어 집집마다 백 무의 땅을 얻으며, 나머지 남자들 몫으로는 각각 이십오 무씩 주며 집집마다 공전公田 십 무, 그리고 나머지는 이십오 무씩을 여사廬舍로 삼아 각각 이무 반씩 경작한다.

여덟 집은 서로 보호해 주고 출입 때에는 돌아가며 지키고, 질병이 생기면 서로 걱정해 주며, 환난이 있으면 서로 구제하고, 있고 없는 것을 서로 빌려 주며, 음식은 서로 불러 나누어 먹고, 혼인 문제를 서로 상의하며, 어렵漁獵한 것을 서로 나누면서 인애와 은혜를 서로 베푼다.

그렇게 함으로써 그 백성들이 서로 화목과 친밀을 이루어 호합好合한다. 그래서 《시詩》에는 이렇게 노래하였다.

"밭에는 파랗게 무 자라고,　　　　　中田有廬
　두둑에는 주렁주렁 오이 열렸네!"　　疆場有瓜

그러나 지금은 혹 그렇지 않으니 백성들을 다섯 집씩 묶어 죄가 있는지 서로 엿보게 하고, 형벌이 있으면 서로 들먹이며, 서로 원한과 원수를 지게 하니 백성들은 서로 잔포하게 굴어 화목한 마음을 상해하며, 인의를 적해하고 사화土化를 해친다. 이리하여 줄어드는 것은 화목이요, 늘어나는 것은 패덕敗德으로, 인도仁道가 민멸泯滅되어 간다. 그 때문에 《시詩》에는 이렇게 노래한 것이다.

"이대로 가다가는 어찌 될 건가.	其何能淑
모두 함께 빠져서 죽지 않을까?"	載胥及溺

古者, 八家而井田. 方里而爲一井, 廣三百步, 長三百步, 爲一里, 其田九百畝. 廣一步, 長百步, 爲一畝; 廣百步, 長百步, 爲百畝. 八家爲鄰, 家得百畝, 餘夫各得二十五畝, 家爲公田十畝. 餘二十畝, 共爲廬舍. 各得二畝半. 八家相保, 出入更守, 疾病相憂, 患難相救, 有無相貸, 飮食相召, 嫁娶相謀, 漁獵分得. 仁恩施行, 是以其民和親而相好. 詩曰:「中田有廬, 疆場有瓜.」今或不然, 令民相伍, 有罪相伺, 有刑相擧. 使搆造怨仇, 而民相殘, 傷和睦之心, 賊仁恩, 害士化. 所和者寡, 欲敗者多. 於仁道泯焉.

詩曰:『其何能淑, 載胥及溺?』

【井田】 여덟 집이 아홉 집 분량의 농사를 지어 그 한 몫을 나라에 바치는 제도로 마치 井字와 같아 부르게 된 것. 《孟子》滕文公(上)에 이에 대하여 자세히 설명되어 있다.
【畝】 고대 농토의 넓이를 헤아리는 단위. '묘'로도 읽는다.
【詩曰】《詩經》小雅 信南山의 구절. 이 詩는 제사를 지낼 때 쓰던 노래라 한다.
【詩曰】《詩經》小雅 桑柔의 구절. 東周 초기의 詩로 '시절을 탄식한 노래'라 한다.(屈萬里)

> 참고 및 관련 자료

1. 《詩經》 小雅 信南山

信彼南山, 維禹甸之. 畇畇原隰, 曾孫田之. 我疆我理, 東南其畝. 上天同雲, 雨雪雰雰. 益之以霢霂, 旣優旣渥, 旣霑旣足, 生我百穀. 疆場翼翼, 黍稷彧彧. 曾孫之穡, 以爲酒食. 畀我尸賓, 壽考萬年. 中田有廬, 疆場有瓜. 是剝是菹, 獻之皇祖. 曾孫壽考, 受天之祜. 祭以淸酒, 從以騂牡, 享于祖考. 執其鸞刀, 以啓其毛, 取其血膋. 是烝是享, 苾苾芬芬, 祀事孔明. 先祖是皇. 報以介福, 萬壽無疆.

2. 《詩經》 大雅 桑柔

菀彼桑柔, 其下侯旬. 捋采其劉, 瘼此下民. 不殄心憂, 倉兄塡兮. 倬彼昊天, 寧不我矜. 四牡騤騤, 旟旐有翩. 亂生不夷, 靡國不泯. 民靡有黎, 具禍以燼. 於乎有哀, 國步斯頻. 國步蔑資, 天不我將. 靡所止疑, 云徂何往. 君子實維, 秉心無競. 誰生厲階, 至今爲梗. 憂心慇慇, 念我土宇. 我生不辰, 逢天僤怒. 自西徂東, 靡所定處. 多我覯痻, 孔棘我圉. 爲謀爲毖, 亂況斯削. 告爾憂恤, 誨爾序爵. 誰能執熱, 逝不以濯. 其何能淑, 載胥及溺. 如彼遡風, 亦孔之僾. 民有肅心, 荓云不逮. 好是稼穡, 力民代食. 稼穡維寶, 代食維好. 天降喪亂, 滅我立王. 降此蟊賊, 稼穡卒痒. 哀恫中國, 具贅卒荒. 靡有旅力, 以念穹蒼. 維此惠君, 民人所瞻. 秉心宣猶, 考愼其相. 維彼不順, 自獨俾臧. 自有肺腸, 俾民卒狂. 瞻彼中林, 甡甡其鹿. 朋友已譖, 不胥以穀. 人亦有言, 進退維谷. 維此聖人, 瞻言百里. 維彼愚人, 覆狂以喜. 匪言不能, 胡斯畏忌. 維此良人, 弗求弗迪. 維彼忍心, 是顧是復. 民之貪亂, 寧爲荼毒. 大風有隧, 有空大谷. 維此良人, 作爲式穀. 維彼不順, 征以中垢. 大風有隧, 貪人敗類. 聽言則對, 誦言如醉. 匪用其良, 覆俾我悖. 嗟爾朋友, 予豈不知而作. 如彼飛蟲, 時亦弋獲. 旣之陰女, 反予來赫. 民之罔極, 職涼善背. 爲民不利, 如云不克. 民之回遹, 職競用力. 民之未戾, 職盜爲寇. 涼曰不可, 覆背善詈. 雖曰匪予, 旣作爾歌.

3. 기타 참고자료

《禮記》 王制篇·《孟子》 滕文公(上)·《穀梁傳》 宣公 15年傳·《公羊傳》 宣公 15年 何休注·《春秋繁露》 爵國篇·《漢書》 食貨志

115(4-14) 天子不言多少
대부는 텃밭을 일구지 않는다

천자는 많고 적음을 말하지 아니하며, 제후는 이익과 손해를 말하지 아니하고, 대부는 득실을 말하지 아니하며, 선비는 재물의 소통을 말하지 아니하고 길에서 장사도 하지 않는 법이다.

그러므로 네 필 말이 있는 정도의 집에서는 닭 돼지의 번식에 관심을 두어서는 아니 되며, 얼음을 저장해 두고 먹을 정도의 귀족 집안이라면 이익을 위해 소 말을 들여놓는 법이 없고, 천승 정도의 임금은 이익을 보겠다고 재물을 유통시키는 법이 없으며, 총경家卿 정도라면 직물을 짜는 일에 매달리는 법이 없고, 대부는 텃밭을 일구지 않으며, 창고를 위임받은 신하라면 시정市井의 이익을 탐내지 않는 법이다. 이런 까닭으로 빈궁한 자도 그 나름으로의 기쁨을 누리며, 고아나 과부라 할지라도 그 손발을 둘 데가 있어 살 길이 마련되는 것이다.

《시詩》에는 이렇게 노래하였다.

"저기에 버려진 곡식 단 있고,   彼有遺秉
여기엔 줍지 않은 벼이삭 있네,   此有滯穗
이것은 불쌍한 과부 몫일세!"   伊寡婦之利

流民圖(明) 周臣 미 하와이 호놀룰루 미술대학 소장

 天子不言多少, 諸侯不言利害, 大夫不言得喪, 士不言通財貨, 不賈於道. 故駟馬之家, 不恃雞豚之息; 伐冰之家, 不圖牛羊之入; 千乘之君, 不通貨財; 冢卿不脩幣施, 大夫不爲場圃, 委積之臣, 不貪市井之利. 是以貧窮有所懽, 而孤寡有所措其手足也.
 詩曰:『彼有遺秉, 此有滯穗, 伊寡婦之利!』

【冢卿】 上卿. 높은 벼슬.
【詩曰】《詩經》 小雅 大田의 구절. 이 詩는 '농사의 즐거움을 노래한 것'이라 한다.

참고 및 관련 자료

1. 《詩經》 小雅 大田

大田多稼, 旣種旣戒, 旣備乃事. 以我覃耜, 俶載南畝, 播厥百穀. 旣庭且碩, 曾孫是若. 旣方旣皁, 旣堅旣好, 必稂不莠. 去其螟螣, 及其蟊賊, 無害我田穉. 田祖有神, 秉畀炎火. 有渰萋萋, 興雨祁祁. 雨我公田, 遂及我私. 彼有不穫穉, 此有不斂穧, 彼有遺秉, 此有滯穗, 伊寡婦之利. 曾孫來止, 以其婦子, 饁彼南畝, 田畯至喜. 來方禋祀, 以其騂黑, 與其黍稷. 以享以祀, 以介景福.

2. 《荀子》 大略篇

故天子不言多少, 諸侯不言利害, 大夫不言得喪, 士不言通貨財. 有國之君不息牛羊, 錯質之臣不息鷄豚, 冢卿不修幣, 大夫不爲場園. 從士以上皆羞利而不與民爭業, 樂分施而恥積臧. 然故, 民不困財, 貧窶者有所竄其手.

3. 《鹽鐵論》 本議篇

故天子不言多少, 諸侯不言利害, 大夫不言得喪.

116(4-15) 人主欲得善射及遠中微
훌륭한 임금만이 사랑을 안다

　임금이 활을 잘 쏘는 자를 얻고자 하여 멀리 쏘면서도 미세한 과녁을 맞히는 자를 보면 그에게 높은 작위를 주고, 훌륭한 상으로써 이를 초치招致한다. 이렇게 하여 안으로는 자신의 자제라고 하여 사사로이 편드는 법이 없으며, 밖으로는 관계가 먼 사람이라고 하여 그 능력을 은폐시키는 일도 없이 오직 그 능력에 따라 마땅한 자를 뽑는 것이니 이런 원칙을 어찌 대도大道라 하지 않을 수 있겠는가?
　비록 성인이라 할지라도 이런 원칙은 바꾸지 못할 것이다. 지금 나라를 다스리고 백성을 통솔하려 하면서 상하를 하나로 조정하고 안으로는 견고한 성을 쌓고 밖으로는 외난에 맞서려면 그 다스림이란 결국 사람을 통제하는 것이다. 이때 사람을 통제할 수 없어 혼란이 일어나면 위험과 멸망은 가히 서서 기다려야 할 것이다.
　그러나 경상卿相을 찾아 자신을 돕게 하면서 홀로 이처럼 공정하게 하지 않게 하거나 오직 편벽되게 자신에게 가까이 있는 자를 등용한다면 이 어찌 과실이 아니겠는가? 그러므로 사직社稷을 가진 자가 평안을 바라지 않는 것은 아니지만 갑작스럽게 위험에 처하는 경우가 있고, 존속을 원하지 않는 자가 없건만 갑작스럽게 망하는 경우도 있다. 그리하여 옛날에는 천여 개의 나라가 있었으나 지금은 수십 개밖에 남지 않았으니 이는 무슨 이유이겠는가? 바로 공정을 잃었기 때문이 아님이 없다.
　따라서 영명한 군주는 사사롭게 백금과 주옥같은 물건을 선물하는 예는 있어도 사사롭게 관직이나 일거리를 주는 경우는 없다. 무슨 까닭이겠는가? 바로 이익이란 사사롭게 사용해서는 안 되는 것이기 때문이다. 저가 능력이 없는 줄 뻔히 알면서도 임금이 이를 등용해 시킨다면 이는 어리석은 군주요, 신하로서 능력이 없는데도 하겠다고 나선다면 이는 사기꾼 신하이다.

위로는 어리석은 임금이 있고 아래로는 사기꾼 신하가 있다면 멸망할 날이 며칠 남지 않은 나라이니 함께 해를 입는 경우가 된다. 따라서 영명한 군주만이 능히 그 사랑하는 바를 사랑할 수 있고, 어리석은 군주라면 그 사랑하는 바를 위험으로 몰아넣는다. 무릇 문왕文王이라고 해서 사랑하고 자기와 친한 측근이 없었던 것은 아니다. 그러나 초연하게 태공太公을 주인舟人 속에서 들어 이를 등용하였으니 어찌 사사로움이 있었겠는가?

그러면 문왕과 태공은 친족 사이인가? 태공은 다른 씨족이다. 그렇다면 연고가 있었는가? 서로는 일찍이 일면상식도 없었다. 그렇다면 잘생겨서 그랬는가? 그것도 아니다. 태공은 그 때 이미 일흔두 살의 나이로 이빨이 다 빠진 상태였다. 그런데도 그를 등용한 것은 문왕이 귀한 도를 바로 세우며, 귀한 이름을 밝혀 천하를 제패, 중국中國에 은혜를 베풀려 하였기 때문이다.

그 때문에 독단으로 하지 않고 이런 자를 들어서 등용하였던 것이니 그 결과로 귀한 도는 과연 세워졌고, 귀한 이름은 과연 밝혀졌으며, 천하를 겸병하여 일흔두 개의 나라를 세웠고, 그 중에 희성姬姓이 단독으로 거하는 나라가 쉰둘이나 된 것이다.

그러한 다음 그 주周나라의 후손들이 난폭하게 굴거나 미혹됨이 없어 천하 제후들에게 드러나지 않은 자가 없으니 이런 경우를 일컬어 능히 그 사랑하는 바를 사랑할 줄 안다고 하는 것이다.

따라서 영명한 군주라야 그 사랑하는 바를 능히 사랑할 수 있고, 어리석은 군주는 그 사랑하는 바를 오히려 위험으로 몰고 간다고 하였으니 이를 두고 이른 말이다.

〈대아大雅〉에는

"자손에게 좋은 모책 끼쳐 주셔서　　　　　貽厥孫謀
후대를 편안케 하고 감싸주시네"　　　　　以燕翼子

라 하였고, 〈소아小雅〉는

"산들 얼마나 더 살겠으며,　　　　　　　　死喪無日
서로 볼 날 그 얼마나 남았겠는가?"　　　無幾相見

라고 하였으니 이는 그 사랑하는 자를 위험에 빠뜨림을 두고 한 말이다.

人主欲得善射及遠中微, 則懸貴爵重賞以招致之, 內不阿子弟, 外不隱遠人, 能中是者取之. 是豈不謂之大道也哉? 雖聖人弗能易也. 今欲治國馭民, 調一上下, 將內以固城, 外以拒難. 治則制人, 人弗能制. 亂則危削・滅亡可立待也. 然而求卿相輔佐, 獨不如是之公, 惟便辟比己之是用, 豈不謂過乎? 故有社稷, 莫不欲安, 俄則危矣; 莫不欲存, 俄則亡矣. 古之國千餘, 今無數十, 其故何也? 莫部失於是也. 故明主有私人以百金名珠玉, 而無私人以官職事業者, 何也? 曰: 本不利所私也. 彼不能而主使之, 是闇主也; 臣不能而爲之, 是詐臣也. 主闇於上, 臣詐於下, 滅亡無日矣. 俱害之道也. 故惟明主能愛其所愛, 闇主則必危其所愛. 夫文王非無便辟親比己者, 超然乃擧太公於舟人而用之, 豈私之哉? 以爲親邪? 則異族之人也; 以爲故耶? 則未嘗相識也; 以爲姣好耶? 則太公年七十二, 齳然而齒墮矣. 然而用之者, 文王欲

立貴道, 欲白貴名, 兼制天下, 以惠中國, 而不可以獨, 故擧是人而用之. 貴道果立, 貴名果白, 兼制天下, 立國七十二, 姬姓獨居五十二, 周之子孫, 苟不狂惑, 莫不爲天下顯諸侯. 夫是之謂能愛其所愛矣. 故惟明主能愛其所愛, 闇主必危其所愛, 此之謂也.

　大雅曰:『貽厥孫謀, 以燕翼子.』

　小雅曰:『死喪無日, 無幾相見.』

　危其所愛之謂也.

【舟人】《荀子》에는 州人으로 되어 있으며, 州는 地名, 혹은 큰 마을을 일컫는다.
【大雅曰】《詩經》大雅 文王有聲의 구절.
【小雅曰】《詩經》小雅 頍弁의 구절. 이 詩는 '형제 친척이 모여 즐거운 한때를 보내는 즐거움을 읊은 것'이라 하였다.(朱子)

참고 및 관련 자료

1. 《詩經》大雅 文王有聲(110)

2. 《詩經》小雅 頍弁

有頍者弁, 實維伊何. 爾酒旣旨, 爾殽旣嘉. 豈伊異人, 兄弟匪他. 蔦與女蘿, 施于松柏. 未見君子, 憂心奕奕. 旣見君子, 庶幾說懌. 有頍者弁, 實維何期. 爾酒旣旨, 爾殽旣時. 豈伊異人, 兄弟具來. 蔦與女蘿, 施于松上. 未見君子, 憂心怲怲. 旣見君子, 庶幾有臧. 有頍者弁, 實維在首. 爾酒旣旨, 爾殽旣阜. 豈伊異人, 兄弟甥舅. 如彼雨雪, 先集維霰. 死喪無日, 無幾相見. 樂酒今夕, 君子維宴.

3. 《荀子》君道篇

人主欲得善射·射遠中微者, 縣貴爵重賞以招致之, 內不可以阿子弟, 外不可以隱遠人, 能中是者取之, 是豈不必得之之道也哉? 雖聖人不能易也. 欲得善馭及速致遠者, 一日而千里, 縣貴爵重賞以招致之, 內不可以阿子弟, 外不可以隱遠人, 能致是者取之,

是豈不必得之之道也哉？雖聖人不能易也. 欲治國馭民, 調一上下, 將內以固城, 外以拒難. 治則制人, 人不能制也; 亂則危辱・滅亡, 可立而待也. 然而求卿相輔佐, 則獨不若是其公也, 案唯便嬖親比己者之用也, 豈不過甚矣哉？故, 有社稷者, 莫不欲強, 俄則弱矣; 莫不欲安, 俄則危矣; 莫不欲存, 俄則亡矣. 古有萬國, 今有數十焉, 是無它故, 莫不失之是也. 故, 明主有私人以金石珠玉, 無私人以官職事業. 是何也？曰: 本不利於所私也. 彼不能, 而主使之, 則是主暗也; 臣不能, 而誣能, 則是臣詐也. 主暗於上, 臣詐於下, 滅亡無日, 俱害之道也. 夫文王, 非無貴戚也, 非無子弟也, 非無便嬖也, 倜然乃舉太公於州人而用之, 豈私之也哉？以爲親邪？則周姬姓也, 而彼姜姓也; 以爲故邪？則未嘗相識也; 以爲好麗邪？則夫人行年七十有二, 齫然而齒墮矣. 然而用之者, 夫文王欲立貴道, 欲白貴名, 以惠天下, 而不可以獨也. 非於是子莫足以舉之, 故舉是子而用之. 於是乎貴道果立, 貴名果明, 兼制天下, 立七十一國, 姬姓獨居五十三人, 周之子孫苟不狂惑者, 莫不爲天下之顯諸侯. 如是者, 能愛人也. 故, 舉天下之大道, 立天下之大功, 然後隱其所憐所愛, 其下猶足以爲天下之顯諸侯. 故曰:「唯明主爲能愛其所愛, 暗主則必危其所愛.」此之謂也.

117(4-16) 問者不告
도리에 맞는 말만 대답하라

물음에 예의가 없거든 대답하지 말고, 대답에 예의가 없거든 더 이상 묻지를 말며, 언쟁을 벌이려는 기색이거든 더불어 의논을 하지 말라. 반드시 그 도에 합당한 경지에 이르거든 그런 연후에야 상대해 주며, 그릇된 도로 다가오거든 피해 버려라.

따라서 예가 공손해진 연후에 가히 더불어 도의 방법을 논하고, 말이 순통해진 연후에야 가히 더불어 도의 이치를 논하며, 얼굴빛이 조용해진 연후라야 가히 더불어 도의 극치를 논하라. 그러므로 더불어 말할 경우가 아닌데 말하는 것을 고瞽라 하고, 더불어 말해야 할 때에 말하지 않는 것을 은隱이라 한다. 군자는 장님瞽같이 굴어서는 안 되며, 말은 그 순서를 조심해야 하는 것이다.

《시詩》에

"조금도 소홀히 굴지 않았네,　　　　　　彼交匪紓
천자께서 내리신 임무이기에"　　　　　　天子所予

라 하였으니 이는 반드시 말이 내 뜻과 교감된 연후에 주라는 뜻이다.

問者不告, 告者勿問, 有諍氣者勿與論. 必由其道至, 然後接之. 非其道, 則避之. 故禮恭, 然後可與言道之方; 辭順, 然後可與

言道之理; 色從, 然後可與言道之極. 故未可與言而言, 謂之瞀;
可與言而不與言, 謂之隱; 君子不瞀, 言謹其序.
　詩曰: 『皮交匪紓, 天子所予.』
　言必交吾志然後予.

【問者不告】 '告'를 '楛'의 가차자로 보기도 한다(《荀子》). 따라서 '물음에는 예의 없이 대답하지 말라'의 뜻이 된다.
【瞀】 장님.
【隱】 '숨기거나 은폐하다'의 뜻.
【詩曰】 《詩經》 小雅 采菽의 구절. 이는 '제후가 천자를 朝見할 때 그 상황을 노래한 것'이라 한다.

참고 및 관련 자료

1. 《詩經》 小雅 采菽

采菽采菽, 筐之筥之. 君子來朝, 何錫予之. 雖無予之, 路車乘馬. 又何予之, 玄袞及黼. 觱沸檻泉, 言采其芹. 君子來朝, 言觀其旂. 其旂淠淠, 鸞聲嘒嘒. 載驂載駟, 君子所屆. 赤芾在股, 邪幅在下. 彼交匪紓, 天子所予. 樂只君子, 天子命之. 樂只君子, 福祿申之. 維柞之枝, 其葉蓬蓬. 樂只君子, 殿天子之邦. 樂只君子, 萬福攸同. 平平左右, 亦是率從. 汎汎楊舟, 紼纚維之. 樂只君子, 天子葵之. 樂只君子, 福祿膍之. 優哉游哉, 亦是戾矣.

2. 《荀子》 勸學篇

問楛者, 勿告也; 告楛者, 勿問也; 說楛者, 勿聽也; 有爭氣者, 勿與辯也. 故必由其道至, 然後接之, 非其道則避之. 故禮恭, 而後可與言道之方; 辭順, 而後可與言道之理; 色從, 而後可與言道之致. 故未可與言而言謂之傲, 可與言而不言謂之隱, 不觀氣色而言謂之瞽. 故君子不傲・不隱・不瞽, 謹順其身. 詩曰: 「匪文匪舒, 天子所予.」 此之謂也.

118(4-17) 子爲親隱
아비를 숨겨주는 것

아들이 아버지를 위해 숨겨주는 것은 의義의 입장에서 보면 바른 것이 아니며, 임금이 옳지 못한 자를 죽이는 것도 인仁의 입장에서 보면 사랑을 베푸는 일이 아니다. 이처럼 비록 인에 위배되고 의에 해를 끼치는 일이지만 법도는 그 속에 있는 것이다.

《시詩》에는 이렇게 말하였다.

"훌륭하고 유유하네,　　　　　　　　　　優哉游哉
　드디어 여기까지 이르셨네."　　　　　亦是戾矣

子爲親隱, 義不得正; 君誅不義, 仁不得愛. 雖違仁害義, 法在其中矣.

詩曰:『優哉游哉, 亦是戾矣.』

【子爲親隱】《論語》子路篇 참조.
【詩曰】《詩經》小雅 采菽의 구절.

참고 및 관련 자료

1. 《詩經》 小雅 采菽(116)

2. 《論語》 子路篇

葉公語孔子曰:「吾黨有直躬者, 其父攘羊, 而子證之.」 孔子曰:「吾黨之直者異於是: 父爲子隱, 子爲父隱. 直在其中矣.」

3. 《白虎通》 諫諍篇

君不爲臣隱, 父獨爲子隱, 何也? 以爲父子一體, 榮恥相及. 故論語曰:「父爲子隱, 子爲父隱, 直在其中矣」.

119(4-18) 齊桓公問於管仲曰
백성은 왕의 하늘이다

제齊 환공桓公이 관중管仲에게 물었다.
"왕자王者는 무엇을 귀하게 여겨야 합니까?"
"하늘을 귀하게 여겨야지요."
이 대답에 환공은 고개를 들어 하늘을 쳐다보는 것이었다. 이에 관중은 이렇게 설명하였다.
"소위 하늘이란 저 푸른 하늘을 가리키는 것이 아닙니다. 왕 된 자는 백성을 하늘로 여겨야 한다는 뜻입니다. 백성과 함께하면 안녕을 얻는 것이요, 백성을 잘 이끌면 강해지는 것이며 백성을 해치면 위험해지는 것이요, 백성을 배반하면 망하는 것입니다."
《시詩》에

"옳지 못한 사람들,	民之無良
서로 한 쪽으로만 원망하네!"	相怨一方

라 하였으니 백성은 모두가 한 쪽으로만 윗사람을 원망하는 것이며 이렇게 되고도 망하지 않은 나라는 없다는 뜻이다.

齊桓公問於管仲曰:「王者何貴?」
曰:「貴天.」

桓公仰而視天.

管仲曰:「所謂天, 非蒼莽之天也. 王者以百姓爲天, 百姓與之卽安, 輔之卽強, 非之卽危, 倍之卽亡.」

詩曰:『民之無良, 相怨一方.』

民皆居一方而怨其上, 不亡者, 未之有也.

【齊 桓公】춘추오패의 하나.
【管仲】齊 桓公 때의 재상.
【詩曰】《詩經》小雅 角弓의 구절. 이 詩는 '왕이 九族을 친히 하지 않고 佞臣을 가까이 하는 것을 풍자한 것'이라 한다.

참고 및 관련 자료

1. 《詩經》 小雅 角弓

騂騂角弓, 翩其反矣. 兄弟昏姻, 無胥遠矣. 爾之遠矣, 民胥然矣. 爾之敎矣, 民胥傚矣. 此令兄弟, 綽綽有裕. 不令兄弟, 交相爲瘉. 民之無良, 相怨一方. 受爵不讓, 至于已斯亡. 老馬反爲駒, 不顧其後. 如食宜饇, 如酌孔取. 毋敎猱升木, 如塗塗附. 君子有徽猷, 小人與屬. 雨雪瀌瀌, 見晛曰消. 莫肯下遺, 式居婁驕. 雨雪浮浮, 見晛曰流. 如蠻如髦, 我是用憂.

2. 《說苑》 建本篇

齊桓公問管仲曰:「王者何貴?」曰:「貴天.」桓公仰而視天, 管仲曰:「所謂天者, 非謂蒼蒼莽莽之天也; 君人者以百姓爲天, 百姓與之則安, 輔之則彊, 非之則危, 背之則亡.」詩云:「人而無良, 相怨一方.」民怨其上, 不遂亡者, 未之有也.

3. 기타 참고자료

《類說》(38) · 《說郛》(7) · 《後漢書》 章帝紀 注

120(4-19) 善御者不忘其馬
이익을 앞세우면 아들이 아비를 죽인다

말을 잘 다루는 자는 그 말을 잊지 않고 관리하며, 활을 잘 쏘는 자는 그 활을 잊지 않고 간수하고, 윗사람으로서 일을 잘 처리하는 자는 그 아랫사람을 잊지 않고 관심을 기울이는 법이다.

진실로 사랑으로 이익을 얻게 해 주면 사해지내四海之內가 한 집안 같아진다. 그러나 사랑으로 하지 않으면서 이익만 구하려 한다면 아들도 혹 아비를 죽이는 일이 있을 수 있는 것이니, 하물며 천하의 다른 사람들임에랴?

《시詩》에는 이렇게 말하였다.

"옳지 못한 사람들,   民之無良
　서로 한 쪽으로만 원망하네!"   相怨一方

善御者不忘其馬, 善射者不忘其弓, 善爲上者不忘其下. 誠愛而利之, 四海之內, 闔若一家. 不愛而利, 子或殺父, 而況天下乎?
詩曰:『民之無良, 相怨一方!』

【四海之內】온 세계. 天下.
【詩曰】《詩經》小雅 角弓의 구절.

참고 및 관련 자료

1. 《詩經》 小雅 角弓(118)

2. 《淮南子》 繆稱訓

善御者, 不忘其馬; 善射者, 不忘其弓. 善爲人上者, 不忘其下, 誠能愛而利之, 天下可從也. 弗愛弗利, 親子叛父.

3. 기타 참고자료

《類說》(38)・《說郛》(7)

121(4-20) 出則爲宗族患
집 안팎의 걱정거리

밖으로 나가면 종족의 걱정거리요, 집에 있으면 동네의 근심거리. 《시詩》에

"오랑캐도 부끄러워할 그 못된 행실,　　如蠻如髦
　나는 이로써 걱정스럽네"　　　　　　　我是用憂

라 하였으니 이는 소인의 행동을 말한 것이다.

出則爲宗族患, 入則爲鄕里憂.
詩曰:『如蠻如髦, 我是用憂.』
小人之行也.

【宗族】같은 氏族. 門族.
【詩曰】《詩經》小雅 角弓의 구절.

참고 및 관련 자료

1. 《詩經》 小雅 角弓
2. 본장의 문장은 124(4-23)의 끝 부분과 같다. 찬집의 오류인 듯하다.
3. 기타 참고자료

《類說》(38)·《說郛》(7)

122(4-21) 有君不能事
자신에게 어두운 자

임금을 능히 잘 섬기지는 못하면서 신하에게는 자신에게 충성을 다할 것을 바라고, 어버이를 능히 잘 섬기지 못하면서 아들에게는 그 효도를 다하기를 바라며, 또 형에게 능히 공경을 다하지 못하면서 동생에게는 그 명령을 잘 따르기를 요구한다.
《시詩》에

"사양할 줄 모르더니　　　　　　　受爵不讓
제 몸조차 망쳤네!"　　　　　　　至于己斯亡

라 하였으니 남에게는 잘 알려 주면서 자신은 그렇게 할 줄 모르는 것을 빗댄 것이다.

有君不能事, 有臣欲其忠; 有父不能事, 有子欲其孝; 有兄不能敬, 有弟欲其從令.
詩曰:『受爵不讓, 至于己斯亡!』
言能知於人, 而不能自知也.

【詩曰】《詩經》小雅 角弓(118 참조).

참고 및 관련 자료

1. 《詩經》 小雅 角弓(118)

2. 《荀子》 法行篇

君子有三恕: 有君不能事, 有臣而求其使, 非恕也. 有親不能報, 有子而求其孝, 非恕也. 有兄不能敬, 有弟而求其聽令, 非恕也. 士明於此三恕, 則可以端身矣.

3. 《孔子家語》 三恕篇

孔子曰:「君子有三恕: 有君不能事, 有臣而求其使, 非恕也; 有親不能孝, 有子而求其報, 非恕也; 有兄不能敬, 有弟而求其順, 非恕也. 士能明於三恕之本, 則可謂端身矣.」孔子曰:「君子有三思, 不可不察也. 少而不學, 長無能也; 老而不教, 死莫之思也; 有而不施, 窮莫之救也. 故君子少思其長則務學, 老思其死則務敎, 有思其窮則務施.」

123(4-22) 夫當世之愚
대중을 미혹시킨 열 사람

　무릇 당세의 어리석은 자들은 사악한 이론을 수식하고, 간사한 말들을 문식하여 천하를 혼란스럽게 하며, 여러 어리석은 자들을 속이고 미혹하게 하여, 그들을 뒤섞어 시비是非와 치란治亂의 근본이 어디 있는지를 알지 못하게 하고 있으니, 바로 범저范雎, 위모魏牟, 전문田文, 장주莊周, 신도愼到, 전병田騈, 묵적墨翟, 송견宋鈃, 등석鄧析, 혜시惠施같은 무리이다.
　이 열 사람은 모두가 그릇된 학설에 순응해서 빛을 발하고, 잡박한 것들만을 보고들은 자들이다. 그러나 상고시대를 스승으로 여기지 아니하고, 선왕을 법 받지 아니하며 흘러간 옛 학설에 의거하여 새로운 이론을 창조한 것으로 오직 공교하게 하는 데에만 힘쓰며, 도는 만나 보지도 못한 것들이건만 그런데도 사람들은 이들을 따라 휩쓸리고 있다. 그러므로 이 열 사람의 공교한 이론은 그 학설이 모두가 한결같이 대도大道에 합당하지도, 풍속을 아름답게도, 또는 기강의 다스림에도 맞지 않는다.
　그렇지만 그들은 각각의 그럴 만한 이유를 가지고 있고 그 말도 모두 논리가 있음으로 해서 족히 어리석은 이들을 속이고 미혹하게 하며, 질박하고 낮은 사람들을 혼란시킬 수는 있으니 이것이 바로 이 열 사람들의 죄이다.
　그러나 만약 방략方略을 하나로 묶고, 무리를 하나로 통일시키며, 언행을 일치되게 하여 천하의 영걸들을 한자리에 모아 대도로써 알려

주고 지순至順으로 교화시키면, 좁은 공간이나 앉은 자리에도 간요하게 옛 성왕의 가르침이 갖추어질 것이며, 온 세상의 풍속도 물밀듯이 이를 향해 달려 나가게 될 것이며, 공교한 학설이 침입하지 못하여, 이 열 사람이 가까이 다가오지도 못하게 될 것이다.

그러나 송곳 끝 하나 꽂을 자리도 없지만 왕공王公들이라 할지라도 감히 그와 이름을 다투지 못할 그런 훌륭한 분이 있다면 성인으로서 뜻을 펴지 못한 사람이니 바로 공자孔子 같은 분이요, (천하를 하나로 하고 만물을 재화의 가치가 있게 하며, 백성을 길러 천하의 이익을 겸하며, 통달한 무리 속에 복종치 않는 이가 없게 하여, 공교한 말장난을 하는 자는 즉시 사라지게 하고 열 사람의 무리를 교화시켜 성인의 훌륭함을 얻을 수 있게 해 주는 것) 이는 순舜, 우禹 같은 이가 그런 경우이다.

그렇다면 어진 사람이 힘쓸 일이란 과연 무엇인가? 그것은 위로는 순舜, 우禹의 제도를 법 받고 아래로는 중니仲尼의 뜻을 법칙 삼아 이 열 사람의 학설을 종식시키는 일에 힘써야 하는 것이니 그렇게 해야 어진 이의 임무가 끝나는 것이며 천하의 해악이 없어지고 성인의 자취가 드러나게 된다.

《시詩》에는 이렇게 말하였다.

"펄펄 내리는 저 눈비도　　　　　　雨雪瀌瀌
햇볕이 나타나면 삭아진다네!"　　　見晛曰消

夫當世之愚, 飾邪說, 文姦言, 而亂天下, 欺惑衆愚, 使混然不知是非治亂之所存者, 卽是范雎·魏牟·田文·莊周·愼到·田駢·墨翟·宋鈃·鄧析·惠施之徒也. 此十子者, 皆順非而澤, 聞見雜博, 然而不師上古, 不法先王, 按往舊造說, 務自爲工, 道無所遇, 而人相從, 故曰: 十子者之工說, 說皆不足合大道, 美風俗,

治綱紀. 然其持之各有故, 言之皆有理. 足以欺惑衆愚, 交亂樸鄙, 卽是十子之罪也. 若夫總方畧, 一統類, 齊言行, 羣天下之英傑, 告之以大道, 教之以至順, 隩要之間, 衽席之上, 簡然聖王之文具, 沛然平世之俗趨, 工說者不能入也, 十子者不能親也. 無置錐之地, 而王公不能與爭名, 卽是聖人之未得志者也, 仲尼是也, (一天下, 財萬物, 長養人民, 兼利天下, 通達之屬, 莫不從服, 工說者立息, 十子者遷化, 則聖人之得埶者,) 舜禹是也. 仁人將何務哉? 上法舜禹之制, 下則仲尼之義, 以務息十子之說, 如是者, 仁人之事畢矣, 天下之害除矣. 聖人之迹著矣.

詩曰:『雨雪瀌瀌, 見晛曰消!』

【范雎】戰國時代 魏나라 출신. 언변에 뛰어나 처음에는 魏나라 大夫인 順賈를 섬겼으나 뒤에 秦나라로 들어가 秦 昭王에게 '遠交近攻策'을 유세하여 客卿을 거쳐 재상이 되었으며 應侯로 불렸다. 《史記》范雎列傳 및 《戰國策》秦策 등 참조. 흔히 범수(范雎)로 쓰고 읽어왔으나 범저(范雎)로 표기함이 옳은 것으로 판명됨.

【魏牟】魏나라의 公子. 莊子와 同時代로 縱欲을 주장하여 《漢書》藝文志의 道家에 《公子牟》四篇이 있다.

【田文】孟嘗君 戰國四公子의 하나로 三千食客을 거느렸다. 靖郭君 田嬰의 아들로 薛 땅에 봉해졌다. 《史記》孟嘗君列傳 및 《戰國策》秦策 등 참조.

【莊周】莊子. 戰國時代 宋나라 蒙縣 사람으로 이름은 周, 자는 子休. 孟子, 梁惠王, 齊宣王 때의 인물로 道家에 속한다. 《莊子》五十二篇이 전한다. 《史記》老莊中韓列傳 참조.

【愼到】戰國時代 趙나라 사람으로 齊나라의 稷下學士가 되었다. 《漢書》藝文志 法家에 《愼子》四十二篇이 있으나 지금은 뒷사람이 집일한 五篇이 전한다.

【田騈】戰國時代 趙나라 사람으로 齊나라의 稷下學士가 되었다. 《漢書》藝文志에 《田子》二十五篇이 道家 소속으로 기록되어 있다. '전변'으로도 읽음.

【墨翟】墨子. 戰國時代 魯나라 사람으로 겸애·절용을 제창하여 한 파를 이루었다. 《墨子》책이 전한다.

【宋鈃】戰國時代 宋나라 사람. 孟子와 同時代 인물로 宋頸이라고도 불리며 《莊子》에는 '宋榮子'로 되어 있다. '송형'으로도 읽음.
【鄧析】戰國時代 鄭나라 사람으로 子産과 동시대 인물. 《漢書》에 《鄧析子》 二篇이 名家에 있으나 지금 전하는 것은 後人의 위탁으로 보고 있음.
【惠施】魏나라 재상을 지내기도 하였으며 莊子와 친구 사이. 《漢書》에 《惠子》 一篇이 있으나 失傳되었다.
【隩要之間】〈四庫全書〉本에는 '隩突之間'으로 되어 있다.
【詩曰】《詩經》小雅 角弓의 구절. 다른 판본에는 "雨雪瀌瀌, 見晛聿消"로 되어 있다.
【一天下~得埶者】괄호 속은 〈四庫全書〉本·〈四部叢刊〉本에 모두 누락되어 있다.

参고 및 관련 자료

1. 《詩經》小雅 角弓(118)
2. 《荀子》非十二子篇

假今之世, 飾邪說, 文奸言, 以梟亂天下, 欺惑愚衆, 矞宇嵬瑣, 使天下混然不知是非治亂之所存者有人矣. 縱情性, 安恣睢, 禽獸之行, 不足以合文通治. 然而其持之有故, 其言之成理, 足以欺惑愚衆. 是它嚻·魏牟也. 忍情性, 綦谿利跂, 苟以分異人爲高, 不足以合大衆, 明大分. 然而其持之有故, 其言之成理, 足以欺惑愚衆. 是陳仲·史鰌也. 不知壹天下, 建國家之權稱, 上功用, 大儉約而僈差等, 曾不足以容辨異·縣君臣. 然而其持之有故, 其言之成理, 足以欺惑愚衆. 是墨翟·宋鈃也. 尚法而無法, 下脩而好作, 上則取聽於上, 下則取從於俗, 終日言成文典, 及紃察之, 則偒然無所歸宿, 不可以經國定分. 然而其持之有故, 其言之成理, 足以欺惑愚衆. 是愼到·田駢也. 不法先王, 不是禮義, 而好治怪說, 玩琦辭, 甚察而不惠, 辯而無用, 多事而寡功, 不可以爲治綱紀. 然而其持之有故, 其言之成理, 足以欺惑愚衆. 是惠施·鄧析也. 略法先王, 而不知其統, 猶然而材劇志大, 聞見雜博. 案往舊造說, 謂之五行, 甚僻違而無類, 幽隱而無說, 閉約而無解, 案飾其辭, 而祇敬之曰:「此眞先君子之言也.」子思唱之, 孟軻和之, 世俗之溝猶瞀儒嚾嚾然不知其所非也, 遂受而傳之, 以爲仲尼·子游爲茲厚於後世. 是則子思·孟軻之罪也.

124(4-23) 君子大心則敬天而道
군자와 소인

　군자는 큰마음을 먹게 되면 하늘을 공경하여 도로 나아가고, 작은 마음을 먹게 되더라도 의를 두려워하여 절도를 지킨다. 그리고 지혜가 있으면 달의를 밝혀 함께하며, 어리석더라도 단정히 하고 성실히 하여 법을 지킨다. 또, 기쁨이 있으면 화합하여 치도를 따르고, 걱정이 있으면 고요히 하여 그 자리를 떠나며, 영달하면 편안한 마음으로 용납하고, 궁해질지라도 이를 받아들여 자세히 알아보려 한다.
　그러나 소인이 큰마음을 먹게 되면 교만하고 포악하게 굴며, 작은 마음을 갖게 되면 음일하여 한 쪽으로 기울고, 조금 안다면 도적질하고 요행을 바라게 되며, 어리석으면 악독하게 남을 괴롭히고 난을 일으킨다. 그런가 하면 기쁨이 있으면 경솔하고 쉽게 굴어 그것을 상쾌한 것으로 여기고, 근심이 있으면 좌절하여 겁부터 먹으며, 영달하면 교만하고 치우치게 굴며, 궁해지면 포기하고 누추해진다. 그 지체의 놀림이 금수와 같아지고 언어의 포악함은 만이蠻夷와 다를 바가 없어지며, 나간즉 종족의 근심거리요, 들어온즉 동네의 우환거리가 된다.
　《시詩》에는 이렇게 말하였다.

"오랑캐도 부끄러워 할 그 못된 행실, 　　如蠻如髦
나는 이로써 걱정스럽네." 　　我是用憂

君子大心則敬天而道, 小心則畏義而節; 知則明達而類, 愚則端慤而法; 喜則和而治, 憂則靜而違; 達則寧而容, 窮則納而詳. 小人大心則慢而暴, 小心則淫而傾; 知則攫盜而徼, 愚則毒賊而亂; 喜則輕易而快, 憂則挫而懾; 達則驕而偏, 窮則棄而累. 其肢體之序, 與禽獸同節; 言語之暴, 與蠻夷不殊. 出則爲宗族患, 入則爲鄕里憂.

詩曰:『如蠻如髦, 我則用憂.』

【懾】다른 기록에는 '攝'으로 되어 있다.
【出則爲宗族患】120(4-20)과 같다. 중복되었다.
【詩曰】《詩經》小雅 角弓의 구절.

참고 및 관련 자료

1. 《詩經》小雅 角弓(118)
2. 《荀子》不苟篇

君子, 小人之反也. 君子大心則天而道, 小心則畏義而節; 知則明通而類, 愚則端慤而法; 見由則恭而止, 見閉則敬而齊; 喜則和而理, 憂則靜而違; 通則文而明, 窮則約而詳. 小人則不然, 大心則慢而暴, 小心則淫而傾; 知則攫盜而漸, 愚則毒賊而亂; 見由則兌而倨, 見閉則怨而險; 喜則輕而翾, 憂則挫而懾; 通則驕而偏, 窮則棄而儑. 傳曰:「君子兩進, 小人兩廢.」此之謂也.

125(4-24) 傳曰愛由情出
사랑은 정에서 생겨난다

이렇게 전해오고 있다.

사랑은 정에서 생겨나는 것이니 이를 인仁이라 하고, 사랑을 절도 있게 하고 마땅함에 따르게 되면 이를 의義라 한다. 그리고 사랑을 잘 이루어 공경하고 조심하면 이를 예禮라 하고, 예를 문아文雅하게 하는 것을 용容이라 하며, 예와 용의 아름다움은 스스로 치治로 삼기에 족하다.

그러므로 말은 가히 백성의 도로 삼을 수 있으니 백성은 바로 이 말을 따르는 것이요, 행동은 가히 백성의 법으로 삼을 수 있으니 백성은 그 행동을 본받아 따르는 것이다. 책에 기록을 남기고 기록에 그런 사실이 전하고 있으니 만세토록 자자손손이 이를 본받아 버림이 없게 해야 한다.

이로 말미암으면 다스려질 것이요, 이로 말미암지 않으면 혼란이 일어날 것이며, 이를 바탕으로 하면 살 것이요, 이를 놓치면 죽게 된다. 지금 무릇 그 지체의 놀림이 금수와 같고 언어의 포악함은 만이蠻夷와 다를 바가 없어서 도가 뒤섞여 없어지고 말았다. 이것이 바로 명왕明王 성주聖主들이 죄라고 여긴 바의 것을 짓지 말아야 할 죄인 것이다.

《시詩》에는 이렇게 말하였다.

"오랑캐도 부끄러워할 그 못된 행실,   如蠻如髦
나는 이로써 걱정스럽네."   我是用憂

傳曰: 愛由情出謂之仁; 節愛理宜謂之義; 治愛恭謹謂之禮. 文禮謂之容, 禮容之美, 自足以爲治. 故其言可以爲民道, 民從是言也; 行可以爲民法, 民從是行也; 書之於策, 傳之於志. 萬世子子孫孫, 道而不舍. 由之則治, 失之則亂, 由之則生, 失之則死. 今夫肢體之序, 與禽獸同節, 言語之暴, 與蠻夷不殊, 混然無道, 此明王城主之所罪.

詩曰: 『如蠻如髦, 我是用憂.』

【禮容之美, 自足以爲治】일부 판본에는 "禮容之義生, 以治爲法"으로 되어 있다.
【肢體之序】앞장(123) 참조. 중복되었다.
【詩曰】《詩經》小雅 角弓의 구절.

참고 및 관련 자료

1. 《詩經》小雅 角弓(118)
2. 《春秋繁露》仁義法篇

春秋之所治, 人與我也. 所以治人與我者, 仁與義也. 以仁安人, 以義正我. 故仁之爲言人也, 義之爲言我也, 言名以別矣. 仁之於人, 義之於我者, 不可不察也, 衆人不察, 乃反以仁自裕, 而以義設人, 詭其處而逆其理, 鮮不亂矣. 是故人莫欲亂, 而大抵常亂, 凡以闇於人我之分, 而不省仁義之所在也. 是故春秋爲仁義法, 仁之法在愛人, 不在愛我. 義之法在正我, 不在正人. 我不自正, 雖能正人, 弗予爲義. 人不被其愛, 雖厚自愛, 不予爲仁.

3. 기타 참고자료

《鶡冠子》著希篇

126(4-25) 客有說春申君者曰
병든 자신보다 임금이 더 불쌍하다

어떤 객客이 춘신군春申君에게 이렇게 유세하였다.

"탕湯은 칠십 리밖에 되지 않는 적은 땅, 문왕文王은 백 리의 땅밖에 없었지만 모두가 천하를 겸병하고 해내海內를 통일하였습니다. 지금 무릇 손자孫子라는 자는 천하의 현인입니다. 그대는 그처럼 능력 있는 자에게 백 리나 되는 땅을 다스리도록 해 놓고 계시니 제 생각으로는 이는 그대에게 이롭지 못할 것이라고 여깁니다. 어떻게 생각하십니까?"

이에 춘신군이 동의하였다.

"맞는 말이오."

그리고는 사람을 시켜 손자에게 사직하도록 알렸다. 손자가 그곳 초楚나라를 떠나 조趙나라로 가자 조나라에서는 그를 상경上卿으로 삼아 우대하였다. 그때 그 객이 다시 춘신군을 찾아와 이렇게 말하는 것이었다.

"옛날 이윤伊尹이 하夏나라를 버리고 은殷나라로 들어가자 은나라는 왕업을 이루었고, 하나라는 망하였습니다. 또, 관중管仲이 노魯나라를 떠나 제齊나라로 가버리자 노나라는 약해졌고 제나라는 강해졌습니다. 이로 말미암아 보건대 어진 자가 그 어느 나라에 있느냐에 따라 그 나라 임금이 훌륭해지지 않은 경우가 없었고, 그 나라가 평안을 얻지 않은 경우가 없었습니다. 지금 손자는 천하의 현인입니다. 어찌 그를 내쫓게 하여 다시 이 초나라에서 받아들일 공작을 꾸미지 않습니까?"

이에 춘신군은 역시 동의하였다.

"맞는 말이오."

그리고는 사람을 보내어 손자를 청해 오도록 하였다. 손자는 이에 거짓으로 기뻐하면서 사양하였다.

"비루한 속담에 '악창난 사람은 자신보다 더 임금을 불쌍하다고 여긴다'(癘憐王) 라 하였는데, 이는 불공스러운 말로서 비록 잘 헤아려 보지 않을 수 없는 말이기는 하나 악창 정도는 겁살劫殺 사망死亡당하는 군주에 비할 바가 아니라는 뜻입니다. 무릇 임금이 나이는 어리면서 방자하기만 하고, 간사한 자를 가려낼 수 있는 법술도 갖지 못하면, 대신들은 대신들대로 오로지 사사로이 전횡과 독단을 부리면서 자기와 다른 자를 금하거나 죽여 없애게 되는 것입니다.

그러므로 훌륭한 어른을 없애 버리고 젊고 약한 이를 세워 정직한 사람을 폐하고 불선不善한 자를 등용하게 됩니다. 따라서 춘추春秋에 기록된 것을 보면 초楚나라 왕자인 위圍가 정鄭나라에 초빙되었다가 아직 국경을 넘지 않았을 때, 왕이 병이 났다는 소식을 듣고 되돌아와서는 증세를 물어 보는 척하면서 마침내 갓끈으로 왕을 목 졸라 죽이고 자립하여 왕이 된 사건이 있습니다. 또 제齊나라 최저崔杼의 아내가 예쁘게 생겨 장공莊公이 이와 사통하였지요. (최저가 자신의 무리를 이끌고 장공을 공격하자, 장공은 나라를 나누어 주겠다고 빌었지만) 최저는 허락하지 않았고, 스스로 사당에 가서 자살하겠다는 것조차도 (최저는 역시 허락하지 않았습니다.) 이에 장공이 담을 넘어 도망가자 이의 허벅지를 쏘아 드디어 장공을 죽이고, 그 아우를 세웠으니 이가 곧 경공景公입니다. 그런가 하면 근세의 일로는 이태李兌가 조趙나라의 권력을 잡고 주보主父를 사구沙丘에서 백일 동안 굶겨서 죽인 일이 있고, 요치淖齒가 제齊나라에 들어와 민왕閔王의 힘줄을 뽑아 사당의 대들보에 매달아 하룻밤이 지난 다음 죽인 일도 있습니다.

무릇 창병(癘)이란 옹종가자癰腫痂疵의 처참한 병이지만 먼 옛날에 비교해 보면 목이 졸리고 허벅지에 화살을 맞는 것에는 미치지 못하고,

가까이 근세에 비교해도 힘줄이 뽑히거나 굶어 죽는 처참함에는 미치지 못합니다.

이처럼 겁살 사망을 당하는 군주는 마음의 걱정이나 육체의 고통이 틀림없이 창병보다 심할 것입니다. 이로 말미암아 보건대 창병에 걸린 자가 비록 자신이 고통스러우나 그보다 왕을 더욱 불쌍히 여긴다는 말은 그럴 만한 이유가 있습니다."

그리고 이를 바탕으로 부賦를 지었다.

"좋은 옥과 구슬이 있어도	
이를 찰 줄 모르고,	琁玉瑤珠不知珮
잡포와 비단을 놓고	
어떻게 다른 줄을 모르네.	雜布與錦不知異
여취, 자도 같은 미인 남녀에게	
중매 설 줄 모르고,	閭姵子都莫之媒
모모, 역보를 보고	
좋은 줄로 잘못 아네.	嫫母力父是之喜
장님을 눈 밝은 자로 착각하고	以盲爲明
귀머거리를 총명한 줄 잘못 알고 있네.	以聾爲聰
옳은 것을 그르다 하고,	以是爲非
길한 것을 흉이라 하네.	以吉爲凶
오호라. 하늘이여!	嗚呼上天
내 어찌 그들과 함께 하리오!"	曷維其同

《시詩》에는 이렇게 말하였다.

"하늘이 온통 심상찮은 때,	上帝甚蹈
내 스스로 올가미를 쓰기는 싫소!"	無自瘵焉

客有說春申君者曰:「湯以七十里, 文王百里, 皆兼天下, 一海內. 今夫孫子者, 天下之賢人也. 君藉之百里之勢, 臣竊以爲不便於君. 若何?」

春申君曰:「善.」

於是使人謝孫子. 去而之趙, 趙以爲上卿.

客又說春申君曰:「昔伊尹去夏之殷, 殷王而夏亡; 管仲去魯而入齊, 魯弱而齊強. 由是觀之, 夫賢者之所在, 其君未嘗不善, 其國未嘗不安也. 今孫子, 天下之賢人, 何謂辭而去?」

春申君又云:「善.」

於是使請孫子.

孫子因僞喜謝之:「鄙語曰:『癘憐王.』此不恭之語也, 雖不可不審也, 非比爲劫殺死亡之主者也. 夫人主年少而放, 無術法以知奸, 卽大臣以專斷圖私, 以禁誅於已也, 故捨賢長而立幼弱, 廢正直而用不善. 故春秋之志曰: 楚王之子圍聘於鄭, 未出境, 聞王疾, 返問疾, 遂以冠纓絞王而殺之. 因自立. 齊崔杼之妻美, 莊公通之. (崔杼帥其黨而攻莊公, 莊公請與分國,) 崔杼不許, 欲自刃於廟, (崔杼又不許,) 莊公走出, 踰於外牆, 射中其股, 遂弒而立其弟景公. 近世所見: 李兌用趙, 餓主父於沙丘, 百日而殺之. 淖齒用齊, 擢閔王之筋, 而懸之於廟, 宿昔而殺之. 夫癘雖癰腫疕疵, 上比遠世, 未至絞頸射股也; 下比近世, 未至擢筋餓死也. 夫劫殺死亡之主, 心之憂勞, 形之苦痛, 必甚於癘矣. 由此觀之, 癘雖憐王, 可也.」

因爲賦曰:「琁玉瑤珠不知珮, 雜布與錦不知異, 閭娵子都莫之媒, 嫫母力父是之喜. 以盲爲明, 以聾爲聰, 以是爲非, 以吉爲凶. 嗚呼上天! 曷維其同!」

詩曰:『上帝甚蹈, 無自瘵焉!』

【春申君】戰國四公子의 하나. 黃歇. 楚나라의 令尹을 지냈다. 《史記》春申君
列傳 및 《戰國策》楚策 참조.

【孫子】荀子를 말한다. 荀況. 漢 宣帝 劉詢을 諱하여 '孫卿'이라 불렀다.

【癲憐王】'악창이 난 자신보다 신하에게 죽음을 당하는 왕이 더욱 불쌍하다고
여김'을 말한다.

【楚王之子圍】楚나라 共王의 次子. 楚 靈王. 당시 令尹으로 鄭나라에 사신으로
가던 중, 康王의 뒤를 이은 頰敖가 병이 났다는 소식을 듣고 되돌아와서 조카인
頰敖를 죽이고 왕이 되었다. 이가 곧 靈王이다. 재위 12년(B.C.540~529). 자세한
사건은 《左傳》昭公 元年을 볼 것.

【齊崔杼之妻美】崔杼가 莊公을 죽인 일로 《左傳》襄公 25년을 볼 것. 한편
본문은 《戰國策》등의 기록과 대조해 보면 "莊公通之" 다음에 "崔杼師其黨而攻
莊公, 莊公請與分國" 15자와 다시 "欲自刃於廟" 다음에 "崔杼又不許" 5자 등이
누락되었다.

【主父】戰國時代 趙나라 肅侯인 子雍(主父)은 둘째아들 子何를 왕으로 삼아
놓고 長子는 대신 安陽君에 봉하고, 스스로는 主父라 칭하고 있었다. 이에
불만을 품은 長子인 子章(安陽君)이 난을 일으켜, 主父(肅侯)가 다시 그 요구를
들어 주려 하자 公子 成과 李兌가 主父의 宮을 포위, 결국 子章을 죽인 후
主父를 그대로 감금하여 석 달 후 沙丘宮에서 굶겨 죽였다. 그의 시호는 武靈.
《史記》趙世家 및 《戰國策》趙策 참조.

【閔王】戰國時代 齊나라 宣王의 아들. 이름은 地. 湣王으로도 쓰며 燕·秦·楚·
三晉이 연합하여 쳐들어오자 楚나라는 淖齒를 시켜 齊나라를 구한답시고 그를
재상으로 삼은 후 결국 湣王을 죽이게 하였다. 《史記》田敬仲完世家 및 《戰國策》
齊策 참조. 단 '宿昔'이 《戰國策》에는 '宿夕'으로 되어 있다.

【閭娵】고대의 美女.

【子都】고대의 美男.

【嫫母】고대의 醜女.

【力父】고대의 醜男.

【詩曰】《詩經》小雅 菀柳의 구절. 이 詩는 '흉험한 자를 풍자하는 내용'이라
한다.

【崔杼帥~又不許】두 곳 괄호 안은 《四庫全書本》·《四部叢刊本》 모두 누락되어
있다.

참고 및 관련 자료

1. 《詩經》 小雅 菀柳

有菀者柳, 不尙息焉. 上帝甚蹈, 無自暱焉. 俾予靖之, 後予極焉. 有菀者柳, 不尙愒焉. 上帝甚蹈, 無自瘵焉. 俾予靖之, 後予邁焉. 有鳥高飛, 亦傅于天. 彼人之心, 于何其臻. 曷予靖之, 居以凶矜.

2. 《韓非子》 姦劫弑臣

諺曰: 「癘憐王.」 此不恭之言也. 雖然, 古無虛諺, 不可不察也. 此謂劫殺死亡之主言也. 人主無法術以御其臣, 雖長年而美材, 大臣猶將得勢擅事主斷, 而各爲其私急. 而恐父兄豪傑之士, 借人主之力, 以禁誅於己也. 故弒賢長而立幼弱, 廢正的而立不義. 故春秋記之曰: 「楚王子圍將聘於鄭, 未出境, 聞王病而反. 因入問病, 以其冠纓絞王而殺之, 遂自立也. 齊崔杼其妻美, 而莊公通之, 數如崔氏之室. 及公往, 崔子之徒, 賈擧率崔子之徒而攻公. 公入室, 請與之分國, 崔子不許; 公請自刃於廟, 崔子又不聽; 公乃走, 踰於北牆. 賈擧射公, 中其股, 公墜, 崔子之徒以戈斫公而死之, 而立其弟景公.」 近之所見: 李兌之用趙也, 餓主父百日而死, 卓齒之用齊也, 擢王之筋, 懸之廟梁, 宿昔而死. 故厲雖癰腫疕瘍, 上比於春秋, 未至於絞頸射股也; 下比於近世, 未至餓死擢筋也. 故劫殺死亡之君, 此其心之憂懼, 形之苦痛也, 必甚於厲矣. 由此觀之, 雖「癘憐王」可也.

3. 《戰國策》 楚策(四)

客說春申君曰: 「湯以亳, 武王以鄗, 皆不過百里以有天下. 今孫子, 天下賢人也, 君籍之以百里勢, 臣竊以爲不便於君. 何如?」 春申君曰: 「善.」 於是使人謝孫子. 孫子去之趙, 趙以爲上卿. 客又說春申君曰: 「昔伊尹去夏入殷, 殷王而夏亡. 管仲去魯入齊, 魯弱而齊強. 夫賢者之所在, 其君未嘗不尊, 國未嘗不榮也. 今孫子, 天下賢人也. 君何辭之?」 春申君又曰: 「善.」 於是使人請孫子於趙. 孫子爲書謝曰: 「馭人憐王」, 此不恭之語也. 雖然, 不可不審察也. 此爲劫弑死亡之主言也. 夫人主年少而矜材, 無法術以知奸, 則大臣主斷國私以禁誅於己也, 故弑賢長而立幼弱, 廢正適而立不義. 春秋戒之曰: 「楚王子圍聘於鄭, 未出竟, 聞王病, 反問疾, 遂以冠纓絞王, 殺之, 因自立也. 齊崔陽之妻美, 莊公通之. 崔陽帥其君黨而攻. 莊公請與分國, 崔陽不許; 欲自刃於廟, 崔陽不許. 莊公走出, 踰於外牆, 射中其股, 遂殺之, 而立其弟景公.」 近代所見: 李兌用趙, 餓主父於沙丘, 百日而殺之; 榗齒用齊, 擢閔王之筋,

縣於其廟梁, 宿夕而死. 夫襄雖癰腫胞疾, 上比前世, 未至絞纓射股; 下比近代, 未至擢筋而餓死也. 夫劫弒死亡之主也, 心之憂勞, 形之困苦, 必甚於襄矣. 由此觀之, 襄雖憐王可也.」因爲賦曰:「寶珍隋珠, 不知佩兮. 褘布與絲, 不知異兮. 閭姝子奢, 莫知媒兮. 吊母求之, 又甚喜之兮. 以螺爲明, 以聾爲聰, 以是爲非, 以吉爲凶. 嗚呼上天, 曷惟其同!」詩曰:「上天甚神, 無自瘵也.」

4. 《荀子》賦篇

琁玉瑤珠, 不知佩也. 雜布與錦, 不知異也. 閭女取·子奢, 莫之媒也. 嫫母力父, 是之喜也. 以盲爲明, 以聾爲聰, 以危爲安, 以吉爲凶. 嗚呼上天, 曷維其同.

5. 기타 참고자료

《風俗通義》窮通篇

127(4-26) 南苗異獸之鞟
기이한 짐승의 가죽

남묘씨南苗氏가 사는 곳에 이상한 짐승의 가죽이 난다. 마치 개나 양의 가죽 같으나 사람에게 이를 먹이면 독약을 먹은 것처럼 죽는다. 그러나 오랫동안 먹으면 체질이 바뀌어 그 습관에 따라 본성이 그처럼 바뀐다. 무릇 미친 자는 스스로 자신의 몸을 뜯어먹되 그것이 가죽이 아니라는 것을 모르고, 흙을 먹으면서 그것이 밥이 아니라는 것을 모른다. 이처럼 초楚나라 사람으로 미친 자는 초나라 말을 하고, 제齊나라의 미친 자는 제나라 말로 중얼거린다. 이는 습관이 그렇게 든 때문이다.

이처럼 사람의 습관이란 작으나 드러나고, 깊어서 고쳐지지 않는다. 그 사람의 근골筋骨에 깊이 박이고, 교칠膠漆을 한 것처럼 굳어 있게 된다. 이 까닭으로 군자는 배우기에 힘쓰는 것이다.

《시詩》에는 이렇게 말하였다.

"훌륭하신 군자를 뵈옵고 나니,　　　　　　　旣見君子
　덕스러운 그 음성 크고 굳도다."　　　　　　德音孔膠

南苗異獸之鞟, 猶犬羊也. 與之於人, 猶死之藥也. 安舊侈質, 習貫易性而然也. 夫狂者自齧, 忘其非葯蓩也. 飯土, 而忘其非粱飯也. 然則楚之狂者楚言, 齊之狂者齊言, 習使然也. 夫習之於人,

微而著, 深而固, 是暢於筋骨, 貞於膠漆, 是以君子務爲學也.
　詩曰:『旣見君子, 德音孔膠.』

【南苗氏】 남쪽의 苗族.
【芻豢】 가축의 좋은 먹이를 일컫는 말. (033참조)
【膠漆】 아교와 옻칠. 썩지 않고 단단함을 비유.
【詩曰】《詩經》 小雅 隰桑의 구절. 이 詩는 "男女相悅之辭"라 하였다.

참고 및 관련 자료

1.《詩經》 小雅 隰桑

隰桑有阿, 其葉有難. 旣見君子, 其樂如何. 隰桑有阿, 其葉有沃. 旣見君子, 云何不樂. 隰桑有阿, 其葉有幽. 旣見君子, 德音孔膠. 心乎愛矣, 遐不謂矣. 中心藏之, 何日忘之.

128(4-27) 孟子曰
잃어버린 마음

맹자孟子가 이렇게 말하였다.
"인仁은 사람의 마음이며 의義는 사람의 길이다. 그렇건만 그 길을 버리고는 가지 않으며, 그 마음을 풀어 놓고 거두어들이지 않는구나. 사람이 닭이나 개가 풀려 돌아다니면 이를 찾으려 할 줄 알면서 자신의 마음이 풀려 방치되었는데도 이는 찾으려 할 줄 모르고 있으니 그 마음이 닭이나 개만도 못하다는 것인가! 이렇게 경중을 모르니 슬프도다! 마침내 역시 다 잃고 말리라. 그러므로 학문의 길이란 다른 것이 아니다. 그 잃어버린 마음을 되찾는 것일 뿐이다."

〈孟母斷機圖〉 淸 康濤(畵)

《시詩》에는 이렇게 말하였다.

"마음속 깊이 갈무리 하였으니　　　　　中心藏之
　그 어느 땐들 잊어버리랴?"　　　　　　何日忘之

孟子曰:「仁, 人心也; 義, 人路也. 舍其路弗由, 放其心而弗求. 人有雞犬放, 則知求之; 有放心, 而不知求, 其於心爲不若雞犬哉! 不知類之甚矣, 悲夫! 終亦必亡而已矣. 故學問之道無他焉. 求其放心而已.」

詩曰:『中心藏之, 何日忘之?』

【孟子】孟軻. 子輿. 子思의 門人에게 배웠다.
【詩曰】《詩經》 小雅 隰桑의 구절.

참고 및 관련 자료

1. 《詩經》 小雅 隰桑(127)

2. 《孟子》 告子(上)

孟子曰:「仁, 人心也; 義, 人路也. 舍其路而不由, 放其心而不知求, 哀哉! 人有雞犬放, 則知求之; 有放心, 而不知求. 學問之道無他, 求其放心而已矣.」

129(4-28) 道雖近
도가 아무리 가깝다 해도

　도가 아무리 가깝다 해도 실행하지 않으면 거기에 다다를 수 없고, 일이 아무리 작다고 해도 하지 않으면 이룰 수 없다. 스스로 언제나 능력 있다고 여기는 자도 알고 보면 보통 사람과 그리 큰 차이가 있는 것은 아니다.
　무릇 다만 좋은 활이 그의 손에 있을 때 그 뛰어난 사람은 뿔을 입히고 힘줄을 묶고, 아교와 옻칠로 이를 조화시켜 만승의 보배가 되도록 정성을 들일 뿐이요, 능력이 없는 자의 손에 들어가게 되면 이를 몇 푼어치의 물건으로 팔아 버리고 말 것이다. 똑같은 사람이요, 똑같은 재료건만 귀천이 이처럼 반 곱절이나 되는 것은 진심치지盡心致志하였느냐의 차이에 있을 따름이다.
　《시詩》에는 이렇게 말하였다.

"마음속 깊이 갈무리하였으니　　　　　中心藏之
　그 어느 땐들 잊어버리랴?"　　　　　何日忘之

　道雖近, 不行不至; 事雖小, 不爲不成. 每自多者, 出人不遠矣. 夫巧弓在此手也, 傅角被筋, 膠漆之和, 卽可以爲萬乘之寶也. 及其彼手, 而賈不數銖. 人同材均, 而貴賤相萬者, 盡心致志也.
　詩曰:『中心藏之, 何日忘之?』

【詩曰】《詩經》 小雅 隰桑의 구절.

참고 및 관련 자료

1. 《詩經》 小雅 隰桑(127)
2. 《荀子》 修身篇

道雖邇, 不行不至; 事雖小, 不爲不成. 其爲人也, 多暇日者, 其出入不遠矣.

130(4-29) 傳曰誠惡惡
악을 미워하는 것은

이렇게 전해오고 있다.

진실로 악을 미워하는 것은 형벌을 아는 근본이요, 진실로 선을 좋아하는 것은 공경을 아는 근본이다. 오로지 성실만이 신을 감동시키며 민심에게까지 도달할 수 있는 것이니, 형벌과 공경의 근본을 알게 되면 화를 내지 않아도 위엄이 서게 되고, 말을 하지 않아도 믿음을 얻게 된다. 이처럼 성실은 바로 덕의 주인이라 할 수 있다.

《詩시》에는 이렇게 말하였다.

"집안에서 울리는 그 음악 소리,   鼓鐘于宮
그 소리 밖에까지 들려오네."   聲聞于外

傳曰: 誠惡惡, 知刑之本; 誠善善, 知敬之本. 惟誠感神, 達乎民心. 知刑敬之本, 則不怒而威, 不言而信. 誠, 德之主也.
詩曰:『鼓鐘于宮, 聲聞于外.』

【惡惡】惡을 미워하고 싫어함.
【詩曰】《詩經》小雅 白華의 구절. 이 詩는 '남편이 아내를 버리고 멀리 떠나자 그 아내가 남편을 그리워하는 내용'이라 한다.

참고 및 관련 자료

1. 《詩經》 小雅 白華

白華菅兮, 白茅束兮. 之子之遠, 俾我獨兮. 英英白雲, 露比菅茅. 篇步艱難, 之子不猶.
滮池北流, 浸彼稻田. 嘯歌傷懷, 練彼碩人. 樵彼桑薪, 卬烘于煁. 維彼碩人, 實勞我心.
鼓鐘于宮, 聲聞于外. 念子懆懆, 視我邁邁. 有鶖在梁, 有鶴在林. 維彼碩人, 實勞我心.
鴛鴦在梁, 戢其左翼. 之子無良, 二三其德. 有扁斯石, 履之卑兮. 之子之遠, 俾我疧兮.

131(4-30) 孔子見客
공자가 만난 손님

공자孔子가 손님을 만난 다음 그 손님이 떠나자 안연顔淵이 이렇게 여쭈었다.

"그 손님은 어진 분이시던가요?"

이에 공자가 이렇게 대답하였다.

"그 사람 마음은 원한에 찼더라. 그런데 그 입은 좋은 말만 하더구나. 어진지 어떤지 나는 모르겠다. 그의 말을 다 모아 봐도."

이에 안연은 움츠려들면서 얼굴색이 변하였다. 공자가 다시 말을 이었다.

"좋은 옥은 한 자尺밖에 안 될지라도 비록 열 길의 흙으로 이를 덮는다 해도 그 빛을 숨길 수 없고, 좋은 구슬은 한 치寸일지라도 이를 백 길의 물 속에 넣어도 그 반짝거림을 감출 수 없는 것이다. 무릇 형태는 그 몸체이며 겉으로 드러난 색깔은 그 마음이란다. 아주 먼 관계 같지만 그렇게 얇은 차이이지. 진실로 온량溫良함이 그 가슴속에 있으면 눈까풀 사이에 그것이 드러나 보이게 마련이며, 흠이 그 속에 있다면 역시 눈까풀 사이에도 이를 감출 수 없는 것이란다."

《시詩》에는 이렇게 말하였다.

"집안에서 울리는 그 음악 소리,　　　　鼓鐘于宮
　그 소리 밖에까지 들려 나오네."　　　聲聞于外

顔子(顔回)《三才圖會》

孔子見客, 客去.

顏淵曰:「客, 仁也?」

孔子曰:「恨兮其心, 顙兮其口, 仁則吾不知也, 言之所聚也.」

顏淵蹙然變色. 曰:「良玉度尺, 雖有十仞之土, 不能掩其光; 良珠度寸, 雖有百仞之水, 不能掩其瑩. 夫形, 體也; 色, 心也, 閔閔乎其薄也. 苟有溫良在中, 則眉睫著之矣; 疵瑕在中, 則眉睫不能匿之.」

詩曰:『鼓鐘于宮, 聲聞于外.』

【顏淵】顏回. 孔子의 제자.
【詩曰】《詩經》小雅 白華의 구절.

> 참고 및 관련 자료

1. 《詩經》 小雅 白華(130)

2. 《藝文類聚》(83)

韓詩外傳曰:「良玉度尺, 雖有十仞之土, 不能掩其光; 良珠度寸, 雖有百仞之水, 不能掩其輝.」

3. 《孔子集語》 論人篇

韓詩外傳四: 孔子見客, 客去. 顔淵曰:「客, 仁也?」孔子曰:「恨兮其心, 顙兮其口, 仁則吾不知也, 言之所聚也.」顔淵蹙然變色. 曰:「良玉度尺, 雖有十仞之土, 不能掩其光; 良珠度寸, 雖有百仞之水, 不能掩其瑩. 夫形, 體也; 色, 心也, 閔閔乎其薄也. 苟有溫良在中, 則眉睫著之矣; 疵瑕在中, 則眉睫不能匿之.」詩曰:「鼓鐘于宮, 聲聞于外.」

4. 《高士傳》(《太平御覽》 510에 인용된 것)

客有候孔子者, 顔淵問曰:「客, 何人也?」孔子曰:「宵兮法兮, 吾不測也. 夫良玉徑尺, 雖有十仞之土, 不能掩其光; 明珠徑寸, 雖有圍丈之石, 不能戢其曜. 苟縕矣; 自厚容止可知矣.」

5. 기타 참고자료
《事文類聚》(26)

132(4-31) 僞詐不可長
정이 사라진 두 사람

거짓과 속임수는 오래갈 수 없으며, 아무 것도 가진 것이 없는 자는 오래 버틸 수가 없고, 썩은 나무에는 아무 것도 조각할 수가 없으며 정이 사라진 두 사람 사이는 오래 갈 수가 없다.

《詩시》에는 이렇게 말하였다.

"집안에서 울리는 그 음악 소리,　　　　鼓鐘于宮
그 소리 밖에까지 들려 나오네."　　　　聲聞于外

僞詐不可長, 空虛不可守. 朽木不可雕, 情亡不可久.
詩曰: 『鼓鐘于宮, 聲聞于外.』
言有中者, 必能見外也.

【詩曰】《詩經》 小雅 白華의 구절.

참고 및 관련 자료

1. 《詩經》 小雅 白華(130)

2. 《論語》 公冶長篇

宰予晝寢. 子曰:「朽木不可雕也, 糞土之牆不可杇也; 於予與何誅?」子曰:「始吾於人也, 聽其言而信其行; 今吾於人也, 聽其言而觀其行. 於予與改是.」

3. 《說苑》 談叢篇

務僞不長, 喜虛不久.

4. 《管子》 小稱篇

務僞不久, 蓋虛不長.

5. 《韓非子》 難一篇

矜僞不長, 蓋虛不久.

133(4-32) 所謂庸人者
움직일수록 위태로워진다

소위 용렬한 자는 입으로는 좋은 말을 할 줄 모르고, 마음으로는 선왕先王의 법을 알지 못하며, 행동을 하면서도 임무가 무엇인지를 모르고, 그치거나 서서도 어떤 자리를 정해야 하는지를 모른다. 종일토록 물건을 고르면서도 어느 것이 귀한 것인 줄 모르며, 훌륭하고 옳은 선비를 찾아 자신을 의탁할 줄도 모른다.

그런가 하면 물건을 따라 휩쓸려 흘러가되 그 귀착할 곳을 모르고, 오장五藏이 제자리를 찾지 못하고 마음이 끌리는 대로 그 성취를 허물어뜨리고도 되돌아오지 못한다. 이 까닭으로 움직일수록 그 몸만 위태로워지고, 가만히 있을수록 이름만 욕을 먹게 되는 것이다.

《시詩》에는 이렇게 말하였다.

"아무래도 그대는 못 믿을 사람,   之子無良
어찌하여 여기저기 정을 옮기나."   二三其德

所謂庸人者, 口不能道乎善言; 心不能知先王之法; 動作而不知所務; 止立而不知所定; 日善於物, 而不知所貴. 不知選賢人善士而託其身焉. 從物而流, 不知所歸. 五藏無政, 心從而壞遂不返. 是以動而形危, 靜則名辱.

詩曰:『之子無良, 二三其德.』

【詩曰】《詩經》 小雅 白華의 구절.

참고 및 관련 자료

1. 《詩經》 小雅 白華(130)

2. 《荀子》 哀公篇

孔子曰:「人有五儀: 有庸人, 有士, 有君子, 有賢人, 有大聖.」哀公曰:「敢問何如斯可謂庸人矣?」孔子對曰:「所謂庸人者, 口不能道善言, 心不知邑邑, 不知選賢人善士托其身焉以爲己憂, 動行不知所務, 止交不知所定, 日選擇於物, 不知所貴, 從物如流, 不知所歸, 五鑿爲正, 心從而壞. 如此, 則可謂庸人矣.」

3. 《大戴禮記》 哀公問篇

哀公曰:「善! 何如則可謂庸人矣?」孔子對曰:「所謂庸人者, 口不能道善言. 而志不邑邑, 不能選賢人善士而託身焉, 以爲己憂. 動行不知所務, 止立不知所定. 日選於物, 不知所貴. 從物而流, 不知所歸, 五鑿爲政, 心從而壞. 若此, 則可謂庸人矣.」

4. 《孔子家語》 五儀解

公曰:「敢問何如斯可謂之庸人?」孔子曰:「所謂庸人者, 必不存愼終之規, 口不吐訓格之言, 不擇賢以託其身, 不力行以自定, 見小闇大, 而不知所務; 從物如流, 不知其所執, 此則庸人也.」

134(4-33) 客有見周公者
둘 중 하나를 택하십시오

어떤 객客이 주공周公을 찾아왔다. 주공이 문 밖에서 그를 맞으며 물었다.
"무엇으로 나 단旦을 가르쳐 주시려는지요?"
그러자 그 객이 이렇게 말하는 것이었다.
"밖에 있으라 하면 밖의 말을 하고, 안으로 들어가자 하면 안의 말을 하겠습니다. 안으로 들어갈까요? 아니면 그만둘까요?"
주공이 말하였다.
"청컨대 들어오십시오."
그러자 그 손님은 들어와서는 다시 물었다.
"서서 말하라면 의義를 말할 것이요, 앉아서 말하라면 인仁을 논하겠소. 앉을까요? 아니면 그만둘까요?"
주공이 말하였다.
"자, 앉으십시다."
그는 다시 또 이렇게 묻는 것이었다.
"급히 말하면 포악해질 것이요, 천천히 말하면 듣지를 못할 터인데 말을 할까요? 아니면 그만둘까요?"
이에 주공은 이렇게 말하였다.
"알았습니다, 알았습니다. 나 단도 이미 때가 넘었음을 알고 있습니다."
그리고는 이튿날 군대를 일으켜 관숙管叔과 채숙蔡叔을 쳐 버렸다.
이처럼 그 객은 말없는 설득을 잘 하였고, 주공은 말없는 설명을 잘 알아들었던 것이다. 주공 같은 분은 미언微言을 잘 알아듣는 사람이라고 말할 수 있다. 그러므로 군자는 남에게 알려줄 때는 미세한 것으로 하고, 남의 급함을 구해줄 때는 완곡하게 해야 하는 것이다.
《시詩》에는 이렇게 말하였다.

"어찌 감히 먼 길이라 두려워하랴?   豈敢憚行
 행여나 늦을까 걱정뿐인걸."   畏不能趨

客有見周公者, 應之於門, 曰:「何以道旦也?」
客曰:「在外卽言外, 在內卽言內, 入乎? 將毋?」
周公曰:「請入.」
客曰:「立卽言義, 坐卽言仁, 坐乎? 將毋?」
周公曰:「請坐.」
客曰:「疾言則翕翕, 徐言則不聞, 言乎? 將毋?」
周公:「唯唯, 旦也踰.」
明日興師而誅管蔡. 故客善以不言之說, 周公善聽不言之說, 若周公, 可謂能聽微言矣. 故君子之告人也微, 其救人之急也婉.
詩曰:『豈敢憚行? 畏不能趨.』

【周公】 姬旦.
【管蔡】 周 武王의 아우(즉 周公의 아우)인 管叔(鮮)과 蔡叔(度). 商紂의 아들인 武庚을 감시토록 하였으나, 오히려 그와 더불어 난을 일으키자 周公이 이를 주살하였다.
【微言】 겉으로 희미하나 속뜻 깊은 말. 흔히 《春秋》를 '微言大義'라 한다.
【詩曰】《詩經》 小雅 緜蠻의 구절. 이 詩는 '직위가 낮은 신하가 行役의 고됨을 읊은 것'이라 한다.

> 참고 및 관련 자료

1. 《詩經》 小雅 綿蠻

綿蠻黃鳥, 止于丘阿. 道之云遠, 我勞如何. 飮之食之, 敎之誨之, 命彼後車, 謂之載之.
綿蠻黃鳥, 止于丘隅. 豈敢憚行, 畏不能趨. 飮之食之, 敎之誨之, 命彼後車, 謂之載之.
綿蠻黃鳥, 止于丘側. 豈敢憚行, 畏不能極. 飮之食之, 敎之誨之, 命彼後車, 謂之載之.

2. 《呂氏春秋》 精諭篇

勝書說周公旦曰:「廷小人衆, 徐言則不聞, 疾言則人知之, 徐言乎? 疾言乎?」周公旦曰:「徐言.」勝書曰:「有事於此, 而精言之而不明, 勿言之而不成. 精言乎? 勿言乎?」周公旦曰:「勿言.」故勝書能以不言說, 而周公旦能以不言聽, 此之謂不言之聽. 不言之謀, 不聞之事, 殷雖惡周, 不能疵矣.

3. 《說苑》 指武篇

齊人王滿生見周公, 周公出見之曰:「先生遠辱, 何以敎之?」王滿生曰:「言內事者於內, 言外事者於外, 今言內事乎? 言外事乎?」周公導入. 王滿生曰:「敬從.」布席, 周公不導坐. 王滿生曰:「言大事者坐, 言小事者倚. 今言大事乎? 言小事乎?」周公導坐. 王滿生坐. 周公曰:「先生何以敎之?」王滿生曰:「臣聞聖人不言而知, 非聖人者雖言不知. 今欲言乎? 無言乎?」周公俛念, 有頃, 不對. 王滿生藉筆牘書之曰:「社稷且危.」傅之於膺. 周公仰視見書曰:「唯! 唯! 謹聞命矣.」明日誅管蔡.

4. 《史記》 魯周公世家

管·蔡·武庚等果率淮夷而反. 周公乃奉成王命, 興師東伐, 作大誥. 遂誅管叔, 殺武庚, 放蔡叔. 收殷餘民, 以封康叔於衛, 封微子於宋, 以奉殷祀. 寧淮夷東土, 二年而畢定. 諸侯咸服宗周.

5. 《史記》 管蔡世家

武王旣崩, 成王少, 周公旦專王室. 管叔·蔡叔疑周公之爲不利於成王, 乃挾武庚以作亂. 周公旦承成王命伐誅武庚, 殺管叔, 而放蔡叔, 遷之, 與車十乘, 徒七十人從. 而分殷餘民爲二: 其一封微子啟於宋, 以續殷祀; 其一封康叔爲衛君, 是爲衛康叔.

6. 《十八史略》 卷一

武王崩, 太子誦立, 是爲成王. 成王幼, 周公位冢宰攝政, 管叔·蔡叔流言曰:「公將不利於孺子.」與武庚作亂. 武庚者, 武王所立紂子祿父, 爲殷後者也. 周公東征誅

武庚・管叔, 放蔡叔, 王長周公歸政. 初武王作鎬京, 謂之宗周, 是爲西都. 將營洛邑, 未果, 王欲如武王之志, 召公遂相宅, 周公至洛築王城, 是爲東都. 以洛爲天下中, 四方入貢道里均也. 王居西都, 而朝會諸候於東都, 周公・召公, 相成王爲左右人, 自陝以西, 召公主之; 自陝以東, 周公主之.

卷五

〈漁人圖〉

135(5-1) 子夏問曰
관저장의 의미

자하子夏가 이렇게 물었다.
"관저關雎는 어찌하여 국풍國風의 시작이 됩니까?"
이에 공자孔子는 이렇게 설명하였다.
"관저는 지극한 것인저! 무릇 관저《시詩》를 지은 사람은 우러러 하늘을 보고, 굽어 땅을 살펴 지극히 깊고 오묘하여 덕이 저장되어 있고, 얽히고 끓는 것처럼 도의 실행이 있으며, 마치 신룡神龍의 변화와 같아 그 문장文章은 빛난다. 크도다! 관저의 도여. 만물의 번성함이 있고 군생群生의 명命이 이에 달렸도다. 하락河洛에서 도서圖書가 나오고 기린과 봉황이 교외에 날아오도다. 관저의 도로 말미암지 않는다면 관저의 일이 어찌 지극해지겠는가! 무릇 육경六經의 책략들이 모두가 그 논리가 많지만 거의가 이 관저에서 취한 것들이니 관저의 일은 위대하도다! 충실하고 무성함이

'동쪽에서 서쪽에서	自東自西
남으로부터 북으로부터	自南自北
복종치 않으려는 자가 없네'	無思不服

라 한 것과 같다. 너는 힘써 이를 실행하여 이에 복종할 것을 생각하라. 하늘과 땅 사이의 살아 있는 백성의 모든 무리들, 그리고 왕도의 근원이 이를 벗어날 수 없느니라."

자하는 이 설명에 위연히 감탄하며 이렇게 말하였다.
"위대합니다! 관저는 이에 천지의 본바탕입니다."
《시詩》에는 이렇게 말하였다.

"종과 북을 치면서 즐거워하도다."　　　　　　鍾鼓樂之

子夏問曰:「關雎何以爲國風始也?」
孔子曰:「關雎至矣乎! 夫關雎之人, 仰則天, 俯則地, 幽幽冥冥, 德之所藏. 紛紛沸沸, 道之所行. 如神龍變化, 斐斐文章. 大哉! 關雎之道也. 萬物之所繫, 群生之所懸命也. 河洛出書圖, 麟鳳翔乎郊. 不由關雎之道, 則關雎之事, 將奚由至矣哉! 夫六經之策, 皆歸論汲汲, 蓋取之乎關雎. 關雎之事大矣哉! 馮馮翊翊, 『自東自西, 自南自北, 無思不服.』子其勉强之, 思服之. 天地之間, 生民之屬, 王道之原, 不外此矣.」
子夏喟然歎曰:「大哉! 關雎. 乃天地之基也.」
詩曰:『鍾鼓樂之.』

【子夏】孔子의 弟子. 卜商.
【關雎】《詩經》의 첫장. 國風 周南의 첫 번째 詩.
【河洛出圖書】河圖洛書를 말하며 《周易》과 《書經》의 '洪範九疇'의 근원되는 그림과 부호. 《周易》繫辭傳(上)에 "河出圖, 洛出書, 聖人則之"라 하였고 《論語》子罕篇에 "鳳凰不至, 河不出圖"라 하여 孔子가 탄식하였다. 河水와 洛水에서 龍馬와 거북이 지고 나온 그림과 부호이다.
【六經】《易經》·《詩經》·《書經》·《禮經》·《樂經》·《春秋》.

【自東自西】《詩經》에는 '自西自東'으로 되어 있다. 《詩經》 大雅 文王有聲의 구절.
【詩曰】《詩經》 關雎의 구절.

참고 및 관련 자료

1. 《詩經》 大雅 文王有聲(111)
2. 《詩經》 周南 關雎(016)

136(5-2) 孔子抱聖人之心
인륜이 제자리를 찾아야

공자孔子는 성인聖人의 마음을 품고, 도덕道德의 영역에 방황彷徨하고, 무형無形의 고향에 소요逍遙한 분이다. 하늘의 이치에 의지하고, 사람의 정리情理를 살펴보며, 시종始終의 원리를 밝히 보고, 득실의 이치를 알아 그를 바탕으로 인의仁義를 부흥復興시키고, 권세와 이익에 휩쓸리는 것을 미워하였다.

그 당시에는 주周나라의 도가 미약해지기 시작하여 제후들은 오로지 남을 정벌하기에 힘썼으며, 강한 자는 약한 자를 협겁하고, 무리가 많은 자는 수가 적은 자에게 포악하게 굴어 백성들은 안녕을 누릴 수 없었으며, 기강은 바로 세워지지 못하였고, 예의禮儀는 무너졌고, 인륜人倫은 제 자리를 찾지 못하였다. 이에 공자는

"동으로부터 서로부터	自東自西
남으로부터 북으로부터"	自南自北
"기어가서라도 이들을 구하리라"	匍匐救之

라고 나섰던 것이다.

孔子抱聖人之心, 彷徨乎道德之域, 逍遙乎無形之鄉. 倚天理, 觀人情, 明終始, 知得失, 故興仁義, 厭勢利, 以持養之. 于時周室微, 王道絶, 諸侯力政, 强劫弱, 衆暴寡. 百姓靡安, 莫之紀綱. 禮儀廢壞, 人倫不理.

於是孔子『自東自西, 自南自北.』『匍匐救之.』

【力政】여기서의 '政'은 '征'자의 가차이다.
【自東自西】《詩經》文王有聲의 구절.
【匍匐救之】《詩經》邶風 谷風의 구절.

참고 및 관련 자료

1. 《詩經》 大雅 文王有聲(111)
2. 《詩經》 邶風 谷風(022)
3. 《孔子集語》 事譜(下)

韓詩外傳五: 孔子抱聖人之心, 彷徨乎道德之域, 逍遙乎無形之鄉. 倚天理, 觀人情, 明終始, 知得失, 故興仁義, 厭勢利, 以持養之. 于時周室微, 王道絶, 諸侯力政, 强劫弱, 衆暴寡, 百姓靡安, 莫之紀綱, 禮儀廢壞, 人倫不理, 於是孔子『自東自西, 自南自北.』『匍匐救之.』

137(5-3) 王者之政
왕도 정치

왕자王者의 정치란 어질고 능력 있는 자에 대해서는 차례를 거치지 아니하고도 이를 들어 쓰는 것이며, 불초한 자는 짧은 시간을 기다릴 것도 없이 쫓아낼 수 있으며, 심한 악인일 경우 이를 가르치지 않고도 죽일 수 있고, 보통 사람은 정령政令을 내리지 않고도 교화할 수 있어야 하는 것이다.

명분이 미처 정해지지 않았다면 이의 고하高下를 정하여 밝히되, 비록 공경公卿 대부大夫의 자손이라 할지라도 그 행동이 예절에 어긋나면 서인庶人으로 귀속시키고, 나라를 뒤엎을 그런 백성이라면 이들을 잘 다스려 시련을 주어 고칠 기회를 준다.

그리고 비록 서민의 자손이라 할지라도 학문을 쌓고 몸을 바르게 하여 그 행위가 예의에 합당하면 이들을 사대부에 귀속시켜 공경스럽게 대우하되, 이들이 안전하게 따라 줄 때는 잘 먹여 살리고 불안을 조성할 때는 이들을 버린다.

법칙을 위반하는 백성일지라도 임금이 이들을 거두어 일거리를 주고, 관에서는 이들에게 의식을 해결하게 하여 버림받지 않도록 은덕으로 덮어준다. 또 재능과 행동이 당시의 법령에 어긋나게 하는 자에게는 사형을 내려 용서함이 없으니 이를 일컬어 천주天誅라 한다.

이것이 바로 왕자의 정치이다.

《시詩》에는 이렇게 말하였다.

"사람으로서 예의가 없다면　　　　　人而無儀
　죽지 않고 어쩌리오!"　　　　　　　不死何爲

　王者之政, 賢能不待次而擧, 不肖不待須臾而廢, 元惡不待教而誅, 中庸不待政而化. 分未定也, 則有昭穆, 雖公卿大夫之子孫也, 行絶禮儀, 則歸之庶人. 遂傾覆之民, 牧而試之. 雖庶民之子孫也, 積學而正身, 行能禮儀, 則歸之士大夫. 敬而待之, 安則畜, 不安則棄. 反側之民, 上收而事之, 官而衣食之. 王覆無遺. 材行反時者, 死之無赦, 謂之天誅. 是王者之政也.
　詩曰:『人而無儀, 不死何爲!』

【王者】 王道政治를 펴는 자를 말한다.
【天誅】 하늘이 誅伐한다는 뜻.《荀子》에는 '天德'으로 되어 있다.
【詩曰】《詩經》 鄘風 相鼠의 구절.

> 참고 및 관련 자료

1.《詩經》 鄘風 相鼠(004)
2.《荀子》 王制篇
請問爲政? 曰: 賢能不待次而擧, 罷不能不待須而廢, 元惡不待教而誅, 中庸民不待政而化. 分未定也則有昭繆也. 雖王公士大夫之子孫, 不能屬於禮義, 則歸之庶人. 雖庶人之子孫也, 積文學, 正身行, 能屬於禮義, 則歸之卿相士大夫. 故奸言·奸說·奸事·奸能·遁逃反側之民, 職而教之, 須而待之, 勉之以慶賞, 懲之以刑罰, 安職則畜, 不安職則棄. 五疾, 上收而養之, 材而事之, 官施而衣食之, 兼復無遺. 才行反時者死無赦. 夫是之謂天德, 王者之政也.

138(5-4) 君者民之源也
임금은 백성의 근원

　임금이란 백성의 근원이다. 근원이 맑으면 그 하류도 맑을 것이요, 근원이 탁하면 그 하류도 흐리게 마련이다. 그러므로 사직社稷을 가진 자가 그 백성을 사랑하지 않으면서 그 백성이 자기를 친해오고 사랑해 주기를 바란다면 이는 불가능한 일이요, 그 백성이 지도자를 친하게 여기지도 사랑하지도 않는데 그들이 지도자를 위해 쓰이고 목숨을 바쳐주기를 요구해 봤자 될 수 없는 일이다. 또 백성이 지도자를 위해 쓰이지도 않고, 목숨을 바칠 생각도 없는데 이들에게 강한 전투력과 굳세게 성을 지켜 주기를 희망한다면 이 역시 불가능한 일이며, 이처럼 무력이 강하지도 않으며 성이 견고하지도 않은데 위삭危削 멸망滅亡에 처하지 않기를 바란다고 해도 이 역시 불가능한 일이다.
　무릇 위삭 멸망의 상황이 이러한 것들로 인해 누적되어 나타났는데도 편안과 즐거움을 얻어 누렸다면 이런 소문을 듣기는 어려운 일이 아니겠는가? 그렇기를 바라는 자는 미치광이일 것이다. 슬프도다! 그러한 미치광이는 잠시를 기다릴 것도 없이 망하고 말리라.
　그러므로 강고强固하고 안락하기를 바라는 임금은 스스로를 반성하는 것이 제일이요, 백성이 자신에게 친해 와서 통일시키고자 바란다면 그에 맞게 정령을 베푸는 것이 최우선이며, 훌륭한 정치에 아름다운 풍속이 이루어지기를 바란다면 그에 맞는 사람을 구하는 것이 급선무이다.
　그 사람이란 태어나기는 지금 세상이지만 그 뜻은 옛날에 두고, 천하의 왕공王公들이 이를 실행하기를 즐겨하지 않는다 해도 이 사람은 홀로 이를 실행하기를 좋아하며, 백성들이 이를 해내지 못해도 이 사람은 홀로 이를 해내며, 생각건대 이를 하는 것이 궁한 원인이 된다 해도 이 사람은 오히려 이를 고집스럽게 하여 수유須臾라도 태만히 하거나 차이를 두는 일이 없다. 이 사람은 홀로 선왕先王이 흥하게 된 원인과 혹은 잃게 된 까닭을 명백히 밝혀내고, 나라 안위安危의 옳고 그름에 대해 마치 흑백을 구분하듯이 하니 바로 그런 사람을 말한다.

　임금이 강고强固하고 안락을 바란다면 이런 사람에게 그 임무를 맡기는 것만한 것이 없다. 이런 사람을 크게 쓰면 천하를 통일하여 제후들을 신하로 삼을 수 있고, 작게 써도 그 위엄과 행동이 이웃 나라에 퍼져 그 누구도 이런 나라를 대적하려 덤비지 못하는 강국이 될 것이다. 이를테면 은殷나라에 있어서의 이윤伊尹, 주周나라에 있어서의 주공周公 같은 경우는 크게 쓴 것이요, 제齊나라에 있어서의 관중管仲, 초楚나라에 있어서의 손숙오孫叔敖 같은 경우는 작게 쓴 것이라 할 수 있다.

　이처럼 크게 쓴 경우는 저와 같고 작게 쓴 경우는 이와 같다. 그러므로 순수하게 쓰면 왕자가 될 수 있고, 잡박雜駁하게 써도 패자霸者는 될 수 있으나 하나도 쓰지 않으면 망하고 마는 것이다.

　《시詩》에

"천하의 정치가 어지러움은	四國無政
어진 이를 쓰지 않았기 때문이라네"	不用其良

라 하였으니 어진 이를 쓰지 않았는데도 망하지 않은 나라는 일찍이 없었다.

君者, 民之源也. 源清則流清, 源濁則流濁. 故有社稷者, 不能愛其民, 而求民親己愛己, 不可得也. 民不親不愛, 而求為己用, 為己死, 不可得也. 民弗為用, 弗為死, 而求兵之勁, 城之固, 不可得也. 兵不勁, 城不固, 而欲不危削滅亡, 不可得也. 夫危削滅亡之情, 皆積於此, 而求安樂, 是聞, 不亦難乎? 是枉生者也. 悲夫! 枉生者, 不須時而滅亡矣. 故人主欲強固安樂, 莫若反己; 欲附下一民, 則莫若及之政; 欲脩政美俗, 則莫若求其人. 彼其人者, 生今之世, 而志乎古之世. 以天下之王公, 莫之好也, 而是子獨好之; 以民莫之為也, 而是子獨為之也. 抑為之者窮, 而是子猶為之. 而無是須臾怠焉差焉. 獨明夫先王所以遇之者, 所以失之者, 知國之安危臧否, 若別白黑, 則是其人也. 人主欲強固安樂, 則莫若與其人為之. 巨用之, 則天下為一, 諸侯為臣; 小用之, 則威行隣國, 莫之能御. 若殷之用伊尹, 周之遇太公, 可謂巨用之矣; 齊之用管仲, 楚之用孫叔敖, 可謂小用之矣. 巨用之者如彼, 小用之者如此也. 故曰: 粹而王, 駁而霸, 無一而亡.

　詩曰:『四國無政, 不用其良.』

　不用其良臣而不亡者, 未之有也.

【須臾】아주 짧은 시간.
【伊尹】殷나라 成湯의 신하.
【管仲】管夷吾. 齊桓公의 신하.
【孫叔敖】楚나라 莊王의 신하.
【駁】雜駁. 마구 뒤섞임.
【詩曰】《詩經》小雅 十月之交의 구절. 毛傳에는 '幽王을 풍자한 것이 옳다'고 하였고, 鄭玄은 '幽王을 풍자한 시'라 하였다. 阮元도 '幽王을 풍자한 것이 옳다'라 하였다.

참고 및 관련 자료

1. 《詩經》 小雅 十月之交

十月之交, 朔月辛卯. 日有食之, 亦孔之醜. 彼月而微, 此日而微. 今此下民, 亦孔之哀. 日月告凶, 不用其行. 四國無政, 不用其良. 彼月而食, 則維其常. 此日而食, 于何不臧. 爗爗震電, 不寧不令. 百川沸騰, 山冢崒崩. 高岸爲谷, 深谷爲陵. 哀今之人, 胡憯莫懲. 皇父卿士, 番維司徒, 家伯爲宰, 仲允膳夫, 棸子內史, 蹶維趣馬, 楀維師氏, 豔妻煽方處. 抑此皇父, 豈曰不時. 胡爲我作, 不卽我謀. 徹我牆屋, 田卒汙萊. 曰予不戕, 禮則然矣. 皇父孔聖, 作都于向. 擇三有事, 亶侯多藏. 不憖遺一老, 俾守我王. 擇有車馬, 以居徂向. 黽勉從事, 不敢告勞. 無罪無辜, 讒口囂囂. 下民之孽, 匪降自天. 噂沓背憎, 職競由人. 悠悠我里, 亦孔之痗. 四方有羨, 我獨居憂. 民莫不逸, 我獨不敢休. 天命不徹, 我不敢傚我友自逸.

2. 《荀子》 君道篇

君者, 民之原也, 原淸則流淸, 原濁則流濁. 故有社稷者, 而不能愛民, 不能利民, 而求民之親愛己, 不可得也. 民之不親不愛, 而求其爲己用, 爲己死, 不可得也. 民不爲己用, 不爲己死, 而求兵之勁, 城之固, 不可得也. 兵不勁, 城不固, 而求敵之不至, 不可得也. 敵至, 而求無危削, 不滅亡, 不可得也. 危削滅亡之情, 擧積此矣, 而求安樂, 是狂生者也. 狂生者, 不胥時而樂. 故人主欲強固安樂, 則莫若反之民; 欲附下一民, 則莫若反之政; 欲脩政美國, 則莫若求其人. 彼或蓄積而得之者, 不世絶. 彼其人者, 生乎今之世, 而志乎古之道, 以天下之王公莫好之也, 然而於是獨好之; 以天下之民莫欲之也, 然而於是獨爲之. 好之者貧, 爲之者窮, 然而於是猶將爲之也, 不爲少頃輟焉. 曉然獨明於先王之所以得之, 所以失之, 知國之安危臧否, 若別白黑. 是其人者也, 大用之, 則天下爲一, 諸侯爲臣; 小用之, 則威行隣敵; 縱不能用, 使無去其疆域, 則國終身無故. 故君人者, 愛民而安, 好士而榮, 兩者無一焉而亡. 詩曰:「介人維藩, 大師維垣.」此之謂也.

139(5-5) 造父天下之善御者矣
천하의 말 잘 모는 조보

　조보造父는 천하의 말 잘 모는 사람이지만 거마車馬가 없다면 자기의 능력을 표현할 방법이 없고, 후예后羿는 천하의 활 잘 쏘는 사람이지만 궁시弓矢가 없다면 역시 자기의 기교를 드러내 보일 방법이 없다. 마찬가지로 저 훌륭한 대유大儒는 천하를 조율調律하여 통일시키는 사람이지만 백 리의 땅도 없다면 역시 그 공을 펴 보일 수 없다.
　그러나 수레가 견고하고 말이 훌륭한데도 능히 천리를 몰지 못한다면 이는 조보가 아니요, 활과 화살이 잘 다듬어졌는데도 멀리 미세한 과녁을 맞히지 못한다면 역시 후예가 아니다.
　마찬가지로 백 리의 땅을 가지고도 능히 천하를 조화 통일시키고 사이四夷를 제압하지 못한다면 이는 대유라 할 수 없다. 저 훌륭한 대유라면 비록 궁항窮巷 누실陋室에 살고, 송곳 꽂을 땅하나 없다 해도 왕공일지라도 그와 이름을 다툴 수 없고, 백 리의 땅밖에 갖지 않았다 해도 천 리의 나라가 이와 승리를 다투지 못하며, 채찍과 매로 온 나라를 폭력으로 몰아넣어 천하를 하나같이 부린다 해도 꺾을 수 없는 것, 이것이 바로 대유의 공훈이다.
　그들의 언어는 유별類別에 맞고, 그들의 행동은 예에 맞으며, 그들은 일을 처리하고 나서는 후회가 없으며, 그들의 검증과 응변은 지극히 합당하며, 시류에 잘 맞추고, 세태에 잘 적응하며, 천변만화할지라도 그 도는 오로지 하나이다. 이것이 곧 그 대유가 고려하는 점이다.

그러므로 세상에는 속인俗人, 속유俗儒, 아유雅儒, 대유大儒의 구분이 있는데 귀로는 학문을 듣지 못하고 행동에는 정의가 없으며, 미혹에 빠져 부와 이익이 곧 융성인 줄 아는 것, 이것이 곧 속인이다.

그런가 하면 헐렁한 옷에 넓은 띠를 두르고 선왕先王의 법을 대략 알며, 난세에도 만족하고, 잘못되고 잡박한 학술을 믿으며, 그 옷차림과 언행이 세속의 흐름에 휩쓸리면서도 그것이 잘못된 줄을 모르며, 담론하는 것들이 노자老子나 묵자墨子의 무리와 다를 바가 없으면서도 그 구분을 모르는 경우, 이는 곧 속유라고 할 수 있다. 또, 선왕을 법으로 삼아 제도를 통일하고, 언행에 큰 법이 있으나 법교法敎로써 미치지 못하는 바에 대해서는 이를 구제하지 못하며, 들은 바대로 실행하지도 못하며, 대신 아는 것은 안다 하고 모르는 것은 모른다고 하며, 안으로는 자신을 속이지 않고 밖으로는 남을 속이지 않으면서, 이로써 어진 이를 존중하고 법을 공경하되 감히 게으르거나 오만하게 굴지 않는 것, 이는 곧 아유라고 할 수 있다.

그러나 선왕을 법으로 삼아 예와 의에 근거하여 얕은 것으로 넓은 것을 잡고, 하나로써 만 가지 행동의 표준을 삼으며, 진실로 인의에 같이 하며, 비록 조수鳥獸에 대한 것일지라도 그 흑백을 가려낼 줄 알며 기이한 물건과 변괴스러운 일에 대해서는 그것이 듣거나 본 적이 없다 해도 그 한 특징만 보고도 그 전체 분류의 내용을 들어 그에 응하며, 의심이 없고, 법에 의지하여 이를 헤아리며, 맞게 행하기를 마치 부절符節을 합한 듯이 하는 경우, 이는 바로 대유의 행동이다.

그러므로 임금이 속인을 등용하면 만승지국일지라도 망하고, 속유를 들어 쓰면 만승지국이 존속은 할 수 있고, 아유를 거용하면 천리지국 정도는 안녕을 얻을 수 있으며, 대유를 등용하면 백 리의 땅도 오래 지속시킬 수 있으며, 나아가 삼 년 정도면 천하 제후를 신하로 삼을 수 있다. 그러나 만승지국에서 이런 대유를 쓴다면 하루아침에 모든 것을 안정시킬 수 있다.

《시詩》에

"주나라가 비록 오래된 나라라 하나　　　　周雖舊邦
　받아온 천명은 오히려 새롭도다"　　　　其命維新

라 하였으니 문왕文王 같은 이는 역시 대유라 이를 수 있겠다.

造父, 天下之善御者矣, 無車馬, 則無所見其能. 羿, 天下之善射者矣, 無弓矢, 則無所見其巧. 彼大儒者, 調一天下者也, 無百里之地, 則無所見其功. 夫車固馬選, 而不能以致千里者, 則非造父也. 弓調矢直, 而不能射遠中微者, 則非羿也. 用百里之地, 而不能調一天下, 制四夷者, 則非大儒也. 彼大儒者, 雖隱居窮巷陋室, 無置錐之地, 而王公不能與爭名矣; 用百里之地, 則千里國不能與之爭勝矣; 笞箠暴國, 一齊天下, 莫之能傾, 是大儒之勳. 其言有類, 其行有禮, 其擧事無悔, 其持檢應變曲當, 與時遷徙, 餘世偃仰, 千擧萬變, 其道一也, 是大儒之稽也. 故有俗人者, 有俗儒者, 有雅儒者, 有大儒者. 耳不聞學, 行無正義, 迷迷然以富利爲隆, 是俗人也. 逢衣博帶, 略法先王, 而足亂世, 術謬學雜, 其衣冠言行, 爲己同於世俗, 而不知其惡也, 言談議說, 己無異於老墨, 而不知分, 是俗儒者也. 法先王, 一制度, 言行有大法, 而明不能濟, 法敎之所不及, 聞見之所未至, 知之爲知之, 不知爲不知, 內不自誣, 外不誣人, 以是尊賢敬法, 而不敢怠傲焉, 是雅儒者也. 法先王, 依禮義, 以淺持博, 以一行萬; 苟有仁義之類, 雖鳥獸, 若別黑白; 奇物變怪, 所未嘗聞見, 卒然起一方,

則擧統類以應之, 無所疑; 援法而度之, 奄然如合符節, 是大儒者也. 故人主用俗人, 則萬乘之國亡; 用俗儒, 則萬乘之國存; 用雅儒, 則千里之國安; 用大儒, 則百里之地久, 而三年, 天下諸侯爲臣; 用萬乘之國, 則擧錯定於一朝之間.

　詩曰:『周雖舊邦, 其命維新.』

　文王亦可謂大儒已矣.

【造父】'趙父'로도 쓰며 周 穆王의 八駿馬를 몰았던 人物. 趙氏의 시조.
【后羿】有窮氏. 활의 명수.
【詩曰】《詩經》大雅 文王의 구절. 이 詩는 '周公이 文王의 덕을 술회하여 成王을 경계시킨 것'이라 하였다.(朱子)

참고 및 관련 자료

1. 《詩經》 大雅 文王

文王在上, 於昭于天. 周雖舊邦, 其命維新. 有周不顯, 帝命不時. 文王陟降, 在帝左右. 亹亹文王, 令聞不已. 陳錫哉周, 侯文王孫子. 文王孫子, 本支百世. 凡周之士, 不顯亦世. 世之不顯, 厥猶翼翼. 思皇多士, 生此王國. 王國克生, 維周之楨. 濟濟多士, 文王以寧. 穆穆文王, 於緝熙敬止. 假哉天命, 有商孫子. 商之孫子, 其麗不億. 上帝旣命, 侯于周服. 侯服于周, 天命靡常. 殷士膚敏, 祼將于京. 厥作祼將, 常服黼冔. 王之藎臣, 無念爾祖. 無念爾祖, 聿脩厥德. 永言配命, 自求多福. 殷之未喪師, 克配上帝. 宜鑒于殷, 駿命不易. 命之不易, 無遏爾躬. 宣昭義問, 有虞殷自天. 上天之載, 無聲無臭. 儀刑文王, 萬邦作孚.

2. 《荀子》 儒效篇

造父者, 天下之善御者也, 無輿馬, 則無所見其能. 羿者, 天下之善射者也, 無弓矢, 則無所見其巧. 大儒者, 善調一天下者也, 無百里之地, 則無所見其功. 輿固馬選矣,

而不能以至遠·一日而千里, 則非造父也. 弓調矢直矣, 而不能以射遠中微, 則非羿也. 用百里之地, 而不能以調一天下, 制彊暴, 則非大儒也. 彼大儒者, 雖隱於窮閻漏室, 無置錐之地, 而王公不能與之爭名. 在一大夫之位, 則一君不能獨畜, 一國不能獨容. 成名況乎諸侯, 莫不願得以爲臣. 用百里之地, 而千里之國莫與之爭勝; 笞棰暴國, 齊一天下, 而莫能傾也. 是大儒之徵也. 其言有類, 其行有禮, 其舉事無悔, 其持險應變曲當. 與時遷徙, 與世偃仰, 千舉萬變, 其道一也, 是大儒之稽也. 其窮也, 俗儒笑之; 其通也, 英杰化之, 嵬瑣逃之, 邪說畏之, 眾人愧之. 通, 則一天下; 窮, 則獨立貴名. 天不能死, 地不能埋, 桀·跖之世不能汙. 非大儒莫之能立, 仲尼·子弓是也.

140(5-6) 楚成王讀書於殿上
글로 전할 수 없는 것

초楚 성왕成王이 궁전에서 책을 읽고 있었는데 윤편輪扁이란 자가 그 아래에서 작업을 하고 있다가 왕에게 여쭈었다.
"잘 모르겠습니다. 임금께서는 무슨 글을 그렇게 읽고 계신지."
성왕이 대답하였다.
"옛 성현들의 글이오."
그러자 윤편은 이렇게 말하였다.
"그런 것은 사실 옛 성왕들의 찌꺼기에 불과한 것입니다. 훌륭한 것이 못되지요."
성왕이 물었다.
"그대는 무슨 말을 그렇게 하시오?"
이에 윤편은 이렇게 설명하였다.
"저는 저의 직업인 수레 만드는 일로 이를 설명해 드리겠습니다. 무릇 둥근 자로는 둥근 것을 만들고, 곧은 자로는 곧은 것을 만들지요. 이런 원리는 그 후손에게 쉽게 전수해 줄 수 있습니다. 그러나 나무 세 개를 합하여 하나를 만들 때는 이것이 마음에 응하고 몸에 익어야 하는 것으로 자손에게 전수할 수 없는 것입니다. 이처럼 전수되는 것은 모두 찌꺼기에 불과한 것들일 뿐입니다. 따라서 당唐 우虞 시대의 법은 가히 상고해 볼 수 있지만 그들이 사람의 마음을 어떻게 깨우쳤던가 하는 것은 미칠 수 없는 것입니다."

《시詩》에

"저 하늘 높은 곳에 실리신 뜻은　　　　　上天之載
　소리도 냄새도 아니 나나니"　　　　　　　無聲無臭

라 하였으니 누가 능히 거기에 미칠 수 있겠는가?

楚成王讀書於殿上, 而輪扁在下, 作而問曰:「不審主君所讀何書也?」
成王曰:「先聖之書.」
輪扁曰:「此眞先聖王之糟粕耳. 非美者也.」
成王曰:「子何以言之?」
輪扁曰:「以臣輪言之. 夫以規爲圓, 矩爲方. 此其可付乎子孫者也. 若夫合三木而爲一, 應乎心, 動乎體, 其不可得而傳者也. 以爲所傳, 眞糟粕耳. 故唐虞之法, 可得而考也, 其喩人心, 不可及矣.」
詩曰:『上天之載, 無聲無臭.』
其孰能及之?

【楚成王】春秋時代 楚나라의 군주. 文王의 아들로 이름은 態惲. 재위 46년 (B.C.671~626). 다른 기록에는 齊桓公의 일로 되어 있다.
【輪扁】人名. 수레를 만드는 工人이다. 〈四部叢刊〉本에는 '倫扁'으로 되어 있다.
【唐·虞】唐은 堯, 虞는 舜 時代의 국호.
【詩曰】《詩經》大雅 文王篇의 구절.

> 참고 및 관련 자료

1. 《詩經》 大雅 文王(139)

2. 《莊子》 天道篇

桓公讀書於堂上, 輪扁斲輪於堂下, 釋椎鑿而上, 問桓公曰:「敢問, 公之所讀者何言邪?」公曰:「聖人之言也.」曰:「聖人在乎?」公曰:「已死矣.」曰:「然則君之所讀者, 故人之糟魄已夫!」桓公曰:「寡人讀書, 輪人安得議乎! 有說則可, 无說則死.」輪扁曰:「臣也以臣之事觀之. 斲輪, 徐則甘而不固, 疾則苦而不入. 不徐不疾, 得之於手而應於心, 口不能言, 有數存焉於其間. 臣不能以喩臣之子, 臣之子亦不能受之於臣, 是以行年七十而老斲輪. 古之人與其不可傳也死矣, 然則君之所讀者, 故人之糟魄已夫!」

3. 《淮南子》 道應訓

桓公讀書於堂, 輪人斲輪於堂下, 釋其椎鑿, 而問桓公曰:「君之所讀書者, 何書也?」桓公曰:「聖人之書.」輪扁曰:「其人焉在?」桓公曰:「已死矣.」輪扁曰:「是直聖人之糟粕耳.」桓公悖然作色而怒曰:「寡人讀書, 工人焉得而譏之哉? 有說則可, 無說則死.」輪扁曰:「然, 有說. 臣試以臣之斲輪於之, 大疾則苦而不入, 大徐則甘而不固, 不甘不苦, 應於手, 厭於心, 而可以至妙者. 臣不能以敎臣之子, 而臣之子, 亦不能得之於臣, 是以行年六十, 老而爲輪. 今聖人之所言者, 亦以懷其實, 窮而死, 獨其糟粕在耳. 故老子曰:『道可道, 非常道; 名可名, 非常名.』」

4. 기타 참고자료

《困學紀聞》(10)・《七修類稿》(23)

141(5-7) 孔子學鼓琴於師襄子而不進
공자의 음악 공부

　공자孔子가 사양자師襄子에게 금琴을 배우면서 그 진보가 빠르지 못하였다. 그러나 사양자는 이렇게 격려하였다.
　"선생께서는 가히 많이 발전하였다고 할 수 있습니다."
　이에 공자는 이렇게 말하였다.
　"저(丘)는 이미 그 곡이 무엇인지는 알았으나 그를 익히는 방법을 터득하지 못하였습니다."
　그리고 조금의 시간이 지나자 사양자는 다시 이렇게 말하였다.
　"선생께서는 가히 많은 터득을 하셨다고 할 수 있습니다."
　그러자 공자는 이렇게 말하였다.
　"저는 이미 그 익히는 방법은 알았으나 그 속뜻이 무엇인지를 깨닫지 못하였습니다."
　다시 시간이 흐른 후 사양자가 말하였다.
　"선생께서는 가히 알아내셨다고 할 수 있습니다."
　공자는 이렇게 말하였다.
　"이제 이 음악을 지은 사람은 알아내었는데, 어떤 유類의 사람인지는 아직 모르겠습니다."
　그리고는 잠시 후에 이렇게 말하는 것이었다.
　"아득히 멀리 보임이여. 넓고 넓도다! 엄숙하도다! 이로써 보면 이 음악을 지은 사람은 침묵으로 생각이 깊고, 남을 불쌍히 여겨 슬퍼할 줄 알며, 천하의 왕이 되어 제후들의 조견을 받는 자입니다. 그렇다면 오직 문왕文王밖에 더 있겠습니까?"

이 말에 사양자는 자리를 옮겨 앉아 두 번 절하고 이렇게 감탄하였다.

"훌륭하십니다. 제가 바로 문왕지조文王之操의 음악을 가르쳐드리고 있었던 것입니다."

이렇게 공자는 문왕지조를 가지고 그 문왕의 사람됨을 알았던 것이다. 사양자가 공자에게 다시 물었다.

"감히 묻건대 그것이 문왕지조의 음악인 줄 어떻게 아셨습니까?"

공자는 이렇게 설명하였다.

"그렇습니다. 무릇 어진 이는 위엄을 갖추기를 좋아하고, 화和한 자는 분식粉飾하기를 좋아하며, 지혜로운 자는 음악을 연주하기를 좋아하고, 은근한 뜻이 있는 자는 화려한 것을 좋아하지요. 나는 이로써 그것이 문왕의 것임을 알았습니다."

孔子學鼓琴於師襄子而不進.

師襄子曰:「夫子可以進矣.」

孔子曰:「丘已得其曲矣, 未得其數也.」

有間, 曰:「夫子可以進矣.」

曰:「丘已得其數矣, 未得其意也.」

有間, 復曰:「夫子可以進矣.」

曰:「丘已得其人矣, 未得其類也.」

有間, 曰:「邈然遠望, 洋洋乎! 翼翼乎! 必作此樂也. 黙然思, 戚然而悵. 以王天下, 以朝諸侯者, 其惟文王乎?」

師襄子避席再拜曰:「善. 師以爲文王之操也.」

故孔子持文王之聲, 知文王之爲人.

師襄子曰:「敢問何以知其文王之操也?」

孔子曰:「然. 夫仁者好偉, 和者好粉, 智者好彈, 有慇懃之意者好麗. 丘是以知文王之操也.」

【師襄子】魯나라 사람으로《論語》에 말한 擊磬襄이라 하였다.(《史記》索隱)
【文王】姬昌, 西伯이라 불렸다. 武王의 아버지. 공자는 이를 성인으로 모셨다.
【文王之操】문왕이 만든 음악. '文王操'라고도 한다.

참고 및 관련 자료

1.《史記》孔子世家

孔子學鼓琴師襄子, 十日不進. 師襄子曰:「可以益矣.」孔子曰:「丘已習其曲矣, 未得其數也.」有間, 曰:「已習其數, 可以益矣.」孔子曰:「丘未得其志也.」有間, 曰:「已習其志, 可以益矣.」孔子曰:「丘未得其爲人也.」有間, 有所穆然深思焉, 有所怡然高望而遠志焉. 曰:「丘得其爲人, 黯然而黑, 幾然而長, 眼如望羊, 如王四國, 非文王其誰能爲此也!」師襄子席再拜, 曰:「師蓋云文王操也.」

2.《孔子家語》辨樂解

孔子學琴於師襄子, 襄子曰:「吾雖以擊磬爲官, 然能於琴, 今子於琴已習, 可以益矣.」孔子曰:「丘未得其數也.」有間,「已習其數, 可以益矣.」孔子曰:「丘未得其志也.」有間, 曰:「已習其志, 可以益矣.」孔子曰:「丘未得其爲人也.」有間, 孔子有所謬然思焉, 有所睪然高望而遠眺. 曰:「丘迨得其爲人矣. 近黯而黑, 頎然長, 曠如望羊, 奄有四方, 非文王其孰能爲此?」師襄子避席葉拱而對曰:「君子, 聖人也, 其傳曰文王操.」

3.《淮南子》主術訓

孔子學鼓琴於師襄, 而論文王之志, 見微以知明矣.

4.《孔子集語》六藝(下)

韓詩外傳五: 孔子學鼓琴於師襄子而不進. 師襄子曰:「夫子可以進矣!」孔子曰:「丘已得其曲矣, 未得其數也..」有間, 曰:「夫子可以進矣!」曰:「丘已得其數矣,

未得其意也.」有間, 復曰:「夫子可以進矣!」曰:「丘已得其人矣, 未得其類也.」有間, 曰:「邈然遠望, 洋洋乎! 翼翼乎! 必作此樂也, 黙然思, 戚然而悵, 以王天下, 以朝諸侯者, 其惟文王乎?」師襄子避席再拜曰:「善! 師以爲文王之操也.」故孔子持文王之聲, 知文王之爲人. 師襄子曰:「敢問何以知其文王之操也?」孔子曰:「然. 夫仁者好偉, 和者好粉, 智者好彈, 有愍懃之意者好麗. 丘是以知文王之操也.」

5. 기타 참고자료

《初學記》(16)·《文選》〈七發〉注·《玉海》(101)·《北堂書鈔》(109)

142(5-8) 傳曰聞其末而達其本者
멸망을 자초한 주왕

이렇게 전해오고 있다.

그 끝만 보고도 그 근본을 통달하는 것은 성聖이다. 주紂가 임금이 되어 백성의 힘을 노고롭게 하고, 백성에게는 억울하고 가혹한 법령을 내리고 대신들에게는 처참한 악을 시행하자 많은 아랫사람이 더 이상 그 임금을 믿지 않았고, 백성들은 고통과 원망을 참을 수 없었다. 그로 인해 천하가 모두 그에게 등을 돌리고 문왕文王의 신하가 되기를 원하였으니 이는 주가 스스로 자초한 일이다.

무릇 그는 귀하기는 천자의 지위요, 부는 천하를 다 가졌건만 주周나라 군사가 이르자 그의 명령은 좌우의 측근에게조차 먹혀들지 않았으니 안타깝도다! 그 당시에는 필부를 하나 찾으려 해도 구할 수 없었도다.

《시詩》에는 이렇게 말하였다.

"천자의 지위로 은나라의 적손이로되	天位殷適
천하를 유지하지 못하였도다."	不使俠四方

傳曰: 聞其末而達其本者, 聖也. 紂之爲主, 勞民力, 寃酷之令, 加於百姓; 慘悽之惡, 施於大臣, 羣下不信, 百姓疾怨. 故天下叛, 而願爲文王臣, 紂自取之也. 夫貴爲天子, 富有天下, 及周師至,

而令不行乎左右, 悲夫! 當是之時, 索爲匹夫, 不可得也.
詩曰:『天位殷適, 使不俠四方.』

【紂】殷의 末王.
【文王】周武王의 아들. 殷의 紂를 멸하였다.
【詩曰】《詩經》大雅 大明의 구절.

참고 및 관련 자료

1. 《詩經》大雅 大明(075)

2. 《新序》刺奢篇

紂爲鹿臺, 七年而成, 其大三里, 高千尺, 臨望雲雨. 作暉烙之刑, 戮無辜, 奪民力. 輔暴施於百姓, 慘毒加於大臣, 天下叛之, 願臣文王. 及周師至, 令不行於左右. 悲夫! 當是時, 求爲匹夫不可得也, 紂自取之也.

143(5-9) 夫五色雖明
만물의 마땅함을 따라

　무릇 오색이 비록 밝다 하나 때에 따라서는 빛을 잃을 수도 있고, 무성하게 뒤얽힌 나무도 때가 되면 낙엽이 지고 만다. 이처럼 만물은 성쇠가 있어 언제나 한결같을 수는 없는 것이다.
　그러므로 삼왕三王의 도는 돌고 돌아 다시 반복되어 궁하면 근본으로 되돌아오니, 변화에 힘을 쏟을 일도 아니다. 다만 장차 악을 금하고 약한 것을 붙들어 주고, 착오와 그릇됨을 없애 고쳐 나가며, 음양에 조화를 이루게 하고, 만물의 마땅함에 순응해 나가도록 할 뿐이다.
　《시詩》에는 이렇게 말하였다.

　　"힘쓰고 힘쓰시는 우리 임금님,　　　　勉勉我王
　　　벼리를 바로잡아 사방 다스리시네."　綱紀四方

　夫五色雖明, 有時而渝. 豐交之木, 有時而落. 物有成衰, 不得自若. 故三王之道, 周而復始, 窮則反本. 非務變而已. 將以止惡扶微, 絀繆淪非, 調和陰陽, 順萬物之宜也.
　詩曰:『勉勉我王, 綱紀四方.』

【三王】夏(禹)·殷(湯)·周(文王)의 三代 성인.
【詩曰】《詩經》 大雅 棫樸의 구절. '周王을 찬미하는 노래'라 하였다. 한편 다른 판본에는 '勉勉我王'이 '亹亹文王'으로 되어 있다.

참고 및 관련 자료

1. 《詩經》 大雅 棫樸

芃芃棫樸, 薪之槱之. 濟濟辟王, 左右趣之. 濟濟辟王, 左右奉璋. 奉璋峨峨, 髦士攸宜. 淠彼涇舟, 烝徒楫之. 周王于邁, 六師及之. 倬彼雲漢, 爲章于天. 周王壽考, 遐不作人. 追琢其章, 金玉其相. 勉勉我王, 綱紀四方.

2. 《說苑》 叢談篇

天地之道, 極則反, 滿則損, 五采曜眼, 有時而渝, 茂木豊草, 有時而落, 物有盛衰, 安得自若.

3. 《說苑》 叢談篇

民苦則不仁, 勞則詐生, 安平則教, 危則謀, 極則反, 滿則損, 故君子弗滿弗極也.

4. 《淮南子》 泰族訓

天地之道, 極則反, 盈則損, 五色雖朗, 有時而渝, 茂木豊草, 有時而落. 物有隆殺, 不得自若. 故聖人事窮而更爲, 法弊而改制, 非樂變古易常也. 將以救敗扶衰, 黜淫濟非, 以調天地之氣, 順萬物之宜也. 聖人天覆, 地載, 日月照, 陰陽調, 四時化, 萬物不同, 無故無新, 無疏無親, 故能法天.

144(5-10) 禮者則天地之體
예와 스승

예禮란 천지의 본체를 본받아 사람의 사정事情을 감안하여 이를 조절調節하고 문식文飾을 가한 것이다. 이러한 예가 없으면 어떻게 몸을 바르게 할 수 있겠는가? 스승이 없다면 어찌 예의 옳음을 알 수 있겠는가?

예는 그럴 만한 것은 그렇게 되어 있으니 이는 그 사정이 예에 맞추어진 것이기 때문이다. 마찬가지로 스승이 그렇다면 그런 것이니 이는 그 지혜는 스승과 같아야 하기 때문이다. 정황이 예에 근거하고 지혜가 스승과 같아야 하니 이것이 곧 군자의 도이다. 언어가 윤리에 맞고 행동이 이치에 맞게 되면 천하가 순응하게 된다.

《시詩》에는 이렇게 말하였다.

"아무 것도 몰라도 되네, 不識不知
  하늘의 법칙만 따르면 되네." 順帝之則

禮者, 則天地之體, 因人之情, 而爲之節文者也. 無禮, 何以正身? 無師, 安知禮之是也? 禮然而然, 是情安於禮也; 師云而云, 是知若師也. 情安禮, 知若師, 則是君子之道. 言中倫, 行中理, 天下順矣.

詩曰: 『不識不知, 順帝之則.』

【詩曰】《詩經》大雅 皇矣의 구절. 이 詩는 "此詩敍太王, 太伯, 王季之德, 以及文王 伐密伐崇之事也." 朱子(太王・太伯・王季 및 문왕이 密나라와 崇侯를 벌한 것을 칭송한 것)라 하였다.

참고 및 관련 자료

1. 《詩經》大雅 皇矣

皇矣上帝, 臨下有赫. 監觀四方, 求民之莫. 維此二國, 其政不獲. 維彼四國, 爰究 爰度. 上帝耆之, 憎其式廓. 乃眷西顧, 此維與宅. 作之屛之, 其菑其翳. 脩之平之, 其灌其栵. 啓之辟之, 其檉其椐. 攘之剔之, 其 其柘. 帝遷明德, 串夷載路. 天立厥配, 受命旣固. 帝省其山, 柞棫斯拔, 松柏斯兌. 帝作邦作對, 自大伯王季. 維此王季, 因心則友. 則友其兄, 則篤其慶. 載錫之光, 受祿無喪, 奄有四方. 維此王季, 帝度 其心, 貊其德音. 其德克明, 克明克類, 克長克君. 王此大邦, 克順克比. 比于文王, 其德靡悔. 旣受帝祉, 施于孫子. 帝謂文王, 無然畔援, 無然歆羨, 誕先登于岸. 密人不恭, 敢距大邦, 侵阮徂共. 王赫斯怒, 爰整其旅, 以按徂旅, 以篤于周祜, 以對于天下. 依其在京, 侵自阮疆, 陟我高岡. 無矢我陵, 我陵我阿. 無飮我泉, 我泉我池. 度其鮮原, 居岐之陽, 在渭之將. 萬邦之方, 下民之王. 帝謂文王, 予懷 明德, 不大聲以色, 不長夏以革. 不識不知, 順帝之則. 帝謂文王, 詢爾仇方, 同爾 兄弟, 以爾鉤援, 與爾臨衝, 以伐崇墉. 臨衝閑閑, 崇墉言言. 執訊連連, 攸馘安安. 是類是禡, 是致是附. 四方以無侮. 臨衝茀茀, 崇墉仡仡. 是伐是肆, 是絶是忽. 四方以無拂.

2. 《荀子》修身篇

禮者, 所以正身也; 師者, 所以正禮也. 無禮, 何以正身? 無師, 吾安知禮之爲是也? 禮然而然, 則是情安禮也; 師云而云, 則是知若師也. 情安禮, 知若師, 則是聖人也. 故非禮, 是無法也; 非師, 是無師也. 不是師法, 而好自用, 譬之是猶以盲辨色, 以聾 辨聲也, 舍亂妄無爲也. 故學也者, 禮法也, 夫師以身爲正儀, 而貴自安者也. 詩云: 「不識不知, 順帝之則.」 此之謂也.

145(5-11) 上不知順孝
만백성의 왕

윗사람이 효를 모르면 백성들은 그 돌아갈 근본이 무엇인지를 알지 못하고, 임금이 어른을 존경할 줄 모르면 백성은 귀貴함과 친親함이 무엇인지를 알지 못한다. 또 제사를 공경스럽게 드리지 않아 산천이 때맞추어 흠향을 받지 못하게 하면 백성은 두려워해야 할 것이 무엇인지를 알지 못하고, 가르쳐 주지도 않고 형벌부터 내린다면 백성들은 권면勸勉해야 할 것이 무엇인지를 알지 못한다.

그러므로 군자가 몸을 수양하여 효에까지 미치게 하면 백성의 배반이란 있을 수 없고, 공경과 효도가 아랫사람에게까지 미치게 하면 백성은 자애慈愛가 무엇인지를 알게 된다.

그리고 호오好惡를 백성들이 깨우쳐 알도록 하면 아랫사람이 윗사람에게 응해 오기를 마치 그림자나 메아리처럼 하게 된다. 이상이 곧 천하를 겸제兼制하며, 해내海內를 평정하고, 만백성을 신하로 삼는 요체이며 방법이니, 명왕明王 성주聖主가 이를 수유須臾라도 버리지 못하는 이유가 여기에 있는 것이다.

《시詩》에는 이렇게 말하였다.

"왕으로서 진실을 이루셨으니	成王之孚
천하 백성의 본이 되시네.	下土之式
길이길이 효도를 실행하시니	永言孝思
그 효는 백성의 법칙 되었네."	孝思惟則

上不知順孝, 則民不知反本. 君不知敬長, 則民不知貴親. 禘祭不敬, 山川失時, 則民無畏矣. 不敎而誅, 則民不識勸也. 故君子脩身及孝, 則民不倍矣. 敬孝達乎下, 則民知慈愛矣. 好惡喩乎百姓, 則下應其上, 如影響矣. 是則兼制天下, 定海內, 臣萬姓之要法也. 明王聖主之所不能須臾而舍也.

　詩曰:『成王之孚, 下土之式. 永言孝思, 孝思惟則.』

【詩曰】《詩經》大雅 下武의 구절. 이는 '成王을 찬미한 노래'라 한다.

참고 및 관련 자료

1. 《詩經》 大雅 下武

下武維周, 世有哲王. 三后在天, 王配于京. 王配于京, 世德作求. 永言配命, 成王之孚. 成王之孚, 下土之式. 永言孝思, 孝思維則. 媚玆一人, 應侯順德. 永言孝思, 昭哉嗣服. 昭玆來許, 繩其祖式. 於萬斯年, 受天之祜. 受天之祜, 四方來賀. 於萬斯年, 不遐有佐.

146(5-12) 成王之時
중국에 성인이 계시나 보다

성왕成王 때에 싹은 셋인데 한 그루로 자라는 뽕나무가 있었다. 거기에 함께 벼꽃까지 피어 그 크기는 수레에 가득하며 그 길이는 수레 상자에 찰 정도였다. 이에 성왕이 주공周公에게 물었다.
"이것이 무슨 물건입니까?"
주공은 이렇게 풀이해 주었다.
"세 개의 싹이 한 그루로 자라 하나의 벼꽃을 피우니, 이는 생각건대 천하가 통일된다는 뜻인 것 같습니다."
이로부터 삼 년이 지난 후, 과연 월상씨越裳氏가 연달아 아홉 번의 통역을 거쳐 찾아 와서는 흰 꿩을 바치면서 이렇게 말하는 것이었다.
"길이 멀고 산천은 깊어 사람을 보내어도 이르지 못할까 하여 거듭된 통역을 거쳐 찾아온 것입니다."
이에 주공이 물었다.
"저희들이 어째서 그대들의 조견과 선물을 받는 것입니까?"
그 통역은 이렇게 설명하였다.
"저는 우리 나라 나이 많은 노인들의 이런 명을 받았습니다. 즉 '오래도다! 하늘이 폭풍우를 내리지 않고, 바다에 바람이 적고 해일이 적은 지가 이미 삼 년이나 되었도다. 생각건대 중국中國에 아마 성인이 계시나 보다. 그러니 어찌 가서 조알朝謁하지 않을 수 있겠는가?'라고 말입니다. 그래서 찾아온 것입니다."
주공은 이에 그들이 찾아온 이유를 깊이 새겨 보았다.
《시詩》에는 이렇게 말하였다.

"오! 만년이 가도록　　　　　　　　　於萬斯年
끝없이 우리 님 도와 드리리."　　　　不遐有佐

成王之時, 有三苗貫桑而生, 同爲一秀, 大幾滿車, 長幾充箱.
聖王問周公曰:「此何物也?」
周公曰:「三苗同一秀, 意者, 天下殆同一也.」
比幾三年, 果有越裳氏重九譯而至, 獻白稚於周公:「道路悠遠, 山川幽深, 恐使人之未達也, 故重譯而來.」
周公曰:「吾何以見賜也?」
譯曰:「吾受命國之黃髮曰:『久矣! 天之不迅風疾雨也, 海不波溢也, 三年於玆矣. 意者, 中國殆有聖人, 盍往朝之?』於是來也.」
周公乃敬求其所以來.
詩曰:『於萬斯年, 不遐有佐.』

【成王】周武王의 아들인 姬誦. 周公이 섭정하였다.
【越裳氏】남쪽의 이민족. 지금의 베트남 근처.
【中國】中原 지방. 國名이 아니다.
【詩曰】《詩經》大雅 下武의 구절. 다른 판본에는 '於萬斯年'이 '於斯萬年'으로 되어 있다.

참고 및 관련 자료

1. 《詩經》大雅 下武(145)
2. 《說苑》辨物篇

成王時有三苗貫桑而生, 同爲一秀, 大幾盈車, 民得而上之成王, 成王問周公:「此何也?」周公曰:「三苗同秀爲一, 意天下其和而爲一乎?」後三年則越裳氏重譯而朝,

曰:「道路悠遠, 山川阻深, 恐一使之不通, 故重三譯而來朝也.」周公曰:「德澤不加, 則君子不饗其質; 政令不施, 則君子不臣其人.」譯曰:「吾受命於吾國之黃髮久矣, 天之無烈風淫雨, 意中國有聖人耶? 有則盍朝之!」然後周公敬受其所以來矣.

3. 《尚書大傳》 嘉禾篇

成王之時, 有三苗貫桑葉而生, 同爲一穗, 其大盈車, 長其充箱, 民得而上諸成王.

4. 《尚書大傳》 嘉禾篇

成王時, 有三苗異莖而生, 同爲一穟, 人有上之者. 王召周公而問之, 公曰:「德澤不加, 則君子不饗其質.」

5. 《尚書大傳》 嘉禾篇

交阯之南, 有越裳國. 周公居攝六年, 制禮作樂, 天下和平. 越裳以三象重譯而獻白雉, 曰:「道路悠遠, 山川阻深, 音使不通. 故重譯而朝.」成王以歸周公, 公曰:「德不加焉, 則君子不饗其質, 政不施焉, 則君子不臣其人. 吾何以獲此賜也?」其使請曰:「吾受命吾國之黃耇曰:『久矣, 天之無烈風澍雨, 意者中國有聖人乎? 有則盍往朝之?』」周公乃歸於往, 稱先王之神致以薦於宗廟, 周德既衰, 於是稍絶.

6. 《十八史略》 卷一

交趾南有越裳氏, 重三譯而來, 獻白雉, 曰:「吾受命國之黃耇, 天無烈風淫雨, 海不揚波, 三年矣. 意者中國有聖人乎?」周公歸之王, 薦于宗廟, 使者迷歸路, 周公錫以軿車五乘, 皆爲指南之制. 使者載之, 由扶南林邑海際, 朞年而至國. 故指南車常爲先導, 示服遠人而正四方.

7. 《藝文類聚》(8)

韓詩外傳曰: 成王時, 有越裳氏重三譯而朝, 曰:「吾受命國之黃髮曰:『久矣! 天之不迅風雨, 海之不波溢也, 三年於茲矣! 意者, 中國有聖人乎, 盍往朝之!』」

8. 기타 참고자료

《白虎通》 封禪篇・《太平御覽》(10, 60, 872)・《類說》(38)・《文選》〈東都賦〉注, 〈東京賦〉注, 〈頭陀碑〉注・《玉海》(154, 199)・《事類賦注》(6, 38)・《天中記》(2)

147(5-13) 登高臨深
높이 올라 멀리 보듯이

높은 곳에 오르거나 깊은 곳에 임하여 멀리 보는 즐거움을 누리려면 대사臺榭에서 보는 것이 높은 언덕에 올라 멀리 보는 것만 못하고, 평원이나 광막한 들에서 널리 보는 즐거움을 맛보려면 작은 못가에서 보는 것이 천택에서 멀리 보는 것만 같지 못하다.

마음과 뜻을 노고롭게 하고 욕심을 따라 그 즐거움을 끝까지 하고, 재물을 써서 정서를 상하게 하며, 이로써 이름을 허물고 목숨을 단축시키니 슬프도다. 그 상함이여! 궁색한 군주는 이런 도에 어긋나게 하여 백성들을 근심 속으로 몰아넣는다.

《시詩》에는 이렇게 말하였다.

"하늘도 이제는 어쩔 수 없음인가.   上帝板板
 백성은 마침내 고통 속에 병들었네." 下民卒癉

登高臨深, 遠見之樂, 臺榭不若丘山, 所見高也; 平原廣望, 博觀之樂, 沼池不如川澤. 所見博也. 勞心苦思, 從欲極好, 靡財傷情, 毁名損壽, 悲夫傷哉! 窮君之反於是道, 而愁百姓.

詩曰:『上帝板板, 下民卒癉.』

【臺榭】누대 위의 眺望樓.
【詩曰】《詩經》大雅 板의 구절.

> 참고 및 관련 자료

1. 《詩經》大雅 板(071)
2. 기타 참고자료
《說苑》建本篇・《孔叢子》雜訓篇

148(5-14) 儒者儒也
선비라는 뜻

유儒라는 것은 유儒이다. 이 유儒가 나타내는 말뜻은 무無이다. 바꿀 수 없는 법술로서 만 가지 변화에도 그 도는 궁함이 없다는 뜻이니 육경六經이 바로 그것이다.

이를테면 군신지의君臣之義, 부자지친父子之親, 부부지별夫婦之別, 붕우지서朋友之序는 유자들이 삼가며 지키는 바로서 날로 갈고 닦아 포기하지 않는 덕목이다.

이들은 비록 궁항窮巷 누실陋室 아래에 거하여 안으로는 배를 채우지 못하고, 밖으로는 몸차림을 제대로 못하며, 송곳 꽂을 땅 하나 갖고 있지 못할지라도, 그의 명찰明察은 족히 천하를 주무른다. 그러한 자를 높이 들어 사람 위에 쓰게 되면 왕공王公의 큰 재목이 될 것이요, 작게 써서 자리를 갖추어 주게 되면 사직의 신하가 될 수 있다. 비록 암거巖居 혈처穴處할지라도 왕후王侯가 능히 그와 이름을 다툴 수 없으니 이는 무슨 까닭이겠는가? 이는 바로 인의仁義의 교화를 가지고 있기 때문이다.

만약 왕으로 하여금 그의 말을 듣게 하고 그의 행동을 믿게 한다면 당唐 우虞시대의 법도 가히 얻어 볼 수 있고 칭송의 소리도 가히 얻어 들을 수 있다.

《시詩》에

"옛 사람들 이렇게 말하였지.　　　　　先民有言
꼴꾼이나 나무꾼에게도 물어 본다고"　　詢于芻蕘

라 하였으니 그 모책을 널리 취해야 한다는 뜻이다.

　儒者, 儒也. 儒之爲言無也. 不易之術也. 千擧萬變, 其道不窮. 六經是也. 若夫君臣之義, 父子之親, 夫婦之別, 朋友之序, 此儒者所謹守, 日切磋而不舍也. 雖居窮巷陋室之下, 而內不足以充虛, 外不足以蓋形, 無置錐之地, 明察足以持天下. 大擧在人上, 則王公之材也; 小用使在位, 則社稷之臣也. 雖巖居穴處, 而王侯不能與爭名, 何也? 仁義之化存爾. 如使王者聽其言, 信其行, 則唐虞之法, 可得而觀, 頌聲可得而聽.
　詩曰:『先民有言, 詢于芻蕘.』
　取謀之博也.

【詩曰】《詩經》大雅 板의 구절.

> 참고 및 관련 자료

1. 《詩經》大雅 板(071)
2. 《孟子》滕文公(上)
　人之有道也, 飽食煖衣, 逸居而無敎, 則近於禽獸. 聖人有憂之; 使契爲司徒, 敎以人倫: 父子有親, 君臣有義, 夫婦有別, 長幼有序, 朋友有信.

3. 《荀子》儒效篇

秦昭王問孫卿子曰:「儒無益於人之國?」孫卿子曰:「儒者法先王, 隆禮義, 謹乎臣子而致貴其上者也. 人主用之, 則埶在本朝而宜; 不用, 則退編百姓而慤, 必爲順下矣. 雖窮困凍餒, 必不以邪道爲貪; 無置錐之地, 而明於持社稷之大義. 嗚呼而莫之能應, 然而通乎財萬物, 養百姓之經紀. 勢在人上, 則王公之材也; 在人下, 則社稷之臣, 國君之寶也. 雖隱於窮閻漏室, 人莫不貴之, 道誠存也. 仲尼將爲司寇, 沈猶氏不敢朝飲其羊, 公愼氏出其妻, 愼潰氏逾境而徙, 魯之粥牛馬者不預賈, 必蚤正以待之也. 居於闕黨, 闕黨之子弟, 罔不必分, 有親者取多. 孝弟以化之也. 儒者在本朝則美政, 在下位則美俗. 儒之爲人下如是矣.」王曰:「然則其爲人上何如?」孫卿曰:「其爲人上也, 廣大矣! 志義定乎內, 禮節脩乎朝, 法則度量正乎官, 忠信愛利形乎下. 行一不義, 殺一無罪, 而得天下, 不爲也. 此君義信乎人矣, 通於四海, 則天下應之如讙. 是何也? 則貴名白而天下治也. 故近者歌謳而樂之, 遠者竭蹶而趨之. 四海之內若一家, 通達之屬, 莫不從服, 夫是之謂人師. 詩曰:『自西自東, 自南自北, 無思不服.』此之謂也. 夫其爲人下也如彼, 其爲人上也如此, 何謂其無益於人之國也.」昭王曰:「善.」

149(5-15) 傳曰天子居廣廈之下
앉아서 천하를 알다

이렇게 전하고 있다.

천자가 광하廣廈 아래, 휘장 안에, 좋은 자리 위에, 그리고 좋은 털신이나 신고 살면서, 그 내실 밖으로는 나와 보지도 않으나 넓게 천하를 다 아는 것은 바로 훌륭한 신하를 좌우에 두고 있기 때문이다. 따라서 혼자 보는 것은 여럿이 보는 것만큼 밝지 못하고, 혼자 듣는 것은 여럿이 듣는 것만큼 명료하지 못하며, 혼자 염려하는 것은 여럿이 염려하는 것만큼 뛰어나지 못한 것이다.

그러므로 영명한 군주는 어진 신하들이 폭주輻湊하여 함께 어울려 몰려들게 하니 중정中正한 자와 교통하여 숨어사는 선비들을 잘 초치招致하는 것이다.

《시詩》에

"옛 사람들 이렇게 말하였지.   先民有言
꼴꾼 나무꾼에게도 물어 본다고"   詢于蒭蕘

라 하였으니 이를 두고 한 말이다.

傳曰: 天子居廣廈之下, 帷帳之內, 旃茵之上, 被躧舃, 視不出闑, 莽然而知天下者, 以其賢左右也. 故獨視不若與衆視之明也;

獨聽不若與衆聽之聰也; 獨慮不若與衆慮之工也. 故明王使賢臣輻湊並進, 所以通中正而致隱居之士.

詩曰:『先民有言, 詢于芻蕘.』

此之謂也.

【廣廈】 넓은 집. 임금이 거처하는 궁궐.
【輻湊】 수레에 살이 모이는 곳. 인신되어 많은 사람이 몰려듦을 말한다. 지금은 '輻輳'로 쓴다.
【詩曰】《詩經》 大雅 板의 구절.

참고 및 관련 자료

1. 《詩經》 大雅 板(071)
2. 《新序》 雜事(五)

君子曰:「天子居閨闥之中, 帷帳之內, 廣廈之下, 旃茵之上, 不出襜幄, 而知天下者, 以有賢左右也. 故獨視不如與衆視之明也, 獨聽不如與衆聽之聰也.」

150(5-16) 天設其高
하늘이 높은 이유

하늘이 그렇게 높음으로 해서 해와 달이 빛을 발할 수 있는 것이요, 땅이 그렇게 두터움으로 해서 산과 언덕이 그 이름을 얻을 수 있는 것이며, 윗사람이 그 길을 설치해 놓음으로 해서 온갖 일이 그 차례를 얻게 되는 것이다.

주周나라의 도가 쇠미해진 이래로부터 왕도王道는 폐하여 흥기할 줄 모르고, 예의는 끊어져 이어지지 못하고 있다. 또 진秦나라 때에 예禮와 의義를 그르다 하고 시서詩書를 파기하며, 옛 것을 홀략히 여기고, 성스러운 도를 크게 멸하여 오로지 구차하고 망령된 일만을 하게 되자 이익을 탐하는 것이 풍속이 되고, 죄를 고자질하고 붙들어 가는 것으로 교화를 삼으니 천하에 대란이 일어나게 되었다. 이에 전쟁이 불길처럼 일어나고, 밖에서 볕을 안고 이슬을 맞으며 살아야 했으니, 백성들로서는 침략하고 빼앗고 서로 밀치고 뜯어내는 것이 익숙한 습관이 되고 말았다.

이렇게 성왕의 빛으로부터 오랫동안 떨어져 살면서 인과 의라는 도는 본 일도 없고, 예와 의라는 풍교는 받아 본 적도 없게 되니 이 까닭으로 시끄럽게 떠들기만 할 뿐 예는 없고, 정숙과 공경이란 능지凌遲하여 위협과 무력만이 가까이 벼려, 망녕되이 사람을 아첨꾼으로 만들어 화환禍患은 피하면 그만이라는 생각을 갖게 하였다. 이것이 곧 그 다스림을 어렵게 만든 원인이다.

사람에게는 여섯 가지 기본 욕구가 있다. 즉, 눈으로는 좋은 색깔을 보기를 원하고, 귀로는 좋은 음악을 듣기를 바라며, 코로는 좋은 향내를 맡기를 원하며, 입으로는 달고 맛있는 것을 먹기를 바란다. 또 그 육체와 사지는 고된 일을 하지 않고 편안하기를 바라고, 옷은 무늬 있는 비단이나 가볍고 따뜻한 것을 입기를 바란다.

이 여섯 가지는 백성의 육정六情으로서 이를 충족시켜 주지 않으면 난이 일어나고, 원하는 바를 따라주면 빛나는 세상이 될 것이다. 따라서 훌륭한 임금은 그 백성을 교화함에 있어서 반드시 그들의 정서를 바탕으로 하되 예로써 이를 절제할 수 있도록 해 주며, 그들의 욕구를 들어주되 이를 의로써 절제할 수 있도록 해 주며, 의는 단순히 하여 갖추어 주고 예는 쉽게 하여 본받도록 하되 그 정서와 동떨어짐이 없게 한다. 그래야 그 백성들이 그의 명령을 신속히 따르는 것이다.

공자孔子는 도란 쉽게 행할 수 있게 해야 한다고 알았기 때문에 이렇게 말한 것이다.

"《시詩》에

'백성을 쉽게 행할 수 있게 해 주어라' 牖民孔易

라 하였으니 이는 헛된 말이 아니로다."

天設其高, 而日月成明; 地設其厚, 而山陵成名; 上設其道, 而百事得序. 自周衰壞以來, 王道廢而不起, 禮義絶而不繼. 秦之時, 非禮義, 棄詩書, 略古昔, 大滅聖道, 專爲苟妄. 以貪利爲俗, 以較獵爲化, 而天下大亂, 於是兵作而火起, 暴露居外, 而民以侵漁過奪相攘爲服習. 離聖王光烈之日久遠, 未嘗見仁義之道, 被禮樂之風. 是以嚚頑無禮, 而肅敬日益凌遲, 以威武相攝, 妄爲

佞人, 不避禍患, 此其所以難治也. 人有六情: 目欲視好色, 耳欲聽宮商, 鼻欲嗅芬香, 口欲嗜甘旨, 其身體四肢欲安而不作, 衣欲被文繡而輕暖. 此六者, 民之六情也. 失之則亂, 從之則穆. 故聖王之教其民也, 必因其情, 而節之以禮; 必從其欲, 而制之以義. 義簡而備, 禮易而法. 去情不遠, 故民之從命也速. 孔子知道之易行, 曰:「詩云:『牖民孔易.』非虛辭也.」

【棄詩書】秦始皇 때의 '焚書坑儒'를 말한다.
【較獵】'告獵'의 오기로 보고 있다. 趙善詒는 "此告獵之獵, 亦當訓捕, 謂告於官而捕治之"라 하였다.
【凌遲】'陵遲'와 같다. 서서히 변함을 말한다.(085 참조)
【身體欲安】〈四部叢刊〉本에는 "身體四肢欲安"으로 되어 있다.
【詩云】《詩經》大雅 板의 구절.

참고 및 관련 자료

1. 《詩經》 大雅 板(071)
2. 기타 참고자료
《群書治要》

151(5-17)　繭之性爲絲
누에고치

　누에고치란 본래 실을 만들기 위한 것이지만 이를 여공女工이 불을 지펴 삶아 내어 실을 뽑아 처리하지 않으면 실을 얻을 수 없다. 달걀의 본성은 병아리를 얻기 위한 것이지만 좋은 어미 닭이 이를 잘 품고 굴려 긴 나날을 안고 있지 않는다면 병아리로 태어나지 못한다.
　마찬가지로 사람의 본성은 착한 것이나 명왕明王 성주聖主가 잘 붙들어 주고 이를 도로써 감싸주지 않는다면 군자로 성장할 수 없는 것이다.
　《시詩》에

"이렇게 많은 백성 낳아 놓고서　　　　天生烝民
믿음성이 없으니 어찌 할거나.　　　　其命匪諶
처음엔 착하지 않은 자 없더니만　　　靡不有初
끝까지 잘하는 이 너무 드무네"　　　　鮮克有終

라 하였으니 이는 오직 명왕 성주의 가르침을 받은 후라야 끝까지 선을 행할 수 있다는 뜻이다.

　繭之性爲絲, 弗得女工燔以沸湯, 抽其統理, 不成爲絲. 卵之性爲雛, 不得良雞覆伏孚育, 積日累久, 則不成爲雛. 夫人性善, 非得明王聖主扶携, 內之以道, 則不成爲君子.

詩曰:『天生烝民, 其命匪諶. 靡不有初, 鮮克有終.』
言惟明王聖主, 然後使之然也.

【詩曰】《詩經》大雅 蕩의 구절. 이 詩는 '周初에 文王의 말을 빌려 殷의 폭정을 밝히고 周의 승리를 정당화하기 위한 노래'라 한다.(詩序) 한편 '天生烝民'은 〈四部叢刊〉本에는 '天生蒸民'으로 되어 있다.

참고 및 관련 자료

1. 《詩經》 大雅 蕩

蕩蕩上帝, 下民之辟. 疾威上帝, 其命多辟. 天生烝民, 其命匪諶. 靡不有初, 鮮克有終. 文王曰咨, 咨女殷商. 曾是彊禦, 曾是掊克, 曾是在位, 曾是在服. 天將慆德, 女興是力. 文王曰咨, 咨女殷商. 而秉義類, 彊禦郭懟. 流言以對, 寇攘式內. 侯作侯祝, 靡屆靡究. 文王曰咨, 咨女殷商. 女炰烋于中國, 斂怨以爲德. 不明爾德, 時無背無側. 爾德不明, 以無陪無卿. 文王曰咨, 咨女殷商. 天不湎爾以酒, 不義從式. 既愆爾止, 靡明靡晦. 式號式呼, 俾晝作夜. 文王曰咨, 咨女殷商. 如蜩如螗, 如沸如羹. 小大近喪, 人尚乎由行. 內奰于中國, 覃及鬼方. 文王曰咨, 咨女殷商. 匪上帝不時, 殷不用舊. 雖無老成人, 尚有典刑. 曾是莫聽, 大命以傾. 文王曰咨, 咨女殷商. 人亦有言, 顚沛之揭. 枝葉未有害, 本實先撥. 殷鑒不遠, 在夏后之世.

2. 《淮南子》 泰族訓

繭之性爲絲, 然非得工女煮以熱湯, 而抽其統紀, 則不能成絲. 卵之化成雛, 非慈雌煦煖覆伏, 累日積久, 則不能爲雛. 人之性, 有仁義之資, 非聖王爲之法度, 而敎導之, 則不可使鄉方. 故先王之敎也, 因其所喜, 以勸善, 因其所惡, 以禁姦. 故刑罰不用, 而威行如流, 政令約省, 而化燿如神. 故因其性, 則天下聽從, 拂其性, 則法縣而不用.

3. 《玉燭寶典》 卷一

繭之性爲絕, 弗得工女紼神統理, 不成爲絕; 卵之性雛, 不得倉雞覆伏孚育積日, 則不成爲雛.

4. 《春秋繁露》深察名號篇

性如繭, 如卵, 卵待覆而成雛, 繭待繅而爲絲, 性待敎而爲善, 此之謂眞天. 天生民性有善質而未能善, 於是爲之立王以善之, 此天意也. 民受未能善之性於天, 而退受成性之敎於王, 王承天意以成民之性爲任者也.

5. 《春秋繁露》實性篇

中民之性, 如繭如卵, 卵待覆二十日, 而後能爲雛, 繭待繰以涫湯, 而後能爲絲. 性待漸於敎訓, 而後能爲善. 善, 敎訓之所然也, 非質樸之所能至也, 故不謂性. 性者, 宜知名矣, 無所待而起生, 而所自有也. 善所自有, 則敎訓已非性也. 是以米出於粟, 而粟不可謂米.

152(5-18) 智如泉源
지혜가 샘물 같아

　지혜가 샘물과 같아 그 행동이 남의 의표가 될 때 이는 남의 스승이 될 수 있다. 또 그 지혜가 가히 맷돌과 같아 행동을 보필해 줄 수 있으면 이는 남의 친구가 될 수 있다. 그런가 하면 법에 근거하여 그 직무를 충실히 하며 감히 비위를 저지르지 않는다면 이는 남의 관리가 될 수 있다.
　그러나 일에 임박해서야 결의를 보이고, 한번 불러야 두 번째에나 대답하는 자라면 이는 남의 노예가 되기에 알맞을 뿐이다.
　따라서 최상급의 임금은 스승을 보좌로 삼고, 중간급의 임금은 친구를 보좌로 삼으며, 낮은 급의 임금은 관리를 보좌로 삼고, 곧 망할 임금은 노예를 보좌로 삼는다. 속담에는 이런 말이 있다.
　"못이 넓어야 그 곳에 큰 물고기가 살 수 있고, 임금이 훌륭해야 그 신하들도 지혜롭다."
　이는 서로 보기만 해도 뜻이 합하여 마음속으로부터 같은 생각이 우러나오기 때문이다. 그러므로 같은 밝음은 서로 볼 수 있고, 같은 소리는 서로 들리며, 같은 뜻은 서로 따르게 되어, 어진 이가 아니면 어진 이를 쓸 수 없게 된다. 이 때문에 보필을 어떻게 두고 좌우에게 어떤 임무를 맡기느냐 하는 것은 존망의 기틀이 되며 득실의 요체가 되는 것이니 가히 조심하지 않을 수 있겠는가?
　《시詩》에는 이렇게 일렀다.

"그대 덕 밝히 닦지 못하니　　　　　　不明爾德
그 곁에 옳은 신하 하나도 없네.　　　　時無背無側
그대가 가진 덕이 밝혀 주지 못하니　　爾德不明
어진이가 그대를 멀리하는걸."　　　　以無陪無卿

　　智如泉源, 行可以爲表儀者, 人師也. 智可以砥, 行可以爲輔弼者, 人友也. 據法守職, 而不敢爲非者, 人吏也. 當前決意, 一呼再諾者, 人隷也. 故上主以師爲佐, 中主以友爲佐, 下主以吏爲佐, 危亡之主以隷爲佐. 語曰: 『淵廣者, 其魚大; 主明者, 其臣慧.』 相觀而志合, 必由其中. 故同明相見, 同音相聞, 同志相從. 非賢者莫能用賢. 故輔弼左右, 所任使者, 有存亡之機, 得失之要也, 可無愼乎?
　　詩曰: 『不明爾德, 時無背無側; 爾德不明, 以無陪無卿.』

【詩曰】《詩經》 大雅 蕩의 구절.

참고 및 관련 자료

1. 《詩經》 大雅 蕩(151)
2. 《新書》(賈誼) 官人篇
王者官人有六等, 一曰師, 二曰友, 三曰大臣, 四曰左右, 五曰侍御, 六曰厮役. 知足以爲源泉, 行足以爲表, 儀問焉則應; 求焉則得; 入人之家, 足以重人之家; 入人之國, 足以重人之國자, 謂之師; 知足以爲礱礪, 行足以爲輔助, 仁足以訪議, 明於進賢, 敢於退不肖, 內相匡正, 外相揚美, 謂之友.
3. 기타 참고자료
《群書治要》·《太平御覽》(404)·《永樂大典》(921)·《大戴禮記》 子張問入官·《類說》(38)

153(5-19) 昔者禹以夏王
옛일을 알려 주는 거울

　옛날 우禹는 하夏나라를 바탕으로 하여 왕이 되었고, 걸桀은 그 하夏나라를 가지고 있었으면서도 망하고 말았다. 마찬가지로 탕湯은 은殷나라를 바탕으로 왕이 되었고, 주紂는 그 은나라를 가졌음에도 망하고 말았다.
　그러므로 영원히 안정된 나라란 있을 수 없고, 언제나 다스려지기만 하는 백성도 있을 수 없으니 어진 이를 얻으면 창성하고 불초한 자를 만나면 망하는 것이다. 예로부터 이제까지 그렇지 아니한 경우란 없었다.
　무릇 맑은 거울이란 형체를 비추어 보는 것이요, 지나간 옛일이란 오늘을 알게 해 주는 것이다.
　옛날에 위망危亡하게 된 군주의 잘못된 행동을 싫어하면서, 또 다른 옛날의 안존安存하였던 군주의 훌륭한 업적은 답습하는 데에 힘쓰지 않는다면 이는 마치 뒷걸음치면서 앞사람을 따라잡으려는 것과 다를 바가 없다. 속담에 "관리가 해야 할 일이 무엇인지 모른다면 이미 이루어 놓은 일들을 보라"라 하였고, 또 "앞에 가는 수레가 엎어졌는데, 뒤따르는 수레가 경계하지 않으니 뒷수레도 엎어지고 말지"라고도 하였다.
　그러므로 하나라가 망한 이유를 은나라가 따라 하였고, 은나라가 망한 이유를 주周나라가 따라 한 것이다. 따라서 은나라는 하나라를 거울로 삼아야 하였고, 주나라는 은나라를 거울로 삼아야 하였던 것이다.

《시詩》에는 이렇게 일렀다.

"은을 거울삼을 일 멀지 않도다.　　　　殷鑒不遠
　하나라 망한 이유 거기 있었네."　　　　在夏后之世

昔者, 禹以夏王, 桀以夏亡; 湯以殷王, 紂以殷亡. 故無常安之國, 宜治之民. 得賢則昌, 不肖則亡. 自古及今, 未有不然者也. 夫明鏡者, 所以照形也; 往古者, 所以知今也. 夫知惡往古之所以危亡, 而不襲蹈其所以安存者, 則無以異乎却行而求逮於前人. 鄙語曰:『不知爲吏, 視已成事.』或曰:『前車覆, 而後車不誡, 是以後車覆也.』故夏之所以亡者, 而殷爲之. 殷之所以亡者, 而周爲之. 故殷可以鑒於夏, 而周可以鑒於殷.
　　詩曰:『殷鑒不遠, 在夏后之世.』

【詩曰】《詩經》大雅 湯의 구절.

참고 및 관련 자료

1. 《詩經》 大雅 蕩(151)
2. 《說苑》 尊賢篇

禹以夏王, 桀以夏亡; 湯以殷王, 紂以殷亡. 闔盧以吳戰勝無敵於天下, 而夫差以見禽於越, 文公以晉國霸, 而厲公以見弑於匠麗之宮, 威王以齊强於天下, 而湣王以弑死於廟梁, 穆公以秦顯名尊號, 而二世以劫於望夷, 其所以君王者同, 而功迹不等者, 所任異也! 是故成王處襁褓而朝諸侯, 周公用事也. 趙武靈王年五十而餓死於沙丘, 任李兌故也. 桓公得管仲, 九合諸侯, 一匡天下, 失管仲, 任竪刁易牙, 身死不葬,

爲天下笑,一人之身,榮辱俱施焉,在所任也.故魏有公子無忌,削地復得;趙任藺相如,秦兵不敢出鄢陵,任唐睢,國獨特立.楚有申包胥,而昭王反位;齊有田單,襄王得國.由此觀之,國無賢佐俊士,而能以成功立名,安危繼絕者,未嘗有也.故國不務大而務得民心;佐不務多,而務得賢俊.得民心者民往之,有賢佐者士歸之,文王請除炮烙之刑而殷民從,湯去張網者之三面而夏民從,越王不隳舊冢而吳人服,以其所爲之順於民心也.故聲同則處異而相應,德合則未見而相親,賢者立於本朝,則天下之豪,相率而趨之矣,何以知其然也? 曰:管仲,桓公之賊也,鮑叔以爲賢於己而進之爲相,七十言而說乃聽,遂使桓公除報讐之心而委國政焉.桓公垂拱無事而朝諸侯,鮑叔之力也;管仲之所以能北走桓公無自危之心者,同聲於鮑叔也.紂殺王子比干,箕子被髮佯狂,陳靈公殺泄冶而鄧元去陳;自是之後,殷兼於周,陳亡於楚,以其殺比干泄冶而失箕子與鄧元也.燕昭王昔者,禹以夏王,桀以夏亡.湯以殷王,紂以殷亡.闔廬以吳戰勝無敵,夫差以見禽於越,文公以晉國霸,而厲公以見殺於匠黎之宮.威王以齊强於天下,而簡公以弒於檀臺.穆公以顯名尊號,二世以刺於望夷之宮.其所以君王同而功迹不等者,所任異也.

3.《大戴禮記》保傅篇

昔者,禹以夏王,桀以夏亡.湯以殷王,紂以殷亡.闔廬以吳戰勝無敵,夫差以見禽於越,文公以晉國霸,而厲公以見殺於匠黎之宮.威王以齊强於天下,而簡公以弒於檀臺.穆公以顯名尊號,二世以刺於望夷之宮.其所以君王同而功迹不等者,所任異也.故成王處襁抱之中朝諸侯,周公用事也.武靈王五十而弒沙丘,任李兌也.齊桓公得管仲,九合諸侯,一匡天下,再爲義王,失管仲,任豎刁,狄牙,身死不葬,而爲天下笑.一人之身,榮辱具施焉者,在所任也.故魏有公子無忌,而削地復得.趙得藺相如,而秦不敢出.安陵任周瞻,而國人獨立.楚有申包胥,而昭王反復.齊有田單,襄王得其國.由是觀之,無賢佐俊仕而能成功立名安危繼絕者,未之有也.是以國不務大,而務得民心.佐不務多,而務得賢臣.得民心者,民從之,有賢佐者,士歸之.文王請除炮烙之刑,而殷民從.湯去張網者之三面,而垂至.越王不頹舊冢,而吳人服.以其前爲愼於人也.故同聲則異而相應,意合則未見而相親,賢者立於本朝,而天下之豪相率而趨之也.何以知其然也? 管仲者,桓公之讎也.鮑叔以爲賢於己,而進之桓公,七十言說乃聽,遂使桓公除仇讎之心,而委之國政焉,桓公垂拱無事而朝諸侯,鮑叔之力也.管仲之所以北走桓公,而無自危之心者,同聲於鮑也.衛靈公之時,蘧伯玉賢而不用,迷子瑕不肖而任事.史鰌患之.數言蘧伯玉賢而不聽.病且死,謂其子曰:

「我卽死, 治喪於北堂, 吾生不能進蘧伯玉, 而退迷子瑕, 是不能正君者, 死不當成禮, 而置屍於北堂於我足矣.」靈公往弔, 問其故, 其子以父言聞. 靈公造然失容, 曰: 「吾失矣!」立召蘧伯玉而貴之, 召迷子瑕而退. 徙喪於堂, 成禮而後去. 衛國以治, 史鰌之力也. 夫生進賢而退不肖, 死且未止, 又以屍諫, 可謂忠不衰矣. 紂殺王子比干, 而箕子被髮陽狂, 靈公殺泄冶, 而鄧元去陳以族從, 自是之後, 殷幷於周, 陳亡於楚, 以其殺比干與泄冶, 而失箕子與鄧元也. 燕昭王得郭隗, 而趨衍樂毅, 以齊至. 於是舉兵而攻齊, 棲閔王於莒. 燕支地計衆, 不與齊均也. 然如所以能申意至於此者, 由得士也. 故無常安之國, 無宜治之民, 得賢者安存, 失賢者危亡, 自古及今, 未有不然者也. 明鏡者, 所以察形也. 往古者, 所以知今也. 今知惡古之危亡, 不務襲迹於其所以安存, 則未有異於卻走而求及於前人也. 太公知之, 故興微子之後, 而封比干之墓, 夫聖人之於當世存者乎, 其不失可知也.

4. 《孔子家語》觀周篇

夫明鏡所以察形, 往古者所以知今, 人主不務襲跡於其所以安存, 而忽怠所以危亡, 是猶未有以異於卻走而欲求及前人也, 豈不惑哉!

5. 《新書》(賈誼) 胎教篇

昔禹以夏王, 而桀以夏亡. 湯以殷王, 而紂以殷亡. 闔閭以吳戰勝無敵, 夫差以見禽於越, 文公以晉伯, 而厲公以見殺於匠麗之宮. 威以齊强於天下, 而簡公以弒於檀臺. 穆公以秦顯名尊號, 而二世以劫於望夷之宮. 其所以君王同而功迹不等者, 所任異也. 故成王處襁褓之中朝諸侯, 周公用事也. 武靈王五十而弒沙邱, 任李兌也. 齊桓公得管仲, 九合諸侯, 一匡天下, 稱爲義王, 失管仲, 任豎刁, 而身死不葬, 而爲天下笑. 一人之身, 榮辱具施焉者, 在所任也. 故魏有公子無忌, 而削地復. 趙得藺相如, 而秦兵不敢出. 安陵任周瞻, 而國獨立. 楚有申包胥, 而昭王復反. 齊有陳單, 而襄王得其國. 由此觀之, 無賢佐俊仕, 能成功立名安危繼絶者, 未之有也. 是以國不務大, 而務得民心. 佐不務多, 而務得賢者. 得民心而民往之, 得賢者, 而賢者歸之. 文王請除炮烙之刑, 而殷民從. 湯去張網者之三面, 而二垂至. 越王不頹舊冢, 而吳人服. 以其所爲順於人也. 故同聲則處異而相應, 意合則未見而相親, 賢者立於本朝, 而天下之士相率而趨之. 何以知其然也? 管仲者, 桓公之讎也. 鮑叔以爲賢於己, 而進之桓公, 七十言說乃聽, 遂使桓公除仇讎之心, 而委之國政焉, 桓公垂拱無事而朝諸侯, 鮑叔之力也. 管仲之所以趨桓公, 而無自危之心者, 同聲於鮑也.

6. 《新書》(賈誼) 胎教篇

紂殺王子比干, 而箕子被髮佯狂, 陳靈公殺泄冶, 而鄧元去陳以族從, 自是之後, 殷幷於周, 陳亡於楚, 以其殺比干與泄冶, 而失箕子與鄧元也. 燕昭王得郭隗, 而趨衍樂毅, 自齊魏至. 於是擧兵而攻齊, 棲閔王於莒. 燕度地計衆, 不與齊均也. 然而所以能信意至於此者, 由得士故也. 故無常安之國, 無宜治之民, 得賢者顯昌, 失賢者危亡, 自古及今, 未有不然者也. 明鏡所以察形也; 往古所以知今也. 夫知惡古之所以危亡, 不務襲迹於其所安存, 則未有異於卻走而求及前人也. 太公知之, 故興微子之後, 而封比干之墓, 夫聖人之於聖者之死, 尙如此其厚也, 況當世存者乎? 其弗失可知矣.

7. 기타 참고자료

《藝文類聚》(23)・《後漢書》楊賜傳注, 張衡傳注, 周擧傳注・《韓詩外傳》(7)

154(5-20) 傳曰驕溢之君寡忠
교만한 군주

이렇게 전해오고 있다.

교만이 넘치는 지도자는 충성된 신하가 적고, 입으로만 떠드는 사람은 믿음이 적다. 따라서 굵기가 한 줌에 찰 정도의 나무는 한 아름의 가지를 가질 수 없고, 형택榮澤의 작은 못에는 배를 삼킬 만한 큰 물고기가 살 수 없다. 뿌리가 얕으면 그 가지와 잎은 제대로 자랄 수 없고 줄기가 잘리면 가지와 잎은 말라 버리고 만다.

《시詩》에

"가지와 잎은 아직 그 모습이나　　　　枝葉未有害
줄기가 먼저 뽑혀 버린걸"　　　　　　本實先撥

이라 하였으니 이는 화와 복이란 바로 자기 자신에게서 나옴을 말한 것이다.

傳曰: 驕溢之君寡忠, 口惠之人鮮信. 故盈把之木, 無合拱之枝; 榮澤之水, 無吞舟之魚. 根淺則枝葉短, 本絶則枝葉枯.

詩曰:『枝葉未有害, 本實先撥.』

禍福自己出也.

【滎澤】원래 못이었으나 漢 平帝 때 平地로 변해 버린 곳.
【詩曰】《詩經》大雅 蕩의 구절.

참고 및 관련 자료

1. 《詩經》 大雅 蕩(151)

2. 《淮南子》 繆稱訓

驕溢之君, 無忠臣; 口慧之人, 無必信; 交拱之木, 無把之枝; 尋常之溝, 無呑舟之魚; 根淺則末短, 本傷則枝枯, 福生於無爲, 患生於多慾, 害生於弗備, 穢生於弗耨. 聖人爲善, 若恐不及, 備禍若恐不免, 蒙塵而欲毋眯, 涉水而欲毋濡, 不可得也, 是故知己者不怨人.

155(5-21) 水淵深廣
물이 깊어야 용이 살 듯이

물이 깊고 넓어야 어룡魚龍이 살 수 있고, 산의 숲이 무성해야 금수禽獸가 찾아오며, 예禮와 의義가 잘 닦아져야 군자가 모여드는 것이다.

그러므로 예란 몸에 미치면 그 행동이 수양되는 것이요, 예가 나라에 미치면 그 정치가 밝아지는 것이다. 능히 예로써 몸을 일으키면 귀한 명성이 절로 드날리며 천하가 순종해 오고, 행하거나 금지하는 것이 다 먹혀들 것이니 왕자王者의 일은 이렇게만 되면 다 마치는 것이다.

《시詩》에

"덕행을 베풀어 어질게 하면	有覺德行
천하가 스스로 순종해 오리"	四國順之

라 하였으니 이를 두고 한 말이다.

水淵深廣, 則龍魚生之; 山林茂盛, 則禽獸歸之; 禮義脩明, 則君子懷之. 故禮及身而行脩, 禮及國而政明. 能以禮扶身, 則貴名自揚, 天下順焉, 令行禁止, 而王者之事畢矣.

詩曰:『有覺德行, 四國順之.』

夫此之謂矣.

【詩曰】《詩經》大雅 抑의 구절. 이 詩는 "抑, 衛武公刺厲王, 亦以自警也."—詩序(衛 武公이 厲王을 풍자하여 스스로의 경계로 삼은 것)라 하나, 屈萬里는 여러 증거를 들어 이는 잘못된 견해라 하였다.(《詩經詮釋》)

참고 및 관련 자료

1. 《詩經》大雅 抑

抑抑威儀, 維德之隅. 人亦有言, 靡哲不愚. 庶人之愚, 亦職維疾. 哲人之愚, 亦維斯戾. 無競維人, 四方其訓之. 有覺德行, 四國順之. 訏謨定命, 遠猶辰告. 敬慎威儀, 維民之則. 其在于今, 興迷亂于政. 顚覆厥德, 荒湛于酒. 女雖湛樂從, 弗念厥紹. 罔敷求先王, 克共明刑. 肆皇天弗尚, 如彼泉流, 無淪胥以亡. 夙興夜寐, 洒掃庭內, 維民之章. 脩爾車馬, 弓矢戎兵. 用戒戎作, 用遏蠻方. 質爾人民, 謹爾侯度, 用戒不虞. 慎爾出話, 敬爾威儀, 無不柔嘉. 白圭之玷, 尚可磨也. 斯言之玷, 不可爲也. 無易由言, 無曰苟矣. 莫捫朕舌, 言不可逝矣. 無言不讎, 無德不報. 惠于朋友, 庶民小子, 子孫繩繩, 萬民靡不承. 視爾友君子, 輯柔爾顏, 不遐有愆. 相在爾室, 尚不愧于屋漏. 無曰不顯, 莫予云覯. 神之格思, 不可度思, 矧可射思. 辟爾爲德, 俾臧俾嘉. 淑慎爾止, 不愆于儀. 不僭不賊, 鮮不爲則. 投我以桃, 報之以李. 彼童而角, 實虹小子. 荏染柔木, 言緡之絲. 溫溫恭人, 維德之基. 其維哲人, 告之話言, 順德之行. 其維愚人, 覆謂我僭, 民各有心. 於乎小子, 未知臧否. 匪手攜之, 言示之事. 匪面命之, 言提其耳. 借曰未知, 亦旣抱子. 民之靡盈, 誰夙知而莫. 昊天孔昭, 我生靡樂. 視爾夢夢, 我心慘慘. 誨爾諄諄, 聽我藐藐. 匪用爲教, 覆用爲虐. 借曰未知, 亦聿旣耄. 於乎小子, 告爾舊止. 聽用我謀, 庶無大悔. 天方艱難, 曰喪厥國. 取譬不遠, 昊天不忒. 回遹其德, 俾民大棘.

2. 《荀子》致士篇

川淵深, 而魚鱉歸之; 山林茂, 而禽獸歸之; 刑政平, 而百姓歸之; 禮義備, 而君子歸之. 故禮及身而行修, 義及國而政明. 能以禮挾而貴名白, 天下願, 令行禁止, 王者之事畢矣. 詩曰: 『惠此中國, 以綏四方.』此之謂也. 川淵者, 龍魚之居也; 山林者, 鳥獸之居也; 國家者, 士民之居也. 川淵枯則龍魚去之, 山林險則鳥獸去之, 國家失政則士民去之.

3. 《呂氏春秋》 功名篇

水泉深則魚鼈歸之, 樹木盛則飛鳥歸之, 庶草茂則禽獸歸之, 人主賢則豪桀歸之. 故聖王不務歸之者, 而務其所以歸.

4. 《六韜》 文韜 文師篇

仁之所在, 天下歸之; 德之所在, 天下歸; 義之所在, 天下赴之; 道之所在, 天下歸之.

5. 《說苑》 叢談篇

萬物得其本者生, 百事得其道者成. 道之所在, 天下歸之; 德之所在, 天下歸之; 仁之所在, 天下愛之; 義之所在, 天下畏之. 屋漏者民去之, 水淺者魚逃之, 樹高者鳥宿之, 德厚者士趨之, 有禮者民畏之, 忠信者士死之.

156(5-22) 孔子曰夫談說之術
말하는 기술

공자孔子가 말하였다.
"무릇 말하는 기술은 장중하고 가지런한 태도로 하고, 단정하고 성실하게 처하며, 강하고 굳센 모습으로 기다리며, 비유를 들어 사리에 맞게 깨우치고, 분석을 명확히 하고, 즐겁고 향기 나는 말로 대꾸하며, 보배로 여기고, 귀하고 신기롭게 여기는 태도로 해야 한다.
 이와 같이만 하면 떳떳하게 실행하지 못할 말이 없다. 무릇 이를 일컬어 능히 그 귀한 바를 귀하게 여길 줄 안다고 하는 것이다. 만약 사리에 맞지 않는 말이나 법도에 맞지 않는 행동, 그리고 남에게 도움이 될 수 없는 말이 있다면 이에 대해서는 군자로서 삼가야 하는 것이다."
《시詩》에는 이렇게 말하였다.

"아무렇게나 쉽게 말하지 말고,	無易由言
구차스럽게 어떠니 떠들지 말라."	無曰苟矣

孔子曰:「夫談說之術: 齊莊以立之, 端誠以處之, 堅强以待之, 辟稱以喩之, 分以明之, 歡忻芬芳以送之, 寶之珍之, 貴之神之, 如是, 則說恒無不行矣, 夫是之謂能貴其所貴. 若夫無類之說, 不形之行, 不贊之辭, 君子愼之.」

詩曰:『無易由言, 無曰苟矣.』

【詩曰】《詩經》大雅 抑의 구절.

참고 및 관련 자료

1. 《詩經》大雅 抑(155)
2. 《荀子》非相篇
談說之術, 矜莊以莅之, 端誠以處之, 堅強以持之, 分別以喩之, 譬稱以明之, 欣驩芬薌以送之, 寶之·珍之·貴之·神之, 如是則說常無不受. 雖不說人, 人莫不貴, 夫是之謂爲能貴其所貴. 傳曰: 『唯君子爲能貴其所貴.』此之謂也.
3. 《說苑》善說篇
孫卿曰: 「夫談說之術, 齊莊以立之, 端誠以處之, 堅強以持之, 譬稱以諭之, 分別以明之, 歡欣憤滿以送之, 寶之珍之, 貴之神之, 如是則說常無不行矣.」夫是之謂能貴其所貴. 傳曰: 「唯君子爲能貴其所貴也.」詩云: 「無易由言, 無曰苟矣.」鬼谷子曰: 「人之不善而能矯之者難矣. 說之不行, 言之不從者, 其辯之不明也; 既明而不行者, 持之不固也; 既固而不行者, 未中其心之所善也. 辯之明之, 持之固之, 又中其人之所善, 其言神而珍, 白而分, 能入於人之心, 如此而說不行者, 天下未嘗聞也, 此之謂善說.」子貢曰: 「出言陳辭, 身之得失, 國之安危也.」詩云: 「辭之繹矣, 民之莫矣.」夫辭者人之所以自通也. 主父偃曰: 「人而無辭, 安所用之.」昔子産脩其辭, 而趙武致其敬; 王孫滿明其言, 而楚莊以憼; 蘇秦行其說, 而六國以安; 蒯通陳說, 而身得以全. 夫辭者乃所以尊君, 重身, 安國, 全性者也. 故辭不可不脩而說不可不善.
4. 《孔子集語》五性篇
韓詩外傳五: 孔子曰: 「夫談說之術; 齊莊以立之, 端誠以處之, 堅強以待之, 辟稱以喩之, 分以明之, 歡忻芬芳以送之, 寶之珍之, 貴之神之, 如是, 則說恒無不行矣, 夫是之謂能貴其所貴. 若夫無類之說, 不形之行, 不贊之辭, 君子愼之.」

157(5-23) 夫百姓內不乏食
백성은 예의로 가르쳐야

　무릇 백성이 안으로 배고프거나 궁핍하지 않게 살고, 밖으로 근심과 추위에 떨지 않는 상태에 이르렀다면 그 때에는 가히 예禮와 의義로써 이들을 가르치고 다스려야 한다.
　《시詩》에

"아득히 조상에게까지 제사 올리고　　　　　烝畀祖妣
　온갖 예를 모두 다 갖추었도다"　　　　　　以洽百禮

라 하였으니 온갖 예가 모두 흡족히 갖추어지면 온갖 의도가 이루어짐을 말한다. 또 온갖 의도가 이루어지면 음양이 순조롭고, 음양이 순조로우면 추위와 더위가 고르고, 추위 더위가 고르면 삼광三光이 맑으며, 삼광이 맑으면 비바람이 때를 맞추고, 비바람이 때를 맞추면 모든 생물이 안녕을 얻으니 이와 같이 되면 천도天道가 제자리를 잡는다.
　그렇게만 되면 문 밖을 나가 보지 않고도 천하를 알 수 있으며 창 밖을 내다보지 않고도 하늘의 이치를 알 수 있다.
　《시詩》에

"오직 이러한 성인이시니　　　　　　　　　惟此聖人
　백 리 앞까지 살펴 아시네."　　　　　　　瞻言百里

"아! 불꽃같은 왕의 군사여,   於鑠王師
   어두운 데까지도 비춰 주소서"   遵養時晦

라 하였으니 이는 서로 길러 주되 어리석은 백성에게조차 미치게 하라는 뜻이다.

肉刑을 폐지한 禹임금. 山東 嘉祥縣 武梁祠(東漢 畵像石)

夫百姓內不乏食, 外不患寒, 則可敎御以禮義矣. 詩曰:『烝畀祖妣, 以洽百禮.』百禮洽則百意遂, 百意遂則陰陽調, 陰陽調則寒暑均, 寒暑均則三光清, 三光清則風雨時, 風雨時則羣生寧, 如是, 而天道得矣. 是以不出戶而知天下, 不窺牖而見天道.

詩曰:『惟此聖人, 瞻言百里.』『於鑠王師, 遵養時晦.』

言相養之至于晦也.

【烝畀祖妣】《詩經》周頌 豐年의 구절. '秋冬의 제사 때의 노래'라 한다.
【三光】日, 月, 星辰을 가리킨다.
【惟此聖人】《詩經》大雅 桑柔의 구절.
【於鑠王師】《詩經》周頌 酌의 구절.

참고 및 관련 자료

1. 《詩經》周頌 豐年

豐年多黍多稌. 亦有高廩, 萬億及秭. 爲酒爲醴, 烝畀祖妣, 以洽百禮. 降福孔皆.

2. 《詩經》大雅 桑柔(114)

3. 《詩經》周頌 酌(082)

4. 기타 참고자료

《群書治要》

158(5-24) 天有四時
춘하추동

하늘에는 사시四時가 있다. 즉 춘하추동春夏秋冬에 풍우상로風雨霜露가 서로 연결되니 어느 것 하나 교화敎化의 준칙이 아님이 없다. 임금에게 청명淸明함이 있으면 그 기氣와 지志가 신명神明과 같아지고, 하고자 하는 바가 장차 다가올 것이며, 먼저 어진 이를 보내어 길을 열어 준다. 또 하늘이 때맞추어 비를 내려 산천에는 구름이 피어오른다.
《시詩》에

"높고 높은 저 멧부리	崧高維嶽
하늘에 닿을 듯 높이 솟았네.	峻極于天
그 높은 산신령을 내려주자,	維嶽降神
보씨와 신씨를 낳으셨다네.	生甫及申
신씨와 보씨는 힘을 모아서	維申及甫
주나라의 훌륭한 모범되시니	維周之翰
사국을 지키는 울타리 되고,	四國于蕃
사방으로 뻗어나는 기틀 되었네"	四方于宣

라 하였으니 이는 문왕文王과 무왕武王의 덕을 노래한 것이다.
    이처럼 삼대三代의 왕들은 반드시 먼저 그 법령과 명예가 있었던 것이다.
    역시《시詩》에

"밝고 훌륭하신 우리 천자는	明明天子
아름다운 그 이름 그칠 날 없네,	令聞不已
문덕을 널리 펴 맹세하시니	矢其文德
사방에 그 은혜 젖게 하소서"	洽此四國

라 하였으니 이는 태왕太王의 덕을 노래한 것이다.

天有四時: 春夏秋冬. 風雨霜露, 無非敎也. 淸明在躬, 氣志如神, 嗜欲將至, 有開必先. 天降時雨, 山川出雲.
詩曰:『崧高維嶽, 峻極于天. 維嶽降神, 生甫及申. 維申及甫, 維周之翰. 四國于蕃, 四方于宣.』
此文武之德也. 三代之王也, 必先其令名.
詩曰:『明明天子, 令聞不已. 矢其文德, 洽此四國.』
此大王之德也.

【崧高維嶽】《詩經》大雅 崧高의 구절. 宣王이 그 삼촌을 봉지로 보낼 때 尹吉甫가 지어서 전송한 것이라 한다.(朱子)
【明明天子】《詩經》大雅 江漢의 구절. "宣王命召穆公平淮南之夷, 詩人美之."—朱子(宣王이 穆公을 시켜 淮南을 평정한 일을 두고 시인이 칭송한 것)라 하였다.

> 참고 및 관련 자료

1. 〈四庫全書〉本과 〈四部叢刊〉本은 모두 "三代之王也" 이하부터 끝까지를 하나의 章으로 나누어 놓고 있다. 이 또한 매우 타당한 경우로 여겨진다.

2. 《詩經》 大雅 崧高

崧高維嶽, 駿極于天. 維嶽降神, 生甫及申. 維申及甫, 維周之翰. 四國于蕃, 四方于宣. 亹亹申伯, 王纘之事. 于邑于謝, 南國是式. 王命召伯, 定申伯之宅. 登是南邦,

世執其功. 王命申伯, 式是南邦. 因是謝人, 以作爾庸. 王命召伯, 徹申伯土田. 王命傅御, 遷其私人. 申伯之功, 召伯是營. 有俶其城, 寢廟既成. 既成藐藐, 王錫申伯, 四牡蹻蹻, 鉤膺濯濯. 王遣申伯, 路車乘馬. 我圖爾居, 莫如南土. 錫爾介圭, 以作爾寶. 往近王舅, 南土是保. 申伯信邁, 王餞于郿. 申伯還南, 謝于誠歸. 王命召伯, 徹申伯土疆, 以峙其粻, 式遄其行. 申伯番番, 既入于謝, 徒御嘽嘽. 周邦咸喜, 戎有良翰. 不顯申伯, 王之元舅, 文武是憲. 申伯之德, 柔惠且直. 揉此萬邦, 聞于四國. 吉甫作誦, 其詩孔碩, 其風肆好, 以贈申伯.

3. 《詩經》 大雅 江漢

江漢浮浮, 武夫滔滔. 匪安匪遊, 淮夷來求. 既出我車, 既設我旟. 匪安匪舒, 淮夷來鋪. 江漢湯湯, 武夫洸洸. 經營四方, 告成于王. 四方既平, 王國庶定. 時靡有爭, 王心載寧. 江漢之滸, 王命召虎, 式辟四方, 徹我疆土. 匪疚匪棘, 王國來極. 于理于理, 至于南海. 王命召虎, 來旬來宣. 文武受命, 召虎維翰. 無曰予小子, 召公是似. 肇敏戎公, 用錫爾祉. 釐爾圭瓚, 秬鬯一卣. 告于文人, 錫山股田. 于周受命, 自召祖命. 虎拜稽首, 天子萬年. 虎拜稽首, 對揚王休, 作召公考, 天子萬壽. 明明天子, 令聞不已, 矢其文德, 洽此四國.

4. 《禮記》 孔子閒居篇

天有四時, 春秋冬夏, 風雨霜露, 無非教也. 地載神氣, 神氣風霆, 風霆流形, 庶物露生, 無非教也. 清明在躬, 氣志如神, 嗜欲將至, 有開必先. 天降時雨, 山川出雲. 其在詩, 曰「嵩高惟嶽, 峻極于天. 惟嶽降神, 生甫及申. 惟申及甫, 惟周之翰. 四國于蕃, 四方于宣」. 此文武之德也. 三代之王也, 必先令聞, 詩云:「明明天子, 令聞不已」. 三代之德也. 「弛其文德, 協此四國」. 大王之德也. 子夏蹶然而起, 負牆而立, 曰: 弟子敢不承乎?

5. 《孔子家語》 問玉篇

天有四時, 春夏秋冬, 風雨霜露, 無非教也; 地載神氣, 吐納雷霆, 流形庶物, 無非教也. 清明在躬, 氣志如神, 有物將至, 其兆必先. 是故天地之教, 與聖人相參. 其在詩曰:『嵩高惟嶽, 峻極于天. 惟嶽降神, 生甫及申. 惟申及甫, 惟周之翰. 四國于蕃, 四方于宣.』此文武之德也.『失其文德, 協此四國.』此太王之德也. 凡三代之王, 必先其令問, 詩云 :『明明天子, 令問不已.』三代之德也.

6. 기타 참고자료

《太平御覽》(18)・《藝文類聚》(7)・《禮記》 孔子閒居

159(5-25) 藍有靑
쪽색은 쪽풀에서 난다

  쪽풀에는 쪽색이 들어 있다. 그러나 이를 옷감에 빌려 쓰면 그 색깔이 쪽보다 더 푸르다. 땅에는 누런색이 있다. 역시 이를 옷감에 빌려 물을 들이면 그 노란색은 땅보다 더 진하다. 쪽의 푸른색과 땅의 노란색은 가히 빌려 쓸 수 있는데 인의仁義의 일이라고 해서 어찌 빌려 쓸 수 없겠는가?
  동쪽 바다에 물고기가 있으니 이를 접鰈이라 한다. 그 물고기는 눈이 한 쪽에 몰려 있기 때문에 두 마리가 눈을 맞대어야 다닐 수 있다. 그 짝이 없이는 움직이지 못한다. 또 북쪽에 짐승이 있으니 그 이름을 누婁라 한다. 서로 교대로 하나가 풀을 뜯는 동안 하나는 적의 침입을 경계해 준다. 그 짝을 얻지 못하면 배를 채울 수 없다. 남방에 새가 있으니 그 이름을 겸鶼이라 한다. 두 마리가 날개를 같이 하여야 날 수 있고, 그 짝을 얻지 못하면 움직이지를 못한다. 그리고 서쪽에 짐승이 있으니 궐蹷이라 한다. 앞다리는 쥐와 같고 뒷다리는 토끼와 같으며 좋은 풀을 만나면 이를 공공蛩蛩과 거허距虛에게 먹여 준다. 그의 본성이 공공과 거허를 좋아하는 것이 아니라 그의 힘을 빌려 이동해야 하기 때문이다.
  무릇 새나 짐승, 물고기도 이처럼 서로 의탁해서 살거늘 하물며 만승의 임금으로서 홀로 천하의 영웅 준사의 힘을 빌려 그들과 짝을 이룰 줄 모르니 이 어찌 병탄病嘆할 일이 아니겠는가?
  그러므로 밝은이가 밝은이를 부축하면 하늘에도 오를 수 있고, 밝은이가 눈먼 이를 부축하면 그 사람의 집까지 데려다 줄 수 있으나,

서로 장님인 사람이 서로를 부축하면서 담장이나 나무에 부딪치지 아니하거나, 우물이나 구렁텅에 빠지지 않는다면 그로써 다행으로 여겨야 한다고 말하는 것이다.

《시詩》에

"저리도 불순한 악한 저 사람,   惟彼不順
　나쁜 짓만 골라서 하고 있네"   征以中垢

라 하였으니 이는 어두운 길을 가고 있음을 말한 것이다.

藍有靑, 而絲假之, 靑於藍; 地有黃, 而絲假之, 黃於地. 藍靑地黃, 猶可假也. 仁義之事, 不可假乎哉? 東海之魚, 名曰鰈, 比目而行, 不相得, 不能達. 北方有獸, 名曰婁, 更食而更視, 不相得, 不能飽. 南方有鳥, 名曰鶼, 比翼而飛, 不相得, 不能擧. 西方有獸, 名曰蟨, 前足鼠, 後足兎, 得甘草, 必銜以遺蛩蛩距虛, 其性非能蛩蛩距虛, 將爲假之故也. 夫鳥獸魚猶相假, 而況萬乘之主而獨不知假此天下英雄俊士, 與之爲伍, 則豈不病哉? 故曰: 以明扶明, 則昇于天; 以明扶闇, 則歸其人; 兩瞽相扶, 不傷牆木, 不陷井穽, 則其幸也.

詩曰:『惟彼不順, 征以中垢.』

闇行也.

【藍有靑】《荀子》勸學篇에 "靑, 取之於藍, 而靑於藍, 冰水爲之, 而寒於水"라 하였다.

【鰈】 比目魚類, 즉 넙치류.《爾雅》釋地의 郭璞注에 "狀似牛脾, 鱗細, 紫黑色. 一眼, 兩片相合, 乃得行"이라 하였다.

【夔】북쪽에 사는 짐승 이름.《爾雅》釋地에 "北方有比肩民焉, 迭食而迭望"이라 하였고, 郭璞의 注에는 "此卽半體之人, 各有一目, 一鼻孔, 一臂, 一脚, 亦猶魚鳥之相合"이라 하였다.
【鶼】《爾雅》郭璞 注에 "似鳧, 靑赤色, 一目一翼, 相得乃飛"라 하였다.
【蟨】《呂氏春秋》에는 '蹶'로 되어 있다.
【蛩蛩距虛】《爾雅》釋地의 郭璞注에 "然則蛩蛩距虛, 亦宜鼠後而兔前, 前高不得取甘草, 故須蟨食之"라 하였다. 공공거허를 하나의 짐승으로 보기도 하나 다른 기록을 근거하면 공공과 거허를 둘로 보는 것이 타당하다.
【詩曰】《詩經》大雅 桑柔의 구절.〈四部叢刊〉本에는 끝 구절이 "往以虫垢"로 되어 있다.

참고 및 관련 자료

1. 《詩經》大雅 桑柔(114)

2. 《呂氏春秋》不廣篇

北方有獸, 名曰蹶, 鼠前而兔後, 趨則跲, 走則顚, 常爲蛩蛩距虛取甘草以與之. 蹶有患害也, 蛩蛩距虛必負而走. 此以其所能託其所不能.

3. 《淮南子》道應訓

北方有獸, 其名曰蹶, 鼠前而兔後, 趨則頓, 走則顚, 常爲蛩蛩駏驉, 取甘草以與之. 蹶有患害, 蛩蛩駏驉必負而走, 此以其能, 託其所不能. 故老子曰:「夫代大匠斲者, 希不傷其手.」

4. 《說苑》復恩篇

孔子曰:「北方有獸, 其名曰蟨, 前足鼠, 後足兔, 是獸也, 甚矣其愛蛩蛩巨虛也, 食得甘草, 必齧以遺蛩蛩巨虛, 蛩蛩巨虛見人將來, 必負蟨以走, 蟨非性之愛蛩蛩巨虛也, 爲其假足之故也, 二獸者亦非性之愛蟨也, 爲其得甘草而遺之故也. 夫禽獸昆蟲猶知比假而相有報也, 況於士君子之欲興名利於天下者乎!」夫臣不復君之恩而苟營其私門, 禍之原也; 君不能報臣之功而憚刑賞者, 亦亂之基也. 夫禍亂之源基, 由不報恩生矣.

5. 기타 참고자료
《群書治要》

160(5-26) 福生於無爲
욕심은 환난을 부른다

복福은 무위無爲에서 생기고, 환난患難은 다욕多欲에서 생긴다. 족함을 안 연후에야 부富가 이를 따라오며, 덕이 그 군자에게 맞은 연후에야 귀함이 그를 따른다. 그러므로 작위爵位를 귀히 여기고 덕을 천하게 여기는 자는 그가 비록 천자라 할지라도 높은 자가 아니요, 물질을 탐하고 그칠 줄을 모르는 자는 비록 천하를 가졌다 할지라도 부자가 아니다.

무릇 토지에서 생산되는 것은 한계가 있고, 산택山澤에서 소출되는 것도 다함이 있다. 스스로 부유하다고 여기지 않는 마음을 품은 채 이익이 되지 못할 물질을 구하려 들며, 백 곱절의 욕심을 가진 채 다함이 있는 재물을 구하려 드는 것, 이것이 곧 걸桀 주紂가 그 자리를 잃게 된 이유이다.

《시詩》에는 이렇게 일렀다.

"큰 바람 모질게 불어제치고 　　　　　大風有隧
친구조차 해치는 나쁜 사람들."　　　　貪人敗類

福生於無爲, 而患生於多欲. 知足, 然後富從之; 德宜君人, 然後貴從之. 故貴爵而賤德者, 雖爲天子, 不尊矣; 貪物而不知止者, 雖有天下, 不富矣. 夫土地之生不益, 山澤之出有盡, 懷不

富之心, 而求不益之物; 挾百倍之欲, 而求有盡之財, 是桀紂之所以失其位也.

詩曰:『大風有隧, 貪人敗類.』

【多欲】 '多慾'과 같다.
【詩曰】《詩經》 大雅 桑柔의 구절.

> 참고 및 관련 자료

1. 《詩經》 大雅 桑柔(114)
2. 《說苑》 敬愼篇
夫福生於隱約, 而禍生於得意, 齊頃公是也. 齊頃公 桓公之子孫也, 地廣民衆, 兵强國富, 又得霸者之餘尊, 驕蹇怠傲, 未嘗肯出會同諸侯, 乃興師伐魯, 反敗衛師于新築, 輕小嫚大之行甚. 俄而晉魯往聘, 以使者戲, 二國怒, 歸求黨與助, 得衛及曹, 四國相輔期戰於鞍, 大敗齊師, 獲齊頃公, 斬逢丑父, 於是慚然大恐, 賴逢丑父之欺, 奔逃得歸. 弔死問疾, 七年不飲酒, 不食肉, 外金石絲竹之聲, 遠婦女之色, 出會與盟, 卑下諸侯, 國家內得行義, 聲問震乎諸侯, 所亡之地弗求而自爲來, 尊寵不武而得之, 可謂能詘免變化以致之, 故福生於隱約, 而禍生於得意, 此得失之效也.

3. 기타 참고자료
《群書治要》

161(5-27) 哀公問於子夏曰
성인의 스승

애공哀公이 자하子夏에게 물었다.
"반드시 배운 연후라야 나라를 편안히 하고 백성을 보호할 수 있습니까?"
그러자 자하는 이렇게 대답하였다.
"배우지 아니하고 안국보민安國保民한 경우는 없었습니다."
애공이 다시 물었다.
"그렇다면 오제五帝도 스승이 있었습니까?"
자하는 이렇게 설명하였다.
"제가 듣기로 황제黃帝는 대분大墳에게, 전욱顓頊은 녹도祿圖에게, 제곡帝嚳은 적송자赤松子에게, 요堯는 무성자부務成子附에게, 순舜은 윤수尹壽에게, 그리고 우禹는 서왕국西王國에게, 탕湯은 대자상貸子相에게, 문왕文王은 석주자사錫疇子斯에게, 무왕武王은 태공太公에게, 주공周公은 괵숙虢叔에게, 중니仲尼는 노담老聃에게 각각 배웠다고 합니다.
이 열 한 사람의 성인이 이런 스승을 만나지 못하였더라면 그 공적과 명예를 천하에 드러내어 보일 수 없었을 것이며, 그 이름과 호號도 후세에 전하지 못하였을 것입니다."
《시詩》에는 이렇게 말하였다.

"어기지도 잊지도 아니 하면서   不愆不忘
 선왕이 남긴 법장 열심히 좇네."   率由舊章

哀公問於子夏曰:「必學然後可以安國保民乎?」

子夏曰:「不學而能安國保民, 未之有也.」

哀公曰:「然則五帝有師乎?」

子夏曰:「臣聞: 黃帝學乎大墳, 顓頊學乎祿圖, 帝嚳學乎赤松子, 堯學乎務成子附, 舜學乎尹壽, 禹學乎西王國, 湯學乎貸子相, 文王學乎錫疇子斯, 武王學乎太公, 周公學乎虢叔, 仲尼學乎老聃. 此十一聖人, 未遭此師, 則功業不能著於天下, 名號不能傳乎後世者也.」

詩曰:『不愆不忘, 率由舊章.』

【哀公】魯나라 春秋時代의 마지막 임금. 孔子와 동시대의 인물.
【子夏】孔子의 제자. 卜商.
【五帝】여러 설이 있으며 흔히 黃帝·顓頊·帝嚳·唐堯·虞舜을 가리킨다.
【大墳】大堯·大眞으로도 나온다.
【祿圖】다른 기록에는 伯夷父.《新序》에는 '綠圖'로 되어 있다.
【赤松子】帝嚳時代의 雨師라 한다.
【務成子附】君壽, 子州 등으로도 나온다.《新序》에는 '務成跗'로 되어 있다.
【尹壽】《呂氏春秋》에는 許由.《荀子》에는 '務成昭'로 되어 있다.
【西王國】人名인 듯하다.
【貸子相】다른 기록에는 '小臣', '威子伯' 등으로 되어 있다.
【錫疇子斯】《新序》에는 '鉸時子斯'로 되어 있다.
【太公】太公望, 呂尚, 姜子牙.
【虢叔】《新序》에는 '郭叔'으로 되어 있다.
【仲尼】孔子, 丘.
【老聃】老子, 李耳.《史記》에는 "孔子問禮於老子"라 하였다.
【詩曰】《詩經》大雅 假樂의 구절.

> 참고 및 관련 자료

1.《詩經》大雅 假樂

假樂君子, 顯顯令德. 宜民宜人, 受祿于天. 保右命之, 自天申之. 干祿百福, 子孫千億. 穆穆皇皇, 宜君宜王. 不愆不忘, 率由舊章. 威儀抑抑, 德音秩秩. 無怨無惡, 率由群匹. 受福無疆, 四方之綱. 之綱之紀, 燕及朋友. 百辟卿士, 媚于天子. 不解于位, 民之攸墍.

2.《荀子》大略篇

不學, 不成. 堯學於君疇, 舜學於務成昭, 禹學於西王國.

3.《新序》雜事(五)

魯哀公問子夏曰:「必學而後可以安國保民乎?」子夏曰:「不學而能安國保民者, 未嘗聞也.」哀公曰:「然則五帝有師乎?」子夏曰:「有. 臣聞黃帝學乎大眞, 顓頊學乎綠圖, 帝嚳學乎赤松子, 堯學乎尹壽, 舜學乎務成跗, 禹學乎西王國, 湯學乎威子伯, 文王學乎鉸時子斯, 武王學乎郭叔, 周公學乎太公, 仲尼學乎老聃. 此十一聖人, 未遭此師, 則功業不著乎天下, 名號不傳乎千世.」詩曰:『不愆不忘, 率由舊章.』此之謂也. 夫不學不明古道, 而能安國者. 未之有也.

4.《呂氏春秋》尊師篇

神農師悉諸, 黃帝師大撓, 帝顓頊師伯夷父, 帝嚳師伯招, 帝堯師子州支父, 帝舜師許由, 禹師大成贄, 湯師小臣, 文王·武王師呂望·周公旦, 齊桓公師管夷吾, 晉文公師咎犯·隨會, 秦穆公師百里奚·公孫枝, 楚莊王師孫叔敖, 沈尹巫, 吳王闔閭師伍子胥·文之儀, 越王句踐師范蠡·大夫種. 此十聖人六賢者, 未有不尊師者也. 今尊不至於帝, 智不至於聖, 而欲無尊師, 奚由至哉? 此五帝之所以絶, 三代之所以滅. 且天生人也, 而使其耳可以聞, 不學, 其聞不若聾, 使其目可以見, 不學, 其見不若盲, 使其口可以言, 不學, 其言不若爽, 使其心可以知, 不學, 其知不若狂. 故凡學, 非能益也, 達天性也. 能全天之所生而勿敗之, 是謂善學.

5. 기타 참고자료

《太平御覽》(404)·《史記》孔子世家·《天中記》(20)

162(5-28) 德也者
덕의 신묘함

덕德이라는 것은 천지天地의 위대함을 다 포괄하고 있고, 해와 달의 밝음과 짝을 이루고 있으며, 사시四時의 주기周期에 똑바로 서 있고, 음양陰陽의 교제交際에 임臨하고 있는 것이다. 한서寒暑도 그것을 이동시킬 수 없고, 사시도 그것을 변화시킬 수 없다. 이것을 태음太陰으로 모아들여도 습濕하지 아니하고, 태양太陽으로 흩어 버려도 마르지 않는다. 깨끗하고 청명하여 만물의 원리를 구비하고 있으며, 위엄스럽고 빨라 신명함을 가지고 있다.

지극한 정精이 천지 사이에서 신묘함을 보이는 것, 이것이 곧 덕이라는 것이다. 그런데 성인이 아니라면 그 누가 능히 이와 더불어 할 수 있겠는가?

《시詩》에는 이렇게 일렀다.

"덕의 가벼움은 털과 같으나	德輶如毛
세상에 그 누구도 들 수는 없네."	民鮮克擧之

德也者, 包天地之大, 配日月之明, 立乎四時之周, 臨乎陰陽之交. 寒暑不能動也, 四時不能化也, 斂乎太陰而不濕, 散乎太陽而不枯. 鮮決淸明而備, 嚴威毅疾而神, 至精而妙乎天地之

間者, 德也. 微聖人, 其孰能與於此矣?
　詩曰:『德輶如毛, 民鮮克舉之.』

【太陰】《易》四象 중의 陰의 지극함.
【太陽】《易》四象 중의 陽의 지극함.
【詩曰】《詩經》大雅 烝民의 구절. 宣王이 仲山甫에게 齊에 城을 쌓도록 하자 尹吉甫가 이 시를 지어 보냈다고 한다.

> 참고 및 관련 자료

1. 《詩經》大雅 烝民

天生烝民, 有物有則. 民之秉彛, 好是懿德. 天監有周, 昭假于下, 保玆天子, 生仲山甫. 仲山甫之德, 柔嘉維則. 令儀令色, 小心翼翼. 古訓是式, 威儀是力. 天子是若, 明命使賦. 王命仲山甫, 式是百辟. 纘戎祖考, 王躬是保. 出納王命, 王之喉舌. 賦政于外, 四方爰發. 肅肅王命, 仲山甫將之. 邦國若否, 仲山甫明之. 旣明且哲, 以保其身. 夙夜匪解, 以事一人. 人亦有言, 柔則茹之, 剛則吐之. 維仲山甫, 柔亦不茹, 剛亦不吐, 不侮矜寡, 不畏彊禦. 人亦有言, 德輶如毛, 民鮮克舉之. 我儀圖之, 維仲山甫舉之, 愛莫助之. 袞職有闕, 維仲山甫補之. 仲山甫出祖, 四牡業業, 征夫捷捷, 每懷靡及. 四牡彭彭, 八鸞鏘鏘. 王命仲詹甫, 城彼東方. 四牡騤騤, 八鸞喈喈. 仲山甫徂齊, 式遄其歸. 吉甫作誦, 穆如淸風. 仲山甫永懷, 以慰其心.

2. 《潛夫論》德化論

人君之治, 莫大於道, 莫盛於德, 莫美於敎, 莫神於化. 道者, 所以持之也; 德者, 所以苞之也; 敎者, 所以知之也; 化者, 所以致之也. 民有性, 有情, 有化, 有俗. 情性者, 心也, 本也; 化俗者, 行也, 末也. 末生於本, 行起於心. 是以上君撫世, 先其本而後其末, 順其心而理其行. 心精苟正, 則姦匿無所生, 邪意無所載矣.

163(5-29) 如歲之旱
가뭄 끝의 단비

대한大旱 같은 가뭄에는 풀도 하나 제대로 자라지 못한다. 그러나 하늘에 갑자기 구름이 일어 시원하게 비가 내리면 그 만물 중에 다시 일어나지 않는 것이 없다. 백성도 인의仁義의 뿌리를 마음에 심어 두고 있지 않은 자가 없건만 왕이 이를 정치로 겁을 주고 핍박함으로 해서 그것이 나타나 보이지 못하고, 근심되고 답답하게 함으로 해서 그것이 표출되지 못할 뿐이다. 그러나 성왕聖王이 나타났을 때에는 그가 신발을 신은 채, 문밖에는 나가 보지 않는데도 천하가 이를 따르며, 그가 무엇을 제창하면 천하가 화답和答해 오니 어찌 그런 일이 일어나는가? 거기에는 그렇게 응할 수밖에 없는 이유가 있는 것이로다!

《시詩》에는 이렇게 말하였다.

"칠년 큰 가뭄 땐   如彼歲旱
풀도 하나 못 자랐지."   草不潰茂

如歲之旱, 莫不潰茂. 然天勃然興雲, 沛然下雨, 則萬物無不興起之者. 民非無仁義根於心者也. 王政怵迫, 而不得見, 憂鬱而不得出. 聖王在, 彼躧舄, 視不出閫, 而天下隨, 倡而天下和, 何如在此? 有以應哉!

詩曰: 『如彼歲旱, 草不潰茂.』

【詩曰】《詩經》大雅 召旻의 구절. 이 詩는 "此刺幽王任用小人, 以致饑饉侵削之詩也."—朱子(幽王이 소인들을 임용하여 나라에 기근과 침탈이 있게 되자 이를 풍자한 것)라 하였다.

참고 및 관련 자료

1. 《詩經》大雅 召旻

旻天疾威, 天篤降喪. 瘨我饑饉, 民卒流亡. 我居圉卒荒. 天降罪罟, 蟊賊內訌. 昏椓靡共. 潰潰回遹, 實靖夷我邦. 皐皐訿訿, 曾不知其玷. 兢兢業業, 孔塡不寧, 我位孔貶. 如彼歲旱, 草不潰茂. 如彼棲苴. 我相此邦, 無不潰止. 維昔之富, 不如時, 維今之疚, 不如玆. 彼疏斯粺, 胡不自替, 職兄斯引. 池之竭矣, 不云自頻. 泉之竭矣, 不云自中. 溥斯害矣, 職兄斯弘, 不烖我躬. 昔先王受命, 有如召公, 日辟國百里. 今也日蹙國百里. 於乎哀哉, 維今之人, 不尙有舊.

164(5-30) 道者何也
도란 무엇인가

"도道란 무엇인가?"
"임금이 이끄는道, 導 바이다."
"그렇다면 임금君이란 무엇인가?"
"무리 짓다群 라는 뜻이다. 천하 만물을 위해 그 해로움을 제거해 주는 자가 곧 임금이다."
"그럼 왕王이란 것은 무엇인가?"
"그것은 간다往라는 뜻이다. 천하가 그에게 몰려가게 하는 자를 일컬어 왕이라 한다."
"생명을 잘 길러 주는 바가 있기 때문에 사람들이 이를 존경하는 것이요, 사람을 잘 다스려 변별함으로 해서 사람들이 그를 편안히 여기고, 사람들이 각자 할 일을 잘 만들어 주기 때문에 그를 친하게 여기며, 사람들이 잘 꾸미고 살 수 있게 함으로써 그를 즐거움을 주는 자로 여기는 것이다.
이 네 가지 원칙을 잘 갖추게 되면 천하가 그를 찾아 몰려들 것이며, 이 네 가지 원칙에 하나도 갖춘 것이 없으면 천하가 그를 버리고 떠날 것이다. 이처럼 그에게 몰려가는 것은 왕王(往)이라 하고, 그에게서 떠나가는 것을 망亡이라 하는 것이다. 그러므로 도가 있으면 나라가 있고, 도가 망실되면 나라도 망하고 만다.
무릇 공상工商을 잘 살피고, 농업을 일으키며, 도적이 없도록 조심하고, 간악한 무리를 제거해 주어야 한다. 이렇게 함으로써 생육生育이 이어지게 되는 것이다. 천자는 삼공三公을 두고, 제후는 하나의 재상을 두며, 대부는 천관擅官을 두고, 사士는 그 맡은 직무를 지키게 되니 이는 어느 하나 치리治理를 위한 것이 아님이 없다. 이렇게 함으로써 그 다스림이 변별되는 것이다.

덕을 판별하여 그 차례를 정하고, 그 능력을 헤아려 그에 맞는 관직을 주며, 어짊에 따라 삼공으로, 역시 그 어짊에 따라 제후로도 봉하고 그 다음으로는 대부로 삼는 것이다. (이것이 바로 그들의 자리를 만들어 주는 것이다. 또 관과 고깔, 의상을 잘 제정하여 보불과 무늬, 각종 장식의 조각과 모양에는 모두 그 등급과 차서가 있도록 하니) 이렇게 함으로써 그들이 나름대로 꾸밀 수 있도록 해 주는 것이다.

그러므로 천자로부터 서인에 이르도록 그 능력에 맞게 하고, 그 뜻을 얻도록 하며, 자기 맡은 일에서 안락함을 맛보도록 해야 하는 것이니 그렇게 되면 모두가 공동체가 되는 것이다. 각종 무늬의 옷이 다른 이유와, 각종 진귀한 음식의 차이도 성인이 현우賢愚와 귀천貴賤을 밝히고 구분하려고 만들어 놓은 것이다.

따라서 도가 제자리를 얻으면 그 은택이 많은 생명에게 흘러 그 복은 왕공에게로 돌아간다. 군생群生에게 흘러들면 아랫사람들이 편안하고 화목해지며, 복이 왕공에게 돌아가면 윗사람이 존경을 받고 영화를 얻게 되며, 백성은 모두가 안화지심安和之心을 품고 그 윗사람을 모시는 것을 즐거워하게 된다.

무릇 이를 일컬어 아래가 다스려져 위에 통한다고 하는 것이다. 아래가 다스려져 위로 통하게 되면 이로 말미암아 칭송의 소리가 흥하게 되는 것이다."

《시詩》에는 이렇게 말하였다.

"내리시는 복 크고 크도다. 降福簡簡
제사의 그 위엄 절도 있도다. 威儀反反
이미 취하고 또 배도 부르니 旣醉旣飽
복록이 이렇게 겹쳐 내리네." 福祿來反

「道者, 何也?」

曰:「君之所道也.」

「君者, 何也?」

曰:「群也. 爲天下萬物而除其害者, 謂之君.」

「王者, 何也?」

曰:「往也. 天下往之, 謂之王.」

曰:「善養生者, 故人尊之; 善辯治人者, 故人安之; 善設顯人者, 故人親之; 善粉飾人者, 故人樂之. 四統者具, 天下往之, 四統無一, 而天下去之, 往之謂之王, 去之謂之亡, 故曰: 道存則國存, 道亡則國亡. 夫省工商, 衆農人, 謹盜賊, 除姦邪, 是所以生養之也. 天子三公, 諸侯一相, 大夫擅官, 士保職, 莫不治理, 是所以辯治之也. 決德而定次, 量能而授官, 賢以爲三公, 賢以爲諸侯, 次則爲大夫, (是所以顯設之也. 修冠弁衣裳, 黼黻文章, 彫琢刻鏤, 皆有等差), 是所以粉飾之也. 故自天子至於庶人, 莫不稱其能, 得其意, 安樂其事, 是所同也. 若夫重色而成文, 累味而備珍, 則聖人所以分賢愚, 明貴賤. 故道得則澤流羣生, 而福歸王公. 澤流羣生, 則下安而和, 福歸王公, 則上尊而榮. 百姓皆懷安和之心, 而樂戴其上, 夫是之謂下治而上通. 下治而上通, 頌聲之所以興也.」

詩曰:『降福簡簡, 威儀反反. 旣醉旣飽, 福祿來反.』

【三公】太師・太傅・太保.
【擅官】專決할 수 있는 관리.
【詩曰】《詩經》 周頌 執競의 구절.

【善設顯人者】〈四庫全書〉本에는 '善顯設人者'로 되어 있다.
【是所以~等差】괄호 안의 이 구절은 〈四庫全書〉本과 〈四部叢刊〉本 모두 누락되어 있다.

참고 및 관련 자료

1. 《詩經》 周頌 執競(069)

2. 《荀子》 君道篇

道者, 何也? 曰: 君道也. 君者, 何也? 曰: 能群也. 能群也者, 何也? 曰: 善生養人者也, 善班治人者也, 善顯設人者也, 善藩飾人者也. 善生養人者, 人親之; 善班治人者, 人安之; 善顯設人者, 人樂之; 善藩飾人者, 人榮之. 四統者俱, 而天下歸之, 夫是之謂能群. 不能生養人者, 人不親也; 不能班治人者, 人不安也, 不能顯設人者, 人不樂也; 不能藩飾人者, 人不榮也. 四統者亡, 而天下去之, 夫是之謂匹夫. 故曰: 道存則國存, 道亡則國亡. 省工賈, 衆農夫, 禁盜賊, 除奸邪, 是所以生養之也. 天子三公, 諸侯一相, 大夫擅官, 士保職, 莫不法度而公, 是所以班治之也. 論德而定次, 量能而授官, 皆使其人載其事, 而各得其所宜, 上賢使之爲三公, 次賢使之爲諸侯, 下賢使之爲士大夫, 是所以顯設之也. 修冠弁衣裳, 黼黻文章·彫琢刻鏤, 皆有等差, 是所以藩飾之也. 故由天子至於庶人也, 莫不騁其能, 得其志, 安樂其事, 是所同也; 衣暖而食充, 居安而游樂, 事時制明而用足, 是又所同也. 若夫重色而成文章, 重味而成珍備, 是所衍也. 聖王財衍以明辨異, 上以飾賢良而明貴賤, 下以飾長幼而明親疏. 上在王公之朝, 下在百姓之家, 天下曉然皆知其非以爲異也, 將以明分達治而保萬世也. 故天子諸侯無靡費之用, 士大夫無流淫之行, 百吏官人無怠慢之事, 衆庶百姓無奸怪之俗, 無盜賊之罪, 其能以稱義遍矣. 故曰: 『治則衍及百姓, 亂則不足及王公.』此之謂也.

3. 《藝文類聚》 11

韓詩外傳曰: 君者何? 曰群也. 敢群天下萬物而除其害者, 謂之君.

4. 기타 참고자료

《太平御覽》(76)·《白虎通》 號篇

165(5-31) 聖人養一性而御夫氣
중용을 얻어라

성인은 하나의 성품을 길러 그 자신이 가진 기氣를 통어統御하며, 하나의 성명性命을 견지하여 자미滋味를 절제한다. 천하를 널리 다스리되 작은 것 하나 빠뜨림이 없고, 그 정신精神을 존양存養시켜 자신의 중용을 보補한다. 이를 일컬어 지志라 한다.

《시詩》에

"재촉도 늦추지도 아니하시고 　　　　不競不絿
강하지도 부드럽지도 않게 하시네"　　不剛不柔

라 하였으니 이는 그 중용을 얻었음을 말한 것이다.

聖人養一性而御夫氣, 持一命而節滋味. 奄治天下, 不遺其小. 存其精神, 以補其中, 謂之志.
詩曰:『不競不絿, 不剛不柔.』
言得中也.

【詩曰】《詩經》商頌 長發의 구절.

참고 및 관련 자료

1. 《詩經》 商頌 長發(090)
2. 《藝文類聚》(21)
   韓詩外傳曰: 聖人求賢者以自輔.

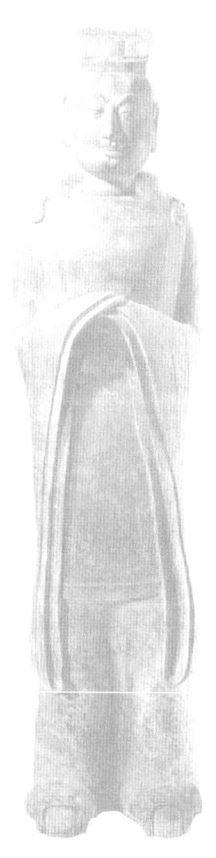

166(5-32) 朝廷之士爲祿
관리는 녹을 위해 일한다

조정朝廷의 선비는 녹祿을 받고 일한다. 그러므로 한 번 들어가면 나오지 않는다. 산림山林 속의 선비는 이름을 위해서 산다. 그러므로 한 번 숲 속으로 들어가면 다시 되돌아오지 않는다. 그러나 관직에 있다가도 능히 뿌리치고 나올 수 있고, 숲 속으로 갔다가도 능히 다시 되돌아올 수 있어 통하고 옮김이 떳떳한 것, 이것이 곧 성聖이다.
《시詩》에는 이렇게 말하였다.

"재촉도 늦추지도 아니 하시고   不競不絿
 강하지도 부드럽지도 않게 하시네." 不剛不柔

朝廷之士爲祿, 故入而不出; 山林之士爲名, 故往而不返. 入而亦能出, 往而亦能返, 通移有常, 聖也.
詩曰:『不競不絿, 不剛不柔.』

【詩曰】《詩經》商頌 長發의 구절.

참고 및 관련 자료

1. 《詩經》 商頌 長發(090)

2. 《新書》(賈誼) 容經篇

亢龍往而不能反, 故易曰:「有悔」; 潛龍入而不能出, 故易曰:「勿用」.

3. 《漢書》 王貢兩龔鮑傳 贊

故曰: 山林之士, 往而不能反; 朝廷之士, 入而不能出.

4. 《風俗通義》 衍禮篇

朝廷之人, 入而不能出; 山林之民, 往而不能反

5. 《後漢書》 謝該傳注

韓詩外傳曰: 山林之士爲名, 故往而不能反也; 朝廷之士爲祿, 故入而不能出.

167(5-33) 孔子侍坐於季孫
명분이 바로 서야 한다

공자孔子가 계손季孫을 모시고 있는데 계손의 가재家宰가 와서 이렇게 알렸다.

"임금께서 말을 빌려 달라고 사람을 보냈는데 빌려 주어도 될까요?"

이에 공자가 나서서 이렇게 말하였다.

"내가 듣건대 임금이 신하에게 무엇을 요구할 때는 취取한다고 하였소. 빌린다假는 말은 가당치 않소."

계손이 깨닫고 가재에게 이렇게 말하였다.

"지금부터는 임금께서 무엇을 요구하면 취한다고 하시오. 빌린다고는 하지 마시오."

공자가 이렇게 말하였다.

"가마지언假馬之言을 바로잡아야 군신君臣 사이의 의義가 정해지는 것입니다."

《논어論語》에

"반드시라면 명분부터 바르게 해 놓겠다"

라 하였고,

《시詩》에는

"군자는 말을 쉽게 마구해서는 안 된다"　　　　君子無易由言

라 하였으니 이는 이름이 바로 세워져야 한다는 뜻이다.

孔子侍坐於季孫. 季孫之宰通曰:「君使人假馬, 其與之乎?」
孔子曰:「吾聞君取於臣, 謂之取, 不曰假.」
季孫悟, 告宰通曰:「今以往, 君有取, 謂之取, 無曰假.」
孔子曰:「正假馬之言, 而君臣之義定矣.」
論語曰:「必也正名乎!」
詩曰:『君子無易由言.』
名正也.

【季孫】季孫氏. 季康子인 季孫肥를 가리키는 듯하다. 魯나라의 권문세가. 혹은 季孫斯라고도 한다.
【家宰】家臣 중의 우두머리.
【詩曰】《詩經》小雅 小弁의 구절. 이 詩는 '幽王이 褒姒를 총애하여 太子인 宜臼를 폐하자 太子가 스스로 지은 詩'라 하였다(朱子). 그러나《孟子》의 趙岐 注에는 "小弁, 小雅之篇, 伯奇之詩也. 伯奇仁人, 而父虐之, 故作小弁之詩"라 하여 伯奇의 詩로 보고 있다.
【名正也】〈四庫全書〉本에는 끝 부분의 이 '名正也' 3글자가 누락되어 있다.

참고 및 관련 자료

1.《詩經》小雅 小弁

弁彼鸒斯, 歸飛提提. 民莫不穀, 我獨于罹. 何辜于天, 我罪伊何. 心之憂矣, 云如之何.
踧踧周道, 鞫爲茂草. 我心憂傷, 惄焉如擣. 假寐永嘆, 維憂用老. 心之憂矣, 疢如疾首.
維桑與梓, 必恭敬止. 靡瞻匪父, 靡依匪母. 不屬于毛, 不離于裏. 天之生我, 我辰安在.
菀彼柳斯, 鳴蜩嘒嘒. 有漼者淵, 萑葦淠淠. 譬彼舟流, 不知所屆. 心之憂矣, 不遑假寐.
鹿斯之奔, 維足伎伎. 雉之朝雊, 尚求其雌. 譬彼壞木, 疾用無枝. 心之憂矣, 寧莫之知.
相彼投兔, 尚或先之. 行有死人, 尚或墐之. 君子秉心, 維其忍之. 心之憂矣, 涕旣隕之.
君子信讒, 如或酬之. 君子不惠, 不舒究之. 伐木掎矣, 析薪杝矣. 舍彼有罪, 予之佗矣.

莫高匪山, 莫浚匪泉. 君子無易由言, 耳屬于垣. 無逝我梁, 無發我笱. 我躬不閱, 遑恤我後.

2.《論語》子路篇

子路曰:「衛君侍子而爲政, 子將奚先?」子曰:「必也正名乎!」子路曰:「有是哉, 子之迂也! 奚其正?」子曰:「野哉, 由也! 君子於其所不知, 蓋闕如也. 名不正, 則言不順; 言不順, 則事不成; 事不成, 則禮樂不興; 禮樂不興, 則刑罰不中; 刑罰不中, 則民無所錯手足. 故君子名之必可言也, 言之必可行也. 君子於其言, 無所苟而已矣.」

3.《新序》雜事(五)

孔子侍坐於季孫, 季孫之宰通曰:「君使人假馬, 其與之乎?」孔子曰:「吾聞取於臣謂之取, 不曰假.」季孫悟, 告宰曰:「自今以來, 君有取謂之取, 無曰假.」故孔子正假馬之名, 而君臣之義定矣. 論語曰:『必也正名.』詩曰:『無易由言, 無曰苟矣.』可不慎乎?

4.《孔子家語》正論解

孔子適季孫, 季孫之宰謁曰:「君使求假於田, 將與之乎?」季孫未言, 孔子曰:「吾聞之, 君取於臣, 謂之取; 與於臣, 謂之賜. 臣取於君, 謂之假; 與於君, 謂之獻.」季孫色然悟曰:「吾誠未達此義.」遂命其宰曰:「自今已往, 君有取之, 一切不得復言假也.」

5.《孔子集語》臣術篇

韓詩外傳五: 孔子侍坐於季孫. 季孫之宰通曰:「君使人假馬, 其與之乎?」孔子曰:「吾聞君取於臣, 謂之取, 不曰假.」季孫悟, 告宰通曰:「今以往, 君有取, 謂之取, 無曰假.」

卷六

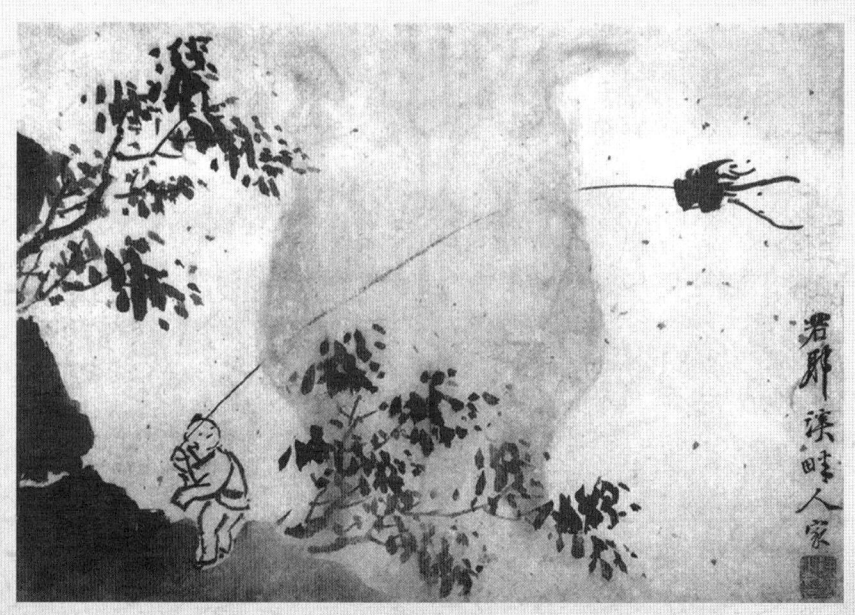

〈放風箏〉

168(6-1) 比干諫而死
비간의 죽음

비간比干이 간언을 하다가 죽자 기자箕子가 이렇게 말하였다.

"들어주지 못할 줄 알면서 말하는 것은 어리석은 것이요, 제 몸을 죽이면서까지 임금의 악을 들춰내는 것은 충성이 아니다. 이 두 가지는 해서 안 될 일인데 억지로 이를 행한다면 이보다 더 큰 불상不祥은 없다."

그리고는 드디어 머리를 풀어헤치고, 거짓으로 미친 체하면서 떠나버렸다. 군자가 이를 듣고 이렇게 평하였다.

"얼마나 노고로웠겠는가! 기자여! 그 정신精神을 다하고, 그 충애忠愛를 다하다가 비간의 일을 보고 그 몸의 화를 면하였으니 인仁과 지知의 지극함이로다."

《시詩》에는 이렇게 말하였다.

"사람마다 역시 이렇게 말하네.	人亦有言
바보로 변하지 않은 어진 이가 없다고."	靡哲不愚

比干諫而死.

箕子曰:「知不用而言, 愚也. 殺身以君之惡, 不忠也. 二者不可, 然且爲之, 不祥莫大焉.」

遂解髮佯狂而去.

君子聞之, 曰:「勞矣! 箕子! 盡其精神, 竭其忠愛, 見比干之事, 免其身, 仁知之至.」

詩曰:『人亦有言, 靡哲不愚.』

【比干】紂王에게 諫하다 죽었다. 王子.
【箕子】紂王 때의 賢人. 箕 땅에 봉해져 '箕子'라 불렸다. 子는 公侯伯子男의 작위이다.
【不祥】상서롭지 못함을 말한다.
【詩曰】《詩經》大雅 抑의 구절.

참고 및 관련 자료

1. 《詩經》大雅 抑(155)

2. 《史記》殷本紀

紂愈淫亂不止. 微子數諫不聽, 乃與大師·少師謀, 遂去. 比干曰:「爲人臣者, 不得不以死爭.」迺强諫紂. 紂怒曰:「吾聞聖人心有七竅.」剖比干, 觀其心. 箕子懼, 乃詳狂爲奴, 紂又囚之. 殷之大師·少師乃持其祭樂器奔周.

3. 《十八史略》卷一

比干諫, 三日不去, 紂怒曰:「吾聞聖人之心有七竅.」剖而觀其心, 箕子佯狂爲奴, 紂因之, 殷大師, 持其樂器祭器奔周.

4. 《論語》微子篇 및 馬融注

微子去之, 箕子爲之奴, 比干諫而死. 孔子曰:「殷有三仁焉.」

馬融注:「微·箕, 二國名. 子, 爵也. 微子, 紂之庶兄. 箕子·比干, 紂之諸父也. 微子見紂無道, 早去之. 箕子詳狂爲奴. 比干以諫而見殺也.」

169(6-2) 齊桓公見小臣
다섯 번 찾아가 만난 소신

제齊 환공桓公이 소신小臣이라는 사람을 만나 보려고 세 번이나 그를 찾아갔지만 만나지를 못하였다. 이를 보고 좌우의 신하들이 이렇게 불평하였다.

"무릇 소신이란 자는 이 나라의 천한 신하에 불과합니다. 임금께서 세 번을 찾아갔다가 만나지 못했으면 그것으로 충분한 것 아닙니까?"

그러나 환공의 생각은 달랐다.

"아! 어찌 그런 말이 있을 수 있소? 내 듣건대 포의지사布衣之士는 부귀를 욕심내지 않으므로 만승지군萬乘之君에게도 그 몸을 마구 맡기지 않고 그와 반대로 만승지군은 인의仁義를 좋아하지 않기 때문에 포의지사에게 그 몸을 쉽게 맡기지 못하는 것이라 하였소. 비록 그 선생이 부귀를 좋아하지 않는다면 이는 내가 그러려니 하면 되지만, 내가 인의를 좋아하지 않는다는 것은 있을 수 없소."

그러고 나서 다섯 번째에야 겨우 만날 수 있었다. 천하 제후들이 이 소문을 듣고 "환공은 오히려 포의의 선비에게조차 자신을 낮출 줄 아는데 하물며 나라의 임금 되는 사람에게 있어서랴!" 하고는 서로 이끌고 몰려와서 조견을 하되 오지 않은 나라가 없었다. 환공이 구합제후九合諸侯하고 일광천하一匡天下한 까닭은 바로 여기에 있었던 것이다.

《시詩》에는 이렇게 말하였다.

"덕행을 바르게 베풀기만 하면　　　　　有覺德行
　사방의 나라들이 순종하리라."　　　　四國順之

齊桓公見小臣, 三往不得見.
左右曰:「夫小臣, 國之賤臣也, 君三往而不得見, 其可已矣!」
桓公曰:「惡! 是何言也! 吾聞之: 布衣之士不欲富貴, 不輕身於萬乘之君. 萬乘之君不好仁義, 不輕身於布衣之士. 縱夫子不欲富貴, 可也; 吾不好仁義, 不可也.」
五往而得見也. 天下諸侯聞之, 謂:「桓公猶下布衣之士, 而況國君乎?」
於是相率而朝, 靡有不至. 桓公之所以九合諸侯, 一匡天下者, 此也.
詩曰:『有覺德行, 四國順之.』

【齊桓公】춘추오패의 首長.
【小臣】다른 기록에는 '小臣稷'으로 되어 있다. 齊나라의 處士.
【九合諸侯, 一匡天下】齊桓公에게 상투적으로 쓰이는 말로 "아홉 번이나 제후를 모아 회맹을 하고, 천하를 크게 바로잡았다"는 뜻이다.
【詩曰】《詩經》 大雅 抑의 구절.

참고 및 관련 자료

1. 《詩經》 大雅 抑(155)

2. 《韓非子》 難一

齊桓公時, 有處士曰小臣稷, 桓公三往而弗得見. 桓公曰:「吾聞布衣之士不輕爵祿, 無以易萬乘之主; 萬乘之主不好仁義, 亦無以下布衣之士.」於是五往乃得見之.

3. 《呂氏春秋》下賢篇

齊桓公見小臣稷, 一日三至弗得見. 從者曰:「萬乘之主, 見布衣之士, 一日三至而弗得見, 亦可以止矣.」桓公曰:「不然. 士驁祿爵者, 固輕其主, 其主驁霸王者, 亦輕其士. 縱夫子驁祿爵, 吾庸敢驁霸王乎?」遂見之, 不可止. 世多舉桓公之內行, 內行雖不修, 霸亦可矣. 誠行之此論而內行修, 王猶少.

4. 《新序》雜事(五)

齊桓公見小臣稷, 一日三至不得見也, 從者曰:「萬乘之主, 布衣之士, 一日三至而不得見, 亦可以止矣.」桓公曰:「不然, 士之傲爵祿者, 固輕其主; 其主傲霸王者, 亦輕其士, 縱夫子傲爵祿, 吾庸敢傲霸王乎?」五往而後得見, 天下聞之, 皆曰:「桓公猶下布衣之士, 而況國君乎?」於是相率而朝, 靡有不至. 桓公所以九合諸侯, 一匡天下者, 遇士於是也. 詩云:『有覺德行, 四國順之.』桓公其以之矣.

5. 기타 참고자료

《冊府元龜》(241)

170(6-3) 賞勉罰偸
정교함의 극치

　부지런한 이에게 상을 주고 투안偸安하는 자에게 벌을 내리면 백성이 게으르지 않게 되고, 덕 있는 자를 모으고 명철하기를 같이 하면 천하가 그리로 귀순해 온다. 그 다음에 그 분직分職을 명확히 하고 그 사업을 살피며, 관직과 능력을 비교하여 이理와 법法에 맞지 않는 것이 없도록 해 놓으면 공도公道는 통달하고 사문私門은 막히게 될 것이며, 공의公義는 세워지고 사사私事는 사라질 것이다. 이와 같이 되면 두터운 능력을 가진 자는 조정에 채용되고 아첨을 일삼는 자는 발을 들여놓지 못하며, 탐려貪戾한 자는 물러가고 염결廉潔한 자가 기를 펼 수가 있게 되는 것이다. 주周나라 때의 제도制度에는 이렇게 되어 있다.

　"역법을 정하여 그 때보다 앞서는 자는 용서함이 없이 사형에 처하며, 그 때를 맞추지 못하는 자도 용서함이 없이 사형에 처한다."

　사람은 습관에 의해 완고해진다. 사람의 일이란 마치 이목구비耳目口鼻로 하여금 서로 다른 일을 시킬 수 없는 것과 같다. 그러므로 직책이 잘 분리되면 백성이 태만을 부리지 않게 되고, 차례가 잘 정해지면 그 질서가 혼란을 일으키지 않으며, 덕을 겸비하고 명철한 자와 같이 하면 온갖 일이 막힘이 없이 처리될 수 있다. 이와 같이만 되면 많은 아래 사람과 모든 관리들로서는 자기를 먼저 수양한 연후라야 감히 벼슬을 할 수 있으며, 능력을 갖춘 후라야 감히 그 직무를 부여받을 수 있다는 것을 깨닫지 않는 자가 없게 된다. 이렇게 되면 소인은 그 마음을 바꿀 것이며, 백성들은 풍속을 바꾸고, 간교한 무리들은 누구 하나 성실한 쪽으로 돌아서지 않는 자가 없게 될 것이다.

이런 것을 일컬어 정교政敎의 극치라 하니 거기에는 아무 것도 덧보탤 것이 없다.

《시詩》에는 이렇게 말하였다.

"잘 헤아려 정령을 정하시고　　　　訏謨定命
멀리 생각하여 분부를 내리시네.　　遠猶辰告
자신의 위의를 공경하고 삼가면　　敬愼威儀
이는 곧 백성의 본이 되겠네."　　　惟民之則

賞勉罰偸, 則民不怠; 兼聽齊明, 則天下歸之. 然後明其分職, 考其事業, 較其官能, 莫不理法. 則公道達而私門塞, 公義立而私事息. 如是, 則持厚者進, 而佞諂者止, 貪戾者退, 而廉潔者起. 周制曰:『先時者, 死無赦; 不及時者, 死無赦.』人習事而固, 人之事, 使如耳目鼻口之不可相錯也. 故曰: 職分而民不慢, 次定而序不亂. 兼廳齊明而百事不留. 如是, 則羣下百吏莫不修己, 然後敢安仕, 成能然後敢受職. 小人易心, 百姓易俗. 奸宄之屬, 莫不反愨. 夫是之謂政敎之極, 則不可加矣.

詩曰:『訏謨定命, 遠猶辰告. 敬愼威儀, 惟民之則.』

【偸安】편안을 훔치다. 즉 "편안함만을 좋아하다"라는 뜻.
【貪戾】탐악하고 못된 행동.
【周制曰】《尙書》夏書 胤征篇의 구절.
【詩曰】《詩經》大雅 抑의 구절.

참고 및 관련 자료

1. 《詩經》 大雅 抑(155)

2. 《尙書》 夏書 胤征

政典曰:「先時者, 殺無赦; 不及時者, 殺無赦.」

3. 《荀子》 君道篇

賞克罰偸, 則民不怠; 兼聽齊明, 則天下歸之. 然後明分職, 序事業, 材技官能, 莫不治理, 則公道達而私門塞矣, 公義明而私事息矣. 如是, 則德厚者進, 而佞說者止; 貪利者退, 而廉節者起. 書曰:『先時者殺無赦, 不逮時者殺無赦.』人習其事而固. 人之百事, 如耳目鼻口之不可以相借官也. 故, 職分而民不探(慢), 次定而序不亂, 兼聽齊明而百事物留. 如是, 則臣下百吏至於庶人, 莫不修己而後敢安正(止), 誠能而後敢受職. 百姓易俗, 小人變心, 奸怪之屬, 莫不反愨. 夫是之謂政敎之極. 故, 天子不視而見, 不聽而聰, 不慮而知, 不動而功, 塊然獨坐, 而天下從之如一體, 如四肢之從心. 夫是之謂大形. 詩曰:『溫溫恭人, 維德之基.』此之謂也.

171(6-4) 子路治蒲三年
자로의 통치술

자로子路가 포蒲 땅을 다스린 지 삼 년째 되는 해 공자孔子가 그 곳을 지나다가 그 경계에 들어서서 보고는 이렇게 칭찬하였다.

"유由는 공경을 다하되 믿음으로 하고 있구나."

그리고는 그 읍에 들어서자 다시 이렇게 말하였다.

"훌륭하다! 유는 충성과 믿음으로 하되 관용으로 하고 있구나."

이번에는 그 관청의 뜰에 이르러서는 이렇게 말하였다.

"훌륭하다! 유는 명확하게 살피고 나서 판단과 결정을 내리는구나."

이에 자공子貢이 고삐를 잡은 채 공자에게 여쭈었다.

"선생님께서는 자로由를 아직 만나 보지도 않으신 상태에서 세 번이나 칭찬을 하시니 그 이유를 얻어 들을 수 있을까요?"

공자는 이렇게 설명하였다.

"그 경계에 들어서 보니 밭과 밭두둑이 아주 잘 정리되어 있었고, 풀과 곡식도 잘 구분되어 다듬어져 있었다. 이는 믿음을 가지고 공경히 하였다는 뜻이다. 그 때문에 백성들이 온 힘을 쏟을 수 있는 것이다. 또 그 읍내에 들어와 보니 담과 집들이 심히 잘 갖추어져 있고, 나무도 아주 무성하였다. 이는 바로 충신忠信으로서 하되 관대히 하였다는 뜻이다. 그 때문에 백성이 꾀를 부리지 않았다는 것을 알 수 있다. 또 지금 이 뜰에 이르러 보니 심히 한가롭다. 이는 정치를 명확히 살펴보고 판단을 내려 처리하고 있다는 것을 나타낸다. 그 때문에 백성들이 이곳에 와서 시끄럽게 구는 일이 없다는 뜻이다."

《시詩》에는 이렇게 일렀다.

"일찍 일어나 늦게 자며　　　　　　夙興夜寐
　물 뿌리고 비질하여 뜰을 쓰네."　　灑掃庭內

　子路治蒲三年, 孔子過之. 入境而善之, 曰:「由, 恭敬以信矣.」
　入邑, 曰:「善哉! 由, 忠信而寬矣.」
　至庭, 曰:「善哉! 由, 明察以斷矣.」
　子貢執轡而問曰:「夫子未見由, 而三稱善, 可得聞乎?」
　孔子曰:「入其境, 田疇草萊甚辟, 此恭敬以信, 故民盡力. 入其邑, 墉屋甚尊, 樹木甚茂, 此忠信以寬, 其民不偸. 入其庭甚閑, 此明察以斷, 故民不擾也.」
　詩曰:『夙興夜寐, 灑掃庭內.』

【子路】孔子의 弟子 子由.
【蒲】春秋時代 衛나라의 땅. 지금의 河北省 長垣縣.
【子貢】孔子의 弟子인 子賜.
【詩曰】《詩經》大雅 抑의 구절.

참고 및 관련 자료

1. 《詩經》大雅 抑(155)

2. 《孔子家語》辨政篇

子路治蒲三年, 孔子過之, 入其境, 曰:「善哉由也, 恭敬以信矣.」入其邑, 曰:「善哉由也, 忠信而寬矣.」至廷曰:「善哉由也, 明察以斷矣.」子貢執轡而問曰:「夫子未見由之政, 而三稱其善, 其善可得聞乎?」孔子曰:「吾見其政矣. 入其境, 田疇盡易,

草萊甚辟, 溝洫深治, 此其恭敬以信, 故其民盡力也. 入其邑, 牆屋完固, 樹木甚茂, 此其忠信以寬, 故其民不偸也. 至其庭, 庭甚淸閒, 諸下用命, 此其言明察以斷, 故其政不擾也. 以此觀之, 雖三稱其善, 庸盡其美乎?」

3. 《文選》〈籍田賦〉(潘岳)注

韓詩外傳曰: 子路治蒲, 孔子曰:「我入其境, 田疇甚易, 草萊甚辟, 故其人盡力也.」

4. 《孔子集語》論人篇

韓詩外傳六: 子路治蒲三年, 孔子過之. 入境而善之, 曰:「由恭敬以信矣.」入邑, 曰:「善哉! 由忠信而寬矣.」至庭, 曰:「由明察以斷矣.」子貢執轡而問曰:「夫子未見由, 而三稱善, 可得聞乎?」孔子曰:「入其境, 田疇草萊甚辟, 此恭敬以信, 故民盡力. 入其邑, 墉屋甚尊, 樹木甚茂, 此忠信以寬, 其民不偸. 入其庭甚閒, 此明察以斷, 故民不擾也.」

5. 기타 참고자료

《冊府元龜》(703)

172(6-5) 古者有命
옛날의 법령

  옛날에는 이런 법령이 있었다.
  백성 중에서 능히 어른을 공경하고 고아를 불쌍히 여기며, 취사取捨에 있어서 양보를 좋아하고, 일에 있어서 몸을 아끼지 않는 자가 있으면 이 사실을 임금에게 고하여 그러한 다음에 두 마리의 말이 끄는 치장한 수레飾車騈馬를 탈 수 있게 허락하는 것이었다. 허락을 얻지 못한 자는 누구라도 이런 수레를 탈 수 없으며 이를 어길 경우 누구라도 벌을 받는 제도였다.
  따라서 백성이 아무리 재물에 여유 있고 넘쳐난다 해도 예의와 공덕이 없다면 이를 마구 쓸 수 없도록 하였던 것이다. 그 때문에 인의仁義는 흥하고 재리財利는 가벼이 여기는 풍조가 일어났으니, 재리를 가볍게 여기면 다툼이 일어나지 않으며, 다툼이 일지 않으면 강한 자가 약한 자를 능멸하거나 무리가 소수에게 폭력을 휘두르는 일이 없게 된다. 이는 임금이 상형象刑만으로 정치를 펴도 백성은 감히 법을 범하지 못하는 상황을 만든 것이다. 백성이 법을 범하지 않으니 혼란은 당연히 사라지게 되는 것이다.
  《시詩》에는 이렇게 일렀다.

"너의 백성들 바르게 하고   質爾人民
 너 임금의 법도 삼가 지켜서   謹爾侯度
 뜻밖의 환난을 경계할지라."   用戒不虞

古者有命: 民之有能敬長憐孤, 取捨好讓, 居事力者, 告於其君, 然後命得乘飾車騈馬. 未得命者, 不得乘飾車騈馬. 皆有罰. 故民雖有餘財侈物, 而無禮義功德, 則無所用. 故皆興仁義而賤財利. 賤財利則不爭, 不爭則強不陵弱, 衆不暴寡, 是君之所以象典刑而民莫犯法, 民莫犯法, 而亂斯止矣.

詩曰:『質爾人民, 謹爾侯度, 用戒不虞.』

【象刑】《尙書》堯典에 '象以典刑'이라 하여 고대에는 육체에 가하는 형벌은 없었으며, 죄를 지은 자에게 의복이나 신발 등을 보통사람과 달리 입도록 하여 스스로 치욕을 느끼게 하는 상징적인 형벌만 있었다. 이를 '象刑'이라 하며 '肉刑'에 상대되는 개념이다.

【詩曰】《詩經》大雅 抑의 구절. 한편 다른 판본에는 '質爾人民'이 '告爾人民'으로 되어 있다.

참고 및 관련 자료

1. 《詩經》 大雅 抑(155)

2. 기타 참고자료

《群書治要》·《太平御覽》(637)

173(6-6) 天下之辯
변론의 등급

천하의 변론辯論에는 세 가지 등급에서 다섯 가지의 잘하는 급수가 있는데 그 중에서 언사言辭로써 하는 변론이 가장 낮다.

변론이란 다르고 같음을 구분하여 서로 해害함이 없도록 하고, 서로 다른 견해에 순서를 정하여 서로 어그러짐이 없도록 하며, 공론公論을 빌려 뜻을 관통시켜 말하고자 하는 바를 드러내어 밝히되 사람으로 하여금 미리 알아낼 수 있도록 하고, 서로 미혹한 것에 헛된 힘을 쏟는 일이 없도록 해 주어야 하는 것이다. 이렇게 함으로써 변론을 하는 자는 그 지키는 바를 잃지 않고, 그 변론에서 이기지 못한 자라 할지라도 무엇인가 얻는 바가 있게 되는 것이다. 그 때문에 변론은 가히 볼 만한 것이라고 하는 것이다.

수식만 번거롭게 하여 먼 근거를 갖다 대고, 말을 잘 꾸며 서로 어그러지게 하며, 비유만 자주 들어 말을 바꾸며, 해당되는 일과 먼 것을 들춰내어 그 본래의 뜻으로 돌아갈 수 없게 한다면 그 논변이 그럴듯하게 진행된다 해도 뒤에 손해가 생기고 만다.

무릇 그 뜻하는 바를 바르게 소통시키지 못하고 이해도 하지 못하는 것을 은隱이라 하고, 엉뚱한 뜻이나 해당 사항의 일을 벗어나는 것을 휘諱라 하며, 거의 비슷하나 곧 무너질 듯한 논거를 대는 것을 이移라 하고, 가장자리만 거론하여 그릇된 말을 내세우는 것을 구苟라 한다.

이 네 가지는 하지 말아야 하는 것이며, 그 때문에 논리란 함께 볼 수 있는 것이어야 한다.

또 은隱, 휘諱, 이移, 구苟는 말로 경쟁을 일삼다가 뒤에 환난을 만나게 되는 것으로 군자에게 해害가 되지 않는 것이 없다. 이 때문에 군자라면 그런 일은 하지 않는 것이다.
《논어論語》에는 이렇게 말하였다.
"군자는 그 말에 있어서 구차스럽게 변명함이 없을 따름이다."
그리고 《시詩》에는 이렇게 말하였다.

"쉽게 말하지도 말며　　　　　　　　　　無易由言
구차스럽게 변명하지도 말라."　　　　　　無曰苟矣

天下之辯, 有三至五勝, 而辭置下. 辯者, 別殊類, 使不相害; 序異端, 使不相悖. 輸公通意, 揚其所謂, 使人預知焉, 不務相迷也. 是以辯者不失所守, 不勝者得其所求, 故辯可觀也. 夫繁文以相假, 飾辭以相悖, 數譬以相移, 外人之身, 使不得反其意, 則論便然後害生也. 夫不疏其指而弗知, 謂之隱; 外意外身, 謂之諱; 幾廉倚跌, 謂之移; 指緣謬辭, 謂之苟; 四者所不爲也. 故理可同睹也. 夫隱諱移苟, 爭言競爲而後息, 不能無害其爲君子也, 故君子不爲也.

論語曰:「君子於其言, 無所苟而已矣.」
詩曰:『無易由言, 無曰苟矣.』

【論語曰】《論語》子路篇의 구절.
【詩曰】《詩經》大雅 抑의 구절.

> 참고 및 관련 자료

1. 《詩經》 大雅 抑(155)

2. 《論語》 子路篇

子路曰:「衛君侍子而爲政, 子將奚先?」子曰:「必也正名乎!」子路曰:「有是哉, 子之迂也! 奚其正?」子曰:「野哉, 由也! 君子於其所不知, 蓋闕如也. 名不正, 則言不順; 言不順, 則事不成; 事不成, 則禮樂不興; 禮樂不興, 則刑罰不中; 刑罰不中, 則民無所錯手足. 故君子名之必可言也, 言之必可行也. 君子於其言, 無所苟而已矣.」

3. 《史記》 平原君列傳 集解(劉向《別錄》)

劉向別錄曰: 齊使鄒衍過趙, 平原君見公孫龍及其徒綦毋子之屬, 論白馬非馬之辯, 以問鄒子. 鄒子曰:「不可, 彼天下之辯愈五勝三至, 而辭正爲下. 辯者, 別殊類使不相害, 序異端使不相亂, 抒意通指, 明其所謂, 使人與知焉, 不務相迷也. 故勝者不失其所守, 不勝者得其所求. 若是, 故辯可爲也. 及至煩文以相假, 飾辭以相悖, 巧譬以相移, 引人聲使不得及其意. 如此, 害大道. 夫繳紛爭言而競後息, 不能無害君子.」坐皆稱善.

174(6-7) 吾語子
마음을 굴복시키는 방법

내 그대에게 말하노라.

"무릇 남을 복종시킬 마음으로 높고 존귀한 자리에 있다고 해서 남에게 교만하게 굴지 말라. 또 총명하고 뛰어난 지혜가 있다고 해서 남을 궁지로 몰아넣지 말라. 그리고 용맹勇猛 강무强武하다고 해서 남을 침략하지 말며, 말 잘하고 민첩하다고 해서 남을 속이지 말라. 능력이 없으면 배우면 되고, 아는 것이 없으면 물으면 된다. 비록 아는 것이 있다 할지라도 반드시 양보하라. 그런 연후에야 안다고 할 수 있다. 임금을 만나면 신하로서의 의義를 지키고, 고향을 떠났을 때는 장유長幼의 의를 지키며, 어른을 만났을 때는 제자弟子로서의 의를 지키고, 같은 연배의 사람을 만났을 때는 붕우朋友의 의를 지키며, 자신보다 어린 자를 만났을 때는 도를 일러 주고 관용을 베푸는 의를 지키도록 하라.

이렇게 보면 세상에는 사랑하지 않아야 할 것이 없고, 공경하지 않아야 하는 것이 없으며, 사람과 다툴 일도 없고, 확 트여 천지가 만물을 감싸고 있음을 알게 될 것이다. 이와 같이만 되면 늙은이는 평안을 얻게 되고, 어린이는 보호를 받으며 친구 사이에는 믿음이 있게 되느니라."

《시詩》에는 이렇게 말하였다.

"여러 친구들에게 은혜롭게 하고　　　　　　　惠于朋友
서민과 어린이에게까지 미치게 하라.　　　　　庶民小子

| 그러면 자손이 끝없이 이어지면서 | 子孫繩繩 |
| 만민이 우러러 받들게 되리라." | 萬民靡不承 |

　吾語子:「夫服人之心, 高上尊貴, 不以驕人; 聰明聖知, 不以幽人; 勇猛強武, 不以侵人; 齊給便捷, 不以欺誣人. 不能則學, 不知則問. 雖知必讓, 然後爲知. 遇君則修臣下之義; 出鄉則修長幼之義; 遇長老則修弟子之義; 遇等夷則修朋友之義; 遇少而賤者則修告道寬裕之義. 故無不愛也, 無不敬也, 無與人爭也. 曠然而天地苞萬物也. 如是, 則老者安之, 少者懷之, 朋友信之.」
　詩曰:『惠于朋友, 庶民小子. 子孫繩繩, 萬民靡不承.』

【等夷】같은 연배로 친구로 여길 만한 관계를 뜻함.
【詩曰】《詩經》大雅 抑의 구절. '子孫繩繩'이 일부 판본에는 '子孫承承'으로 되어 있다.

> 참고 및 관련 자료

1. 《詩經》大雅 抑(155)

2. 《荀子》宥坐篇

孔子曰:「聰明聖知, 守之以愚; 功被天下, 守之以讓, 勇力撫世, 守之以怯; 富有四海, 守之以謙. 此所謂挹而損之之道也.」

3. 《荀子》非十二子篇

兼服天下之心: 高上尊貴不以驕人, 聰明聖知不以窮人, 齊給速通不爭先人, 剛毅勇敢不以傷人. 不知則問, 不能則學, 雖能必讓, 然後爲德. 遇君則修臣下之義, 遇鄉則修長幼之義, 遇長則修子弟之義, 遇友則修禮節辭讓之義, 遇賤而少者則修告導寬

容之義. 無不愛也, 無不敬也, 無與人爭也, 恢然如天地之苞萬物. 如是則賢者貴之, 不肖者親之. 如是而不服者, 則可謂妖怪狡猾之人矣. 雖則子弟之中, 刑及之而宜. 《詩》云:『匪上帝不時, 殷不用舊, 雖無老成人, 尚有典刑. 曾是莫聽, 大命以傾.』此之謂也.

4. 《說苑》敬愼篇

高上尊賢, 無以驕人; 聰明聖智, 無以窮人; 資給疾速, 無以先人; 剛毅勇猛, 無以勝人. 不知則問, 不能則學. 雖智必質, 然後辯之; 雖能必讓, 然後爲之; 故士雖聰明聖智, 自守以愚; 功被天下, 自守以讓; 勇力距世, 自守以怯; 富有天下, 自守以廉; 此所謂高而不危, 滿而不溢者也.

5. 《孔子家語》三恕篇

「聰明叡智, 守之以愚; 功被天下, 守之以讓; 勇力振世, 守之以怯; 富有四海, 守之以謙, 此所謂損之又損之之道也.」

175(6-8) 仁者必敬其人
남을 공경하는 두 가지 방법

어진 자는 반드시 남을 공경恭敬하되 그 공경에는 도道가 있다. 즉, 어진 이를 만나면 사랑하고 친히 하면서 이를 공경하고, 불초한 자를 만나면 두려워하고 거리를 둔 채 이를 공경한다. 이처럼 그 공경은 하나이되 그 정황은 두 가지이다.

만약 충성과 믿음, 성실함으로 하여 손해나 상함이 없다면 누구를 만나도 그렇게 하지 않음이 없으니 이를 일컬어 인仁의 바탕이라 한다. 인으로써 바탕이 이루어져 있고 의로써 이치가 되어 있는 자라면 입을 열었다 하면 그 무엇 하나 남의 법식法式으로 삼을 만하지 않은 것이 없게 된다.

《시詩》에는 이렇게 말하였다.

"어그러짐도 해함도 전혀 없으니　　　　不僭不賊
　법 받지 않으려는 자 누가 있으랴!"　　鮮不爲則

仁者必敬其人. 敬其人有道, 遇賢者則愛親而敬之; 遇不肖者則畏疏而敬之. 其敬一也, 其情二也. 若夫忠信端愨而不害傷, 則無接而不然, 是仁之質也. 仁以爲質, 義以爲理, 開口無不可以爲人法式者.

詩曰:『不僭不賊, 鮮不爲則.』

【端慤】단정하고 성실함.
【詩曰】《詩經》大雅 抑의 구절.

> 참고 및 관련 자료

1. 《詩經》 大雅 抑(155)
2. 《荀子》 臣道篇

仁者必敬人. 凡人, 非賢, 則案不肖也. 人賢而不敬, 則是禽獸也; 人不肖而不敬, 則是狎虎也. 禽獸則亂, 狎虎則危, 災及其身矣. 詩曰:『不敢暴虎, 不敢馮河. 人知其一, 莫知其它. 戰戰兢兢, 如臨深淵, 如履薄冰.』此之謂也. 故仁者必敬人. 敬人有道. 賢者則貴而敬之, 不肖者則畏而敬之; 賢者則親而敬之, 不肖者則疏而敬之. 其敬一也, 其情二也. 若夫忠信端慤而不害傷, 則無接而不然, 是仁人之質也. 忠信以爲質, 端慤以爲統, 禮義以爲文, 倫類以爲理, 喘而言, 臑而動, 而一可以爲法則. 詩曰:『不僭不賊, 鮮不爲則.』此之謂也.

176(6-9) 子曰不學而好思
군자의 도를 들어 보라

공자孔子가 이렇게 말하였다.

"배우지 않고 생각하기만을 좋아하면 비록 아는 것이 있다 할지라도 넓지 못하며, 배웠다고 해도 그 몸을 태만하게 굴면 비록 배운 것이 있어도 존경받지 못한다. 또, 정성 없이 세우게 되면 비록 세웠다 할지라도 오래 견디지 못하며, 정성이 아직 몸에 배지 않았는데 말로 떠들기를 좋아하면 비록 말을 잘 해도 믿어 주는 사람이 없게 된다. 훌륭한 바탕을 가졌더라도 군자의 도를 듣지 못하면 작은 일에 가려져 큰 물건에 해를 끼치게 되니 그렇게 되면 재앙이 틀림없이 그 몸에까지 미치게 될 것이다."

《시詩》에는 이렇게 말하였다.

"나라가 어찌하여 이리 되었나. 　　　　其何能淑
　모두가 물에 빠져 허우적거리네." 　　載胥及溺

子曰:「不學而好思, 雖知不廣矣; 學而慢其身, 雖學不尊矣. 不以誠立, 雖立不久矣; 誠未著而好言, 雖言不信矣. 美材也, 而不聞君子之道, 隱小物以害大物者, 災必及身矣.」

詩曰:『其何能淑, 載胥及溺.』

【詩曰】《詩經》大雅 桑柔의 구절.

> 참고 및 관련 자료

1. 《詩經》 大雅 桑柔(114)
2. 《論語》 爲政篇
子曰: 學而不思則罔, 思而不學則殆.
3. 《孔子集語》 勸學篇
韓詩外傳六: 子曰:「不學而好思, 雖知不廣矣; 學而慢其身, 雖學不尊矣. 不以誠立, 雖立不久矣; 誠未著而好言, 雖言不信矣. 美材也, 而不聞君子之道, 隱小物以害大物者, 災必及身矣.」

177(6-10) 民勞思佚
백성이 고달프면

백성이란 고달프면 편히 쉬기를 바라고, 정치가 포악하면 어진 이가 나서 주기를 바라며, 형벌이 겁나면 안전하기를 바라고, 나라가 어지러우면 하늘의 뜻을 생각하는 법이다.

《시詩》에는 이렇게 말하였다.

"이제는 더 이상 생각할 기력도 없다오.　　靡有旅力
　하늘만 우러러보고 있다오."　　　　　　　以念穹蒼

民勞思佚, 治暴思仁, 刑危思安, 國亂思天.
詩曰:『靡有旅力, 以念穹蒼.』

【詩曰】《詩經》大雅 桑柔의 구절.

참고 및 관련 자료

1. 《詩經》 大雅 桑柔(114)

178(6-11) 問者曰
선생의 의미

이런 질문을 던지는 자가 있었다.

"옛날에는 도道를 아는 자를 선생先生이라 하였는데 무슨 뜻입니까?"

"이는 선성先醒, 즉 먼저 깨닫는다는 뜻이다. 도술 있는 사람의 말을 들어 보지 아니하면 득실에 어둡게 되어 난이 어디로 말미암아 생기는지를 알지 못하여 멍청하기가 마치 술에 취해 있는 것과 같다. 그러므로 역대의 군주들 중에는 선생자先生者, 후생자後生者, 불생자不生者 세 종류가 있다."

옛날 초楚 장왕莊王이 일을 도모하다가 근심스런 얼굴빛을 띠자 신공무신申公巫臣이 물었다.

"왕께서는 어찌하여 그렇게 근심스런 얼굴이십니까?"

그러자 장왕은 이렇게 설명하였다.

"내 들기로 제후로서의 갖춘 덕이 능히 스승으로 삼을 만한 사람을 스스로 찾을 수 있을 정도가 되면 왕자王者가 될 수가 있고, 친구로 대할 만한 인물을 찾을 수 있으면 패자霸者가 될 수 있으며, 자기만 못한 사람들과 함께 할 수밖에 없는 자는 망한다고 하였소. 나처럼 불초한 사람에게 있어서 여러 대부들과 일을 논의하고 있는데 나만한 책략을 내는 자가 없소. 내 이 때문에 근심하고 있는 거요."

이렇게 보면 장왕의 덕은 임금이 될 만하다. 제후들을 위복威服시키고도 오히려 날로 걱정하고 두려워하며 어진 보좌를 찾기에 골똘하였던 것이다. 이런 인물이 바로 선생자이다.

또 옛날 송宋 소공昭公이 망명 중에 그 마부에게 이렇게 말하였다.
"나는 내가 망한 까닭을 안다."
이에 그 마부가 물었다.
"무슨 뜻입니까?"
소공은 이렇게 대답하였다.
"내가 조복을 입고 서면 나를 모시는 자가 수십 명이다. 그런데 그들 중에 누구 하나 '우리 임금님 멋지십니다'라고 하지 않는 이가 없었다. 또 내가 명을 내려 국사를 집행할 때면 수백 명의 신하들이 내 지휘에 따랐다. 그러나 그들 중 누구 하나 '우리 임금님은 성스러운 분이다'라고 하지 않는 이가 없었다. 이처럼 나는 안으로나 밖으로나 나의 과실을 들어볼 기회가 없었다. 이 까닭으로 나는 망한 것이다."
이에 그 행동을 고치고 의義를 기준 삼아 도를 행하자 이 년이 넘지 않아 그 훌륭한 소문이 고국인 송나라에까지 들어가 송나라 백성들이 이를 다시 맞아 복위토록 하였으니 그 시호가 소昭였던 것이다. 이는 바로 후생자라고 할 수 있다.

다음으로 옛날 곽郭나라 임금이 자기 나라에서 도망쳐 나와 그 마부에게 말하였다.
"목이 마르다. 무엇을 마시고 싶구나."
그러자 그 마부가 청주淸酒를 내놓았다. 왕이 다시 요구하였다.
"배가 고프다. 먹고 싶구나."
이에 마부는 즉시 말린 포脯와 미숫가루를 내놓았다. 왕이 이상히 여겨 물었다.
"어찌 이렇게 모두 구비를 하였느냐?"
그 마부는 이렇게 대답하였다.
"제가 미리미리 준비한 것입니다."
왕이 다시 물었다.
"어떻게 알고 준비하였느냐?"

이에 마부는 이렇게 대답하였다.

"왕이 도망 다니시자면 길에서 배고프고 목마를 것이라는 것에 대비해서지요."

왕이 물었다.

"너는 장차 내가 도망가는 일이 벌어질 것을 알았느냐?"

"그렇습니다."

이 대답에 왕이 다시 물었다.

"그럼 어찌 미리 간언하지 않았느냐?"

마부는 이렇게 말하였다.

"임금께서는 아첨의 말은 좋아하셨지만 지당한 말은 싫어하셨습니다. 제가 간언을 드리고자 하였지만 그렇게 하였다가는 이 곽나라가 망하는 것보다 제가 죽는 것이 먼저일 것이라고 두려워하였지요. 그래서 간언을 하지 않았던 것입니다."

이 말에 곽군은 얼굴에 노기를 띠면서 다시 물었다.

"그래, 좋다. 내가 망한 이유가 진실로 어디에 있느냐?"

마부는 이 질문에 말을 돌려 댔다.

"임금께서 망한 이유는 너무 어질었기 때문입니다."

그러자 임금이 물었다.

"무릇 어질다면서 존속하지 못하고 오히려 망하였다니 그게 무슨 뜻이냐?"

마부의 설명은 이러하였다.

"천하에 어진 이가 없는데 임금 혼자 어질어 망한 것입니다."

이 말에 임금은 수레의 식軾을 잡고 엎드려 이렇게 탄식하였다.

"아하! 어진 이를 잃었을 때의 경우가 이와 같은가?"

이에 그의 몸은 기력을 잃고 힘이 다 빠져 마부의 무릎을 베고 누워 버렸다. 마부는 다른 것으로 바꾸어 그의 머리를 괴고는 그로부터 멀리 떠나가 버렸다. 왕은 이렇게 들에서 죽어 범과 이리의 먹이가 되고 말았다. 이런 경우는 바로 불생자라 할 수 있다.

그러므로 선생자는 그 해에 바로 패자가 되니 초 장왕이 그 예요, 후생자는 삼 년이 지나 다시 복귀하니 송 소공이 그 예이며, 후생자는 들에서 죽어 범과 이리의 먹이가 되고 마는 것이니 곽군郭君이 바로 그 예이다. 이처럼 선생자, 후생자, 불생자가 있는 것이다.

《시詩》에는 이렇게 일렀다.

"달콤한 말에는 귀가 솔깃,　　　　　　　　聽言則對
　거슬리는 말에는 술 취해 못 듣는 듯."　　誦言如醉

問者曰:「古之謂知道者曰先生, 何也?」

「猶言先醒也. 不聞道術之人, 則冥於得失, 不知亂之所由. 眊眊乎其猶醉也. 故世主有先生者, 有後生者, 有不生者.」

昔者, 楚莊王謀事而居有憂色.

申公巫臣問曰:「王何爲有憂也?」

莊王曰:「吾聞諸侯之德, 能自取師者王, 而與居不若其身者亡. 以寡人之不肖也, 諸大夫之論, 莫有及於寡人, 是以憂也.」

莊王之德宜君人, 威服諸侯, 日猶恐懼, 思索賢佐. 此其先生者也.

昔者, 宋昭公出亡, 謂其御曰:「吾知其所以亡矣.」

御者曰:「何哉?」

昭公曰:「吾被服而立, 侍御者數十人, 無不曰:『吾君, 麗者也.』吾發言動事, 朝臣數百人, 無不曰:『吾君, 聖者也.』吾外內不見吾過失, 是以亡也.」

於是改操易行, 安義行道, 不出二年, 而美聞於宋, 宋人迎而復之, 諡爲昭. 此其後生者也.

昔郭君出郭, 謂其御者曰:「吾渴, 欲飲.」

御者進清酒. 曰:「吾飢, 欲食.」

御者進乾脯粱糗.

曰:「何備也?」

御者曰:「臣儲之.」

曰:「奚儲之?」

御者曰:「爲君之出亡, 而道飢渴也.」

曰:「子知吾且亡乎?」

御者曰:「然.」

曰:「何不以諫也?」

御者曰:「君喜道諛, 而惡至言. 臣欲進諫, 恐先郭亡, 是以不諫也.」

郭君作色而怒曰:「吾所以亡者, 誠何哉?」

御轉其辭曰:「君之所以亡者, 太賢.」

曰:「夫賢者所以不爲存而亡者, 何也?」

御曰:「天下無賢而獨賢, 是以亡也.」

伏軾而嘆曰:「嗟乎! 夫賢人者如此乎?」

於是身倦力解, 枕御膝而臥, 御自易以備, 疎行而去. 身死中野, 爲虎狼所食. 此其不生者也.

故先生者, 當年霸, 楚莊王是也; 後生者, 三年而復, 宋昭公是也; 不生者, 死中野, 爲虎狼所食, 郭君是也. 有先生者, 有後生者, 有不生者.

詩曰:『聽言則對, 誦言如醉.』

【先醒】'먼저 깨닫다, 먼저 깨어나다'의 뜻. 音이 비슷하여 先生의 뜻으로 쓰인다. 賈誼《新書》에는 이 본장의 내용을 다루어 "先醒篇"을 마련하고 있다.
【楚莊王·申公武臣】참고란의 각 기록들을 볼 것.
【宋昭公】春秋時代 宋나라 군주. 재위 9년(B.C.619~611). 楚 莊王과 비슷한 시기.
【郭君】《新書》에는 '虢君'으로 되어 있으며,《新序》에는 '靖郭君'으로 잘못되어 있다.
【詩曰】《詩經》大雅 桑柔의 구절.

참고 및 관련 자료

1. 《詩經》大雅 桑柔(114)

2. 《新序》雜事(卷一)

昔者, 魏武侯謀事而當, 群臣莫能逮, 朝而有喜色. 吳起進曰:「今者, 有以楚莊王之語聞者乎?」武侯曰:「未也, 莊王之語奈何?」吳起曰:「楚莊王謀事而當, 群臣莫能逮, 朝而有憂色. 申公巫臣進曰:『君朝有憂色, 何也?』楚王曰:『吾聞之, 諸侯自擇師者王, 自擇友者霸, 足己而群臣莫之若者亡. 今以不穀之不肖而議於朝, 且群臣莫能逮, 吾國其幾於亡矣, 是以有憂色也.』莊王之所以憂, 而君獨有喜色, 何也?」武侯逡巡而謝曰:「天使夫子振寡人之過也, 天使夫子振寡人之過也.」

3. 《新序》雜事(五)

先是靖郭君殘賊其百姓, 害傷其群臣, 國人將背叛共逐之, 其御知之, 豫裝齎食, 及亂作, 靖郭君出亡, 至於野而饑, 其御出所裝食進之. 靖郭君曰:「何以知之而齎食?」對曰:「君之暴虐, 其臣下之謀久矣.」靖郭君怒, 不食. 曰:「以吾賢至聞也, 何謂暴虐?」其御懼曰:「臣言過也, 君實賢, 唯群臣不肖共害賢.」然後靖郭君悅, 然後食. 故齊閔王. 靖郭君, 雖至死亡, 終身不諭者也. 悲夫!

4. 《新序》雜事(五)

宋昭公出亡於至鄙, 喟然嘆曰:「吾知所以亡矣. 吾朝臣千人, 發政舉事, 無不曰『吾君聖者』; 侍御數百人, 被服以立, 無不曰『吾君麗者』. 內外不聞吾過, 是以至此.」由宋君觀之, 人主之所以離國家, 失社稷者, 諂諛者衆也. 故宋昭亡而能悟, 蓋得反國云.

5. 《荀子》堯問篇

吳起對曰:「楚莊王謀事而當, 群臣莫逮, 退朝而有憂色, 申公巫臣進, 問曰:『王朝而有憂色, 何也?』莊王曰:『不穀謀事而當, 群臣莫能逮, 是以憂也. 其在中蘬之言也, 曰: 諸侯自爲得師者王, 得友者霸, 得疑者存, 自爲謀而莫己若者亡. 今以不穀之不肖, 而群臣莫吾逮, 吾國幾於亡乎? 是以憂也.』楚莊王以憂, 而君以憙!」

6. 《說苑》君道篇

楚莊王既服鄭伯, 敗晉師, 將軍子重, 三言而不當, 莊王歸, 過申侯之邑, 申侯進飯, 日中而王不食, 申侯請罪, 莊王喟然歎曰:「吾聞之, 其君賢者也, 而又有師者王; 其君中君也, 而又有師者霸; 其君下君也, 而君臣又莫若君者亡. 今我, 下君也, 而君臣又莫若不穀, 不穀恐亡, 且世不絕聖, 國不絕賢; 天下有賢而我獨不得, 若吾生者, 何以食爲?」故戰服大國義從諸侯, 戚然憂恐聖知不在乎身, 自惜不肖, 思得賢佐, 日中忘飯, 可謂明君矣.

7. 《呂氏春秋》驕恣

昔者楚莊王謀事而當, 有大功, 退朝而有憂色. 人左右曰:「王有大功, 退朝而有憂色敢問其說?」王曰:「仲虺有言, 不穀說之, 曰:『諸侯之德, 能自爲取師者王, 能自取友者存, 其所擇而莫如己者亡.』今以不穀之不肖也, 群臣之謀又莫吾及也, 我其亡乎!」

8. 《吳子》圖國篇

武侯嘗謀事, 群臣莫能及, 罷朝而有喜色. 起進曰:「昔楚莊王嘗謀事, 群臣莫能及, 罷朝而有憂色. 申公問曰:『君有憂色, 何也?』曰:『寡人聞之, 世不絕聖, 國不乏賢, 能得其師者王, 能得其友者霸. 今寡人不才, 而群臣莫及者, 楚國其殆矣!』此楚莊王之所憂, 而君說之, 臣竊懼矣.」於是武侯有慚色.

9. 《新書》(賈誼) 先醒篇

莊王歸, 過申侯之邑. 申侯進飯, 日中而王不食. 申侯請罪曰:「臣齋而具食甚潔, 日中而不飯, 臣敢請罪.」莊王喟然嘆曰:「非子之罪也! 吾聞之曰, 其君賢者也, 而又有師者王; 其君中君也, 而有師者伯; 其君下君也, 而群臣又莫若者亡. 今我下君也, 而群臣又莫若不穀, 不穀恐亡無日也. 吾聞之, 世不絕聖. 天下有賢而我獨不得, 若吾生者, 何以食爲?」故莊王戰服大國, 義從諸侯, 戚然憂恐, 聖智在身, 而自錯不肖, 思得賢佐, 日中忘飯, 可謂明君矣.

10.《新書》(賈誼) 先醒篇

昔宋昭公出亡,喟然歎曰:「嗚呼! 吾知其所以亡矣. 被服而立,侍御者數十人,無不曰:『吾君, 麗者也.』外内不聞吾過失,吾是以至此,吾困宜矣.」於是革心易行,衣苴布食麤糲,晝學道而夕講之. 二年,美聞宋人,車徒迎而復位,卒爲賢君,諡爲昭公. 既亡矣而乃寤所以存,此其後醒者也. 昔者,虢君驕恣,自伐諂諛親貴,諫臣誅逐,政治蜩亂. 國人不服,晉師伐之. 虢人不守,虢君出走,至於澤中,曰:「吾渴而欲飲.」其御乃進清酒. 曰:「吾飢而欲食.」御殿脯粱糗. 虢君喜曰:「何給也?」御曰:「儲之久矣.」「何故儲之?」對曰:「爲君之出亡,而道飢渴也.」君曰:「知寡人之亡邪?」對曰:「知之.」「知之何以不諫?」對曰:「君好諂諛,而惡至言. 臣願諫,恐先虢亡.」虢君作色而怒. 御謝曰:『臣之言寡也.』有間君曰:「吾之亡者,誠何也?」其御曰:「君弗知耶? 君之所以亡者,以大賢也.」虢君曰:「賢人之所存也,乃亡何也?」對曰:「天下之君皆不肖,夫疾吾君之獨賢也,故亡.」虢君喜,據式而笑曰:「嗟乎! 賢固若是苦耶?」遂徒行卽於山中,居飢倦,枕御膝而臥,御以塊自易,逃行而去. 君遂餓死,爲禽獸食. 此己亡矣,猶不悟所存亡. 此不醒者也. 故先醒者,當時而伯; 後醒者,三年而復; 不醒者,枕土而死,爲虎狼食. 嗚呼! 戒之哉!

179(6-12) 田常弑簡公
충과 효 사이의 갈등

전상田常이 간공簡公을 시해하고 나서 나라 사람들과 맹약을 맺으면서 이렇게 선언하였다.

"맹약을 거부하는 자는 그 집안까지 모두 죽이리라."

이 때 석타石他라는 자가 이렇게 말하였다.

"옛날에는 그 임금을 섬기던 자는 그 임금을 위해 목숨을 바쳤다. 그런데 가족의 안전을 위한다는 명분으로 죽지 않는 것은 충忠이 아니다. 그렇다고 어버이를 버리면서 임금을 위해 죽는다는 것은 효孝가 아니다. 나 석타는 그렇게 할 수 없다. 비록 그렇기는 하나 맹약에 참가하지 않으면 나의 부모까지 죽임을 당하고, 남의 맹약에 따르게 되면 이는 내 섬기던 임금을 배반하는 것이 된다. 아! 난세에 태어났기 때문에 바른 행동을 할 수 없고, 포악한 사람으로부터 협박을 받고 있기 때문에 도의를 온전히 하지 못하는구나. 슬프도다!"

그리고는 나아가 맹약에 참가하여 부모의 죽음을 면하게 해 놓고는 물러나 칼을 껴안고 엎어져 그 임금을 위해서 죽어 버렸다. 이를 들은 자가 이렇게 말하였다.

"군자로다. 그는 천명을 편안히 받아 들였도다."

《시詩》에는 석선생 같은 경우를 두고 이렇게 말하였다.

"사람들이 말하였지.　　　　　　　　　　人亦有言
　오도 가도 못하는 깊은 골짜기"　　　　進退惟谷

常弒簡公, 乃盟於國人, 曰:「不盟者, 死及家.」

石他曰:「古之事君者, 死其君之事. 舍君以全親, 非忠也; 舍親以死君之事, 非孝也; 他則不能. 然不盟, 是殺吾親也. 從人而盟, 是背吾君也. 嗚呼! 生亂世, 不得正行; 劫乎暴人, 不得全義. 悲夫!」

乃進盟, 以免父母; 退伏劍, 以死其君.

聞之者曰:「君子哉! 安之命矣!」

詩曰:『人亦有言, 進退惟谷.』

石先生之謂也.

【田常】陳恒. 齊나라 簡公을 죽이고 平公을 세웠다. 簡公의 이름은 壬.
【石他】人名.《新序》에는 '石他人'으로 되어 있다.
【詩曰】《詩經》大雅 桑柔 의 구절.

참고 및 관련 자료

1.《詩經》大雅 桑柔(114)

2.《左傳》哀公 14年 經
「齊卜弒其君壬于舒州.」

3.《左傳》哀公 十四年 傳

甲午, 齊陳恒弒其君壬于舒州. 孔丘三日齊, 而請伐齊三. 公曰:「魯爲齊弱久矣, 子之伐之, 將若之何?」對曰:「陳恒弒其君, 民之不與者半. 以魯之衆加齊之半, 可克也.」公曰:「子告季孫.」孔子辭, 退而告人曰:「吾以從大夫之後也, 故不敢不言.」

4.《新序》義勇篇

陳恒弒簡公而盟, 盟者皆完其家, 不盟者殺之. 石他人曰:「昔之事其君者, 皆得其君而事之, 今謂他人曰:『舍而君而事我.』他人不能, 雖然, 不盟則殺父母. 從而盟, 是無君臣之禮也. 生於亂世, 不得正行; 劫於暴上, 不得道義. 故雖盟, 不以父母之死, 不如退而自殺, 以禮其君.」乃自殺.

180(6-13) 易曰困于石
곤궁할 때엔 현자를 찾아라

《역易》에는 이렇게 말하였다.
"돌에 눌려 곤액을 당하고, 찔레에 엉켜 고통을 당하다가 집에 돌아와도 그 아내가 보이지 않으니 흉하도다."(困于石, 據于蒺藜, 入于其宮, 不見其妻, 凶.)
이는 곤액에 처해 있으면서 어진 이를 만날 수 없음을 말한 것이다. 옛날, 진秦 목공繆公은 효산殽山에서 곤액을 당할 때 서둘러 오고대부五羖大夫, 건숙蹇叔, 공손지公孫支에 의지하였기 때문에 적게나마 패자가 될 수 있었고, 진晉 문공文公은 여희驪姬로 곤액을 당하였을 때 서둘러 구범咎犯, 조최趙衰, 개자추介子推를 들어 썼기 때문에 드디어 임금이 될 수 있었으며, 월왕越王 구천勾踐은 회계산會稽山에서 곤액을 당하였을 때 급히 범려范蠡, 대부종大夫種을 들어 썼기 때문에 남국南國을 제패할 수 있었던 것이며, 제齊 환공桓公은 장작長勺에서 곤액을 당하였을 때 서둘러 관중管仲, 영척甯戚, 습붕隰朋을 들어 썼기 때문에 일광천하一匡天下할 수 있었던 것이다.
이 네 사람은 모두가 곤액에 처하였을 때 서둘러 어진 이를 찾아 의지해야 한다는 것을 알았던 사람들이다. 무릇 곤액에 처하고서도 어진 이를 찾아 쓸 줄 모르면서 망하지 아니한 이는 일찍이 없었다.

《시詩》에

"망한다고 누구나 말들이 많네.　　　　　人之云亡
　이 나라 끝내 망하려는가"　　　　　　　邦國殄瘁

라 하였는데 이는 더 이상 선인善人이 없음을 말한 것이다.

　　易曰:「困于石, 據于蒺藜, 入于其宮, 不見其妻, 凶.」
此言困而不見據賢人者也.
　　昔者, 秦繆公困於殽, 疾據五羖大夫・蹇叔・公孫支而小霸.
晉文困於驪氏, 疾據咎犯・趙衰・介子推而遂爲君. 越王勾踐
困於會稽, 疾據范蠡・大夫種而霸南國. 齊桓公困於長勺, 疾據
管仲・甯戚・隰朋而匡天下. 此皆困而知疾據賢人者也. 夫困
而不知疾據賢人, 而不亡者, 未嘗有之也.
　　詩曰:『人之云亡, 邦國殄瘁.』
　　無善人之謂也.

【易曰】《周易》困卦 六三의 爻辭
【秦繆公】춘추오패의 하나. 穆公으로도 쓴다. 재위 39년(B.C.659~621).
【殽山】'崤山', '肴山'으로도 쓰며 지금의 河南省 洛寧縣. B.C.628년에 晉나라가
　이곳에서 秦나라를 공격하여 싸움을 벌였다. 299장 참조.
【五羖大夫】五羔大夫. 百里奚를 말하며 조국인 虞나라가 망하자 떠돌다가 穆公
　에게 검은 양 다섯 마리의 가죽 값에 팔려 秦나라 대부가 되었다.
【蹇叔】秦 繆公의 賢臣. 大夫.

《韓詩外傳》卷六　661

【公孫支】 秦나라 사람으로 字는 子桑. 孟明을 繆公에게 추천하여 西戎을 쳐 없앴다.

【晉文公】 역시 춘추오패의 하나. 이름은 重耳. 獻公의 아들로 19년간 망명생활 끝에 귀국하여 임금이 되었다. 재위 9년.

【驪姬】 晉 獻公이 총애하였던 여자. 太子 申生을 죽여 진나라에 대혼란이 일어 났다. 《史記》晉世家 참조.

【咎犯】 孤偃. 文公의 외삼촌으로 字는 子犯. 舅犯으로도 불렸다. 문공을 따라 망명하였다가 돌아와 문공을 도와 패자가 되게 하였다.

【趙衰】 春秋時代 晉나라 대부. 字는 子餘. 뒤에 晉六卿의 선조가 되며 戰國時代 趙나라로 발전한 집안. 文公을 도와 망명하였다. '조최'로 읽는다.

【介子推】 역시 文公을 따라 망명하였으나 돌아와 賞이 미치지 않자 綿山으로 숨어 타 죽었다. '寒食'의 고사를 남긴 인물.

【勾踐】 越王. 吳王 夫差에게 쫓겨 會稽山으로 숨었다가 文種의 도움으로 살아나 끝내 吳를 멸하였다. '臥薪嘗膽'의 고사를 남겼다. '句踐'으로도 표기한다.

【范蠡】 王 勾踐을 도와 吳를 멸한 다음 陶 땅으로 옮겨 큰 부자가 된 人物. 陶朱公. 《史記》越王勾踐世家 참조.

【大夫種】 大夫文種. 范蠡와 함께 越王 勾踐을 도와 吳를 멸한 名臣.

【齊桓公】 춘추오패의 首長.

【長勺】 地名. 지금의 山東省 曲阜縣 북쪽. 魯 莊公 10년(B.C.684)에 魯나라가 이곳에서 齊桓公을 패배시켰다.

【管仲】 管夷吾. 鮑叔의 도움으로 齊 桓公을 도와 패자가 되게 하였다.

【甯戚】 齊 桓公의 신하. 목동으로 桓公에게 발탁되었다.

【隰朋】 齊 桓公의 신하.

【詩曰】 《詩經》大雅 瞻卬 의 구절. 이 詩는 '幽王이 褒姒를 총애하여 나라를 망친 것을 풍자한 것'이라 한다.(詩序)

:::info
참고 및 관련 자료
:::

1. 《周易》 困卦 (卦辭, 彖辭, 象辭, 六三爻辭)

困; 亨; 貞, 大人吉, 无咎, 有言不信.

彖曰:「困」, 剛揜也. 險以說, 困而不失其所, 亨, 其唯君子乎!「貞, 大人吉」, 以剛中也;「有言不信」, 尙口乃窮也.

象曰: 澤无水, 困; 君子以致命遂志.

六三, 困于石, 據于蒺藜; 入于其宮, 不見其妻, 凶.

2. 《詩經》 大雅 瞻卬

瞻卬昊天, 則不我惠. 孔塡不寧, 降此大厲. 邦靡有定, 士民其瘵. 蟊賊蟊疾, 靡有夷屆. 人有土田, 女反有之. 人有民人, 女覆奪之. 此宜無罪, 女反收之, 彼宜有罪, 女覆說之. 哲夫成城, 哲婦傾城. 懿厥哲婦, 爲梟爲鴟. 婦有長舌, 維厲之階. 亂匪降自天, 生自婦人. 匪敎匪誨, 時維婦寺. 鞫人忮忒, 譖始竟背. 豈曰不極, 伊胡爲慝. 如賈三倍, 君子是識. 婦無公事, 休其蠶織. 天何以刺, 何神不富. 舍爾介狄, 維予胥忌. 不弔不祥, 威儀不類. 人之云亡, 邦國殄瘁. 天之降罔, 維其優矣. 人之云亡, 心之憂矣. 天之降罔, 維其幾矣. 人之聞亡, 心之悲矣. 觱沸檻泉, 維其深矣. 心之憂矣, 寧自今矣. 不自我先, 不自我後. 藐藐昊天, 無不克鞏. 無忝皇祖, 式救爾後.

181(6-14) 孟子說齊宣王
살았을 때의 일

맹자孟子가 제齊 선왕宣王에게 유세를 폈는데 왕이 매우 못마땅하게 여겼다. 그 때 순우곤淳于髡이 곁에 있었는데 맹자가 그에게 물었다.
"오늘 그대의 임금에게 유세를 하였더니 아주 못마땅하게 생각하더군요. 생각건대 아직도 좋다는 것이 왜 좋은지를 모르는 것이 아닙니까?"
그러자 순우곤이 이렇게 말하였다.
"선생께서 역시 진실로 훌륭하지 못할 따름이지요. 옛날 호파瓠巴가 거문고를 연주하자 물속의 고기가 그 음악을 들으려고 머리를 물 밖으로 내밀었고, 백아伯牙가 역시 거문고를 타자 여섯 마리의 말이 꼴을 먹다가 고개를 들었다 하였소. 물고기나 말 같은 미물도 오히려 훌륭한 것을 훌륭하다고 여기는데 하물며 임금에게 있어서야 더욱 그렇지 않겠습니까?"
이 설명에 맹자가 다시 나섰다.
"무릇 우레가 쳐서 대나무가 쪼개지고 나무가 부러질 정도로 천하를 진동시킨다 해도 귀머거리에게는 끝내 듣게 할 수 없으며, 해와 달의 밝음이 천하를 두루 비추고 있지만 장님에게는 끝내 보여줄 수 없습니다. 지금 그대의 임금은 이와 같은 것입니다."
순우곤이 다시 반박하였다.
"그렇지 않습니다. 옛날 읍봉揖封이 고상高商에 살게 되자 제齊나라 사람들이 신이 나서 노래를 불렀고, 기량杞梁의 처가 슬픈 노래를 부르자 그곳 사람들이 모두 그를 따라 노래를 잘 하였다고 합니다. 이처럼

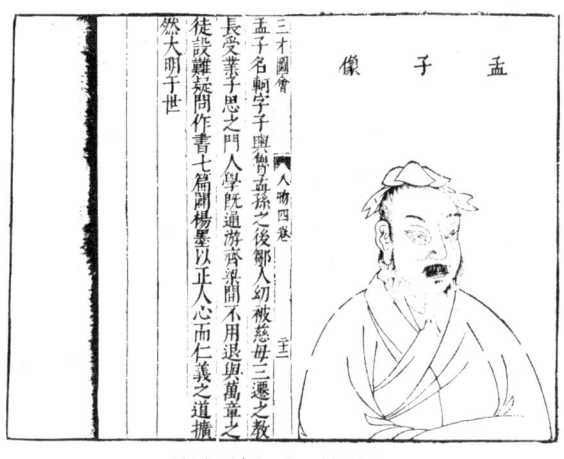

孟子(孟軻) 《三才圖會》

무릇 소리는 작다고 해서 들리지 않는 것이 아니며, 행동은 숨긴다고 해서 드러나지 않는 것이 아닙니다. 선생께서 노魯나라에 살고 계신데 노나라가 자꾸 약해지는 것은 무슨 이유입니까?"

이 질문에 맹자는 이렇게 설명하였다.

"어진 이를 등용시키지 않으니 깎여 나가는 것도 진실로 당연하지요. 배를 삼킬 만한 큰 물고기는 작은 연못에는 살 수 없고, 생각이 큰 선비는 더러운 세상에 살 수 없는 것입니다. 무릇 가을까지 그렇게 싱싱한 국화꽃도 겨울이 다가오면 시들고 마는 법이니 저 역시 그러한 시절을 당한 것입니다."

《시詩》에

"나 태어나기 전에 있었던 일도 아니고　　不自我先
　나 죽은 후에 있을 일도 아니네"　　　　不自我後

라 하였으니 이것이야말로 시들어 가는 세상을 만났다는 뜻이 아니겠는가!

孟子說齊宣王而不說. 淳于髡侍.

孟子曰:「今日說公之君, 公之君不說, 意者, 其未知善之爲善乎?」

淳于髡曰:「夫子亦誠無善耳. 昔者, 瓠巴鼓瑟, 而潛魚出聽; 伯牙鼓琴而六馬仰秣. 魚馬猶知善之爲善, 而況人君者也?」

孟子曰:「夫電雷之起也, 破竹折木, 震驚天下, 而不能使聾者卒有聞; 日月之明, 徧照天下, 而不能使盲者卒有見. 今公之君若此也.」

淳于髡曰:「不然. 昔者, 揖封生高商, 齊人好歌; 杞梁之妻悲哭, 而人稱詠. 夫聲無細而不聞, 行無隱而不形. 夫子苟賢, 居魯而魯國之削, 何也?」

孟子曰:「不用賢, 削固有也. 吞舟之魚不居潛澤; 度量之士不居汙世. 夫蓺, 冬至必彫. 吾亦時矣.」

詩曰:『不自我先, 不自我後.』

非遭彫世者歟!

【齊宣王】戰國時代 齊나라 군주. 재위 19년(B.C.319~301). 孟子와 같은 시대.
【淳于髡】戰國時代 골계의 대가. 《史記》 滑稽列傳 참조.
【瓠巴】고대에 瑟을 잘 타던 인물.
【伯牙】고대에 거문고를 잘 타던 인물. '伯牙絶絃'(261)의 고사를 남겼다.
【揖封】人名. 구체적으로는 알 수 없다. 《孟子》에는 '緜駒'로 되어 있다.
【高商】地名. 《孟子》에는 高唐(지금의 山東省 禹城縣)으로 되어 있다.
【杞梁】春秋時代 齊나라 사람. 이름은 殖. 莊公이 莒를 칠 때 기량이 전사하여 그 아내가 이레 동안을 울자 성이 무너졌다 하였다.
【蓺】국화의 일종. '治牆'이라고도 하며 秋華菊이다. 다른 판본에는 '藝'로 잘못 되어 있다.
【詩曰】《詩經》 大雅 瞻印의 구절.

참고 및 관련 자료

1. 《詩經》 大雅 瞻卬(180)

2. 《孟子》 告子(下)

淳于髡曰:「先名實者, 爲人也; 後名實者, 自爲也. 夫子在三卿之中, 名實未加於上下而去之, 仁者固如此乎?」孟子曰:「居下位, 不以賢事不肖者, 伯夷也; 五就湯, 五就桀者, 伊尹也; 不惡汙君, 不辭小官者, 柳下惠也. 三子者不同道, 其趨一也. 一者何也? 曰仁也. 君子亦仁而已矣, 何必同?」曰:「魯繆公之時, 公儀子爲政, 子柳·子思爲臣, 魯之削也滋甚. 若是乎賢者之無益於國也!」曰:「虞不用百里奚而亡, 秦穆公用之而霸. 不用賢則亡, 削何可得與?」曰:「昔者, 王豹處於淇, 而河西善謳; 綿駒處於高唐, 而齊右善歌; 華周·杞梁之妻善哭其夫, 而變國俗. 有諸內必形諸外. 爲其事而無其功者, 髡未嘗覩之也. 是故無賢者也, 有則髡必識之.」曰:「孔子爲魯司寇, 不用, 從而祭, 燔肉不至, 不稅冕而行. 不知者以爲爲肉也, 其知者以爲爲無禮也. 乃孔子則欲以微罪行, 不欲爲苟去. 君子之所爲, 衆人固不識也.」

3. 《說苑》 雜言篇

淳于髡謂孟子曰:「先名實者, 爲人者也; 後名實者, 自爲者也. 夫子在三卿之中, 名實未加上下而去之, 仁者固如此乎?」孟子曰:「居下位, 不以賢事不肖者, 伯夷也; 五就湯, 五就桀者, 伊尹也; 不惡汙君, 不辭小官者, 柳下惠也. 三子者 不同道, 其趣一也. 一者何也? 曰仁也. 君子亦仁而已, 何必同?」曰:「魯穆公之時, 公儀子爲政, 子思, 子庚爲臣, 魯之削也滋甚. 若是乎賢者之無益於國也.」曰:「虞不用百里奚而亡, 秦穆公用之而霸, 故不用賢則亡, 削何可得也.」曰:「昔者, 王豹處於淇, 而河西善謳; 綿駒處於高唐, 而齊右善歌. 華丹杞梁之妻, 善哭其夫而變國俗. 有諸內必形於外; 爲其事, 無其功, 髡未睹也. 是故無賢者也, 有則髡必識之矣.」曰:「孔子爲魯司寇而不用, 從祭膰肉不至, 不脫冕而行; 其不善者以爲爲肉也, 其善者以爲爲禮也. 乃孔子欲以微罪行, 不欲爲苟去, 故君子之所爲, 衆人固不得識也.」

4. 《荀子》 勸學篇

昔者, 瓠巴鼓瑟而流魚出聽, 伯牙鼓琴而六馬仰秣. 故聲無小而不聞, 行無隱而不形. 玉在山而草木潤, 淵出珠而崖不枯. 爲善不積邪, 安有不聞者乎?

5. 기타 참고자료

《愼子》 外篇·《群書治要》

182(6-15) 孔子曰可與言終日
학문만이 싫증이 나지 않는 일이다

공자孔子가 이렇게 말하였다.

"종일 더불어 이야기해도 싫증을 느끼지 않는 것, 그것은 오직 학문밖에 없을진저! 아무리 몸이 잘생겼다 해도 그것은 볼거리가 될 수 없고, 아무리 용기와 힘이 있다 해도 그것이 곧 가장 겁내야 할 것은 아니며, 아무리 집안이 훌륭하다고 해도 그것이 곧 칭송받을 일은 되지 못하며, 조상이 아무리 뛰어났다 해도 그것이 곧 말할 거리는 될 수 없다. 그러나 사방에 그 소문이 퍼져 나가고 제후에게까지 밝혀질 수 있는 것, 그것은 오직 학문뿐이로다!"

《시詩》에

"어기지도 잊지도 아니 하시고	不愆不忘
옛 법을 따라 이어 가시네"	率由舊章

라 하였으니 이는 학문을 두고 한 말이다.

孔子曰:「可與言終日而不倦者, 其惟學乎! 身體不足觀也. 勇力不足憚也. 族姓不足稱也. 宗祖不足道也. 而可以聞於四方, 而昭於諸侯者, 其惟學乎!」

詩曰:『不愆不忘, 率由舊章.』
夫學之謂也.

【詩曰】《詩經》大雅의 假樂의 구절.

> 참고 및 관련 자료

1. 《詩經》 大雅 假樂(161)
2. 《說苑》 建本篇

孔子曰:「可以與人終日而不倦者, 其惟學乎! 其身體不足觀也, 其勇力不足憚也, 其先祖不足稱也, 其族姓不足道也; 然而可以聞四方而昭於諸侯者, 其惟學乎! 詩曰:「不愆不忘, 率由舊章.」 夫學之謂也.

3. 《孔子家語》 致思篇

孔子謂伯魚曰:「鯉乎! 吾聞可以與人終日不倦者, 其唯學焉? 其容體不足觀也, 其勇力不足憚也, 其先祖不足稱也, 其族姓不足道也, 終而有大名以顯聞四方, 流聲後裔者, 豈非學之效也? 故君子不可以不學. 其容不可以不飾, 不飾無類, 無類失親, 失親不忠, 不忠失禮, 失禮不立. 夫遠而有光者, 飾也; 近而愈明者, 學也. 譬之汙池, 水潦注焉, 萑葦生焉, 雖或以觀之, 孰知其源乎?」

4. 《孔子集語》 勸學篇

韓詩外傳六: 孔子曰:「可與言終日而不倦者, 其惟學乎! 身體不足觀也. 勇力不足憚也. 族姓不足稱也. 宗祖不足道也. 而可以聞於四方, 而昭於諸侯者, 其惟學乎!」

5. 기타 참고자료

《北堂書鈔》(83)·《尸子》·《意林》·《潛夫論》 論榮篇

183(6-16) 子曰不知命
천명을 알지 못하면

공자孔子가 이렇게 말하였다.

"천명을 알지 못하면 군자가 될 수 없다."

이는 하늘이 생명을 내림에는 모두에게 인의예지仁義禮智와 선을 따르는 마음을 주었는데 하늘이 준 이러한 천명을 모른다면 이는 곧 인의예지와 선을 따르려는 마음이 없다는 것이 된다. 이렇게 인의예지와 선을 좇으려는 마음이 없는 자를 바로 소인小人이라 한 것이다. 그러므로 천명을 알지 못하는 자는 군자가 될 수 없다고 말할 수 있다.

〈소아小雅〉에는

"하늘이 그대 자리 정해 주시니	天保定爾
그 자리 반석인 듯 튼튼하도다"	亦孔之固

라 하였는데 이는 하늘이 인의예지로써 사람을 보호하고 안정시킴이 매우 견고하다는 뜻이다.

또, 〈대아大雅〉에는

"하늘이 모든 사람 낳으시면서	天生烝民
어느 만물에게나 법칙 주었네.	有物有則
백성은 이 법을 꼭 붙잡고	民之秉彝
훌륭한 그 덕을 따르고 있지"	好是懿德

라 하였는데 이는 백성이 그 덕을 꼭 잡고서 하늘의 이치를 법으로 삼는다는 뜻이다. 그러니 하늘의 이치를 법칙으로 여기지 않고서야 어찌 군자의 지위를 얻을 수 있겠는가?

子曰:「不知命, 無以爲君子.」
言天之所生, 皆有仁義禮智順善之心. 不知天之所以命生, 則無仁義禮智順善之心. 無仁義禮智順善之心, 謂之小人.
故曰:「不知命, 無以爲君子.」
小雅曰:『天保定爾, 亦孔之固.』
言天之所以仁義禮智保定人之甚固也.
大雅曰:『天生烝民, 有物有則. 民之秉彝, 好是懿德.』
言民之秉德, 以則天也. 不知所以則天, 又焉得爲君子乎?

【小雅曰】《詩經》 小雅 天保의 구절. 이 시는 "天保, 下報上也."—詩序(아랫사람이 윗사람에게 보고하는 것)라 하였고, 또 "人君以鹿鳴以下五詩燕其臣, 臣受賜者, 歌此詩以答其君."—朱子(신하가 임금에게 하사품을 받고 詩로써 답한 것)이라고도 하였다.
【大雅曰】《詩經》 大雅 烝民의 구절.

참고 및 관련 자료

1. 《詩經》 小雅 天保

天保定爾, 亦孔之固. 俾爾單厚, 何福不除. 俾爾多益, 以莫不庶. 天保定爾, 俾爾戩穀. 罄無不宜, 受天百祿. 降爾遐福, 維日不足. 天保定爾, 以莫不興. 如山如阜, 如岡如陵, 如川之方至, 以莫不增. 吉蠲爲饎, 是用孝享. 禴祠烝嘗, 于公先王. 君曰卜爾, 萬壽無疆. 神之弔矣, 詒爾多福. 民之質矣, 日用飮食. 群黎百姓, 徧爲爾德.

如月之恆, 如日之升. 如南山之壽, 不騫不崩. 如松柏之茂, 無不爾或承.

2. 《詩經》 大雅 烝民(162)

3. 《論語》 堯曰篇

子曰:「不知命, 無以爲君子也; 不知禮, 無以立也; 不知言, 無以知人也.」

4. 기타 참고자료

《太平御覽》(360)

184(6-17) 王者必立牧
천자의 눈과 귀

왕자王者는 반드시 목자牧者를 세우되 한 곳에 두 사람을 두어 먼 곳까지 잘 살피고 다스리게 하였다. 그리하여 먼 곳의 백성들로서 기한飢寒에 떨면서도 제대로 의식을 해결하지 못하거나, 송사訟事에 있어 억울한 일이 공평하게 처리하지 못하는 경우, 혹은 어진 이를 놓치고 제대로 등용해 쓰지 못하는 경우가 있으면 이를 천자에게 고한다. 그러면 천자는 그 나라의 군주를 조정으로 오게 하여 읍을 하고 나가 이렇게 질책한다.

"아! 짐의 정교政教가 그 곳에 까지 미치지 못한 것인가? 어찌하여 그 곳의 백성들이 기한에 떨면서도 제대로 의식을 해결하지 못하고, 송사에서 억울한 일을 공평하게 처리 받지 못하며, 어진 이를 놓치고 제대로 등용해 쓰지 못하는 경우가 생기는가?"

그리고 나서는 그 임금을 물러가게 하고는 여러 경卿 대부大夫들과 대책을 논의한다. 그러면 그 먼 변방의 백성들이 이를 듣고 모두가 이렇게 감탄한다.

"진실로 천자로다. 무릇 우리가 이렇게 편벽된 곳에 살고 있는데도 우리를 가까이 있는 사람처럼 보살펴 주시고, 우리가 깊은 곳에 살고 있는데도 우리를 환하게 알고 계시도다. 그러니 우리가 가히 무엇을 속일 수 있으리오!"

그러므로 목자란 천자에게 있어서 사방을 똑바로 보는 눈이요, 사방을 밝게 듣는 귀여야 하는 것이다.

《시詩》에

"나라들의 정치가 옳고 그른지　　　　　邦國若否
중산보가 이를 밝혀내었네"　　　　　　仲山甫明之

라 하였으니 이를 두고 이른 말이다.

王者必立牧, 方二人, 使闢遠牧衆也. 遠方之民有飢寒而不得衣食, 有獄訟而不平其寃, 失賢而不擧, 入告乎天子, 天子於其君之朝也, 揖而進之, 曰:「噫! 朕之政敎有不得爾者邪? 何如乃有飢寒而不得衣食, 有獄訟而不平其寃, 失賢而不擧?」

然後其君退, 而與其卿大夫謀之. 遠方之民聞之, 皆曰:「誠天子也. 夫我居之僻, 見我之近也; 我居之幽, 見我之明也. 可欺乎哉!」

故牧者所以開四目, 通四聰也.

詩曰:『邦國若否, 仲山甫明之.』

此之謂也.

【牧者】牧民官.
【詩曰】《詩經》大雅 烝民의 구절.

참고 및 관련 자료

1. 《詩經》大雅 烝民(162)
2. 《說苑》君道篇
周公踐天子之位布德施惠, 遠而逾明, 十二牧, 方三人, 出擧遠方之民, 有饑寒而不

得衣食者, 有獄訟而失職者, 有賢才而不舉者, 以入告乎天子, 天子於其君之朝也, 揖而進之曰:「意朕之政教有不得者與! 何其所臨之民有飢寒而不得衣食者, 有獄訟而失職者, 有賢才而不舉者?」其君歸也, 乃召其國大夫, 告用天子之言, 百姓聞之皆喜曰:「此誠天子也! 何居之深遠而見我之明也, 豈可欺哉!」故牧者所以辟四門, 明四目, 達四聰也, 是以近者親之, 遠者安之. 詩曰:「柔遠能邇, 以定我王.」此之謂矣.

3.《續漢書》百官志(五) 注

韓詩外傳曰: 王者必立牧, 方三人, 所以使闚遠牧衆也. 遠方之民, 有飢寒而不得衣食, 獄訟而寃失, 職賢而不舉者, 入告天子, 天子於其君之朝也, 揖而進之, 曰:「意朕之政教, 有不得爾者邪? 何如乃有飢寒而不得衣食, 獄訟而寃失, 職賢而不舉?」然後其君退, 而與其卿大夫謀之. 遠方之民聞, 皆曰:「誠天子也! 夫我居之僻, 見我之近也; 我居之幽, 見我之明也. 可欺乎哉! 可欺乎哉!」故牧者所以開四目‧通四聰.」

185(6-18) 楚莊公伐鄭
초장왕의 전술

　초楚 장왕莊王이 정鄭나라를 치자 정백鄭伯이 옷을 벗고 왼 손에는 모정茅旌을, 오른 손에는 난도鸞刀를 잡고 나와 장왕에게 이렇게 사죄하는 것이었다.
　"과인은 어질지 못한 변방의 신하로서 큰 옷을 입으신 귀하에게 죄를 지었습니다. 그리하여 대국의 임금으로 하여금 화를 내시며 이 먼 곳까지 욕되게 달려오시도록 하였습니다."
　그러자 장왕은 이렇게 말하였다.
　"그대의 옳지 못한 신하가 내게 와서 좋지 않은 말을 하면서 나로 하여금 직접 와서 그대의 얼굴을 뵙도록 하기에 국경을 조금 넘어 왔습니다."
　그리고는 정백이 주는 부절을 받고 좌우에게 명하여 군대를 칠 리 정도 물러서도록 하였다. 그러자 장군 자중子重이 나서서 이렇게 간하였다.
　"무릇 남쪽의 우리 서울인 영郢과 이곳 정나라까지는 수천 리가 되는 먼 길이고, 이번 전쟁을 위해 죽은 대부만도 여러 명에 이르며, 천한 일에 노역을 당한 사람은 수백 명에 이릅니다. 그런데 지금 이기고서도 이 나라를 차지하지 않으시니 이는 신하와 백성의 힘을 너무 허비하는 것이 아닙니까?"
　이에 장왕은 이렇게 말하였다.
　"내 들으니 옛날에는 물 마시는 그릇하나 깨지 않고, 가죽하나 좀이 쏠지 않도록 아껴 쓰되 재물을 위해 국토를 넓히려 사방으로 나서지는 않았다 하오. 이 까닭으로 군자라면 중하게 여기는 것은 예禮요, 천하게 여기는 것은 재물이었던 것입니다. 사람만 내 편을 만들었으면 되지, 그 땅은 필요로 하지 않습니다. 또 사람이 나를 순종하겠다는데 이를 놓아 주지 않는 것은 상서롭지 못한 행동입니다. 내가 상서롭지 못한 일을 하면서 천하에 우뚝 선다면 재앙이 틀림없이 내 몸에 미쳐 올 텐데 그 땐 무엇을 취할 게 있겠소이까?"

그런데 얼마가 지나서 진晉나라가 정나라를 구원하겠다고 달려와서는 장왕에게 이렇게 청하는 것이었다.

"한번 싸워봅시다."

장왕이 응전하겠다고 허락하자 역시 자중이 다시 나와 간하였다.

"진나라는 강국입니다. 이곳에서 그 거리도 가깝고 군사도 날랩니다. 우리 초나라 군대는 지쳐 있습니다. 허락하시면 안 됩니다."

장왕은 이렇게 설명하였다.

"안 되오. 강자라고 해서 우리가 피하고 약자라고 해서 우리가 위협을 가한다면 과인이 천하에 설 자리가 없어지는 것이오."

그리고는 군대를 돌려 진나라 군대를 맞아 싸웠다. 장왕이 북채를 잡고 독려를 하자 진나라 군대는 크게 패하여 서로 다투어 배에 올라 도망치기에 바빴다. 그러나 배에 먼저 오른 자가 뱃머리에 매달리는 자의 손가락을 잘라 끊어진 손가락이 한 줌씩이나 되었다. 이를 보고 장왕이 말하였다.

"아! 우리 두 임금이 서로 사이가 안 좋으면 그뿐이지, 저 백성들에게 무슨 죄가 있겠는가?"

그리고는 군대를 후퇴시켜 진나라 군대가 편히 도망갈 수 있도록 해 주었다.

《시詩》에는 이렇게 말하였다.

"부드럽다고 삼키지 말며　　　　　　　柔亦不茹
　딱딱하다고 뱉지도 말라."　　　　　　剛亦不吐

楚莊公伐鄭, 鄭伯肉袒, 左把茅旌, 右執鸞刀以進言於莊王曰:「寡人無良邊陲之臣, 以干大禍, 使大國之君, 沛焉遠辱至此.」

莊王曰:「君子不令臣交易為言, 是以使寡人得見君之玉面也, 而微至乎此.」

莊王受節, 左右麾楚軍, 退舍七里.

將軍子重進諫曰:「夫南郢之與鄭, 相去數千里, 大夫死者數人, 廝役者數百人, 今克而弗有, 無乃失民臣之力乎?」

莊王曰:「吾聞: 古者杅不穿, 皮不蠹, 不出於四方. 以是君子之重禮而賤財也. 要其人, 不要其土. 人告以從而不舍, 不祥也. 吾以不祥立乎天下, 災及吾身, 何取之有?」

旣, 晉之救鄭者至, 曰:「請戰.」

莊王許之.

將軍子重進諫曰:「晉, 強國也, 道近兵銳, 楚師奄罷, 君其勿許.」

莊王曰:「不可. 強者, 我避之; 弱者, 我威之. 是寡人無以立乎天下也.」

乃遂還師, 以逆晉寇. 莊王援枹而鼓之, 晉師大敗. 士卒奔者爭舟, 而指可掬也.

莊王曰:「噫! 吾兩君不相好, 百姓何罪?」

乃退楚師, 以佚晉寇.

詩曰:『柔亦不茹, 剛亦不吐.』

【楚 莊王】春秋時代 楚나라 군주. 춘추오패의 하나로 많은 고사를 남겼다. 재위 23년(B.C.613~591)

【鄭伯】鄭나라의 군주. 伯은 公侯伯子男의 작위 칭호.

【肉袒】옷의 일부를 벗어 어깨를 드러내어 사죄의 뜻을 보이다.
【茅旌】깃발의 뜻. 사죄의 뜻을 보이는 것. '旄旌'으로도 쓴다.
【鸞刀】고대 제사나 종묘 참배 때 쓰는 난새 무늬가 새겨진 칼. 제사의 희생에 쓴다고도 한다. 여기서는 '사죄'. '항복'의 뜻이다.
【子重】楚나라 公子이며 장군. 嬰齊
【詩曰】《詩經》大雅 烝民의 구절

참고 및 관련 자료

1. 《詩經》 大雅 烝民(162)

2. 《左傳》 宣公 12年 經

「楚子圍鄭.」

3. 《左傳》 宣公 12年 傳

十二年春, 楚子圍鄭, 旬有七日. 鄭人卜行成, 不吉; 卜臨于大宮, 且巷出車, 吉. 國人大臨, 守陴者皆哭. 楚子退師. 鄭人修城. 進復圍之, 三月, 克之. 入自皇門, 至于逵路. 鄭伯肉袒牽羊以逆, 曰:「孤不天, 不能事君, 使君懷怒以及敝邑, 孤之罪也, 敢不唯命是聽? 其俘諸江南, 以實海濱, 亦唯命; 其翦以賜諸侯, 使臣妾之, 亦唯命. 若惠顧前好, 徼福於厲, 宣, 桓, 武, 不泯其社稷, 使改事君, 夷於九縣, 君之惠也, 孤之願也, 非所敢望也. 敢布腹心, 君實圖之.」左右曰:「不可許也, 得國無赦.」王曰:「其君能下人, 必能信用其民矣, 庸可幾乎!」退三十里而許之平. 潘尪入盟, 子良出質.

4. 《公羊傳》 宣公 12年

莊王伐鄭, 勝乎皇門. 放乎路衢. 鄭伯肉袒, 左執茅旌. 右執鸞刀. 以逆莊王, 曰:「寡人無良, 邊垂之臣. 以干天禍. 是以使君王沛焉. 辱到敝邑. 君如矜此喪人. 錫之不毛之地. 使帥一二耋老而綏焉. 請唯君王之命.」莊王曰:「君之不令臣, 交易爲言. 是以使寡人得見君之玉面, 而微至乎此.」莊王親自手旌. 左右撝軍, 退舍七里, 將軍子重諫曰:「南郢之與鄭, 相去數千里. 諸大夫死者數人, 廝役扈養死者數百人. 今君勝鄭而不有, 無乃失民臣之力乎?」莊王曰:「古者杅不穿, 皮不蠹, 則不出於四方. 是以君子篤於禮而薄于利. 要其人而不要其土. 告從, 不赦, 不詳. 吾以不詳道民,

災及吾身, 何日之有?」旣則晉師之救鄭者至, 曰:「請戰」莊王許諾, 將軍子重諫曰: 「晉大國也. 王師淹病矣. 君請勿許也」莊王曰:「弱者, 吾威之, 彊者, 吾辟之, 是以使 寡人無以立乎天下?」令之還師, 而逆晉寇. 莊王鼓之, 晉師大敗, 晉衆之走者, 舟中 之指可掬矣. 莊王曰:「嘻! 吾兩君不相好. 百姓何罪?」令之還師, 而佚晉寇.

5. 《新序》雜事(四)

楚莊王伐鄭, 克之. 鄭伯肉袒, 左執旄旌, 右執鸞刀, 以迎莊王. 曰:「寡人無良邊陲之臣, 以干天下之禍. 是以使君王昧焉, 辱到弊邑, 君如憐此喪人, 錫之不毛之地, 唯君王之 命.」莊王曰:「君之不令臣交易爲言, 是以使寡人得見君王之玉面也, 而微至乎此!」 莊王親自手旌, 左右麾軍, 還舍七里. 將軍子重進諫曰:「夫南郢之與鄭相去數千里, 諸大夫死者數人, 斯役死者數百人, 今克而不有, 無乃失民力乎?」莊王曰:「吾聞之, 古者盂不穿, 皮不蠹, 不出四方, 以是見君子重禮而賤利也, 要其人不要其土, 人告從 而不赦, 不祥也. 吾以不祥立乎天下, 菑之及吾身, 何日之有矣?」旣而晉人之救鄭者至, 請戰, 莊王許之, 將軍子重進諫曰:「晉, 强國也, 道近力新, 楚師疲勞, 君請勿許.」 莊王曰:「不可. 强者我避之, 弱者我威之, 是寡人無以立乎天下也!」遂還師以逆晉寇, 莊王援枹而鼓之, 晉師大敗, 晉人來渡河而南, 及敗, 犇走欲渡而北, 卒爭舟, 而以刃 擊引, 舟中之指可掬也, 莊王曰:「嘻! 吾兩君之不能相也, 百姓何罪?」乃退師, 以軼 晉寇. 詩曰:『柔亦不茹, 剛亦不吐. 不侮鰥寡, 不畏强禦.』莊王之謂也.

6. 기타 참고자료

《新書》(賈誼) 先醒篇

186(6-19) 君子崇人之德
도와 덕의 범위 안에서

군자는 남의 덕을 숭상하고, 남의 아름다움을 드러내 주되 아첨의 말로 하지는 않는다. 또 바른 말과 곧은 행동으로 남의 과실을 지적하되 그 흠을 꼬집어 내지는 않는다. 그리고 부드럽게 복종하고, 강한 의지를 세워 만물의 흐름을 따라가되 도와 덕을 벗어나지는 않는다.
《시詩》에는 이렇게 말하였다.

"부드럽다고 삼키지 말며   柔亦不茹
 딱딱하다고 뱉지도 말라.   剛亦不吐
 홀아비와 과부라 업신여기지 말고 不侮矜寡
 강포한 자라고 두려워하지도 말라." 不畏强禦

君子崇人之德, 揚人之美, 非道諛也; 正言直行, 指人之過, 非毀疵也; 訕柔順從, 剛强猛毅, 與物周流, 道德不外.
詩曰:『柔亦不茹, 剛亦不吐; 不侮鰥寡, 不畏强禦.』

【詩曰】《詩經》大雅 烝民의 구절.

참고 및 관련 자료

1. 《詩經》 大雅 烝民(162)
2. 《荀子》 不苟篇

君子崇人之德, 揚人之美, 非諂諛也; 正義直指, 擧人之過, 非毀疵也; 言己之光美, 擬於舜·禹, 參於天地, 非夸誕也; 與時屈伸, 柔從若蒲葦, 非攝怯也; 剛強猛毅, 靡所不信, 非驕暴也; 以義應變, 知當曲直故也.

187(6-20) 衛靈公晝寢而起
용기 있는 자들

위衛 영공靈公이 낮잠을 자고 일어나 지기志氣가 아주 쇠약해지자 사람을 시켜 말을 몰고 달려가 용사勇士인 공손연公孫悁을 불러 오게 하였다. 심부름꾼이 그를 부르러 가다가 길에서 복상卜商을 만났다. 복상이 물었다.

"어디를 그리 급히 말을 몰고 가는 거요?"

이에 그는 이렇게 대답하였다.

"임금이 낮잠을 주무시고 일어나셔서 나에게 급히 공손연을 데리고 오라고 시켰소."

자하子夏(복상)가 다시 물었다.

"공손연이 아니더라도 용맹하기가 공손연만한 인물이면 되겠소?"

"좋소!"

이에 자하는 이렇게 명하였다.

"그럼 나를 싣고 임금에게 되돌아가시오."

임금 앞에 나타나자 임금이 물었다.

"그대에게 용사를 불러오라 하였지, 이런 유자儒者를 불러오라 하였소?"

이에 사자는 이렇게 설명하였다.

"가는 길에 이 사람이 '공손연이 아니더라도 용맹하기가 공손연만한 인물이면 되는가?'라고 묻기에 '좋소!'라고 하고 수레에 태워 온 것입니다."

그러자 임금이 이렇게 명하였다.

"좋다. 그 선생을 이리 모셔 올리고 그대는 어서 다시 가서 공손연을 데리고 오너라."

얼마 후 공손연이 나타나 그 문에 이르러 칼을 빼어 짚고는 이렇게 소리를 치는 것이었다.

"복상! 내려오라. 내 그대의 머리를 그냥 둘 것 같으냐?"

이 말에 자하도 그를 돌아보며 호통을 쳤다.

"무슨 소리! 칼을 집어넣어라. 내 장차 너에게 용기란 것이 어떤 것인지를 일러 주마."

이를 본 왕이 그에게 칼을 집어넣고 올라오도록 하였다. 이에 자하가 입을 열었다.

"자. 내 일찍이 그대와 더불어 임금을 모시고 서쪽으로 가서 조간자 趙簡子를 만났을 때 간자는 거만하게도 머리도 마구 풀어헤친 채 창을 잡고 우리 임금을 대하였소. 그 때 나는 열세 번째 줄 뒤에 섰다가 쫓아 나가서는 이렇게 말하였지. '제후들이 서로 만날 때는 조복朝服을 입지 않으면 안 되는 것입니다. 지금 그대가 조복을 입지 않는다면 행인行人인 나 복상의 목의 피가 그대의 옷에 뿌려질 것이외다.' 이렇게 그로 하여금 들어가 조복을 입고 나와 우리 임금을 뵙도록 한 것이 그대가 한 일이오? 아니면 내가 한 일이오?"

그러자 공손연은 이렇게 수긍하였다.

"그대지요."

이에 자하가 다시 물었다.

"그대의 용기가 나만 못한 것이 이 하나요. 또 그대와 내가 임금을 모시고 동쪽으로 아阿 땅에 이르렀을 때, 제齊나라 임금은 수레 안에서 이층의 자리에 앉고 우리 임금은 그 밑에 한 층의 자리에 앉게 되었소. 그 때 내가 열세 번째의 뒷줄에 서 있다가 이를 보고 달려 나가 '예禮에 있어서 제후끼리 만날 때는 서로 높낮이가 달라서는 안 되는 것입니다' 라 하고는 그 한 자리를 떼어 내어 없애 버렸소. 이 일은 그대가 한 것이오, 내가 한 것이오?"

이에 역시 공손연은 이렇게 수긍하였다.

"그대가 한 일이오."

자하가 다시 물었다.

"이것이 그대의 용기가 나만 못한 두 번째요. 또 그대와 함께 임금을 모시고 원유苑囿에 갔을 때 두 마리의 맹수가 임금에게 달려들자 창으로 이를 물리치고 안전하게 돌아온 일이 있었소. 이 일 역시 그대가 한 것이오? 아니면 내가 한 일이오?"

여기서도 역시 그는 수긍하였다.

"그대가 한 것이오."

그러자 자하는 이렇게 설명하였다.

"그대의 용맹이 나만 못한 것이 이것이 세 번째요. 선비가 귀하다고 여겨지는 까닭은 위로는 만승의 천자라 할지라도 그에게 두려움을 줄 수 있고, 아래로는 필부라 할지라도 감히 그에게 이유 없이 오만하게 굴지 않는 때문이오. 밖으로는 행동을 바로 세워 적이 감히 침요하지 못하게 하며, 안으로는 잔폭한 해를 막아 임금으로 하여금 위험에 빠지지 않게 하는 것, 이것이 선비가 해 낼 수 있는 장점이며 군자들이 귀하게 여기는 바요. 그리고 만약 자기 장기를 가지고 남의 단점을 엄폐하거나 자기편이 많다고 적은 무리에게 포악하게 굴며, 죄 없는 백성을 짓밟아 동네에 위협을 부리는 일이 있다면 이는 선비로서 아주 못된 짓으로 여기며, 군자들이 아주 혐오하는 바로서 여러 사람들이 나서서 없애 버려야 하는 것들입니다.

《시詩》에

"사람으로서 예의가 없다면　　　　　　人而無儀
죽지 않고 어쩌리오!"　　　　　　　　不死何爲

라 하였으니 어찌 임금 앞에서 그대가 용기를 논할 수 있겠소?"

이에 영공은 자리를 고쳐 앉으며 그의 손을 잡고 이렇게 감탄하였다.

"과인이 비록 민첩하지 못하나 청컨대 그대의 용기를 좇으리라."

《시詩》에는

"홀아비나 과부라고 모욕하지 말고,　　　　　不侮矜寡
　강포한 자라고 해서 두려워하지도 말라"　　不畏强禦

라 하였으니 복 선생 같은 이를 두고 한 말이다.

　衛靈公晝寢而起, 志氣益衰, 使人馳召勇士公孫悁, 道遭行人卜商, 卜商曰:「何驅之疾也?」
　對曰:「公晝寢而起, 使我召勇士公孫悁.」
　子夏曰:「微悁而勇若悁者, 可乎?」
　御者曰:「可.」
　子夏曰:「載我而反.」
　至, 君曰:「使子召勇士, 何爲召儒?」
　使者曰:「行人曰:『微悁而勇若悁者, 可乎?』臣曰:『可.』卽載與來.」
　君曰:「諾. 延先生上, 趣召公孫悁.」
　至, 入門, 杖劍疾呼曰:「商下! 我存若頭?」
　子夏顧咄之, 曰:「咄! 內劍, 吾將與若言勇.」
　於是, 君令內劍而上.
　子夏曰:「來. 吾嘗與子從君而西, 見趙簡子. 簡子披髮杖矛而見我君. 我從十三行之後, 趣而進曰:『諸侯相見, 不宜不朝服. 不朝服, 行人卜商將以頸血濺君之服矣.』使反朝服, 而見吾君, 子耶? 我耶?」

涓曰:「子也.」

子夏曰:「子之勇不若我一矣. 又與子從君而東至阿, 遭齊君重靮而坐, 吾君單靮而坐, 我從十三行之後, 趨而進曰:『禮: 諸侯相見, 不宜相臨.』以庶揄其一靮而去之者, 子耶? 我耶?」

涓曰:「子也.」

子夏曰:「子之勇不若我二矣. 又與子從君於囿中, 於是兩寇肩逐我君, 拔矛下格而還. 子耶? 我耶?」

涓曰:「子也.」

子夏曰:「子之勇不若我三矣. 所貴爲士者, 上攝萬乘, 下不敢敖乎匹夫; 外立節矜, 而敵不侵擾; 內禁殘害, 而君不危殆. 是士之所長, 君子之所致貴也. 若夫以長掩短, 以衆暴寡, 凌轢無罪之民, 而成威於閭巷之間者, 是士之甚毒, 而君子之所致惡也. 衆之所誅鋤也. 詩曰:『人而無儀, 不死何爲?』夫何以論勇於人主之前哉!」

於是靈公避席抑手曰:「寡人雖不敏, 請從先生之勇.」

詩曰:『不侮鰥寡, 不畏強禦.』

卜先生也.

【衛靈公】春秋時代 衛나라의 군주. 獻公의 손자로 이름은 元. 재위 42년(B.C.534~493).
【行人】官名. 지금의 외교관.
【卜商】子夏. 孔子의 제자.
【公孫涓】人名. 당시 용사로 이름난 인물.
【趙簡子】春秋時代 晉나라 六卿의 하나. 趙鞅.
【阿】地名. 지금의 山東省. 陽穀縣, 혹은 阿城市.
【園囿】임금의 사냥터. 놀이터.

【詩曰】《詩經》鄘風 相鼠의 구절.
【詩曰】《詩經》大雅 烝民의 구절.

참고 및 관련 자료

1. 이는《晏子春秋》(卷二)에 보이는 '勇士 셋을 복숭아 두 개로 굴복시킨 안자의 이야기'와 매우 흡사하다.
2. 《詩經》鄘風 相鼠(004)
3. 《詩經》大雅 烝民(162)
4. 기타 참고자료
《太平御覽》(436)

188(6-21) 孔子行
노래로 시름을 달랜 공자

　공자孔子가 광匡 땅을 지날 때 간자簡子가 마침 양호陽虎를 죽이려고 하였었는데 공자가 양호와 비슷하게 생겨 이를 양호인 줄 알고 군대를 보내어 공자가 머물고 있는 집을 에워싸 버렸다. 이에 자로子路가 화를 내며 창을 들고 나가서 맞서려고 하자 공자는 이렇게 말렸다.
　"유由야. 어찌 인의가 그리도 모자라느냐? 무릇 시서詩書를 아직 충분히 익히지 못하였고, 예악禮樂을 아직 충분히 익히지 못한 것이 나의 죄라면 죄이다. 내가 양호가 아닌데 나를 양호인 줄로 아는 것은 나의 죄가 아니다. 이는 바로 운명이다. 너는 노래를 불러라. 내 너에게 화답하마."
　자로가 노래를 부르자 공자는 그에 화답하되 세 곡까지 하자 그들은 포위를 풀고 가버렸다.
　《시詩》에

"어진 이와 함께하며 그를 따라 노래하네."　　　來游來歌

라 하였으니 이는 성덕盛德이 있는 자와 화합을 베풀면 아무런 작위作爲를 하지 않아도 모든 일이 해결된다는 뜻이다.

孔子作〈猗蘭操〉 朝鮮시대 판화

孔子行, 簡子將殺陽虎, 孔子似之, 帶甲以圍孔子舍. 子路慍怒, 奮戟將下, 孔子止之, 曰:「由, 何仁義之寡裕也? 夫詩書之不習, 禮樂之不講, 是丘之罪也. 若吾非陽虎, 而以我爲陽虎, 則非丘之罪也. 命也夫! 歌, 予和若.」

子路歌, 孔子和之. 三終而圍罷.

詩曰: 『來游來歌.』

以陳盛德之和, 而無爲也.

【簡子】匡 땅 사람.
【匡】地名 지금의 河南省 長垣縣 경내.
【陽虎】陽貨. 人名. 魯나라 季씨의 家臣으로 孔子와 비슷하게 닮았다고 한다. 《論語》陽貨篇 참조.
【子路】孔子의 제자. 子由.
【歌, 予和若】〈四庫〉본에는 '我歌, 子和若'으로 되어 있다.
【詩曰】《詩經》大雅 卷阿. 이 詩는 '來朝한 제후를 칭송한 것'이라 한다.

> 참고 및 관련 자료

1. 《詩經》 大雅 卷阿

有卷者阿, 飄風自南. 豈弟君子, 來游來歌, 以矢其音. 伴奐爾游矣, 優游爾休矣. 豈弟君子, 俾爾彌爾性, 似先公酋矣. 爾土宇昄章, 亦孔之厚矣. 豈弟君子, 俾爾彌爾性, 百神爾主矣. 爾受命長矣, 茀祿爾康矣. 豈弟君子, 俾爾彌爾性, 純嘏爾常矣. 有馮有翼, 有孝有德, 以引以翼. 豈弟君子, 四方爲則. 顒顒卬卬, 如圭如璋, 令聞令望. 豈弟君子, 四方爲綱. 鳳凰于飛, 翽翽其羽, 亦集爰止. 藹藹王多吉士, 維君子使, 媚于天子. 鳳凰于飛, 翽翽其羽, 亦傅于天. 藹藹王多吉人, 維君子命, 媚于庶人. 鳳凰鳴矣, 于彼高岡. 梧桐生矣, 于彼朝陽. 菶菶萋萋, 雝雝喈喈. 君子之車, 旣庶且多. 君子之馬, 旣閑且馳. 矢詩不多, 維以遂歌.

2. 《論語》 子罕篇

子畏於匡, 曰:「文王旣沒, 文不在兹乎? 天之將喪斯文也, 後死者不得與於斯文也; 天之未喪斯文也, 匡人其如予何?」

3. 《說苑》 雜言篇

孔子之宋, 匡簡子將殺陽虎, 孔子似之. 甲士以圍孔子之舍, 子路怒, 奮戟將下鬪. 孔子止之, 曰:「何仁義之不免俗也? 夫詩書之不習, 禮樂之不脩也, 是丘之過也. 若似陽虎, 則非丘之罪也, 命也夫. 由, 歌予和汝.」子路歌, 孔子和之, 三終而甲罷.

4. 《孔子家語》 困誓篇

孔子之宋, 匡人簡子以甲士圍之, 子路怒, 奮戟將與戰, 孔子止之曰:「惡有修仁義而不免世俗之惡者乎? 夫詩書之不講, 禮樂之不習, 是丘之過也. 若以述先王, 好古法而爲咎者, 則非丘之罪也, 命之夫! 歌, 予和汝.」子路彈琴而歌, 孔子和之, 曲三終, 匡人解甲而罷.

5. 《史記》 孔子世家

將適陳, 過匡, 顏刻爲僕, 以其策指之曰:「昔吾入此, 由彼缺也.」匡人聞之, 以爲魯之陽虎. 陽虎嘗暴匡人, 匡人於是遂止孔子. 孔子狀類陽虎, 拘焉五日. 顏淵後, 子曰:「吾以汝爲死矣.」顏淵曰:「子在, 回何敢死!」匡人拘孔子益急, 弟子懼. 孔子曰:「文王旣沒, 文不在兹乎? 天之將喪斯文也, 後死者不得與于斯文也. 天之未喪斯文也, 匡人其如予何!」孔子使從者爲甯武子臣於衛, 然後得去.

6. 《孔子集語》 事譜(下)

韓詩外傳六: 孔子行, 簡子將殺陽虎, 孔子似之, 帶甲以圍孔子舍, 子路慍怒, 奮戟將下, 孔子止之, 曰:「由. 何仁義之寡裕也! 夫詩書之不習, 禮樂之不講, 是丘之罪也. 若吾非陽虎, 而以我爲陽虎, 則非丘之罪也, 命也! 我歌, 子和若.」子路歌, 孔子和之, 三終而圍罷.

7. 기타 참고자료

《莊子》外物篇, 秋水篇·《琴操》孔子厄篇

189(6-22) 詩曰愷悌君子
백성의 부모

《시詩》에 이렇게 말하였다.

"화목하고 정이 많은 우리 군자는　　　　　　　愷悌君子
　백성의 부모가 될 만도 하지."　　　　　　　　民之父母

그렇다면 군자로서 백성의 부모가 되려면 어떻게 해야 하는가? 대답은 이렇다.

"군자라고 하는 것은 모습은 공손하고 행동은 성실하며, 스스로는 검소하되 베푸는 데에 있어서는 인색하지 않다. 따라서 불초한 자는 능히 그렇게 할 수가 없다. 재물은 자기 것을 완전히 남을 위해 써서 남에게 이익이 되도록 한다. 그 때문에 사람들이 그를 위해 몸을 바쳐 모시게 되는 것이다. 또 사랑을 돈독히 하되 빼앗지 않으며, 후하게 베풀되 자랑하지 아니한다. 남의 훌륭한 일을 보면 흔연히 즐거워하고 남의 잘못된 일을 보면 불쌍히 여겨 이를 덮어 준다. 그리고 그 잘못이 있더라도 이를 감싸서 포개주며, 남에게 옷을 벗어 주는 것을 가장 높이 여기며, 음식을 나누어 주는 경우는 아주 많다. 아랫사람에게 법을 쉽게 따를 수 있도록 해 주며, 일을 줄여 쉽게 해낼 수 있도록 한다. 이 까닭으로 그 가운데에 서서 백성의 부모가 되는 것이다. 성을 쌓아 그 안에 살게 하고, 땅을 나누어 먹고 살게 하며, 학교를 세워 가르쳐 사람들로 하여금 친함과 존경이 무엇인지를 알게 해 준다.

친함과 존경을 앎으로 인해서 어버이가 돌아가셨을 때 삼 년 동안 참최斬縗를 입는 것인데 임금을 위해서도 삼 년의 참최를 입는 것은 바로 임금이 백성의 부모가 되기 때문임을 말한 것이다."

詩曰: 『愷悌君子, 民之父母.』 君子爲民父母何如?
曰:「君子者, 貌恭而行肆, 身儉而施博. 故不肖者不能逮也. 殖盡於己, 而區略於人. 故可盡身而事也. 篤愛而不奪, 厚施而不伐; 見人有善, 欣然樂之; 見人不善, 惕然掩之; 有其過而兼包之; 授衣以最, 授食以多; 法下易由, 事寡易爲. 是以中立而爲人父母也. 築城而居之, 別田而養之, 立學以敎之. 使人知親尊. 親尊故父服斬縗三年, 爲君亦服斬縗三年, 爲民父母之謂也.」

【詩曰】《詩經》 大雅 泂酌의 구절. 이는 '天子를 찬미하는 詩'라 한다.

> 참고 및 관련 자료

1. 《詩經》 大雅 泂酌
泂酌彼行潦, 挹彼注玆, 可以饙饎. 豈弟君子, 民之父母. 泂酌彼行潦, 挹彼注玆, 可以濯罍. 豈弟君子, 民之攸歸. 泂酌彼行潦, 挹彼注玆, 可以濯漑. 豈弟君子, 民之攸墍.

2. 기타 참고자료
《說苑》 修文篇·《史記》 樂書 集解

190(6-23) 事强暴之國難
포악한 나라를 복종시키는 법

　강포强暴한 나라를 섬기는 일은 어렵지만 그 강포한 나라로 하여금 나를 섬기도록 하는 일은 아주 쉽다. 재화와 보물로 그를 섬기게 되면 보물이 떨어졌을 때 사귐도 끊어지고 말며, 계약과 맹세로 섬긴다 해도 계약이 정해진 다음 위반의 날은 기다릴 사이도 없게 된다.
　그런가 하면 나라의 귀퉁이를 떼어 뇌물로 바친다 해도 떼어 주는 것이 확정되는 날로부터 그들의 욕심은 끝이 없게 된다. 이처럼 순순히 따라 섬길수록 침략은 더욱 심해져서 결국 보물이 다 떨어지고 나라가 다 들어 먹힌 다음에라야 그칠 수 있다. 이런 경우는 왼쪽에 요堯, 오른쪽에 순舜이 있다 할지라도 이 길에서 벗어날 방법이 없게 된다.
　그러므로 성인聖人의 도道로 하지 않고 기교를 가지고 민첩하게 모시기만 하거나 두려움 때문에 그를 섬긴다는 것은 지국안신持國安身의 도로는 족하지 못하다. 그 때문에 명철한 임금이라면 그런 길로는 가지 않는다. 즉, 반드시 예를 잘 닦아 조정을 대등하게 하며, 법을 바르게 하여 관직을 동등하게 하고, 정사政事를 고르게 펴서 백성을 공평하게 한다. 그러한 연후라면 예의禮義와 절주節奏가 조정에서 대등해질 것이며, 법칙과 도량은 관직에서 공정할 것이며, 충신忠信과 애리愛利는 백성에게 공평하게 펴질 것이다.
　그 때는 하나만의 불의한 일을 행하고, 하나만의 무죄한 자를 죽이면 천하를 다 얻는다 할지라도 그러한 일을 하는 자가 없게 될 것이다. 그렇게 되면 가까이 있는 자는 다투어 친부親附해 올 것이요 멀리 있는 자는 다가오기를 원하게 될 것이며, 상하가 한 마음이 되고 삼군이

한 힘이 될 것이다.

그렇게 하여 그 명성이 족히 훈자薰炙되어 퍼져 나가고, 위세와 강함이 하나같이 알려지면, 팔짱을 끼고 지휘채만 들고 있어도 강포한 나라라 할지라도 서둘러 사신을 보내어 마치 어린아이가 자애로운 어머니 품으로 달려가듯 하지 아니하는 나라가 없을 것이니 이는 무슨 까닭이겠는가? 바로 인仁이 드러나고 의義가 세워져 있으며 교화가 진실하고 사랑이 깊기 때문이다. 그러므로 《시詩》에는 이렇게 말하였다.

"왕께서 하시는 덕 온 세상 덮어　　　　　　王猷允塞
서나라 오랑캐도 항복해 오네."　　　　　　徐方旣來

事強暴之國難, 使強暴之國事我易. 事之以貨寶, 則寶單而交不結; 約契盟誓, 則約定而反無日; 割國之強乘以賂之, 則割定而欲無厭. 事之彌順, 其侵地愈甚. 必致寶單國擧而後已. 雖左堯右舜, 未有能於此道免者也. 故非有聖人之道, 指以巧敏拜請畏事之, 則不足以持國安身矣. 故明君不道也, 必修禮以齊朝, 正法以齊官, 平政以齊下, 然後禮義節奏齊乎朝, 法則度量正乎官, 忠信愛利平乎下. 行一不義, 殺一無罪, 而得天下, 不爲也. 故近者競親, 而遠者願至, 上下一心, 三軍同力. 名聲足以薰炙之, 威強足以一齊之, 則拱揖指麾, 而強暴之國, 莫不趨使, 如赤子歸慈母者, 何也? 仁形義立, 教誠愛深.

故詩曰: 『王猷允塞, 徐方旣來.』

【單】'殫'의 가차자.
【詩曰】《詩經》大雅 常武의 구절. 이 시는 '宣王이 徐方을 직접 정벌하자 시인들이 이를 칭송하여 지은 것'이라 한다.

> 참고 및 관련 자료

1. 《詩經》 大雅 常武

赫赫明明, 王命卿士, 南仲大祖, 大師皇父. 整我六師, 以脩我戎. 旣敬旣戒, 惠此南國. 王謂尹氏, 命程伯休父. 左右陳行, 戒我師旅. 率彼淮浦, 省此徐土. 不留不處, 三事就緒. 赫赫業業, 有嚴天子. 王舒保作, 匪紹匪遊, 徐方繹騷. 震驚徐方, 如雷如霆, 徐方震驚. 王奮厥武, 如震如怒. 進厥虎臣, 闞如虓虎. 鋪敦淮濆, 仍執醜虜. 截彼淮浦, 王師之所. 王旅嘽嘽, 如飛如翰, 如江如漢, 如山之苞, 如川之流, 綿綿翼翼, 不測不克, 濯征徐國. 王猶允塞, 徐方旣來. 徐方旣同, 天子之功. 四方旣平, 徐方來庭. 徐方不回, 王曰還歸.

2. 《荀子》 富國篇

持國之難易: 事强暴之國難, 使强暴之國事我易. 事之以貨寶, 則貨寶單而交不結; 約信盟誓, 則約定而畔無日; 割國之錙銖以賂之, 則割定而欲無厭. 事之彌順, 其侵人愈甚, 必至於資單國擧然後已. 雖左堯而右舜, 未有能以此道得免焉者也. 辟之是猶使處女嬰寶珠, 佩寶玉, 負戴黃金, 而遇中山之盜也. 雖爲之逢蒙視, 詘要橈膕, 君盧屋妾, 由將不足以免也. 故非有一人之道也, 直將巧繁拜請而畏事之, 則不足以爲持國安身. 故明君不道也. 必將脩禮以齊朝, 正法以齊官, 平政以齊民. 然後節奏齊於朝, 百事齊於官, 衆庶齊於下. 如是, 則近者競親, 遠方致願, 上下一心, 三軍同力; 名聲足以暴炙之, 威强足以捶笞之, 拱揖指揮, 而强暴之國莫不趨使, 譬之是猶烏獲與焦僥搏也. 故曰:「事强暴之國難, 使强暴之國事我易.」此之謂也.

3. 《淮南子》 詮言訓

凡事人者, 非以寶幣, 必以卑辭. 事以玉帛, 則貨殫而欲不饜; 卑體婉辭, 則諭說而交不結; 約束誓盟, 則約定而反無日. 雖割國之錙錘以事人, 而無自恃之道, 不足以爲全. 若誠外釋交之策, 而愼脩其境內之事; 盡其地力, 以多其積; 厲其民死, 以牢其城; 上下一心, 君臣同志, 與之守社稷, 斅死而民弗離, 則爲名者不伐無罪, 而爲利者不攻難勝, 此必全之道也. 民有道所同道, 有法所同守, 爲義之不能相固, 威之不能相必也. 故立君以一民, 君執一則治, 無常則亂. 君道非所以爲也, 所以無爲也. 何謂無爲? 智者不以位爲事, 勇者不以位爲暴, 仁者不以位爲惠, 可謂無爲矣. 夫無爲則得於一也. 一也者萬物之本也, 無敵之道也.

191(6-24) 勇士一呼
호응해 주는 자가 없는 지도자

용사勇士가 한 번 소리를 지르면 삼군三軍이 모두 피하니 이것이 곧 선비의 진면목이다.

옛날 초楚나라의 웅거자熊渠子라는 자가 밤길을 걷다가 누워 있는 바위를 엎드린 범인 줄 잘못 알고 활을 당겨 쏘았다. 그랬더니 그 활촉과 활 끝의 깃조차 뚫고 들어가 보이지 않는 것이었다. 그는 내려가 보고서야 그것이 바위였음을 알았다.

비록 바위일지라도 그러한 용기를 위해 이처럼 스스로를 열어 주거늘 하물며 사람에게 있어서랴? 무릇 남이 제창提倡하는데도 화답하지 않고, 남이 움직이는데도 따라하지 않는다면 이는 그 마음속이 온전치 못한 자일 것이다. 또, 자리에서 내려와 보지도 않으면서 천하를 바로잡는 것은 모든 것을 자기 자신에게서 구하기 때문이다.

공자孔子는 이렇게 말하였다.

"그 몸이 바르면 명령을 내리지 않아도 행해지나, 자신이 바르지 못하면 명령을 내려도 따라 주지 않는다."

선왕先王들이 읍을 한 채 지휘채만 흔들어도 사해四海가 모두 찾아오는 것은 성덕聖德을 온전히 갖추면 그 형색이 밖으로 드러나기 때문이다.

《시詩》에는 이렇게 말하였다.

"왕께서 하시는 덕 온 세상 덮어　　　　王猷允塞
　서나라 오랑캐도 항복해 오네."　　　　徐方旣來

勇士一呼, 而三軍皆避, 士之誠也. 昔者, 楚熊渠子夜行, 見寢石以爲伏虎, 彎弓而射之, 沒金飮羽, 下視, 知其爲石, 石爲之開, 而況人乎? 夫倡而不和, 動而不償, 中心有不全者矣. 夫不降席而匡天下者, 求之己也. 孔子曰:『其身正, 不令而行; 其身不正, 雖令不從.』先王之所以拱揖指麾, 而四海來賓者, 誠德之至也, 色以形于外也.

　詩曰:『王猶允塞, 徐方旣來.』

【熊渠子】人名.《史記》에는 '雄渠'로 되어 있다.
【孔子曰】《論語》子路篇의 구절.
【詩曰】《詩經》大雅 常武의 구절.

참고 및 관련 자료

1.《詩經》大雅 常武(190)

2.《新序》雜事(四)
勇士一呼, 三軍皆辟, 士之誠也. 昔者, 楚熊渠子夜行, 見寢石以爲伏虎, 關弓射之, 滅矢飮羽, 下視, 知石也. 却復射之, 矢摧無迹. 熊渠子見其誠心而金石爲之開, 況人心乎? 唱而不和, 動而不隨, 中必有不全者矣. 夫不降席而匡天下者, 求之己也. 孔子曰:「其身正, 不令而行; 其身不正, 雖令不從.」先王之所以拱揖指揮, 而四海賓者, 誠德之至, 已形於外. 故詩曰:『王猶允塞, 徐方旣來.』此之謂也.

3.《史記》龜策列傳
羿名善射, 不如雄渠逢門, 禹名爲辯智, 而不能勝鬼神.

4.《藝文類聚》(6)
韓詩外傳曰: 雄渠子夜行, 見寢石, 以爲伏虎, 彎弓而射之, 沒金飮羽, 下視, 知其石也. 因復射之, 矢摧無迹.

5. 《藝文類聚》(14)

傳曰: 楚雄渠子夜行, 見寢石, 以爲伏虎, 彎弓而射之, 沒金飮羽, 下視, 知其石也. 因復射之, 矢摧無跡. 渠子見其誠心, 金石爲之開, 而況於人乎?

6. 《搜神記》卷 11(263. 11-1) 熊渠子射石

楚熊渠子夜行, 見寢石, 以爲伏虎, 彎弓射之, 沒金鍛羽. 下視, 知其石也. 因復射之, 矢摧無跡. 漢世復有李廣, 爲右北平太守, 射虎得石, 亦如之. 劉向曰:「誠之至也, 而金石爲之開, 況如人乎! 夫唱而不和, 動而不隨, 中必有不全者也. 夫不降席而匡天下者, 求之己也.」

7. 《史記》(109) 李將軍列傳

廣出獵, 見草中石, 以爲虎而射之, 中石沒鏃, 視之石也. 因復更射之, 終不能復入石矣. 廣所居郡聞有虎, 嘗自射之. 及居右北平, 虎騰傷廣, 廣亦竟射殺之.

8. 《漢書》(54) 李廣傳

廣出獵, 見草中石, 以爲虎而射之, 中石沒矢, 視之, 石也. 他日射之, 終不能復入矣. 廣所居郡聞有虎, 常自射之. 及居右北平射虎, 虎騰傷廣, 廣亦射殺之.

9. 《事物紀原》「虎枕」

李廣與兄游獵冥山北, 見猛虎, 一矢斃. 斷其頭爲枕, 示服也.

10. 기타 참고자료

《西京雜記》(5)・《搜神記》(11)・《淮南子》繆稱訓・《論衡》儒增篇・《文子》精誠篇・《博物志》(8)・《太平御覽》(51)・《事文類聚》(14)

192(6-25) 昔者趙簡子薨
성이 저절로 무너지는데도

옛날 조趙 간자簡子가 죽고 아직 장례가 끝나지 않은 틈을 타서 중모中牟 땅 사람들이 난을 일으키자, 장례가 끝나고 닷새 만에 양자襄子는 군대를 이끌고 토벌에 나섰다. 그런데 아직 그 성을 완전히 포위하지도 않았는데 그 성이 열 길쯤 스스로 무너지는 것이었다. 그러자 양자는 징을 울리며 군사를 퇴각시키는 것이었다. 군의 관리가 이를 보고 이렇게 간하였다.

"임금께서는 중모의 죄를 벌하기 위해 이곳에 오셨습니다. 지금 성이 스스로 무너지는 것은 하늘이 우리를 돕고 있다는 뜻입니다. 그런데 어찌 물러서려고 하는 것입니까?"

그러자 양자는 이렇게 설명하였다.

"내 숙향叔向에게 이렇게 들었소. '군자는 남의 어려움을 틈타 이익을 구해서는 안 되며, 남의 곤액을 이용하여 그를 위험에 몰아넣어서도 안 된다'라고. 따라서 그들이 성을 온전히 보수하도록 하고 나서 공격하려는 것이라오."

중모 사람들이 그의 이와 같은 의義를 듣고 항복하기를 요청하였다.

"훌륭하도다. 양자의 말이여!"

《시詩》에는 이렇게 말하였다.

"왕께서 하시는 덕 온 세상 덮어　　　　王猷允塞
　서나라 오랑캐도 항복해 오네."　　　　徐方旣來

昔者, 趙簡子薨而未葬, 而中牟畔之. 葬五日, 襄子興師而次之, 圍未匝, 而城自壞者十丈, 襄子擊金而退之.

軍吏諫曰:「君誅中牟之罪, 而城自壞者, 是天助之也. 君曷爲而退之?」

襄子曰:「吾聞之於叔向曰:『君子不乘人於利, 不厄人於險.』使其城, 然後攻之.」

中牟聞其義而請降. 曰:「善哉! 襄子之謂也.」

詩曰:『王猶允塞, 徐方旣來.』

【趙簡子】春秋時代 晉나라 大夫. 六卿의 하나. 趙鞅. 趙武의 손자. 戰國時代의 趙나라 先代.
【中牟】地名. 晉나라 邑. 지금의 河北省 邯鄲 근처. 이곳 守長인 필힐(弗肸)이 난을 일으켰다. 《論語》참조.
【襄子】이름은 無恤. 簡子의 아들.
【叔向】春秋時代 晉나라 대부인 羊舌肸. 叔向은 그의 字이다. 원래 晉 平公의 賢臣이다.
【詩曰】《詩經》大雅 常武의 구절.

참고 및 관련 자료

1. 《詩經》大雅 常武(190)
2. 《淮南子》道應訓

趙簡子死, 未葬, 中牟入齊, 已葬五日, 襄子起兵攻. 圍之未合, 而城自壞者十丈, 襄子擊金而退之. 軍吏諫曰:「君誅中牟之罪, 而城自壞, 是天助我, 何故去之?」襄子曰:「吾聞之叔向曰:『君子不乘人於利, 不迫人於險.』使之治城, 城治而後攻之.」中牟聞其義, 乃請降. 故老子曰:『夫唯不爭, 故天下莫能與之爭.』

3. 《新序》 雜事(四)

昔者, 趙之中牟叛, 趙襄子率師伐之, 圍未合而城自壞者十堵, 襄子擊金而退. 士軍吏曰:「君誅中牟之罪, 而城自壞, 是天助也, 君曷爲去之?」襄子曰:「吾聞之於叔向曰:『君子不乘人於利, 不迫人於險.』使之城而後攻.」中牟聞其義, 乃請降. 詩曰:『王猶允塞, 徐方旣來.』此之謂也. 襄子遂滅知氏, 幷代爲天下彊, 本由伐中牟也.

4. 기타 참고자료

《史記》 孔子世家・《太平御覽》(192, 279)

193(6-26) 威有三術
위엄의 종류

위엄威嚴에는 세 가지 종류가 있으니 도덕道德의 위엄, 포찰暴察의 위엄, 그리고 광망狂妄의 위엄이 그것이다.

이 세 가지 위엄은 잘 살펴보지 아니하면 안 된다.

"그러면 도덕의 위엄이란 무엇인가?"

"예악禮樂은 잘 닦여 있고, 분의分義는 명확하며, 백성을 부림에는 때가 있고, 사랑과 이익은 형벌에 맞게 되어 있는 것, 이렇게 되어 백성은 그 임금을 귀히 여기되 제왕帝王처럼 여기고, 그를 친히 여기되 부모처럼 모시며, 그를 두려워하되 신명神明을 대하듯 한다. 그러므로 상賞을 쓰지 않아도 백성은 근면해지고 벌을 가하지 않아도 행동에 위의가 있게 되니 이를 일컬어 도덕의 위엄이라 한다."

"포찰의 위엄이란 무엇인가?"

"예악이 닦여져 있지 아니하고 분의도 명확하지 아니하며, 백성을 부림에도 때가 없고 애리愛利는 형벌에 맞지 않는다. 그러면서 잘못을 금하는 데에는 포악하고, 복종하지 않는 자를 죽이는 데에는 물샐틈 없다. 그 내리는 형벌은 틀림이 없고, 그 주살誅殺에는 빈틈이 없어 어둠 속의 번갯불 같고 담장으로 누르는 것과 같다. 그런 백성은 협박하면 두려움부터 느끼고, 태만하게 두면 윗사람에게 오만하게 굴고, 구속하면 몰려들고 멀리하면 흩어지니, 이를 형벌로 겁을 주거나 주살로 떨쳐 세우지 않으면 그 백성들을 다스려낼 수가 없게 된다. 이런 경우를 포찰의 위엄이라 한다."

"광망의 위엄이란 무엇인가?"

"사람을 사랑하는 마음이 조금도 없고, 사람을 이롭게 하고자 하는 일도 없으며, 날로 사람의 도를 어지럽히고, 백성이 시끄럽게 굴면 마구 잡아다가 형벌로 지진다. 사람의 마음과 화합하지도 않고 천리를 어그러뜨리나니 이 까닭으로 수재나 가뭄이 때없이 일어나고, 곡식이 제대로 여물지도 않는다. 그렇게 되면 백성은 위로는 폭란의 두려움에 곤액을 당하고, 아래로는 의식衣食의 문제에 궁함을 당하여 근심과 슬픔을 어디에 호소할 곳도 없게 된다. 그런 속에서 서로 당을 지어 분함과 괴로움에 윗사람을 이반離叛하게 되는 것이니, 이렇게 되면 경복傾覆과 멸망은 서서 기다려야 할 것이다. 이것이 곧 광망의 위엄이다. 무릇 도덕의 위엄은 무리를 모으고 강함을 성취하지만, 포찰의 위엄은 위험과 약함을 초래하고, 광망의 위엄은 멸망만을 가져오는 것이다. 따라서 위엄이란 이름은 같지만 길흉의 차이는 이토록 먼 것이다. 그 때문에 잘 살펴보지 않으면 안 된다는 것이다."

《시詩》에는 이렇게 말하였다.

"두렵고 겁나니 저 하늘이여,	昊天疾威
이렇게 큰 재앙을 내리시다니.	天篤降喪
우리는 기근에 살길이 없어	瘨我飢饉
뿔뿔이 흩어져 떠돌고 있네."	民卒流亡

威有三術: 有道德之威者, 有暴察之威者, 有狂妄之威者. 此三威不可不審察也.

「何謂道德之威?」

曰:「禮樂則修, 分義則明; 擧措則時, 愛利則刑; 如是, 則百姓貴之如帝王, 親之如父母, 畏之如神明. 故賞不用而民勸, 罰不加而威行, 是道德之威也.」

「何謂暴察之威?」

曰:「禮樂則不修, 分義則不明, 擧措則不時, 愛利則不刑. 然而其禁非也暴, 其誅不服也繁審, 其刑罰而信, 其誅殺猛而必. 闇如雷擊之, 如牆壓之; 百姓劫則致畏, 怠則傲上, 執拘則聚, 遠聞則散, 非劫之以刑勢, 振之以誅殺, 則無以有其下, 是暴察之威也.」

「何謂狂妄之威?」

曰:「無愛人之心, 無利人之事, 而日爲亂人之道, 百姓讙譁, 則從而放執於刑灼; 不和人心, 悖逆天理; 是以水旱爲之不時, 年穀以之不升; 百姓上困於暴亂之患, 而下窮衣食之用, 愁哀而無所告訴, 比周憒潰以離上, 傾覆滅亡可立而待, 是狂妄之威也. 夫道德之威成乎衆强, 暴察之威成乎危弱, 狂妄之威成乎滅亡. 故威名同而吉凶之効遠矣. 故不可不審察也.」

詩曰:『旻天疾威, 天篤降喪, 瘨我飢饉, 民卒流亡.』

【詩曰】《詩經》大雅 召旻의 구절.

참고 및 관련 자료

1. 《詩經》 大雅 召旻(163)

2. 《荀子》 彊國篇

威有三: 有道德之威者, 有暴察之威者, 有狂妄之威者. 此三威者, 不可不孰察也. 禮樂則脩, 分義則明, 擧錯則時, 愛利則形, 如是, 百姓貴之如帝, 高之如天, 親之如父母, 畏之如神明. 故賞不用而民勸, 罰不用而威行, 夫是之謂道德之威. 禮樂則不脩, 分義則不明, 擧錯則不時, 愛利則不形. 然而其禁暴也察, 其誅不服也審, 其刑罰重而信, 其誅殺猛而必, 黭然而雷擊之, 如牆厭之. 如是, 百姓劫則致畏, 嬴則敖上,

執拘則最, 得間則散, 敵中則奪, 非劫之以形埶, 非振之以誅殺, 則無以有其下. 夫是之謂暴察之威. 無愛人之心, 無利人之事, 而日爲亂人之道. 百姓讙敖, 則從而執縛之, 刑灼之, 不和人心. 如是, 下比周賁潰以離上矣, 傾覆滅亡, 可立而待也, 夫是之謂狂妄之威. 此三威者, 不可不孰察也. 道德之威成乎安强, 暴察之威成乎危弱, 狂妄之威成乎滅亡也.

194(6-27) 晉平公游於河而樂
홍곡의 힘

진晉 평공平公이 하수河水에서 놀면서 즐거움이 솟구치자 이렇게 말하였다.

"어떻게 하면 훌륭한 선비를 얻어 함께 이런 즐거움을 누릴 수 있을꼬?"

이 말에 사공인 합서盍胥란 자가 머리를 조아리며 이렇게 대답하였다.

"임금께서는 역시 선비를 좋아하지 않을 따름일 뿐입니다! 구슬은 강해江海 지역에서 나고, 옥은 곤산崑山에서 납니다. 그것들이 발도 달리지 않았건만 이곳까지 다다라 오는 것은 임금께서 그것을 좋아하기 때문입니다. 그런데 선비는 발이 있음에도 찾아오지 않는 것은 생각건대 임금께서 선비를 좋아하는 뜻이 없기 때문일 뿐입니다. 선비가 없다고 걱정하실 일은 못됩니다."

그러자 평공이 이렇게 반박하였다.

"식객으로서 내 문 왼쪽에 있는 자가 천 명이나 되고, 오른쪽에 있는 자가 또 천 명이나 되오. 아침거리가 부족하면 그 날 저녁에 받을 세금을 미리 거두어 먹여 주고, 저녁이 모자라면 이튿날 아침 몫의 세금을 미리 거두어 먹여 줄 정도라오. 이렇게 성의를 베풀고 있는데 어찌 나를 보고 선비를 좋아하지 않는다고 말할 수 있소?"

이 말에 합서는 이렇게 비유하였다.

"무릇 홍곡이 단번에 천리를 날면서 믿는 것은 오직 육핵六翮일 뿐입니다. 등 뒤의 털이나 배 아래의 잔털은 한 줌이 더 있다 해도 그가 그것 때문에 더 높이 나는 것이 아니며, 한 줌을 덜어낸다 해도 그가 그것

〈流民圖〉(明) 周臣 미 하와이 호놀룰루 미술대학 소장

때문에 더 잘 날지 못하는 것도 아닙니다. 지금 임금이 식객으로 문의 좌우에 각각 천 명씩이나 있다고 하지만 그 중에 육핵에 해당하는 자가 있습니까? 아니면 모두가 그저 등 밖의 털이나 배 아래의 솜털에 불과한 자들뿐인 것은 아닌지요?"

《시詩》에는 이렇게 말하였다.

"잘났다고 떠드는 자는 너무나 많고　　　　　謀夫孔多
쓸 만한 자는 하나도 모이지 않네."　　　　　是用不集

晉平公游於河而樂, 曰:「安得賢士, 與之樂此也?」

船人盍胥跪而對曰:「主君亦不好士耳! 夫珠出於江海, 玉出於崑山, 無足而至者, 猶主君之好也. 士有足而不至者, 蓋主君無好士之意耳. 無患乎無士也.」

平公曰:「吾食客門左千人, 門右千人; 朝食不足, 夕收市賦; 暮食不足, 朝收市賦. 吾可謂不好士乎?」

盍胥對曰:「夫鴻鵠一擧千里, 所恃者, 六翮爾; 背上之毛, 腹下之毳, 益一把, 飛不爲加高; 損一把, 飛不爲加下. 今君之食客, 門左門右各千人, 亦有六翮在其中矣? 將皆背上之毛, 腹下之毳耶?」

詩曰:『謀夫孔多, 是用不集.』

【晉平公】春秋時代 晉나라의 영명한 군주. 재위 26년(B.C.557~532). 悼公의 아들로 이름은 彪.

【河水】황하.

【盍胥】人名. 당시의 뱃사공. 《新序》에는 '固桑'으로, 《說苑》에는 '固乘'으로 되어 있다.

【崑山】崑崙山.《千字文》에 "玉出崑崗"이라 하였다.

【六翮】날개를 젓는 근육. 莖筋.

【詩曰】《詩經》小雅 小旻의 구절. 이는 '王이 사악한 모책에 유혹당하고 있는 것을 풍자한 것'이라 하였다. 한편 《朱傳》에는 蘇氏의 말을 인용하여 "小旻, 小宛, 小弁, 小明四詩, 皆以小名篇, 所以別其爲小雅也. 其在小雅者謂之小, 故其在大雅者謂之召旻, 大明, 獨宛, 弁, 闕焉. 意者, 孔子刪之矣"라 하였다.

참고 및 관련 자료

1. 《詩經》 小雅 小旻

旻天疾威, 敷于下土. 謀猶回遹, 何日斯沮. 謀臧不從, 不臧覆用. 我視謀猶, 亦孔之邛. 潝潝訿訿, 亦孔之哀. 謀之其臧, 則具是違. 謀之不臧, 則具是依. 我視謀猶, 伊于胡底. 我龜旣厭, 不我告猶. 謀夫孔多, 是用不集. 發言盈庭, 誰敢執其咎. 如匪行邁謀, 是用不得于道. 哀哉爲猶, 匪先民是程, 匪大猶是經, 維邇言是聽, 維邇言是爭. 如彼築室于道謀, 是用不潰于成. 國雖靡止, 或聖或否. 民雖靡膴, 或哲或謀, 或肅或艾. 如彼泉流, 無淪胥以敗. 不敢暴虎, 不敢馮河. 人知其一, 莫知其它. 戰戰兢兢, 如臨深淵, 如履薄冰.

2. 《新序》 雜事(一)

晉平公浮西河, 中流而歎曰:「嗟乎! 安得賢士與共此樂者?」船人固桑進對曰:「君言過矣. 夫劍產於越, 珠產於江漢, 玉產於昆山, 此三寶者, 皆無足而至. 今君苟好士, 則賢士至矣.」平公曰:「固桑, 來. 吾門下食客三千餘人, 朝食不足, 暮收市租; 暮食不足, 朝收市租, 吾尚可謂不好士乎?」固桑對曰:「今夫鴻鵠高飛沖天, 然其所恃者六翮耳. 夫腹下之毳, 背上之毛, 增去一把, 飛不爲高下. 不知君之食客, 六翮耶? 將腹背之毳也?」平公默默而不應焉.

3. 《說苑》 尊賢篇

趙簡子游於河而樂之, 歎曰:「安得賢士而與處焉!」舟人古乘跪而對曰:「夫珠玉無足, 去此數千里而所以能來者, 人好之也; 今士有足而不來者, 此是吾君不好之乎!」趙簡子曰:「吾門左右客千人, 朝食不足, 暮收市征, 暮食不足, 朝收市征, 吾尚可謂不好士乎?」舟人古乘對曰:「鴻鵠高飛遠翔, 其所恃者六翮也, 背上之毛, 腹下之毳, 無尺寸之數, 去之滿把, 飛不能爲之益卑; 益之滿把, 飛不能爲之益高. 不知門下左右客千人者, 有六翮之用乎? 將盡毛毳也.」

4. 《藝文類聚》(90)

韓詩外傳六: 晉平公游於河而樂, 曰:「安得賢士, 與之樂此也!」舡人蓋胥跪而對曰:「夫珠出於江海, 玉出於崑山, 無足而至者, 猶主君之好也. 士有足而不至者, 蓋主君無好士之意耳, 無患乎無士乎?」平公曰:「吾食客門左千人, 門右千人; 朝食不足, 夕收市賦; 暮食不足, 朝收市賦. 吾可謂不好士乎?」對曰:「夫鴻鵠一擧千里, 所恃者,

六翮爾: 背上之毛, 腹下之毳, 益一把, 飛不爲加高, 損一把, 飛不爲加下. 今君之食客, 門左門右各千人, 亦有六翮在其中矣, 將皆背上之毛, 腹下之毳耶!」

5. 기타 참고자료

《文選》〈鸚鵡賦〉注,〈答魏子悌詩〉注,〈古詩十九首〉注,〈論盛孝章書〉注,〈與楊德祖書〉注,〈陶徵士誄〉注・《太平御覽》(475)・《北堂書鈔》(34)

卷七

〈梅花一枝圖〉

195(7-1) 齊宣王謂田過曰
어버이가 임금보다 중하다

제齊 선왕宣王이 전과田過에게 이렇게 물었다.
"내 듣기로 유자儒者는 친상親喪에 3년의 복을 입는다 하였소. 임금과 아버지는 누가 더 중합니까?"
이 질문에 전과는 잘라 말하였다.
"임금이 아버지만큼 중하겠습니까?"
임금이 화를 내며 이렇게 물었다.
"그렇다면 어찌 어버이를 떠나 임금을 섬기는 거요?"
그러자 전과는 이렇게 설명하였다.
"그야 임금의 토지가 아니면 우리 어버이가 처할 곳이 없고, 임금의 녹이 없으면 어버이를 봉양할 수가 없으며, 임금이 주시는 작위爵位가 아니면 우리 어버이의 이름을 드러낼 수가 없기 때문이지요. 임금으로부터 받아 어버이를 모시는 것이니 무릇 임금을 모시는 이유는 어버이를 위한 것입니다."
이 말에 선왕은 못마땅한 얼굴을 하면서도 아무런 대꾸도 할 수 없었다.
《시詩》에는 이렇게 말하였다.

"나라 일에 틈조차 없어　　　　　　　王事靡盬
　아버님 봉양할 겨를도 없네."　　　　不遑將父

齊宣王謂田過曰:「吾聞: 儒者喪親三年. 君與父孰重?」

過對曰:「殆不如父重.」

王忿然曰:「曷爲士去親而事君?」

對曰:「非君之土地, 無以處吾親; 非君之祿, 無以養吾親; 非君之爵, 無以尊顯吾親. 受之於君, 致之於親. 凡事君以爲親也.」

宣王悒然, 無以應之.

詩曰:『王事靡盬, 不遑將父.』

【齊宣王】戰國時代 齊나라의 군주. 이름은 辟疆. 위왕의 아들. 재위 19년 (B.C.319~301)
【田過】人名.
【詩曰】《詩經》小雅 四牡의 구절. 이 시는 "四牡, 勞使臣之來也."—詩序(사신을 위로하는 詩)라 하였다.

참고 및 관련 자료

1. 《詩經》小雅 四牡

四牡騑騑, 周道倭遲. 豈不懷歸, 王事靡盬, 我心傷悲. 四牡騑騑, 嘽嘽駱馬, 豈不懷歸, 王事靡盬, 不遑啓處. 翩翩者鵻, 載飛載下, 集于苞栩. 王事靡盬, 不遑將父. 翩翩者鵻, 載飛載止, 集于苞杞. 王事靡盬, 不遑將母. 駕彼四駱, 載驟駸駸. 豈不懷歸, 是用作歌, 將母來諗.

2. 《說苑》修文篇

齊宣王謂田過曰:「吾聞: 儒者喪親三年, 喪君三年; 君與父孰重?」田過對曰:「殆不如父重.」王忿然怒曰:「然則何爲去親而事君?」田過對曰:「非君之土地無以處吾親, 非君之祿無以養吾親, 非君之爵位無以尊顯吾親; 受之君, 致之親, 凡事君所以爲親也.」宣王邑邑無以應.

3. 《文選》〈陶徵士誄〉注

韓詩外傳曰: 齊宣王謂田過曰:「吾聞: 儒者喪親三年, 君與父孰重?」田過對曰:「殆不如父重.」王忿曰:「則曷爲去親而事君?」田過對曰:「非君之土地無以處吾親, 非君之祿無以養吾親, 非君之爵位無以尊顯吾親; 受之於君, 致之於親, 凡事君者, 亦爲親也.」宣王悒然無以應之.

196(7-2) 趙王使人於楚
변통이 필요하다

조趙나라 왕이 초楚나라에 사신을 보내게 되었다. 그 사신이 출발할 때에 왕은 마침 거문고를 타고 있다가 이렇게 당부를 하였다.

"조심해서 내 말에 실수가 없도록 하시오."

사신은 이 명령을 받고 엎드려 일어나지 않은 채 이렇게 말하였다.

"대왕께서 연주하시는 거문고가 오늘처럼 슬프게 들린 적이 없습니다."

왕은 이렇게 설명하였다.

"조율을 해서 그렇소."

사신이 물었다.

"그럼 오늘같이 좋은 소리를 내려면 지금 조율한 대로 그 오리발에 표시를 해두시면 될 것 아닙니까?"

그러자 왕은 이렇게 말하였다.

"안되오. 날씨의 조습燥濕과 현絃의 완급緩急에 따라 오리발을 밀고 옮겨야 하기 때문에 표시를 해둔다고 되는 것이 아니오."

사신은 이 말을 받아 이렇게 말하였다.

"그럼 청컨대 이와 같은 일로 비유를 들어 말씀드리겠습니다. 초나라는 우리 조나라로부터 천 리가 넘는 거리인데다가 제가 가는 동안 역시 길흉의 변화도 있을 수 있습니다. 그들에게 흉사가 생기면 위문을 해야 할 것이요, 길한 일이 생기면 축하를 해야 할 것입니다. 이는 마치 그 상황에 따라 오리발을 옮겨야지 고정시켜 표시를 해둔다고 될 수 없는 이치와 같습니다. 그러므로 왕께서는 사신의 임무를 맡긴

저에게 반드시 그 상황에 따라 삼가도록 해야지 그 사명을 융통성 없이 처리하기만을 명하셔서는 안 될 줄 압니다."

《시詩》에는 이렇게 말하였다.

"심부름 보낸 이 민첩도 해라.　　　　　征夫捷捷
　행여나 못 미칠까 걱정을 하네."　　　每懷靡及

趙王使人於楚, 鼓瑟而遣之, 曰:「愼無失吾言.」
使者受命, 伏而不起, 曰:「大王鼓瑟, 未嘗若今日之悲也.」
王曰:「調.」
使者曰:「調則可記其柱.」
王曰:「不可. 天有燥濕, 絃有緩急, 柱有推移, 不可記也.」
使者曰:「請借此以喩. 楚之去趙, 千有餘里. 亦有吉凶之變, 凶則弔之, 吉則賀之. 猶柱之有推移, 不可記也. 故王之使人, 必愼其所之, 而不任以辭.」
詩曰:『征夫捷捷, 每懷靡及.』
蓋傷自上而御下也.

【柱】거문고의 絃을 지탱해 주는 調律 기둥. 모양이 오리발처럼 생겨 오리발이라고도 한다.
【詩曰】《詩經》小雅 皇皇者華의 구절. 이 詩는 '임금이 사신을 보낼 때 주는 노래'라 한다. 한편 '征夫捷捷'은 다른 판본에는 '莘莘征夫'로 되어 있으며, 《詩經》본문에는 '駪駪征夫'로 되어 있다.

참고 및 관련 자료

1. 《詩經》 小雅 皇皇者華

皇皇者華, 于彼原隰. 駪駪征夫, 每懷靡及. 我馬維駒, 六轡如濡. 載馳載驅, 周爰咨諏. 我馬維駱, 六轡沃若. 載馳載驅, 周爰咨謀. 我馬維駰, 六轡旣均. 載馳載驅, 周爰咨詢.

2. 《說苑》 奉使篇

趙王遣使者之楚, 方鼓瑟而遣之, 誡之曰:「必如吾言.」使者曰:「王之鼓瑟, 未嘗悲若此也!」王曰:「宮商固方調矣!」使者曰:「調則何不書其柱耶?」王曰:「天有燥濕, 絃有緩急, 宮商移徙不可知, 是以不書.」使者曰:「明君之使人也, 任之以事, 不制以辭, 遇吉則賀之, 凶則弔之. 今楚, 趙相去, 千有餘里, 吉凶憂患, 不可豫知, 猶柱之不可書也. 詩云:『莘莘征夫, 每懷靡及.』」

3. 기타 참고자료

《群書治要》·《太平御覽》(576)

197(7-3) 齊有隱士東郭先生
두 사람의 은자

제齊나라에 동곽선생東郭先生과 양석군梁石君이라는 두 은사隱士가 있었다. 당시는 조삼曹參이 제나라의 재상이 되어 있을 때였다. 이 때 어떤 객이 궤생匭生에게 이렇게 말하는 것이었다.

"동곽선생과 양석군은 당대의 현인입니다. 그들은 끝내 산속에 은거하면서 뜻을 굽혀 벼슬을 구하려 들지 않고 있습니다. 제가 듣기로 선생께서는 조상국曹相國을 알현할 수 있는 기회가 있다면서요. 원컨대 선생께서는 그들을 위해 미리 말씀을 드려 주었으면 합니다. 저의 동네에 서로 아주 친한 두 아낙이 있었습니다. 그런데 한 부인이 집안의 고기를 훔쳤다고 의심을 받아 그 시어머니로부터 쫓겨나게 되었습니다. 이에 그 부인은 억울하다고 여겨 친한 이웃집 여인에게 하소연을 하였습니다. 그러자 그 이웃집 부인은 이렇게 말하였습니다. '천천히 가고 있으시오. 내 곧 당신의 시어머니가 당신을 다시 부르러 뒤쫓아 가도록 해 드리리다.'

〈潑墨仙人圖〉(宋) 梁楷 臺北故宮博物館 소장

그리고는 삼실을 타래로 묶어 이를 불쏘시개로 삼아 그 시어머니에게 가서 불을 빌려달라고 이렇게 청하였지요.
　'우리 집 개 두 마리가 고깃덩어리 하나를 두고 서로 싸우다가 서로 물어 죽여 버렸습니다. 그 죽은 놈을 삶아 먹으려 하니 불 좀 빌려 주십시오.'
　이 말에 그 시어머니는 얼른 사람을 보내어 그 며느리를 뒤쫓아 불러오도록 하였습니다. 그 이웃집 아낙은 말솜씨가 뛰어난 선비도 아니요, 그 삼실 타래가 곧 그 쫓겨나는 여인을 불러온 것도 아닙니다. 그러나 만물은 서로 감응하는 바가 있고, 일이란 공교로운 경우가 있는 법입니다. 그러니 어찌 미리 말해 두어야 하는 일이 있지 않겠습니까?"
　이에 궤생은 이렇게 허락하였다.
　"제가 그에 미치지 못할까 두렵기는 하나 청컨대 힘을 다해 동곽선생과 양석군을 위해 실타래로 불을 빌리러 가는 일을 해 보겠습니다."
　그리고는 조상국을 만나 이렇게 말하였다.
　"저의 동네에 남편이 죽으면 사흘 만에 시집가겠다는 여자와 종신토록 수절하겠다는 여자가 있습니다. 만약 이 두 여자 중에 아내로 맞이해야 한다면 어느 여자를 택해야 할까요?"
　이 질문에 상국은 이렇게 대답하였다.
　"나 같으면 종신토록 개가하지 않겠다는 여자를 아내로 맞이하겠소."
　궤생은 이렇게 말하였다.
　"이 제나라에 동곽선생과 양석군이라는 두 은사가 있는데 당대의 현사입니다. 그들은 산속에 숨어 살면서 벼슬을 구하겠다고 뜻을 굽히는 일은 끝내 하지 않지요. 상국께서는 수절하겠다는 그 여자를 아내로 맞이해야 한다고 하시면서 신하를 취하는 일에 있어서는 유독 벼슬하지 아니하겠다는 신하를 뽑지 않을 수 있겠습니까?"
　이에 조상국은 궤생의 말에 따라 비단을 묶고 좋은 수레를 마련하여 동곽선생과 양석군을 맞아 후하게 대우해 주었다.
　《시詩》에는 이렇게 말하였다.

"보고 싶던 그대 만나니　　　　　　　　旣見君子
내 마음 놓이네."　　　　　　　　　　　我心則降

齊有隱士東郭先生・梁石君, 當曹相國爲齊相也.
客謂甝生曰:「夫東郭先生・梁石君, 世之賢也, 隱於深山, 終不詘身下志, 以求仕者也. 吾聞先生得謁曹相國, 願先生爲之先. 臣里母相善, 婦見疑盜肉. 其姑去之, 恨而告于里母, 里母曰:『安行, 今令姑呼汝.』卽束縕請火, 去婦之家, 曰:『吾犬爭肉相殺, 請火治之.』姑乃直使人追去婦, 還之. 故里母非談說之士, 束縕請火, 非還婦之道也. 然物有所感, 事有可適, 何不爲之先?」
甝生曰:「愚恐不及, 然請盡力爲東郭先生, 梁石君束縕請火.」
於是乃見曹相國, 曰:「臣之里, 有夫死三日而嫁者, 有終身不嫁者, 則自爲娶, 將何娶焉?」
相國曰:「吾亦娶其終身不嫁者耳.」
甝生曰:「齊有隱士東郭先生, 梁石君, 世之賢士也, 隱於深山, 終不詘身下志以求仕. 相國娶婦, 欲娶其不嫁者, 取臣獨不取其不仕之臣耶?」
於是曹相國因甝生束帛安車迎東郭先生・梁石君, 厚客之.
詩曰:『旣見君子, 我心則降.』

【齊】漢나라 때 齊(지금의 山東) 땅. 한나라의 군국제도에 의해 齊나라라 불렸다.
【東郭先生】漢나라 때 齊 땅 사람.
【梁石君】漢나라 때 齊 땅 사람.
【曹相國】曹參.《史記》曹相國世家 참조. '조참'으로도 읽는다.
【甝生】蒯通을 가리킨다. 甝는 蒯와 通用字.《漢書》에는 '蒯通'으로 되어 있다.

【詩曰】《詩經》召南 草蟲의 구절. 단 이 두 구절은 각각 〈小雅〉의 〈四牡〉와 '皇皇者華'에 한 구절씩 들어 있다.《韓詩外傳》은 引用詩의 순서대로 짜여진 것이므로 〈小雅〉의 '出車'를 인용한 것으로 보아야 할 것이다. 한편 '出車'의 詩는 '흉노, 즉 험윤(獫狁)을 정벌하고 지은 것'이라 한다.

참고 및 관련 자료

1. 《詩經》 召南 草蟲(019)
2. 《詩經》 小雅 四牡(195)
3. 《詩經》 小雅 皇皇者華(196)
4. 《詩經》 小雅 出車

我出我車, 于彼牧矣. 自天子所, 謂我來矣. 召彼僕夫, 謂之載矣. 王事多難, 維其棘矣.
我出我車, 于彼郊矣. 設此旐矣, 建彼旄矣. 彼旟旐斯, 胡不斾斾. 憂心悄悄, 僕夫況瘁.
王命南仲, 往城于方. 出車彭彭, 旂旐央央. 天子命我, 城彼朔方. 赫赫南仲, 玁狁于襄.
昔我往矣, 黍稷方華. 今我來思, 雨雪載塗. 王事多難, 不遑啟居. 豈不懷歸, 畏此簡書.
喓喓草蟲, 趯趯阜螽. 未見君子, 憂心忡忡. 既見君子, 我心則降. 赫赫南仲, 薄伐西戎.
春日遲遲, 卉木萋萋. 倉庚喈喈, 采蘩祁祁. 執訊獲醜, 薄言還歸. 赫赫南仲, 玁狁于夷.

5. 《漢書》(45) 蒯通傳

至齊悼惠王時, 曹參爲相, 禮下賢人, 請通爲客. 初, 齊王田榮怨項羽, 謀舉兵畔之, 劫齊士, 不與者死. 齊處士東郭先生, 梁石君在劫中, 強從. 及田榮敗, 二人醜之, 相與入深山隱居. 客謂通曰:「先生之於曹相國, 拾遺擧過, 顯賢進能, 齊國莫若先生者. 先生知梁石君, 東郭先生世俗所不及, 何不進之於相國乎?」通曰:「諾. 臣之里婦, 與里之諸母相善也. 里婦夜亡肉, 姑以爲盜, 怒而逐之. 婦晨去, 過所善諸母, 語以事而謝之. 里母曰:『女安行, 我今令而家追女矣.』即束縕請火於亡肉家, 曰:『昨暮夜, 犬得肉, 爭鬪相殺, 請火治之.』亡肉家遽追呼其婦. 故里母非談說之士也, 束縕乞火非還婦之道也, 然物有相感, 事有適可. 臣請乞火於曹相國.」乃見相國曰:「婦人有夫死三日而嫁者, 有幽居守寡不出門者, 足下卽欲求婦, 何取?」曰:「取不嫁者.」通曰:「然則求臣亦猶是也, 彼東郭先生, 梁石君, 齊之俊士也, 隱居不嫁, 未嘗卑節下意以求仕也. 願足下使人禮之.」曹相國曰:「敬受命.」皆以爲上賓.

198(7-4) 孔子曰昔者周公事文王
세 번을 변신한 주공

공자孔子가 이렇게 말하였다.

"옛날 주공周公이 아버지인 문왕文王을 섬길 때는 행동에 멋대로 함이 없었고, 일에는 자기 위주로 함이 없었으며, 몸은 옷을 이겨내지 못할 듯이 하고, 말은 마치 입 밖에 내지 못할 듯이 하였으며, 그 앞에 무슨 물건을 들고 갈 때면 공손히 받들어 마치 놓칠 듯 두려워하는 태도를 취하였으니 그는 가히 아들 된 도리를 다하였다고 할 수 있다.

그리고 그의 형 무왕武王이 죽고 조카 성왕成王이 어린 나이에 왕위에 오르자 주공은 문왕, 무왕의 업적을 이어받아 천자의 지위를 실천하고, 천자의 정사政事로 의견을 듣고, 이적夷狄의 난을 정벌하고 관숙管叔·채숙蔡叔의 죄를 주벌하였다. 또 성왕을 안은 채 제후들의 조견을 받아 벌과 상을 내리고 결재하며 판단하되 어느 하나 고문顧問을 받지 않은 것이 없었다. 그리하여 그 위엄은 천하를 진동하였고 그 떨침은 사해四海를 놀라게 하였다. 그러니 이때는 가히 그 무武를 발휘하였다고 할 수 있다.

이어서 성왕이 성장하자 주공은 정치를 그에게 돌려주고, 스스로 북면北面하여 섬기되 먼저 요청이 있어야 행하였으며, 조금도 자랑하거나 뽐내는 기색이 없었다. 이때에는 가히 신하로서의 의무를 다하였다고 할 수 있다.

그러므로 한 사람의 몸이 능히 세 번이나 변할 수 있었던 것은 그때마다 잘 응하였기 때문이다."

《시詩》에는 이렇게 말하였다.

"왼쪽으로 할 때면 왼쪽으로 하니   左之左之
 군자의 도리에 딱 들어맞고   君子宜之
 오른쪽으로 할 일이면 오른쪽으로 하니 右之右之
 군자의 지닐 것 그대로 지니네."   君子有之

孔子曰:「昔者, 周公事文王, 行無專制, 事無由己. 身若不勝衣, 言若不出口. 有奉持於前, 洞洞焉若將失之. 可謂子矣. 武王崩, 成王幼, 周公承文武之業, 履天子之位, 聽天子之政, 征夷狄之亂, 誅管蔡之罪, 抱成王而朝諸侯, 誅賞制斷, 無所顧問, 威動天地, 振恐海內, 可謂能武矣. 成王壯, 周公致政, 北面而事之. 請然後行, 無伐矜之色, 可謂臣矣. 故一人之身, 能三變者, 所以應時也.」
詩曰:『左之左之, 君子宜之. 右之右之, 君子有之.』

【周公】周公 旦. 文王의 아들이며 武王의 아우. 成王의 삼촌. 成王이 어려 7년 동안 섭정하였다.
【管蔡】管叔과 蔡叔. 周公의 庶弟. 殷나라 후손 武庚을 감시토록 하였으나 周公을 시기하여 난을 일으켰다.(前出)
【詩曰】《詩經》小雅 裳裳者華의 구절. 이 詩는 '어떤 在位者를 찬양한 것'이라 한다.

참고 및 관련 자료

1. 《詩經》小雅 裳裳者華

裳裳者華, 其葉湑兮. 我覯之子, 我心寫兮. 我心寫兮, 是以有譽處兮. 裳裳者華, 芸其黃矣. 我覯之子, 維其有章矣. 維其有章矣, 是以有慶矣. 裳裳者華, 或黃或白. 我覯之子, 乘其四駱. 乘其四駱, 六轡沃若. 左之左之, 君子宜之. 右之右之, 君子有之. 維其有之, 是以似之.

2. 《淮南子》氾論訓

周公事文王也, 行無專制, 事無由己, 身若不勝衣, 言若不出口. 有奉持於文王, 洞洞屬屬, 如將不能, 恐失之. 可謂能子矣. 武王崩, 成王幼少, 周公繼文王之業, 履天子之籍, 聽天下之政, 平夷狄之亂, 誅管蔡之罪, 負扆而朝諸侯, 誅賞制斷, 無所顧問, 威動天地, 聲懾海內, 可謂能武矣. 成王旣壯, 周公屬籍致政, 北面委質, 而臣事之. 請而後爲, 復而後行, 無擅恣之志, 無矜伐之色, 可謂能臣矣. 故一人之身而三變者, 所以應時矣.

3. 《孔子集語》臣術篇

韓詩外傳七: 孔子曰:「昔者, 周公事文王, 行無專制, 事無由己, 身若不勝衣, 言若不出口, 有奉持於前, 洞洞焉若將失之, 可謂子矣. 武王崩, 成王幼, 周公承文武之業, 履天子之位, 聽天子之政, 征夷狄之亂, 誅管蔡之罪, 抱成王而朝諸侯, 誅賞制斷, 無所顧問, 威動天地, 振恐海內, 可謂能武矣. 成王壯, 周公致政, 北面而事之, 請然後行, 無伐矜之色, 可謂臣矣. 故一人之身, 能三變者, 所以應時也.」

4. 기타 참고자료

《通鑑外紀》(3) 周紀·《春秋繁露》天地之行

199(7-5) 傳曰鳥之美羽勾啄者
세 가지 조심해야 할 끝

이렇게 전해오고 있다.

새로서 예쁜 깃과 굽은 부리를 가지고 있으면 다른 새들이 그를 두려워하고, 물고기로서 큰 입에 뱃살이 많은 자는 다른 물고기가 그를 무서워하며, 사람으로서 언변이 좋고 언사가 풍부한 자는 다른 사람들이 그를 겁낸다.

이 까닭으로 군자로서 피해야 할 세 가지 끝이 있으니 문사文士의 필단筆端, 무사武士의 봉단鋒端, 변사辯士의 설단舌端이 곧 그것이다.

《시詩》에는 이렇게 말하였다.

"친구여 조심하게.   我友敬矣
  헐뜯는 말이 일고 있다네."   讒言其興

傳曰: 鳥之美羽勾啄者, 鳥畏之; 魚之侈口垂腴者, 魚畏之; 人之利口贍辭者, 人畏之. 是以君子避三端: 避文士之筆端, 避武士之鋒端, 避辯士之舌端.

詩曰:『我友敬矣, 讒言其興.』

【詩曰】《詩經》小雅 沔水. 이 詩는 '憂亂을 읊은 것'이라 한다.(朱子)

참고 및 관련 자료

1. 《詩經》 小雅 沔水

沔彼流水, 朝宗于海. 鴥彼飛隼, 載飛載止. 嗟我兄弟, 邦人諸友, 莫肯念亂, 誰無父母.
沔彼流水, 其流湯湯. 鴥彼飛隼, 載飛載揚. 念邸不蹟, 載起載行. 心之憂矣, 不可弭忘.
鴥彼飛隼, 率彼中陵. 民之訛言, 寧莫之懲. 我友敬矣, 讒言其興.

2. 기타 참고자료

《類說》(38)·《太平御覽》(464)·《文選》〈文賦〉注·《說郛》(25)

200(7-6) 孔子困於陳蔡之間
곤액에 처한 공자

공자孔子가 진채지간陳蔡之間에서 곤액에 처하여, 자리는 겨우 삼경三經이요, 이레 동안 먹지도 못하며 콩잎 죽에 쌀가루도 넣지 못한 상태로 제자들은 모두 굶주림에 허덕였건만 그래도 책을 읽고 예악禮樂을 학습하기를 그치지 않는 것이었다. 이에 참다못한 자로子路가 나서서 간언을 하였다.

"착한 일을 하는 자는 하늘이 이에게 복으로써 보답하고, 옳지 못한 일을 하는 자는 하늘이 이를 적해賊害로써 갚는다고 하였습니다. 지금 선생님께서는 덕을 쌓고 인을 실행하는 등 옳은 일을 하신 지가 오래됩니다. 생각건대 아직도 빠뜨린 일이 있는 것입니까? 어찌 이리 숨겨져만 있습니까?"

그러자 공자는 이렇게 설명하였다.

"유由야! 이리 오너라. 너는 소인이로구나. 아직 도리를 다 익히지 못하였구나. 앉아라. 내 너에게 말해 주마. 너는 지혜로운 자는 억울한 일을 만나지 않는다고 여기느냐? 그렇다면 왕자王子 비간比干은 어찌하여 심장을 도려내는 죽음을 당하였겠느냐? 또 의로운 자는 남이 그의 말을 들어 준다고 여기느냐? 그렇다면 어찌하여 오자서伍子胥는 눈알을 도려내어 오吳나라의 동문東門에 걸렸겠느냐? 또 청렴한 자는 꼭 등용된다고 여기느냐? 그렇다면 백이伯夷 숙제叔齊는 어찌하여 수양산首陽山에서 굶어 죽었겠느냐? 그리고 충성스러운 자는 등용된다고 보느냐? 그렇다면 포숙鮑叔은 어찌하여 등용되지 못하였으며, 섭공자고葉公子高는 종신토록 벼슬하지 않았으며, 포초鮑焦는 나무를 껴안은 채 울었고, 개자추介子推는 산으로 숨어 타죽었겠느냐?

그러므로 군자로서 널리 배워 깊은 모책이 있으면서도 때를 만나지 못한 자는 매우 많다. 어찌 나 혼자만이 그렇겠느냐?

어질고 불초한 것은 타고나는 바탕이요, 만나고 못 만나는 것은 시운時運에 달린 것이다. 지금은 때가 아니니 어질다고 한들 어디에 쓰이겠느냐? 그래서 우순虞舜이 역산歷山의 남쪽에서 농사를 지었지만 천자로 오를 수 있었던 것은 요堯를 만났기 때문이요, 부열傳說이 흙을 짊어지고 성 쌓는 일을 하였지만 대부가 될 수 있었던 것은 무정武丁을 만났기 때문이며, 이윤伊尹이 유신씨有莘氏의 종으로서 솥을 짊어지고 음식을 조리하는 자였지만 재상으로 오를 수 있었던 것은 탕湯을 만났기 때문이었다. 그런가 하면 여망呂望은 나이 오십에 극진棘津에서 음식을 팔고 일흔에는 조가朝歌에서 푸줏간을 하다가 구십에 천자의 스승이 되었는데 이 역시 문왕文王을 만났기 때문이며, 관이오管夷吾는 꽁꽁 묶인 채 스스로 함거檻車에 갇혀 있었지만 중보仲父가 될 수 있었던 것은 제齊 환공桓公을 만났기 때문이며, 백리해百里奚는 스스로 다섯 마리의 양가죽에 팔려 진백秦伯을 위해 소를 쳤지만 그가 대부로 거용된 것은 진秦 목공繆公을 만났기 때문이다. 또, 우구虞丘는 천하의 영윤令尹이 었지만 그 자리를 손숙오孫叔敖에게 양보하게 된 것은 그가 초楚 장왕莊王을 만났기 때문이며, 오자서가 앞서는 많은 공을 이미 이루어 놓고도 끝내 죽음을 당하게 된 것은 그 성쇠의 무상함을 모르고 있었던 데다가 앞에서는 합려闔閭를 만나고 뒤에는 부차夫差를 만났기 때문이다.

또 무릇 천리마가 소금 수레를 끌다가 지치고 마는 것은 그 말이 천리마의 모습을 타고나지 않았기 때문이 아니라 사람들이 그를 알아보지 못하기 때문이다.

천리마로 하여금 백락伯樂을 만나지 못하게 하면 어찌 천 리를 달릴 수 있겠으며 그런 경우 조보趙父라도 그를 천 리를 끌고 갈 재주가 없다. 무릇 난초가 무성한 숲 속, 깊은 산 속에 나서 사람이 그를 보지 않는다고

부열(傅說) 《三才圖會》

해서 그 이유로 향기를 내뿜지 않는 것은 아니다. 이처럼 학자란 달통하기 위해 배우는 것이 아니라 곤궁에 처하였을 때라도 궁색하게 굴지 않고, 근심이 있어도 그 뜻을 쇠약하게 하지 않으며 남보다 먼저 화복의 시작을 깨닫고 마음에 혹함이 없기를 위해서 배우는 것이란다.

그러므로 성인은 은거하면서도 깊이 생각하고, 홀로 있어도 듣고 보는 것이다. 무릇 순임금은 역시 어진 성인으로 남면南面하여 천하를 다스린 것은 오직 요를 만났기 때문이지 만약 그로 하여금 걸桀 주紂의 시대에 태어났더라면 스스로 형륙刑戮으로부터 면탈免脫하는 것만으로도 잘하였다 할 것이니 어느 겨를에 천자의 지위에 오를 수 있었겠느냐?

걸이 관룡봉關龍逢을 죽이고 주는 왕자 비간을 죽였는데 그 때에는 관룡봉이 무지해서 그랬고 왕자 비간이 지혜가 없어서 그랬겠느냐? 이는 다만 모두가 때를 잘 만나지 못해서 그런 것이다.

따라서 군자란 학문을 닦고 몸을 수양하여 행동을 단정히 하되 모름지기 그 때도 잘 만나야 하는 것이란다. 그러니 너는 더 이상 혹함이 없도록 하여라."

《시詩》에는 이렇게 말하였다.

"학이 저 아홉 구비 물가에서 울도다.　　　　鶴鳴于九皐
그 소리 멀리 하늘까지 들리네."　　　　　　聲聞于天

孔子困於陳蔡之間, 卽三經之席, 七日不食, 藜羹不糝, 弟子有飢色. 讀書習禮樂不休.

子路進諫曰:「爲善者, 天報之以福; 爲不善者, 天報之以賊. 今夫子積德累仁, 爲善久矣. 意者, 當遺行乎? 奚居之隱也?」

孔子曰:「由來! 汝小人也, 未講於論也. 居, 吾語汝; 子以知者爲無罪乎? 則王子比干何爲刳心而死? 子以義者爲聽乎? 則伍子胥何爲抉目而懸吳東門? 子以廉者爲用乎? 則伯夷叔齊何爲餓於首陽之山? 子以忠者爲用乎? 則鮑叔何爲而不用? 葉公子高終身不仕? 鮑焦抱木而泣? 子推登山而燔? 故君子博學深謀, 不遇時者衆矣. 豈獨丘哉! 賢不肖者, 材也. 遇不遇者, 時也, 今無有時, 賢安所用哉? 故虞舜耕於歷山之陽, 立爲天子, 其遇堯也; 傅說負土而版築, 以爲大夫, 其遇武丁也; 伊尹故有莘氏僮也, 負丁操俎, 調五味, 而立爲相, 其遇湯也; 呂望行年五十, 賣食棘津, 年七十, 屠於朝歌, 九十乃爲天子師, 則雨文王也; 管夷吾束縛自檻車, 以爲仲父, 則遇齊桓公也; 百里奚自賣五羊之皮, 爲秦伯牧牛, 擧爲大夫, 則遇秦繆公也; 虞丘於天下爲令尹, 讓於孫叔傲, 則遇楚莊王也; 伍子胥前功多, 後戮死, 非知有盛衰也, 前遇闔閭, 後遇夫差也. 夫驥罷鹽車, 此非無形容也, 莫知之也. 使驥不得伯樂, 安得千里之足, 造父亦無千里之手矣.

夫蘭芷生於茂林之中, 深山之間, 不爲人莫見之故不芬; 夫學者非爲通也, 爲窮而不憂, 困而志不衰. 先知禍福之始, 而心無惑. 故聖人隱居深念, 獨聞獨見. 夫舜亦賢聖矣, 南面而治天下, 惟其遇堯也. 使舜居桀紂之世, 能自免於刑戮之中, 則爲善矣. 亦何位之有? 桀殺關龍逢, 紂殺王子比干. 當此之時, 豈關龍逢無知, 而王子比干不慧乎哉! 此皆不遇時也. 故君子務學修身端行, 而須其時者也, 子無惑焉.」

　詩曰: 『鶴鳴于九皐, 聲聞于天.』

【陳】옛 陳나라 땅. 지금의 河南省 開封부터 남쪽 安徽省 亳縣 근처까지.
【蔡】옛 蔡나라 땅. 지금의 河南省 上蔡縣 근처.
【陳蔡困厄】《史記》孔子世家에 의하면 孔子가 陳·蔡에 이르렀을 때, 楚나라가 孔子를 초빙하자 陳·蔡 두 나라가 불리할 것으로 여겨 孔子 일행을 포위, 움직이지 못하게 하였다고 한다.
【三經之席】세 줄로 엮은 보잘 것 없는 깔개·자리, 혹은 삼경(易·詩·春秋)을 펴놓을 만한 좁은 자리라고도 한다.
【子路】孔子의 제자인 仲由, 子由.
【當遺行乎】이는 '尙遺行乎'의 오기로 보인다. "그래도 빠뜨린 것이 있습니까?"라는 뜻이다.
【王子比干】紂 임금 때의 王子. 충신.
【伍子胥】楚나라 출신으로 吳王闔閭를 섬겼으며 뒤에 闔閭의 손자 夫差에 이르러 죽게 되자 자신의 눈을 빼어 吳나라 東門에 걸어 越나라 군대가 밀려와 吳나라를 망하게 하는 것을 볼 수 있게 하라며 독을 품고 죽었다. 《史記》伍子胥列傳 참조.
【伯夷·叔齊】孤竹國의 두 왕자로 周武王을 찾아가 간언하다가 실패하자 首陽山으로 들어가 굶어 죽었다고 한다. 《史記》伯夷列傳 참조.
【鮑叔】管仲을 齊 桓公에게 추천한 인물.
【葉公子高】섭(葉)의 公인 子高. 沈諸梁이라 한다. 《新序》卷四 (072) 참조.

【鮑焦】 周나라 때의 은사. 卷一 027(1-27) 및《新序》卷七 146(7-26) 참조.
【介子推】 晉 文公을 따라 망명할 때 허벅지 살을 베어 文公을 살린 인물. 돌아와 자신에게 賞이 미치지 않자 綿山에 숨었다가 타죽어 '寒食'의 고사를 남겼다. 《說苑》·《荊楚歲時記》·《新序》등 참조.
【傅說】 殷 高宗(武丁)의 신하. 《說苑》卷十七 705(17-17) 참조.
【伊尹】 湯 임금 때의 명재상.
【呂望】 呂尙·姜太公望·姜子牙·周의 文王·武王을 도왔던 인물. 《史記》周本紀 및 齊太公世家 등 참조.
【棘津】 地名. 孟津이라고도 한다.
【朝歌】 地名. 원래 殷의 도읍이었던 곳. 지금의 河南省 淇縣.
【檻車】 죄인을 수송하는 수레.
【管夷吾】 管仲. 鮑叔의 추천으로 齊 桓公의 재상이 되었다. 仲父로 불렸다.
【百里奚】 五羖(五羔)大夫.
【秦繆公】 秦穆公으로도 쓰며 百里奚·蹇叔을 등용하여 패자가 되었다. 春秋五霸의 하나.
【虞丘】 虞丘子. 沈尹. 楚莊王 때의 令尹으로 樊姬의 일로 令尹의 자리를 孫叔敖에게 물려주었다. 《韓詩外傳》卷三(2-4)
【孫叔敖】 楚나라 令尹. '兩頭蛇'의 고사로 유명하다.
【楚莊王】 春秋五霸의 하나.
【闔閭, 夫差】 吳나라 말기의 두 군주. 《史記》吳太伯世家 참조.
【伯樂】 고대 말에 대해서 잘 알았던 인물. 별자리의 이름이기도 하며 일반 명사처럼 쓰였다.
【趙父】 造父로도 쓰며 말을 잘 몰았던 인물. 周穆王의 八駿馬를 몰았으며, 趙 땅에 봉해져서 趙氏의 시조가 되었다.
【關龍逄】 桀王 때의 충신. 판각의 오류로 관룡방(關龍逄)으로 된 판본도 있다.
【詩曰】《詩經》小雅 鶴鳴의 구절. 이는 흔히 '招隱의 詩'라고도 한다.

> 참고 및 관련 자료

1. 《詩經》 小雅 鶴鳴

鶴鳴于九皐, 聲聞于野. 魚潛在淵, 或在于渚. 樂彼之園, 爰有樹檀, 其下維蘀. 它山之石, 可以爲錯. 鶴鳴于九皐, 聲聞于天. 魚在于渚, 或潛在淵. 樂彼之園, 爰有樹檀, 其下維穀. 它山之石, 可以攻玉.

2. 《論語》 衛靈公篇

在陳絶糧, 從者病, 莫能興. 子路慍見曰:「君子亦有窮乎?」子曰:「君子固窮, 小人窮斯濫矣.」

3. 《莊子》 讓王篇

孔子窮於陳蔡之間, 七日不火食, 左據槁木, 石擊槁枝, 而歌猋氏之風, 有其具而无其數, 有其聲而无宮角, 木聲與人聲, 犁然有當於人之心. 顔回端拱還目而窺之. 仲尼恐其廣己而造大也, 愛己而造哀也, 曰:「回, 无受天損易, 无受人益難. 无始而非卒也, 人與天一也. 夫今之歌者其誰乎?」回曰:「敢問无受天損易.」仲尼曰:「飢渴寒暑, 窮桎不行, 天地之行也, 運物之泄也, 言與之偕逝之謂也. 爲人臣者, 不敢去之. 執臣之道猶若是, 而況乎所以待天乎!」「何謂无受人益難?」仲尼曰:「始用四達, 爵祿並至而不窮, 物之所利, 乃非己也, 吾命其在外者也. 不給視, 雖落其實, 棄之而走. 其畏人也, 而襲諸人間, 社稷存焉爾.」「何謂无始而非卒?」仲尼曰:「化其萬物而不知其禪之者, 焉知其所終? 焉知其所始? 正而待之而已耳.」「何謂人與天一邪?」仲尼曰:「有人, 天也; 有天, 亦天也. 人之不能有天, 性也, 聖人晏然體逝而終矣!」

4. 《荀子》 宥坐篇

孔子南適楚, 厄於陳·蔡之間, 七日不火食, 藜羹不糝, 弟子皆有飢色. 子路進, 問之曰:「由聞之, 爲善者天報之以福, 爲不善者天報之以禍, 今夫子累德積義懷美, 行之日久矣, 奚居之隱也?」孔子曰:「由不識. 吾語女. 女以知者爲必用邪? 王子比干不見剖心乎? 女以忠者爲必用邪? 關龍逢不見刑乎? 女以諫者爲必用邪? 吳子胥不磔姑蘇東門外乎? 夫遇不遇者, 時也. 賢不肖者, 材也. 君子博學深謀不遇時者多矣. 由是觀之, 不遇世者衆矣! 何獨丘也哉? 且夫, 芷·蘭生於深林, 非以無人而不芳. 君子之學, 非爲通也, 爲窮而不困, 憂而意不衰也, 知禍福終始而心不惑也. 夫賢不肖者, 材也; 爲不爲者, 人也; 遇不遇者, 時也; 死生者, 命也. 今有其人不遇其時, 雖賢, 其能行乎? 苟遇其時, 何難之有? 故君子博學深謀, 修身端行, 以俟其時.」

5. 《呂氏春秋》愼人篇

孔子窮於陳, 蔡之間, 七日不嘗食, 藜羹不糝. 宰予備矣, 孔子弦歌於室, 顔回擇菜於外. 子路與子貢相與而言曰:「夫子逐於魯, 削迹於衛, 伐樹於宋, 窮於陳, 蔡, 殺夫子者無罪, 藉夫子者不禁, 夫子弦歌鼓舞, 未嘗絕音, 蓋君子之無所醜也若此乎?」顔回無以對, 入以告孔子. 孔子憱然推琴, 喟然而歎曰:「由與賜, 小人也. 召, 吾語之.」子路與子貢入. 子貢曰:「如此者可謂窮矣.」孔子曰:「是何言也? 君子達於道之謂達, 窮於道之謂窮. 今丘也拘仁義之道, 以遭亂世之患, 其所也, 何窮之謂? 故內省而不疚於道, 臨難而不失其德. 大寒旣至, 霜雪旣降, 吾是以知松柏之茂也. 昔桓公得之莒, 文公得之曹, 越王得之會稽. 陳, 蔡之阨, 於丘其幸乎!」孔子烈然返瑟而弦, 子路抗然執干而舞. 子貢曰:「吾不知天之高也, 不知地之下也. 古之得道者, 窮亦樂, 達亦樂. 所樂非窮達也, 道得於此, 則窮達一也, 爲寒暑風雨之序矣. 故許由虞乎潁陽, 而共伯得乎共首.」

6. 《說苑》雜言篇

孔子遭難陳蔡之境, 絕糧, 弟子皆有飢色, 孔子歌兩柱之間. 子路入見曰:「夫子之歌, 禮乎?」孔子不應, 曲終而曰:「由, 君子好樂爲無驕也, 小人好樂爲無懾也, 其誰知之? 子不我知而從我者乎?」子路不悅, 援干而舞, 三終而出. 及至七日, 孔子脩樂不休, 子路慍見曰:「夫子之脩樂時乎?」孔子不應, 樂終而曰:「由, 昔者齊桓霸心生於莒, 勾踐霸心生於會稽, 晉文霸心生於驪氏, 故居不幽, 則思不遠, 身不約則智不廣, 庸知而不遇之.」於是興, 明日免於厄. 子貢執轡曰:「二三子從夫子而遇此難也, 其不可忘已!」孔子曰:「惡是何也? 語不云乎? 三折肱而成良醫. 夫陳, 蔡之間, 丘之幸也. 二三子從丘者皆幸人也. 吾聞人君不困不成王, 列士不困不成行. 昔者湯困於呂, 文王困於羑里, 秦穆公困於殽, 齊桓困於長勺, 勾踐困於會稽, 晉文困於驪氏. 夫困之爲道, 從寒之及煖, 煖之及寒也, 唯賢者獨知而難言之也. 易曰:「困亨貞, 大人吉, 無咎. 有言不信.」聖人所與人難言信也.」

7. 《說苑》雜言篇

孔子困於陳蔡之間, 居環堵之內, 席三經之席, 七日不食, 藜羹不糝, 弟子皆有飢色, 讀詩書治禮不休. 子路進諫曰:「凡人爲善者天報以福, 爲不善者天報以禍. 今先生積德行, 爲善久矣. 意者尙有遺行乎? 奚居隱也!」孔子曰:「由, 來, 汝不知. 坐, 吾語汝. 子以夫知者爲無不知乎? 則王子比干何爲剖心而死? 以諫者爲必聽耶? 伍子胥何爲抉目於吳東門? 子以廉者爲必用乎? 伯夷, 叔齊何爲餓死於首陽山之下?

子以忠者爲必用乎? 則鮑莊何爲而肉枯? 荊公子高終身不顯, 鮑焦抱木而立枯, 介子推登山焚死. 故夫君子博學深謀不遇時者衆矣, 豈獨丘哉! 賢不肖者才也, 爲不爲者人也, 遇不遇者時也, 死生者命也; 有其才不遇其時, 雖才不用, 苟遇其時, 何難之有! 故舜耕歷山而逃於河畔, 立爲天子則其遇堯也. 傅說負壤土, 釋板築, 而立佐天子, 則其遇武丁也. 伊尹, 有莘氏媵臣也, 負鼎俎調五味而佐天子, 則其遇成湯也. 呂望行年五十賣食於棘津, 行年七十屠牛朝歌, 行年九十爲天子師, 則其遇文王也. 管夷吾束縛膠目, 居檻車中, 自車中起爲仲父, 則其遇齊桓公也. 百里奚自賣取五羊皮, 伯氏牧羊以爲卿大夫, 則其遇秦穆公也. 沈尹名聞天下, 以爲令尹, 而讓孫叔敖, 則其遇楚莊王也. 伍子胥前多功, 後戮死, 非其智益衰也, 前遇闔廬, 後遇夫差. 夫驥厄罷鹽車, 非無驥狀也, 夫世莫能知也; 使驥得王良, 造父, 驥無千里之足乎? 芝蘭生深林, 非爲無人而不香. 故學者非爲通也, 爲窮而不困也, 憂而不衰也, 此之禍福之始而心不惑也, 聖人之深念獨知獨見. 舜亦賢聖矣, 南面治天下, 唯其遇堯也; 使舜居桀紂之世, 能自免於刑戮固可也, 又何官得治乎? 夫桀殺關龍逢而紂殺王子比干, 當是時, 豈關龍逢無知, 而比干無惠哉? 此桀紂無道之世然也. 故君子疾學修身端行, 以須其時也.」

8.《史記》孔子世家

孔子遷于蔡三歲, 吳伐陳. 楚救陳, 軍于城父. 聞孔子在陳蔡之閒, 楚使人聘孔子. 孔子將往拜禮, 陳蔡大夫謀曰:「孔子賢者, 所刺譏皆中諸侯之疾. 今者久留陳蔡之閒, 諸大夫所設行皆非仲尼之意. 今楚, 大國也, 來聘孔子. 孔子用於楚, 則陳蔡用事大夫危矣.」於是乃相與發徒役圍孔子於野. 不得行, 絕糧. 從者病, 莫能興. 孔子講誦弦歌不衰. 子路慍見曰:「君子亦有窮乎?」孔子曰:「君子固窮, 小人窮斯濫矣.」子貢色作. 孔子曰:「賜, 爾以予爲多學而識之者與?」曰:「然. 非與?」孔子曰:「非也. 予一以貫之.」孔子知弟子有慍心, 乃召子路而問曰:「詩云'匪兕匪虎, 率彼曠野'. 吾道非邪? 吾何爲於此?」子路曰:「意者, 吾未仁邪? 人之不我信也. 意者吾未知邪? 人之不我行也.」孔子曰:「有是乎! 由, 譬使仁者而必信, 安有伯夷・叔齊? 使知者而必行, 安有王子比干?」子路出, 子貢入見. 孔子曰:「賜, 詩云'匪兕匪虎, 率彼曠野'. 吾道非邪? 吾何爲於此?」子貢曰:「夫子之道至大也, 故天下莫能容夫子. 夫子蓋少貶焉?」孔子曰:「賜, 良農能稼而不能爲穡, 良工能巧而不能爲順. 君子能脩其道, 綱而紀之, 統而理之, 而不能爲容. 今爾不脩爾道而求爲容. 賜, 而志不遠矣!」子貢出, 顏回入見. 孔子曰:「回, 詩云'匪兕匪虎, 率彼曠野'. 吾道非邪? 吾何爲於此?」

顔回曰:「夫子之道至大, 故天下莫能容. 雖然, 夫子推而行之, 不容何病, 不容然後見君子! 夫道之不脩也, 是吾醜也. 夫道既已大脩而不用, 是有國者之也. 不容何病, 不容然後見君子!」孔子欣然而笑曰:「有是哉顔氏之子! 使爾多財, 吾爲爾宰.」於是使子貢至楚. 楚昭王興師迎孔子, 然後得免.

9.《孔子家語》在厄篇

楚昭王聘孔子, 孔子往, 拜禮焉, 路出于陳·蔡, 陳·蔡大夫相與謀曰:「孔子聖賢, 其所刺譏, 皆中諸侯之病, 若用於楚, 則陳·蔡危矣.」遂使徒兵距孔子, 孔子不得行, 絕糧七日, 外無所通, 藜羹不充, 從者皆病, 孔子愈慷慨講誦, 弦歌不衰, 乃召子路而問焉曰:「詩云:『匪兕匪虎, 率彼曠野.』吾道非乎? 奚爲至於此?」子路慍, 作色而對曰:「君子無所困, 意者, 夫子未仁與? 人之弗吾信也; 意者, 夫子未智與? 人之弗吾行也. 且由也昔者聞諸夫子:『爲善者天報之以福, 爲不善者天報之以禍.』今夫子積德懷義, 行之久矣, 奚居之窮也?」子曰:「由! 未之識也. 吾語汝: 汝以仁者爲必信也, 則伯夷·叔齊不餓死首陽; 汝以智者爲必用也, 則王子比干不見剖心; 汝以忠者爲必報也, 則關龍逢不見刑; 汝以諫者爲必聽也, 則伍子胥不見殺. 夫遇不遇者, 時也; 賢不肖者, 才也. 君子博學深謀, 而不遇時者衆矣, 何獨丘哉? 且芝蘭生於深林, 不以無人而不芳; 君子修道立德, 不謂窮困而改節. 爲之者人也, 生死者命也, 是以晉重耳之有霸心, 生於曹·衛; 越王句踐之有霸心, 生於會稽. 故居下而無憂者, 則思不遠; 處身而常逸者, 則志不廣, 庸知其終始乎?」子路出, 召子貢, 告如子路, 子貢曰:「夫子之道至大, 故天下莫能容夫子, 夫子盍少貶焉?」子曰:「賜! 良農能稼, 不必能穡; 良工能巧, 不能爲順; 君子能修其道, 綱而紀之, 不必其能容. 今不修其道而求其容, 賜! 爾志不廣矣, 思不遠矣.」子貢出, 顔回入, 問亦如之, 顔回曰:「夫子之道至大, 天下莫能容; 雖然夫子推而行之, 世不我用, 有國者之醜也, 夫子何病焉? 不容然後見君子.」孔子欣然歎曰:「有是哉! 顔氏之子. 吾亦使爾多財, 吾爲爾宰.」

10.《十八史略》卷一 魯

楚使人聘之, 陳蔡大夫謀曰:「孔子用於楚, 則陳蔡危矣.」相與發徒, 圍之於野, 孔子曰:「詩云:『匪兕匪虎, 率彼曠野.』吾道非邪, 吾何爲於是?」子貢曰:「夫子道至大, 天下莫能容.」顔回曰:「不容何病, 然後見君子.」楚昭王興師迎之, 乃至楚. 將封以書社地七百里, 令尹子西不可, 孔子反于衛, 季康子迎歸魯, 哀公問政, 終不能用, 乃序書, 上自唐虞, 下至秦繆, 刪古詩三千, 爲三百五篇, 皆絃歌之, 禮樂自此可述

11. 《孔子集語》 事譜(下)

韓詩外傳七: 孔子困於陳蔡之間, 即三經之席, 七日不食, 藜羹不糝, 弟子有飢色, 讀書習禮樂不休. 子路進諫曰:「爲善者, 天報之以福; 爲不善者, 天報之以賊. 今夫子積德累仁, 爲善久矣, 意者, 當遺行乎? 奚居之隱也?」孔子曰:「由來! 汝小人也, 未講於論也. 居, 吾語汝; 子以知者爲無罪乎? 則王子比干何爲刳心而死; 子以義者爲聽乎? 則伍子胥何爲抉目而懸吳東門; 子以廉者爲用乎? 則伯夷叔齊何爲餓於首陽之山; 子以忠者爲用乎? 則鮑叔何爲而不用, 葉公子高終身不仕, 鮑焦抱木而泣, 子推登山而燔. 故君子博學深謀, 不遇時者衆矣, 豈獨丘哉! 賢不肖者, 材也, 遇不遇者時也, 今無有時, 賢安所用哉! 故虞舜耕於歷山之陽, 立爲天子, 其遇堯也; 傅說負土而版築, 以爲大夫, 其遇武丁也; 伊尹故有莘氏僮也, 負丁操俎. 調五味, 而立爲相, 其遇湯也; 呂望行年五十, 賣食棘津, 年七十, 屠於朝歌, 九十乃爲天子師, 則雨文王也; 管夷吾束縛自檻車, 以爲仲父, 則遇齊桓公也; 百里奚自賣五羊之皮, 爲秦伯牧牛, 舉爲大夫, 則遇秦繆公也; 虞丘於天下爲令尹, 讓於孫叔傲, 則遇楚莊王也; 伍子胥前功多, 後戮死, 非知有盛衰也, 前遇闔閭, 後遇夫差也. 夫驥罷鹽車, 此非無形容也, 莫知之也, 使驥不得伯樂, 安得千里之足, 造父亦無千里之手矣. 夫蘭茝生於茂林之中, 深山之間, 不爲人莫見之故不芬; 夫學者非爲通也, 爲窮而不憂, 困而志不衰, 先知禍福之始, 而心無惑, 故聖人隱居深念, 獨聞獨見. 夫舜亦賢聖矣, 南面而治天下, 惟其遇堯也, 使舜居桀紂之世, 能自免於刑戮之中, 則爲善矣, 亦何位之有? 桀殺關龍逢, 紂殺王子比干, 當此之時, 豈關龍逢無知, 而王子比干不慧乎哉! 此皆不遇時也. 故君子務學修身端行而須其時者也, 子無惑焉.」

12. 기타 참고자료
《莊子》山木篇·《呂氏春秋》任數篇·《墨子》非儒篇·《論衡》知實篇

201(7-7) 曾子曰往而不可還者
자식이 어버이를 부양하고자 하나

증자曾子가 이렇게 말하였다.

"한번 가면 다시 오지 못하는 것은 어버이요, 왔다고 해도 더 보탤 수 없는 것은 세월이로다. 이 까닭으로 효자가 그 어버이를 봉양코자 하나 어버이가 기다려 주지 않고, 나무가 곧고자 하나 시절이 그를 곧게 자라도록 내버려 두지를 않는구나.

이 때문에 소를 잡아 어버이 묘에 제사를 올리는 것은 닭이나 돼지를 잡을지언정 어버이가 살아계신 것만 같지 못하다. 그래서 내 일찍이 제齊나라에 벼슬하여 관리가 되었을 때, 그 녹祿이 종부鐘釜에 불과하였지만 오히려 즐겁고 기뻤던 것은 그 녹이 많아서가 아니라 즐거움이 부모님에게까지 미쳤기 때문이었다. 그런데 이미 돌아가신 후에 내가 남쪽 초楚나라에 갔다가 높은 관직을 얻어 아홉 길이나 되는 높은 집에 서까래가 세 겹이었고, 수레가 백 승이나 되었건만 오히려 북쪽 고향을 향해 울었던 것은 내 관직이 낮아서가 아니라 이런 영화가 어버이에게 미치지 못함을 슬퍼해서였다.

그래서 늙은 어버이를 모시면서 집이 가난한 자는 관직을 가리지 않고 벼슬하는 법이다. 만약 자신의 뜻만을 펴기 위해 어버이를 곤궁하게 두는 자가 있다면 이는 효자라 할 수 없다."

《시詩》에는 이렇게 말하였다.

"어찌하여 어머니로 밥 짓게 하느뇨." 有母之尸饔

曾子曰:「往而不可還者, 親也; 至而不可加者, 年也. 是故孝子欲養而親不待也, 木欲直而時不使也. 是故椎牛而祭墓, 不如雞豚逮親存也. 故吾嘗仕齊爲吏, 祿不過鐘釜, 尚猶欣欣而喜者, 非以爲多也, 樂其逮親也; 旣沒之後, 吾嘗南遊於楚, 得尊官焉, 當高九仞, 榱題三圍, 轉轂百乘, 猶北鄉而泣者, 非爲賤也, 悲不逮吾親也. 故家貧親老, 不擇官而仕; 若夫信其志, 約其親者, 非孝也.」

詩曰:『有母之尸饔.』

【曾子】曾參. 孝子로 이름난 인물. 讀音은 '증참'이라고도 읽는다.
【孝子欲養而親不待】卷九 260(9-3)에는 "樹欲靜而風不止, 子欲養而親不待也"라 하였다. 또 卷一 017(1-17)에는 "樹木欲茂, 霜露不凋使, 賢士欲成其名. 二親不待"라 하였다.
【鐘釜】고대의 들이. 여기서는 적은 봉록을 말한다.
【任重道遠】卷一 001(1-1)에는 "任重道遠者, 不擇地而息; 家貧親老者, 不擇官而仕"라 하였고, 017(1-17)에는 뒤의 한 句만 있다.
【詩曰】《詩經》小雅 祈父의 구절. 이 詩는 '軍役이 고되고 오래됨을 원망한 것'이라 한다.(朱子)

참고 및 관련 자료

1. 《詩經》 小雅 祈父
祈父, 予王之爪牙. 胡轉予于恤, 靡所止居. 祈父, 予王之仇士. 胡轉予于恤, 靡所厎止. 祈父, 亶不聰. 胡轉予于恤, 有母之尸饔.

2. 《韓詩外傳》 001, 107 참조.

3. 《藝文類聚》(20)
韓詩外傳曰: 曾子曰:「往而不可還者, 親也; 故孝欲養而親不待, 是故椎牛而葬,

不如雞豚逮親存也. 初吾爲吏, 祿不及釜, 尙欣欣而喜者, 非以爲多也, 樂其逮親也; 旣沒之後, 吾嘗南遊於楚, 得尊官焉, 堂高九尺, 轉嘗百乘, 然猶北嚮而泣涕者, 非爲賤也, 悲不逮吾親也. 故家貧親老, 不擇官而仕.」

4. 기타 참고자료
《初學記》(17)·《太平御覽》(414)·《天中記》(24)·《史記》孔子世家 正義

202(7-8) 趙簡子有臣曰周舍
악악대는 신하가 있어야 한다

조간자趙簡子의 신하로 주사周舍라는 자가 있었는데 사흘 밤낮을 그 문 아래에서 울고 있는 것이었다. 이에 간자가 사람을 시켜 물어 보았다.
"그대는 무슨 일로 과인을 만나고자 하는가?"
주사는 이렇게 대답하였다.
"악악지신諤諤之臣이 되고 싶어서 찾아왔습니다. 묵필墨筆과 독독牘을 들고 임금을 따라다니며 잘못이 있으면 이를 기록할 것입니다. 날마다 기록하고 달마다 그 성과를 적으며 해마다 그 효과를 알아 볼 수 있도록 말입니다."
이에 간자가 궁에 있을 때나 외출할 때나 그는 항상 곁에 따르면서 그 일을 하게 되었다. 그런데 그로부터 얼마 되지 않아 그 주사가 그만 죽고 말았다. 간자는 마치 아들을 잃은 듯이 슬퍼하였다.
그 뒤 간자는 홍파洪波의 누대에서 여러 대부들과 술을 마실 기회가 있었는데 술기운이 오르자 간자가 울음을 터뜨리는 것이었다. 대부들이 모두 쫓아 나가며 이렇게 말하였다.
"저희 신하들이 죄가 있었는데 이를 스스로 알지 못하였습니다."
이 말에 간자는 이렇게 설명하였다.
"대부들은 죄가 없소. 지난 날 내게 주사라는 자가 있었는데 이런 말을 해 주었지요. '양가죽 천 장이 여우 겨드랑이 털 하나만 못하고, 옳소, 옳소 하는 많은 무리가 하나의 악악지신만 못하다. 옛날 상商나라의 주紂는 말없이 따르는 무리들 때문에 망하였고, 무왕武王은 악악하는 신하들로 인해 흥성하였다'라고 말이오. 지금 주사가 죽은 후로부터 내 아직 나의 잘못을 들춰내는 소리를 듣지 못하였소. 내 망할 날은 얼마 남지 않았소. 이 때문에 과인이 우는 것이라오."

趙簡子有臣曰周舍, 立於門下, 三日三夜.

簡子使問之, 曰:「子欲見寡人何事?」

周舍對曰:「願爲諤諤之臣, 墨筆操牘, 從君之過, 而日有記也, 月有成也, 歲有效也.」

簡子居, 則與之居; 出, 則與之出. 居無幾何, 而周舍死, 簡子如喪子.

後與諸大夫飮於洪波之臺, 酒酣, 簡子涕泣, 諸大夫皆出走, 曰:「臣有罪而不自知.」

簡子曰:「大夫皆無罪. 昔者, 吾有周舍有言曰:『千羊之皮, 不若一狐之腋; 衆人諾諾, 不若一士之諤諤. 昔者, 商紂黙黙而亡, 武王諤諤而昌.』今自周舍之死, 吾未嘗聞吾過也, 吾亡無日矣, 是以寡人泣也.」

【趙簡子】春秋時代 晉나라 대부. 趙鞅. 趙武의 손자. 戰國時代 趙나라의 선대.
【周舍】趙簡子의 신하. 人名.
【諤諤】直言爭諫하여 임금의 잘못을 들춰내는 일.
【牘】얇은 판. 그곳에 글씨를 써서 기록하기도 하고 편지로도 사용하였다. 그래서 편지글을 '簡牘'이라고도 한다.

참고 및 관련 자료

1. 《新序》雜事(一)

昔者, 周舍事趙簡子, 立趙簡子之門, 三日三夜. 簡子使人出問之曰:「夫子將何以令我?」周舍曰:「願爲諤諤之臣, 墨筆操牘, 隨君之後, 君之過而書之, 日有記也, 月有效也, 歲有得也.」簡子悅之, 與處, 居無幾何而周舍死, 簡子厚葬之. 三年之後, 與諸大夫飲, 酒酣, 簡子泣, 諸大夫起而出曰:「臣有死罪而不自知也.」簡子曰:「大夫反無罪. 昔者, 吾友周舍有言曰:『百羊之皮, 不如一狐之腋. 衆人之唯唯, 不如周舍之諤諤. 昔紂昏昏而亡, 武王諤諤而昌.』自周舍之死後, 吾未嘗聞吾過也. 故人君不聞其非, 及聞而不改者亡, 吾國其幾於亡矣, 是以泣也.」

2. 《史記》趙世家

趙簡子有臣曰周舍, 好直諫. 周舍死, 簡子每聽朝, 常不悅, 大夫請罪. 簡子曰:「大夫無罪. 吾聞千羊之皮不如一狐之腋. 諸大夫朝, 徒聞唯唯, 不聞周舍之鄂鄂, 是以憂也.」簡子由此能附趙邑而懷晉人.

3. 《史記》趙世家 集解

韓詩外傳曰: 周舍立於門下三日三夜, 簡子使問之曰:「子欲見寡人何事?」對曰:「願爲諤諤之臣, 擧筆操牘, 從君之過, 而日有所記, 月有所成, 歲有所效也.」

4. 《藝文類聚》(58)

韓詩外傳曰: 簡子有臣曰周舍, 立於門下三日三夜, 簡子問其故. 對曰:「願爲諤諤之臣, 墨筆執牘, 從君之後, 伺君之過而書之.」

5. 기타 참고자료

《太平御覽》(497, 606)・《文房四譜》(1)・《事類賦注》(15)・《群書治要》・《冊府元龜》(792)

203(7-9) 傳曰齊景公問晏子
사당의 쥐

이렇게 전해오고 있다.
제齊 경공景公이 안자晏子에게 물었다.
"나라에 있어서의 환난거리는 무엇이라 할 수 있소?"
안자가 이렇게 대답하였다.
"환난거리란 사직단 사당 속에 살고 있는 쥐란 놈이지요."
경공은 의아히 여겨 되물었다.
"사직단 속의 쥐가 어떻다는 것입니까?"
안자는 이렇게 설명하였다.
"사당 속의 쥐는 밖에서 물어다가 그 사당 속에 감추어 두고 몸을 의탁해서 살고 있습니다. 이 놈을 몰아내려고 물을 부으려 해도 벽이 무너질까 두려워서 하지 못하고, 불로 태워 없애려 해도 그 기둥이 탈까봐 어찌지 못합니다. 이것이 그 쥐 때문에 당하는 환난입니다. 지금 임금의 좌우에는 나가서는 임금을 팔아 이익을 취하고 들어와서는 임금에게 의탁하여 법을 어지럽히고도 죄에 걸려들지 않는 자들이 있습니다. 그런데도 이들을 감싸 덮어 주고 오히려 길러 주고 있으니 이것 역시 사직 안의 쥐와 같은 환난입니다."
이 말에 경공은 감탄하였다.
"아하! 어찌 그런 일이 있을 수 있는가?"
안자가 다시 말을 이었다.
"어떤 이가 술장사를 하였는데 아주 좋은 술이 있었습니다. 이를 사람들이 잘 볼 수 있도록 밖에 오랫동안 두었는데도 그 술이 시어지도록 사려는 자가 없는 것입니다. 이상히 여겨 이웃 사람에게 그 까닭을 물어 보았더니 이렇게 대답하더라는 것입니다. '그대 집의 개가 심히 사나워 사람이 술 받을 그릇을 들고 들어가려 하면 그 개가 이빨을 드러내며 물려고 달려드는 것입니다. 이 까닭으로 술이 다 시도록 사겠다는 사람이 없는 것입니다'라구요.

이처럼 선비들이 만승의 임금에게 무슨 좋은 계책을 말씀드리고 싶으나 안내를 맡은 임금의 신하가 이빨을 드러내며 물겠다고 덤비니 이들이야말로 나라의 못된 개와 같은 것입니다. 좌우의 신하는 사직단의 쥐요, 일을 맡은 자는 그 못된 개 노릇을 하고 있으니 이것이 곧 나라의 환난입니다."

《시詩》에

"저기 저 숲 속을 바라보면　　　　　　　瞻彼中林
　분명히 좋은 땔감 들어 있건만"　　　　侯薪侯蒸

이라 하였는데 이는 조정에는 그저 소인밖에 없음을 두고 한 말이다.

傳曰: 齊景公問晏子:「爲人何患?」
晏子對曰:「患夫社鼠.」
景公曰:「何謂社鼠?」
晏子曰:「社鼠出竊於外, 入託於社, 灌之恐壞牆, 燻之恐燒木. 此鼠之患. 今君之左右, 出則賣君以要利, 入則託君, 不罪乎亂法, 君又幷覆而育之, 此社鼠之患也.」
景公曰:「嗚呼! 豈其然?」

「人有市酒而甚美者, 置表甚長, 然至酒酸而不售, 問里人其故. 里人曰:『公之狗甚猛, 而人有持器而欲往者, 狗輒迎而齧之, 是以酒酸不售也.』士欲白萬乘之主, 用事者迎而齧之, 亦國之惡狗也. 左右者爲社鼠, 用事者爲惡狗, 此國之大患也.」

詩曰:『瞻彼中林, 侯薪侯蒸.』

言朝廷皆小人也.

【齊景公】春秋 후기 齊나라 군주. 재위 58년(B.C.547~490).
【晏子】春秋時代 齊나라 名相 중의 하나. 이름은 嬰. 平仲으로 불린다.《史記》管晏列傳 및《晏子春秋》참조.
【詩曰】《詩經》小雅 正月의 구절. 이 詩는 '세월의 흐름을 탄상한 것'이라 한다.

참고 및 관련 자료

1. 《詩經》小雅 正月

正月繁霜, 委心憂傷. 民之訛言, 亦孔之將. 念我獨兮, 憂心京京. 哀我小心, 瘋憂以痒. 父母生我, 胡俾我瘉. 不自我先, 不自我後. 好言自口, 莠言自口. 憂心愈愈, 是以有侮. 憂心惸惸, 念我無祿. 民之無辜, 幷其臣僕. 哀我人斯, 于何從祿. 瞻烏爰止, 于誰之屋. 瞻彼中林, 侯薪侯蒸. 民今方殆, 視天夢夢. 旣克有定, 靡人弗勝. 有皇上帝, 伊誰云憎. 謂山蓋卑, 爲岡爲陵. 民之訛言, 寧莫之懲. 召彼故老, 訊之占夢. 具曰予聖, 誰知烏之雌雄. 謂天蓋高, 不敢不局. 謂地蓋厚, 不敢不蹐. 維號斯言, 有倫有脊. 哀今之人, 胡爲虺蜴. 瞻彼阪田, 有菀其特. 天之扤我, 如不我克. 彼求我則, 如不我得. 執我仇仇, 亦不我力. 心之憂矣, 如或結之. 念茲之正, 胡然厲矣. 燎之方揚, 寧或滅之. 赫赫宗周, 褒姒滅之. 終其永懷, 又窘陰雨. 其車旣載, 乃棄爾輔. 載輸爾載, 將伯助予. 無棄爾輔, 員于爾輻. 屢顧爾僕, 不輸爾載. 終踰絶險, 曾是不意. 魚在于沼, 亦匪克樂. 潛雖伏矣, 亦孔之炤. 憂心慘慘, 念國之爲虐. 彼有旨酒, 又有嘉殽. 洽比其鄰, 昏姻孔云. 念我

獨兮, 憂心慇慇. 佌佌彼有屋, 蔌蔌方有穀. 民今之無祿, 天夭是椓. 哿矣富人, 哀此惸獨.

2.《韓非子》外儲說右上

宋人有酤酒者, 升概甚平, 遇客甚謹, 爲酒甚美, 縣幟甚高, 然而不售, 酒酸. 怪其故, 問其所知, 閭長者楊倩. 倩曰:「汝狗猛耶?」曰:「狗猛, 則酒何故而不售?」曰:「人畏焉. 或令孺子懷錢挈壺甕而往酤, 而狗迓而齕之, 此酒所以酸而不售也.」夫國亦有狗, 有道之士懷其術而欲以明萬乘之主, 大臣爲猛狗迎而齕之, 此人主之所以蔽脅, 而有道之士所以不用也. 故桓公問管仲曰:「治國最奚患?」對曰:「最患社鼠矣.」公曰:「何患社鼠哉?」對曰:「君亦見夫爲社者乎? 樹木而塗之, 鼠穿其間, 掘穴託其中. 燻之, 則恐焚木, 灌之, 則恐塗阤, 此社鼠之所以不得也. 今人君之左右, 出則爲勢重而收利於民, 入則比周而蔽惡於君. 內間主之情以告外, 外內爲重, 諸臣百吏以爲富. 吏不誅則亂法, 誅之則君不安, 據而有之, 此亦國之社鼠也.」故人臣執柄而擅禁, 明爲已者必利, 而不爲已者必害, 此亦猛狗也. 夫大臣爲猛狗而齕有道之士矣, 左右又爲社鼠而間主之情, 人主不覺. 如此, 主焉得無壅, 國焉得無亡乎?

3.《韓非子》外儲說右上

一曰: 宋之酤酒者有莊氏者, 其酒常美. 或使僕往酤莊氏之酒, 其狗齕人, 使者不敢往, 乃酤佗家之酒. 問曰:「何爲不酤莊氏之酒?」對曰:「今日莊氏之酒酸.」故曰: 不殺其狗則酒酸. 一曰: 桓公問管仲曰:「治國何患?」「最苦社鼠. 夫社, 木而塗之, 鼠因自託也. 燻之則木焚, 灌之則塗阤, 此所以苦於社鼠也. 今人君左右, 出則爲勢重以收利於民, 入則比周謾侮蔽惡以欺於君, 不誅則亂法, 誅之則人主危, 據而有之, 此亦社鼠也.」故人臣執柄擅禁, 明爲已者必利, 不爲已者必害, 亦猛狗也. 故左右爲社鼠, 用事者爲猛狗, 則術不行矣.

4.《晏子春秋》問上

景公問于晏子曰:「治國何患?」晏子對曰:「患夫社鼠.」公曰:「何謂也?」對曰:「夫社, 束木而塗之. 鼠因往託焉. 熏之則恐燒其木, 灌之則恐敗其塗. 此鼠所以不可得殺者, 以社故也. 夫國亦有社鼠, 人主左右是也. 內則蔽善惡于君上. 外則賣權重於百姓. 不誅之則爲亂. 誅之則爲人主所案據, 腹而有之. 此亦國之社鼠也. 宋人有酤酒者. 爲器甚潔清, 置表甚長, 而酒酸不售. 問之里人其故, 里人曰『公之狗猛, 人挈器而入, 且酤公酒, 狗迎而噬之. 此酒所以酸而不售也.』夫國亦有猛狗, 用事者是也. 有道術之士, 欲干萬乘之主, 而用事者迎而齕之. 此亦國之猛狗也. 左右爲社鼠,

用事者爲猛狗, 主安得無壅? 國安得無患乎?」(或作, 用事者爲猛狗, 則道術之士, 不得用矣. 此治國之所患也.)

5.《說苑》政理篇

齊桓公問於管仲曰:「國何患?」管仲對曰:「患夫社鼠.」桓公曰:「何謂也?」管仲對曰:「夫社束木而塗之, 鼠因往託焉, 燻之則恐燒其木, 灌之則恐敗其塗, 此鼠所以不可得殺者, 以社故也. 夫國亦有社鼠, 人主左右是也; 內則蔽善惡於君上, 外則賣權重於百姓, 不誅之則爲亂, 誅之則爲人主所察, 據腹而有之, 此亦國之社鼠也. 人有酤酒者, 爲器甚潔清, 置表甚長而酒酸不售, 問之里人其故, 里人云:『公之狗猛, 人挈器而入, 且酤公酒, 狗迎而噬之, 此酒所以酸不售之故也.』夫國亦有猛狗, 用事者也; 有道術之士, 欲明萬乘之主, 而用事者迎而齕之, 此亦國之猛狗也. 左右爲社鼠, 用事者爲猛狗, 則道術之士不得用矣, 此治國之所患也.」

6.《戰國策》楚策(一)

江乙惡昭奚恤, 謂楚王曰:「人有以其狗爲有執而愛之. 其狗嘗溺井. 其疑人見狗之溺井也, 欲入言之. 狗惡, 當門而愸之. 疑人憚之, 遂不得入言. 邯鄲之難, 楚進兵大梁, 取矣. 昭奚恤取魏之寶器, 以居魏知之, 故昭奚恤常惡臣之見王.」

7.《藝文類聚》(97)

韓詩外傳曰: 以稷蜂不螫而社鼠不燻, 非以稷蜂社鼠之神也. 其所託者然也. 故聖人求賢者以自輔.

204(7-10) 昔者司城子罕相宋
악역을 대신 맡겠소

옛날 사성자한司城子罕이라는 자가 송宋나라의 재상이 되자 임금에게 이런 계책을 내놓았다.

"무릇 국가의 안위와 백성의 치란은 임금의 행동에 달려 있습니다. 그런데 작록을 내리고 상을 베풀며 인재를 거용하는 일은 누구나 다 좋아하는 바입니다. 따라서 이 일은 임금께서 직접 하십시오. 반대로 사형에 처하고 형벌을 내리는 일은 누구나 다 싫어하는 일입니다. 이 일은 청컨대 제가 맡겠습니다."

이러한 제의에 임금은 허락하며 이렇게 말하였다.

"좋소. 과인은 좋은 것을 맡고 그대는 악역을 맡게 되면 과인은 제후들로부터 웃음을 사는 일도 없어질 것이라고 알고 있소."

나라 사람들은 사람을 죽이고 형벌을 내리는 일은 전적으로 자한에게

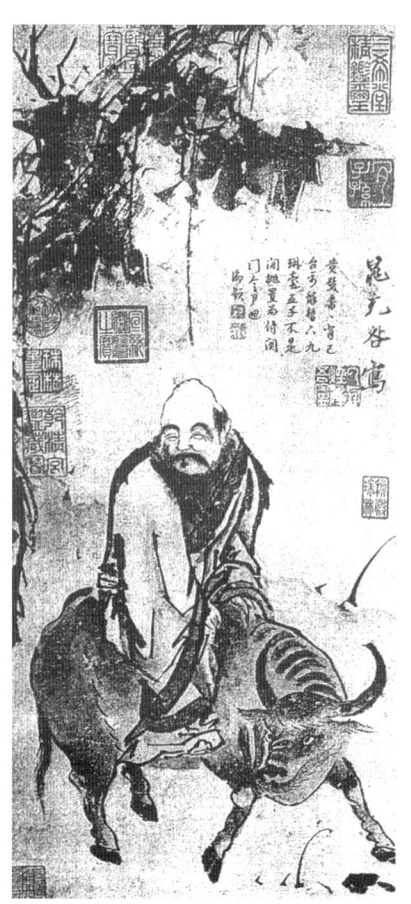
〈老子騎牛圖〉宋 晁補之(畫)

달려 있음을 알고 나서 대신들은 그의 비위를 맞추려고 친부해오고 백성들은 임금보다 그를 더 두려워하게 되었다. 그로부터 채 일 년이 지나지 않아 자한은 드디어 송나라 임금을 몰아내고 그 정치를 독점하게 되었다. 그래서 노자老子는 이렇게 말하였다.

"물고기는 못을 떠나서는 살 수 없고 나라의 이기는 남에게 내보여서는 안 된다."

《시詩》에는 이렇게 말하였다.

"어쩌면 나를 이리 떨쳐 버리고　　　　　胡爲我作
어떻다 한 마디 말도 없는가."　　　　　　不卽我謀

昔者, 司城子罕相宋, 謂宋君曰:「夫國家之安危, 百姓之治亂, 在君之行. 夫爵祿賞賜擧, 人之所好也, 君自行之; 殺戮刑罰, 民之所惡也, 臣請當之.」

君曰:「善. 寡人當其美, 子受其惡. 寡人自知不爲諸侯笑矣.」

國人知殺戮之刑專在子罕也. 大臣親之, 百姓畏之. 居不期年, 子罕遂去宋君, 而專其政.

故老子曰:『魚不可脫於淵, 國之利器不可以示人.』

詩曰:『胡爲我作, 不卽我謀.』

【司城子罕】官職名과 人名(字)이 겹친 것. 司城은 官職名. 子罕은 字, 이름은 樂喜.
【魚不可脫淵】《老子》 36장의 구절.
【詩曰】《詩經》小雅 十月之交의 구절.

참고 및 관련 자료

1. 《詩經》 小雅 十月之交(138)

2. 《老子》(36장)

將欲歙之, 必固張之. 將欲弱之, 必固强之. 將欲廢之, 必固擧之. 將欲奪之, 必固與之. 是謂微明. 柔弱勝剛强. 魚不可脫於淵, 國之利器不可以示人.

3. 《韓非子》 二柄篇

子罕謂宋君曰:「夫慶賞賜予者, 民之所喜也, 君自行之; 殺戮刑罰者, 民之所惡也, 臣請當之.」於是宋君失刑而子罕用之, 故宋君見劫.

4. 《韓非子》 外儲說右下

司城子罕謂宋君曰:「慶賞賜與, 民之所喜也, 君自行之; 殺戮誅罰, 民之所惡也, 臣請當之.」宋君曰:「諾.」於是出威令, 誅大臣, 君曰:「問子罕也.」於是大臣畏之, 細民歸之. 處期年, 子罕殺宋君而奪政. 故子罕爲出彘以奪其君國.

5. 《韓非子》 外儲說右下

一曰: 司城子罕謂宋君曰:「慶賞賜予者, 民之所好也, 君自行之; 誅罰殺戮者, 民之所惡也, 臣請當之.」於是戮細民而誅大臣, 君曰:「與子罕議之.」居期年, 民知殺生之命制於子罕也, 故一國歸焉. 故子罕劫宋君而奪其政, 法不能禁也. 故曰:「子罕爲出彘, 而田成常爲圃池也.」

6. 《史記》 李斯列傳

昔者, 司城子罕相宋, 身行刑罰, 以威行之, 暮年遂劫其君. 田常爲簡公臣, 爵列無敵於國, 私家之富與公家均, 布惠施德, 下得百姓, 上得羣臣, 陰取齊國, 殺宰予於庭, 卽弑簡公於朝, 遂有齊國. 此天下所明知也.

7. 《淮南子》 道應訓

昔者, 司城子罕相宋, 謂宋君曰:「夫國家之安危, 百姓之治亂, 在君行賞罰; 夫爵賞賜予, 民之所好也, 君自行之; 殺戮刑罰, 民之所怨也, 臣請當之.」宋君曰:「善, 寡人當其美, 子受其怨; 寡人自知不爲諸侯笑矣.」國人皆知殺戮之專制在子罕也, 大臣親之, 百姓畏之. 居不至期年, 子罕遂刦宋君, 而專其政. 故老子曰:「魚不可脫于淵, 國之利器, 不可以示人.」

8. 《說苑》君道篇

司城子罕相宋, 謂宋君曰:「國家之危定, 百姓之治亂, 在君行之賞罰也; 賞當則賢人勸, 罰得則姦人止; 賞罰不當, 則賢人不勸, 姦人不止, 姦邪比周, 欺上蔽主, 以爭爵祿, 不可不愼也. 夫賞賜讓與者, 人之所好也, 君自行之; 刑罰殺戮者, 人之所惡也, 臣請當之.」君曰:「善, 子主其惡, 寡人行其善, 吾知不爲諸侯笑矣.」於是宋君行賞賜而與子罕刑罰, 國人知刑戮之威, 專在子罕也, 大臣親之, 百姓附之, 居期年, 子罕逐其君而專其政, 故曰: 無弱君而彊大夫. 老子曰:「魚不可脫於淵, 國之利器, 不可以借人.」此之謂也.

205(7-11) 衛懿公之時
임금의 간을 뱃속에 품고

위衛 의공懿公 때였다. 홍연弘演이라는 신하가 있었는데 마침 명을 받고 사신으로 갔다가 미처 돌아오지 않았을 때 적인狄人들이 이 위나라를 공격해 왔다. 이에 의공은 군사를 일으켜 그들을 맞아 싸우려 하였지만 위나라 백성들은 이렇게 빈정댔다.

"임금에게 봉록과 직위를 받은 자는 학鶴뿐이며, 임금에게 사랑을 받던 자는 궁중 사람들뿐이다. 그러니 임금께서 학이나 궁중 사람들을 시켜 싸우게 하면 되지 우리가 어찌 나가 싸우겠는가?"

그리고는 모두 흩어져 버리자 적인들은 그곳에 이르러 의공을 형택滎澤까지 추격하여 죽여 버렸다. 그리고는 그 살은 다 먹고 간肝만 남겨 놓고 말았다. 홍연은 그 곳에 이르러 그 간에게 자신이 사신으로 다녀온 임무 보고를 마치자 하늘을 향해 울부짖으며 슬퍼하다가 그치고 나서 이렇게 말하였다.

"저와 같은 신하는 혼자 죽어도 되겠지요."

그리고는 이에 자신의 배를 갈라 그 속을 다 꺼내고 대신 의공의 간을 집어넣고는 죽어 버렸다.

제齊 환공桓公이 이 소문을 듣고 말하였다.

"위나라가 망한 것은 그 임금이 무도하였기 때문이다. 그러나 지금 그의 신하 중에 이러한 자가 있으니 그 나라를 망하게 그냥 둘 수 없다."

그리고는 초구楚丘에서 위나라를 복구해 주었다.

홍연 같은 자는 가히 충사忠士라고 할 수 있다. 자신을 죽여 그 임금을 영접하였고, 한갓 임금을 영접하였을 뿐만 아니라 위나라의 종묘를 다시 일으키고, 제사祭祀를 끊어지지 않게 하였으니, 큰 공을 이루었다고 말할 수 있다.

《시詩》에는 이렇게 말하였다.

"모두들 신나는데	四方有羨
나 홀로 걱정일세.	我獨居憂
누구나 편안한데	民莫不穀
나는 감히 쉴 틈이 없네."	我獨不敢休

衛懿公之時, 有臣曰弘演者, 受命而使未反, 而狄人攻衛. 於是懿公欲興師迎之.

其民皆曰:「君之所貴而有祿位者, 鶴也; 所愛者, 宮人也. 亦使鶴與宮人戰, 余安能戰?」

遂潰而皆去.

狄人至, 攻懿公於熒澤, 殺之, 盡食其肉, 獨舍其肝. 弘演至, 報使於肝, 辭畢, 呼天而號.

哀止, 曰:「若臣者, 獨死可耳.」

於是, 遂自刳出腹實, 內懿公之肝, 乃死.

桓公聞之, 曰:「衛之亡也, 以無道也, 今有臣若此, 不可不存.」

於是復立衛於楚丘. 如弘演, 可謂忠士矣. 殺身以捷其君, 非徒捷其君, 又令衛之宗廟復立, 祭祀不絕, 可謂有大功矣.

詩曰:『四方有羨, 我獨居憂, 民莫不穀, 我獨不敢休.』

【衛懿公】春秋時代 衛나라 군주. 惠公의 아들로 이름은 赤. 재위 8년(B.C.668~661). 학을 지나치게 좋아한 임금이라 한다.
【弘演】人名.
【狄人】북방의 이민족.
【滎澤】榮澤의 誤記. 지금의 河南省 成皋縣. 원래 못이었으나 漢 平帝 때 평지로 변하였다 한다.
【楚丘】地名. 衛 文公이 이곳으로 도읍을 옮겼다. 지금의 河南省 滑縣.
【詩曰】《詩經》小雅 十月之交의 구절.

참고 및 관련 자료

1. 《詩經》小雅 十月之交(138)

2. 《左傳》閔公 二年

冬十二月, 狄人伐衛. 衛懿公好鶴, 鶴有乘軒者. 將戰, 國人受甲者皆曰:「使鶴! 鶴實有祿位, 余焉能戰?」

3. 《呂氏春秋》忠廉篇

衛懿公有臣曰弘演, 有所於使. 翟人攻衛, 其民曰:「君之所予位祿者, 鶴也; 所貴富者, 宮人也. 君使宮人與鶴戰, 余焉能戰?」遂潰而去. 翟人至, 及懿公於榮澤, 殺之, 盡食其肉, 獨捨其肝. 弘演至, 報使於肝. 畢, 呼天而啼, 盡哀而止, 曰:「臣請爲襮.」因自殺, 先出其腹實, 內懿公之肝. 桓公聞之曰:「衛之亡也, 以爲無道也. 今有臣若此, 不可不存.」於是復立衛於楚丘. 弘演可謂忠矣, 殺身出生以徇其君. 非徒徇其君也, 又令衛之宗廟復立, 祭祀不絶, 可謂有功矣.

4. 《新序》義勇篇

衛懿公有臣曰弘演, 遠使未還. 狄人攻衛, 其民曰:「君之所與祿位者, 鶴也; 所富者, 宮人也. 君使宮人與鶴戰, 余焉能戰?」遂潰而去. 狄人追及懿公於榮澤, 殺之, 盡食其肉, 獨捨其肝. 弘演至, 報使於肝, 畢, 呼天而號, 盡哀而止. 曰:「臣請爲表.」因自刺其腹, 乃懿公之肝而死. 齊桓公聞之曰:「衛之亡也以無道, 今有臣若此, 不可不存.」於是救衛於楚丘.

5. 《新書》(賈誼) 春秋篇

衛懿公喜鶴, 鶴有飾以文繡, 賦斂繁多而不顧其民, 貴優而輕大臣. 群臣或諫則面叱之. 及翟伐衛, 寇挾城堞矣. 衛君垂淚而拜其臣民曰:「寇迫矣. 士民其勉之.」士民曰:「君亦使君之貴優, 將君之愛鶴以爲君戰矣. 我儕棄人也. 安能守戰?」乃潰門而出走, 翟寇遂入, 衛君奔死, 遂喪其國.

6. 《論衡》 儒增篇

儒書言:「衛有忠臣弘演, 爲衛哀公使, 未還, 狄人攻哀公而殺之, 盡食其肉, 獨捨其肝. 弘演使還, 致命於肝. 痛哀公之死, 身肉盡, 肝無所附, 引刀自刳其腹, 盡出其腹實, 乃内哀公之肝而死.」言此者, 欲稱其忠矣. 言其自刳內哀公之肝而死, 可也; 言盡出其腹實乃内哀公之肝, 增之也.

7. 《藝文類聚》(20)

狄人殺衛懿公, 盡食其肉, 獨舍其肝, 弘演使還, 哭畢呼天, 因自出其肝, 內懿公之肝, 齊桓公聞之曰:「弘演可謂忠矣.」

8. 기타 참고자료

《冊府元龜》(739)

206(7-12) 孫叔敖遇狐丘丈人
손숙오와 호구장인

  손숙오孫叔敖가 호구장인狐丘丈人을 만나자 호구장인이 물었다.
  "제가 듣기에 세 가지 이익이 있으면 반드시 세 가지 환난도 있다던데 그대는 알고 계십니까?"
  이에 손숙오는 움츠려 들면서 얼굴을 바꾸고 대답하였다.
  "저같이 불민不敏한 자가 어찌 알 수 있겠습니까? 감히 여쭙건대 세 가지 이익이란 무엇이며 또 세 가지 환난이란 무엇입니까?"
  이에 호구장인은 이렇게 설명하였다.
  "작위가 높으면 사람들이 질투하고, 관직이 크면 임금이 미워하며, 녹이 많으면 원망이 그에게 몰리지요. 이를 두고 하는 말입니다."
  이 말에 손숙오가 반박하고 나섰다.
  "그렇지 않습니다. 나는 작위가 높을수록 뜻을 더욱 낮추고, 관직이 커질수록 마음을 더욱 작게 가지며, 내 녹이 많을수록 더욱 널리 베풀고 있습니다. 그러니 가히 환난을 면할 수 있지 않겠습니까?"
  그러자 호구장인은 감탄하였다.
  "훌륭하오. 그 말씀이여! 요堯 순舜도 오히려 그렇게 못한 것을 병으로 여겼었다오!"
  《시詩》에는 이렇게 말하였다.

"부드럽고 공손하기는	溫溫恭人
나무에 모여 오른 듯.	如集于木

| 조심조심 마음 졸이기는 | 惴惴小心 |
| 절벽 위에 서 있듯이." | 如臨于谷 |

孫叔敖遇狐丘丈人.

狐丘丈人曰:「僕聞之: 有三利, 必有三患, 子知之乎?」

孫叔敖蹴然易容曰:「小子不敏, 何足以知之? 敢問何謂三利? 何謂三患?」

狐丘丈人曰:「夫爵高者, 人妬之; 官大者, 主惡之; 祿厚者, 怨歸之, 此之謂也.」

孫叔敖曰:「不然. 吾爵益高, 吾志益下; 吾官益大, 吾心益小; 吾祿益厚, 吾施益博. 可以免於患乎?」

狐丘丈人曰:「善哉, 言乎! 堯舜其猶病諸!」

詩曰:『溫溫恭人, 如集于木. 惴惴小心, 如臨于谷.』

【孫叔敖】楚 莊王 때의 재상.
【狐丘丈人】狐丘는 地名. 丈人은 노인이라는 뜻.
【詩曰】《詩經》 小雅 小宛의 구절. 이는 '時節을 哀傷하는 노래'라 한다.

> 참고 및 관련 자료

1. 《詩經》 小雅 小宛

宛彼鳴鳩, 翰飛戾天. 我心憂傷, 念昔先人. 明發不寐, 有懷二人. 人之齊聖, 飲酒溫克. 彼昏不知, 壹醉日富. 各敬爾儀, 天命不又. 中原有菽, 庶民采之. 螟蛉有子, 蜾蠃負之. 教誨爾子, 式穀似之. 題彼脊令, 載飛載鳴. 我日斯邁, 而月斯征. 夙興夜寐, 無忝爾

所生. 交交桑扈, 率場啄粟. 哀我填寡, 宜岸宜獄. 握粟出卜, 自何能穀. 溫溫恭人, 如集于木. 惴惴小心, 如臨于谷. 戰戰兢兢, 如履薄冰.

2. 《荀子》堯問篇

語曰: 繒丘之封人見楚相孫叔敖曰:「吾聞之也: 處官久者士妒之, 祿厚者民怨之, 位尊者君恨之. 今相國有此三者而不得罪楚之士民, 何也?」孫叔敖曰:「吾三相楚而心瘉卑, 每益祿而施瘉博, 位滋尊而禮瘉恭, 是以不得罪於楚之士民也.」

3. 《淮南子》道應訓

狐丘丈人謂孫叔敖:「曰人有三怨, 子知之乎?」孫叔敖曰:「何謂也?」對曰:「爵高者士妒之, 官大者主惡之, 祿厚者怨處之.」孫叔敖曰:「吾爵益高, 吾志益下; 吾官益大, 吾心益小; 吾祿益厚, 吾施益博. 是以免三怨可乎?」故老子曰:「貴必以賤爲本, 高必以下爲基.」

4. 《列子》說符篇

狐丘丈人謂孫叔敖曰:「人有三怨, 子之知乎?」孫叔敖曰:「何謂也?」對曰:「爵高者, 人妒之; 官大者, 主惡之; 祿厚者, 怨逮之.」孫叔敖曰:「吾爵益高, 吾志益下; 吾官益大, 吾心益小; 吾祿益厚, 吾施益博. 以是免於三怨, 可乎?」

5. 《文子》符言篇

老子曰:「人有三怨: 爵高者, 人妒之; 官大者, 主惡之; 祿厚者, 人怨之. 夫爵益高者, 意益下; 官益大者, 心益小; 祿益厚者, 施益博. 修此三者, 怨不作. 故貴以賤爲本; 故以下爲基.」

6. 《說苑》敬慎篇

孫叔敖爲楚令尹, 一國吏民皆來賀, 有一老父衣麤衣, 冠白冠, 後來弔, 孫叔敖正衣冠而出見之, 謂老父曰:「楚王不知臣不肖, 使臣受吏民之垢, 人盡來賀, 子獨後來弔, 豈有說乎?」父曰:「有說, 身已貴而驕人者民去之; 位已高而擅權者君惡之; 祿已厚而不知足者患處之.」孫叔敖再拜曰:「敬受命, 願聞餘教.」父曰:「位已高而意益下, 官益大而心益小, 祿已厚而慎不敢取; 君謹守此三者足以治楚矣.」

7. 기타 참고자료

《冊府元龜》(788)・《類說》(38)・《渚宮舊事》(1)

207(7-13) 孔子曰明王有三懼
임금이 두려워해야 할 세 가지

공자孔子가 이렇게 말하였다.

"영명한 군주에게는 두려워해야 하는 것이 세 가지가 있으니, 첫째는 높은 곳에 처함으로 해서 자기의 과실을 듣지 못하면 어쩌나 하는 것이요, 둘째는 뜻을 얻었다고 해서 교만해지면 어쩌나 하는 것이며, 셋째는 천하의 훌륭한 도를 듣고도 이를 실천하지 못하면 어쩌나 하는 것이다."

옛날 월왕越王 구천勾踐이 오吳나라와 싸워 이를 크게 패배시키고 남이南夷까지 다 차지하게 되었다. 그 때에는 그가 남면南面하여 서면 가까운 신하가 셋, 멀리 있는 신하가 다섯이었다. 그러면서도 그는 여러 대부들에게 이렇게 명하였다.

"허물을 듣고도 나에게 고하지 않는 자는 가장 큰 벌로 죽이리라."

이것이 곧 지위가 높아 자신의 과실을 듣지 못하면 어쩌나 하는 경우이다.

또 옛날 진晉 문공文公이 초楚나라와 싸워 크게 이기고 그 군량을 다 불태워 버렸다. 그 불이 사흘을 계속 타자 문공은 물러서 근심스런 얼굴을 하는 것이었다. 곁에 모시고 있던 신하가 물었다.

"임금께서는 초나라를 쳐서 크게 이겼는데 근심의 빛을 띠시니 무슨 이유입니까?"

그러자 문공은 이렇게 말하였다.

"내 듣기로 전쟁에 이기고 마음을 편안히 가질 수 있는 자는 오직 성인밖에 없다고 하였소. 거짓을 써서 이겼으면서도 위험에 처하지 않은 경우란 이제껏 없었소. 그래서 내가 이렇게 근심을 하고 있는 것이라오."

이것이 곧 뜻을 얻었다고 해서 교만해지면 어쩌나 하는 경우이다.

다음으로 옛날 제齊 환공桓公이 관중管仲과 습붕隰朋을 얻어 남면하여 섰을 때 환공은 이렇게 말하였다.

"내 이 두 사람을 얻어 눈이 더욱 밝아지고 귀가 더욱 총명해졌습니다. 그래서 감히 독단으로 할 수 없으니 먼저 선조의 사당에 고하는 바입니다."

이것이 곧 지극한 도를 듣고 실천하지 못하면 어쩌나 하는 경우이다. 이처럼 환공과 진 문공, 그리고 월왕 구천을 통해 보건대 이러한 세 가지 두려움을 가져야 하는 것은 명철한 군주의 의무이다.

《시詩》에

"부드럽고 공손하기는	溫溫恭人
나무에 모여 오른 듯.	如集于木
조심조심 마음 졸이기는	惴惴小心
절벽 위에 서 있듯이.	如臨于谷
겁을 먹고 조심하기는	戰戰兢兢
얇은 얼음 밟고 가듯"	如履薄冰

이라 하였으니 이는 위대한 임금이 남의 위에 있을 때의 태도를 말한 것이다.

孔子曰:「明王有三懼: 一曰處尊位而恐不聞其過; 二曰得志而恐驕; 三曰聞天下之至道而恐不能行. 昔者, 越王勾踐與吳戰, 大敗之, 兼有南夷. 當是之時, 君南面而立. 近臣三, 遠臣五.

令諸大夫曰:『聞過而不以告我者, 爲上戮.』此處尊位而恐不聞其過也. 昔者, 晉文公與楚戰, 大勝之, 燒其草, 火三日不息. 文公退而有憂色, 侍者曰:『大勝楚, 而有憂色, 何也?』文公曰:『吾聞能以戰勝安者, 惟聖人; 若夫詐勝之徒, 未嘗不危. 吾是以憂也.』此得志而恐驕也. 昔者, 齊桓公得管仲·隰朋, 南面而立. 桓公曰:『吾得二子也, 吾目加明, 吾耳加聰, 不敢獨擅, 進之先祖.』此聞至道而恐不能行者也. 由桓公·晉文·越王勾踐觀之, 三懼者, 明君之務也.」

詩曰:『溫溫恭人, 如集于木. 惴惴小心, 如臨于谷. 戰戰兢兢, 如履薄氷.』

此言大王居人上也.

【越王勾踐】春秋 말기 越나라 군주. 文種과 范蠡를 등용하여 吳(夫差)를 없앴다.
【南夷】남쪽의 이민족.
【晉文公】춘추오패의 하나. 重耳.
【齊桓公】춘추오패의 首長. 管仲·隰朋 등을 등용하였다.
【詩曰】《詩經》 小雅 小宛의 구절.

참고 및 관련 자료

1. 《詩經》 小雅 小宛(206)
2. 《說苑》 君道篇

明主者有三懼, 一曰處尊位而恐不聞其過, 二曰得意而恐驕, 三曰聞天下之至言而恐不能行, 何以識其然也? 越王勾踐與吳人戰, 大敗之, 兼有九夷, 當是時也, 南面而立, 近臣三, 遠臣五, 令群臣曰聞吾過而不告者其罪刑, 此處尊位而恐不聞其過者也. 昔者晉文公與楚人戰, 大勝之, 燒其軍, 火三日不滅, 文公退而有憂色, 侍者曰:「君大

勝楚, 今有憂色, 何也?」文公曰:「吾聞能以戰勝而安者, 其唯聖人乎! 若夫詐勝之徒, 未嘗不危也, 吾是以憂.」此得意而恐驕也. 昔齊桓公得筦仲隰朋, 辯其言, 說其義, 正月之朝, 令具太牢進之先祖, 桓公西面而立, 筦仲隰朋東面而立, 桓公贊曰:「自吾得聽二子之言, 吾目加明, 耳加聰, 不敢獨擅, 願薦之先祖.」此聞天下之至言, 而恐不能行者也.

3.《史記》晉世家

晉焚楚軍, 火數日不息, 文公歎. 左右曰:「勝楚而君猶憂, 何?」文公曰:「吾聞能戰勝安者唯聖人, 是以懼. 且子玉猶在, 庸可喜乎!」子玉之敗而歸, 楚成王怒其不用其言, 貪與晉戰, 讓責子玉, 子玉自殺. 晉文公曰:「我擊其外, 楚誅其內, 內外相應.」於是乃喜.

4.《孔子集語》主德篇

韓詩外傳七: 孔子曰:「明王有三懼: 一曰處尊位而恐不聞其過, 二曰得志而恐驕, 三曰聞天下之至道而恐不能行.」

208(7-14) 楚莊王賜其羣臣酒
갓끈을 끊어라

　초楚 장왕莊王이 그 신하들에게 술을 내려 잔치를 베풀고 있었다. 해가 지고 술이 올라 좌우의 신하들이 모두 술에 취하였을 때 마침 촛불이 꺼지고 말았다. 이 때 어둠을 틈타 왕후의 옷소매를 잡아끄는 자가 있었다. 왕후는 그의 갓끈을 당겨 끊어 버리고는 임금에게 이렇게 소리쳤다.
　"지금 촛불이 꺼지자 첩의 옷을 잡아당기는 자가 있습니다. 첩이 그의 갓끈을 끊어 놓았으니 원컨대 불을 밝히시거든 갓끈 끊어진 자를 살펴주십시오."
　이 말에 왕은 이렇게 말하였다.
　"그쳐라!"
　그리고는 곧바로 이렇게 명령을 내렸다.
　"지금 나와 술을 마시는 자 중에 갓끈을 끊지 아니한 자는 이 술자리를 즐겁게 여기지 않는 자라 여길 것이다."
　이에 갓끈이 온전한 자는 아무도 없었고, 왕후에게 갓끈이 끊긴 자가 누구인지 알 수 없게 되었다. 왕은 드디어 신하들과 함께 계속 술을 마시며 즐기다가 잔치를 끝낼 수 있었다.
　뒤에 오吳나라가 군대를 일으켜 초나라를 공격하여 싸움이 벌어졌을 때, 어떤 자가 항상 앞서 나가며 다섯 번 싸움에 모두 접전하더니 상대의 진을 함락시키고 적을 물리쳐 드디어 대군의 머리를 잘라 바치는 자가 있었다. 왕이 괴이히 여겨 물었다.

"나는 일찍이 그대에게 특이하게 잘해 준 것도 없는데 그대는 어찌 나에게 이렇게 후하게 대하는고?"

그러자 그는 이렇게 대답하는 것이었다.

"제가 바로 지난 번 궁전에서 갓끈이 끊겼던 자입니다. 당시에 그 잘못으로 이미 간담이 땅에 쳐 발라져야 하였습니다. 그 일로 저는 오랫동안 부담을 느꼈지만 아직까지 갚지 못하였습니다. 그런데 다행히 지금 이렇게 기회를 얻어 신하된 의義로써 왕을 위해 오나라를 깨뜨려 초나라를 강하게 할 수 있게 되었습니다."

《시詩》에

"깊고 깊은 연못가에는	有淮者淵
길을 넘는 갈대가 우거져 있네"	萑葦淠淠

라 하였는데 이는 위대한 자는 용납하지 않는 것이 없음을 말한 것이다.

楚莊王賜其羣臣酒, 日暮酒酣, 左右皆醉, 殿上燭滅, 有牽王后衣者. 后挖冠纓而絶之, 言於王曰:「今燭滅, 有牽妾衣者. 妾挖其纓而絶之, 願趣火視絶纓者.」

王曰:「止!」

立出令曰:「與寡人飮, 不絶纓者, 不爲樂也.」

於是冠纓無完者, 不知王后所絶冠纓者誰.

於是王遂與羣臣歡飮乃罷.

後吳興師攻楚, 有人常爲應行, 五合戰, 五陷陣卻敵, 遂取大軍之首而獻之.

王怪而問之, 曰:「寡人未嘗有異於子, 子何爲於寡人厚也?」

對曰:「臣先殿上絶纓者也. 當時宜以肝膽塗地. 負日久矣, 未有所效, 今幸得用. 於臣之義, 尚可爲王破吳而強楚.」
詩曰:『有漼者淵, 萑葦淠淠.』
言大者無不容也.

【楚莊王】春秋五霸의 하나. 楚나라 군주.
【詩曰】《詩經》小雅 小弁의 구절.

참고 및 관련 자료

1. 유명한 '絶纓'의 고사이다.
2. 《詩經》小雅 小弁(167)
3. 《說苑》復恩篇
楚莊王賜群臣酒, 日暮酒酣, 燈燭滅, 乃有人引美人之衣者, 美人援絶其冠纓, 告王曰:「今者燭滅, 有引妾衣者, 妾援得其冠纓持之, 趣火來上, 視絶纓者.」王曰:「賜人酒, 使醉失禮, 奈何欲顯婦人之節而辱士乎?」乃命左右曰:「今日與寡人飲, 不絶冠纓者不懽」群臣百有餘人皆絶去其冠纓而上火, 卒盡懽而罷. 居三年, 晉與楚戰, 有一臣常在前, 五合五奮, 首却敵, 卒得勝之, 莊王怪而問曰:「寡人德薄, 又未嘗異子, 子何故出死不疑如是?」對曰:「臣當死, 往者醉失禮, 王隱忍不加誅也; 臣終不敢以蔭蔽之德而不顯報王也, 常願肝腦塗地, 用頸血湔敵久矣, 臣乃夜絶纓者也.」遂敗晉軍, 楚得以強, 此有陰德者必有陽報也.

4. 《古類書》(敦煌寫本) 報恩篇
楚莊王夜與群臣飲酒, 火滅, 有人引美人, 美人絶其冠纓, 告王曰:「燭滅, 引妾衣, 斷得其纓. 促上火而照之.」王曰:「賜人酒使醉, 失禮, 奈何欲顯婦人之意而辱士乎?」王曰:「今與寡人飲者, 盡絶其纓, 不絶者不歡.」居二年, 晉與楚戰, 有一臣在王前, 五合五獲, 却敵, 卒得勝之, 王怪而問之. 曰:「臣往者醉而失禮, 王隱忍不暴而誅. 臣常願肝腦塗地, 以報大王. 臣乃夜絶纓者是也.」

5. 《初學記》(25) 司馬彪《戰略》

楚莊王賜群臣酒, 日暮, 燭滅, 有人引美人者, 美人援絕其冠纓, 告王. 王曰:「人醉失禮, 奈何欲顯婦人之節而辱士乎?」乃命曰:「群臣皆絕去冠纓, 然後上燭.」

6. 기타 참고자료

《太平御覽》(479)

209(7-15) 傳曰伯奇孝而棄於親
어질기 때문에 죽은 사람들

이렇게 전해오고 있다.

백기伯奇는 효도를 다하였지만 어버이로부터 버림을 받았고, 은공隱公은 자애로웠지만 그 동생에게 죽임을 당하였으며, 숙무叔武는 어진이였지만 형에게 죽임을 당하였고 비간比干은 충성스러웠지만 임금으로부터 주살을 당하였다.

《시詩》에 이런 말이 있다.

"나에게는 죄가 없네."　　　　　　　　　　　予愼無辜

傳曰: 伯奇孝而棄於親, 隱公慈而殺於弟, 叔武賢而殺於兄, 比干忠而誅於君.

詩曰:『予愼無辜.』

【伯奇】周나라 때 尹吉甫의 아들로 효자로 널리 알려진 인물. 吉甫가 후처의 참언을 듣고 이를 내쫓았다.

【隱公】春秋時代 魯나라 惠公의 아들. 재위 11년(B.C.722~712). 이름은 息姑. 公子인 翬가 그 동생 軌(惠公의 嫡子)를 죽이자고 하였을 때 듣지 않았다. 두려움을 느낀 翬는 오히려 軌에게 거짓으로 은공이 그대를 죽이려 한다고 하였고 軌의 의견에 따라 은공을 죽였다.

【叔武】春秋時代 衛侯인 鄭의 아우. 나라 사람들이 衛侯를 내쫓고 叔武를 세우려 하자 叔武는 처음에 거절하였다가 다른 사람이 즉위하면 형(衛侯)이 복위할 수 없을 것이라 여겨 우선 즉위한 후 형을 돌아오게 하였다. 그러나 衛侯는 돌아와 叔武의 뜻을 모르고 그를 죽여 버렸다.
【比干】紂 임금 때의 충신.(前出)
【詩曰】《詩經》 小雅 巧言의 구절.

참고 및 관련 자료

1. 《詩經》 小雅 巧言(102)

2. 《琴操》 卷上 〈履霜操〉篇

履霜操者, 尹吉甫之子伯奇所作也. 吉甫, 周上卿也. 有子伯奇, 伯奇母死, 吉甫更娶後妻. 生子曰伯邦. 乃譖伯奇於吉甫曰:「伯奇見妾有美色, 然有欲心.」吉甫曰:「伯奇爲人慈仁, 豈有此也?」妻曰:「試置妾空房中, 君登樓察之.」後妻知伯奇仁孝, 乃取毒蜂綴衣領, 伯奇前持之. 於是吉甫大怒, 放伯奇於野. 伯奇編水荷而衣之, 采楟花而食之. 清朝履霜, 自傷無罪見逐, 乃援琴而鼓之曰:「履朝霜兮採晨寒, 考不明兮聽讒言. 孤恩別離兮摧肺肝. 何辜皇天遭所愍. 痛殁不同兮恩有偏. 誰說顧兮知我冤.」宣王出遊, 吉甫從之. 伯奇乃作歌以言感之於宣王. 宣王聞之, 曰:「此孝子之辭也.」吉甫乃求伯奇於野, 而感悟, 遂射殺後妻.

3. 《左傳》 隱公 元年

惠公元妃孟子. 孟子卒, 繼室以聲子, 生隱公. 宋武公生仲子. 仲子生而有文在其手, 曰爲魯夫人, 故仲子歸于我. 生桓公而惠公薨, 是以隱公立而奉之.

4. 《左傳》 隱公 11年

羽父請殺桓公, 將以求大宰. 公曰:「爲其少故也, 吾將授之矣. 使營菟裘, 吾將老焉.」羽父懼, 反譖公于桓公而請弑之. 公之爲公子也, 與鄭人戰于狐壤, 止焉. 鄭人囚諸尹氏. 賂尹氏, 而禱於其主鍾巫. 遂與尹氏歸, 而立其主. 十一月, 公祭鍾巫, 齊于社圃, 館于寪氏. 壬辰, 羽父使賊弑公于寪氏, 立桓公, 而討寪氏, 有死者. 不書葬, 不成喪也.

5. 《公羊傳》 僖公 28年

衛侯之罪何? 殺叔武也, 何以不書. 爲叔武諱也, 春秋爲賢者諱, 何賢乎叔武. 讓國也, 其讓國奈何? 文公逐衛侯而立叔武, 叔武辭立而他人立, 則恐衛侯之不得反也, 故於是已立. 然後爲踐土之會, 治反衛侯. 衛侯得反, 曰:「叔武簒我.」元咺爭之曰:「叔武無罪, 終殺叔武.」元咺走而出, 此晉侯也,

6. 기타 참고자료

《類說》(38)·《說郛》(7)

210(7-16) 紂殺比干
비간의 죽음

주紂가 비간比干을 죽이자 기자箕子는 머리를 풀어 헤치고 거짓 미친 체하였고, 진陳 영공靈公이 설야泄冶를 죽이자 등원鄧元이 그 가족을 이끌고 진陳나라를 떠나 버렸다. 이로부터 은殷나라는 주周나라에게 병탄되었고 진나라는 초楚나라에게 망하고 말았다. 비간과 설야를 죽임으로써 기자와 등원을 잃었기 때문이다.

그런가 하면 연燕 소왕昭王은 곽외郭隗를 얻고 나자, 추연鄒衍과 악의樂毅가 위魏나라, 조趙나라로부터 찾아왔고, 함께 군대를 일으켜 제齊나라를 공격, 민왕閔王을 거莒 땅으로 몰아 버릴 수 있었던 것이다. 당시 연나라 땅과 인구는 제나라와 균형을 이룰 수 있는 정도가 아니었음에도 연나라가 진실로 이런 경지에 이르게 된 것은 선비를 얻었기 때문이다.

그렇게 보면 언제나 안전한 나라란 있을 수 없고 언제나 다스려지기만 하는 백성이 있는 것도 아니다. 어진 이를 얻으면 창성해지고 어진 이를 잃으면 망하는 것일 뿐이니 예로부터 이제까지 그렇지 않은 경우란 없었다.

맑은 거울이란 형체를 비추어 보는 것이요, 지나간 옛일이란 오늘을 알게 해 주는 것이다.

옛날에 위망危亡하게 된 군주의 잘못된 행동을 싫어하면서, 또 다른 옛날의 안존安存하였던 군주의 훌륭한 업적을 답습하는 데에 힘쓰지 않는다면 이는 마치 뒷걸음질 치면서 앞사람을 따라잡으려는 것과 다를 바가 없다.

태공太公은 이를 알았기 때문에 미자微子의 후손을 등용하였고, 비간의 묘를 봉하였던 것이다. 무릇 성인은 현자의 후손에게조차 이와 같이 후厚하거늘 하물며 당세에 살아 있는 자에게 있어서이겠는가? 《시詩》에는 이렇게 말하였다.

"하늘이 아무리 무섭다 해도　　　　　　昊天太憮
　나에게는 아무런 죄가 없다오."　　　　予愼無辜

紂殺比干, 箕子被髮佯狂; 陳靈公殺泄冶, 鄧元去陳以族從. 自此之後, 殷幷於周, 陳亡於楚, 以其殺比干泄冶, 而失箕子鄧元也. 燕昭王得郭隗, 鄒衍·樂毅, 是以魏趙至, 興兵而攻齊, 棲閔於莒. 燕之地計衆, 不與齊均也, 然所以信竟至於此者, 由得士也. 故無常安之國, 無宜治之民, 得賢者昌, 失賢者亡. 自古及今, 未有不然者也. 明鏡者, 所以照形也; 往古者, 所以知今也. 知惡古之所以危亡, 而不務襲跡其所以安存, 則未有以異乎卻走而求逮前人也. 太公知之, 故擧微子之後, 而封比干之墓. 夫聖人之於賢者之後, 尙如是厚也, 而況當世而存者乎?

詩曰:『昊天太憮, 予愼無辜.』

【比干】 紂 때의 王子. 충신.
【箕子】 紂 때의 신하.(前出)
【陳靈公】 春秋時代 陳나라 군주. 宣公의 증손. 이름은 平國. 大夫인 孔寧·儀行父 등과 함께 夏姬와 私通. 泄冶가 이를 알리자 그를 죽여 버렸다.
【泄冶】 다른 기록에는 '洩冶'로 되어 있다. 陳나라 대부.
【鄧元】 陳나라 사람으로 泄冶의 죽음을 보고 더 이상 살 수 없는 나라라 여기고 가족을 이끌고 떠나 버렸다.

【燕昭王】戰國時代 燕나라 군주. '죽은 말 五百金'의 고사를 남겼다. 재위 33년 (B.C.311~279).《戰國策》燕策 및《史記》燕世家 등 참조.
【郭隗】燕나라 高士로 '죽은 말 오백금'의 고사로 燕昭王에게 유세하여 鄒衍·樂毅 등이 찾아오도록 하였다.
【鄒衍】齊나라 출신. 燕昭王에게로 갔다.
【樂毅】燕昭王 때의 장군으로 齊나라 70여 성을 빼앗았다.《史記》樂毅列傳 참조.
【太公】姜太公 呂尙 子牙.
【微子】殷의 후손. 이름은 啓. 宋나라의 시조가 되었다.《史記》宋微子世家 참조.
【詩曰】《詩經》小雅 巧言의 구절.

참고 및 관련 자료

1.《詩經》小雅 巧言(102)

2.《說苑》尊賢篇

紂殺王子比干, 箕子被髮佯狂, 陳靈公殺泄冶而鄧元去陳; 自是之後, 殷兼於周, 陳亡於楚, 以其殺比干泄冶而失箕子與鄧元也. 燕昭王得郭隗, 而鄒衍樂毅以齊趙至, 蘇子屈景以周楚至, 於是擧兵而攻齊, 棲閔王於莒, 燕校地計衆, 非與齊均也, 然所以能信意至於此者, 由得士也. 故無常安之國, 無恒治之民; 得賢者則安昌, 失之者則危亡, 自古及今, 未有不然者也. 明鏡所以照形也, 往古所以知今也, 夫知惡往古之所以危亡, 而不務襲迹於其所以安昌, 則未有異乎却走而求逮前人也, 太公知之, 故擧微子之後而封比干之墓, 夫聖人之於死尙如是其厚也, 況當世而生存者乎! 則其弗失可識矣.

3.《大戴禮記》保傅篇

紂殺王子比干, 而箕子被髮陽狂, 靈公殺泄冶, 而鄧元去陳以族從, 自是之後, 殷幷於周, 陳亡於楚, 以其殺比干與泄冶, 而失箕子與鄧元也. 燕昭王得郭隗, 而趨衍樂毅以齊至. 於是擧兵而攻齊, 齊閔王於莒. 燕支地計衆, 不與齊均也. 然如所以能申意至於此者, 由得士也. 故無常安之國, 無宜治之民, 得賢者安存, 失賢者危亡,

自古及今, 未有不然者也. 明鏡者, 所以察形也. 往古者, 所以知今也. 今知惡古之危亡, 不務襲迹於其所以安存, 則未有異於卻走而求及前人也. 太公知之, 故興微子之後, 而封比干之墓, 夫聖人之於當世存者乎, 其不失可知也.

4.《新書》(賈誼) 胎教篇
紂殺王子比干, 而箕子被髮陽狂, 陳靈公殺泄治, 而鄧元去陳以族從, 自是之後, 殷并於周, 陳亡於楚, 以其殺比干與泄治, 而失箕子與鄧元也. 燕昭王得郭隗, 趨衍樂毅, 自齊魏至. 於是擧兵而攻齊, 齊閔王於莒. 燕度地計衆, 不與齊均也. 然而所以能信意至於此者, 由得士故也. 故無常安之國, 無宜治之民, 得賢者顯昌, 失賢者危亡, 自古及今, 未有不然者也. 明鏡所以察形也. 往古所以知今也. 夫知惡古之所以危亡, 不務襲迹於其所以安存, 則未有異於卻走而求及於前人也. 太公知之, 故國微子之後, 而封比干之墓, 夫聖人之於聖者之死, 尚如此其厚也, 況當世存者乎? 其弗失可知矣.

5.《孔子家語》觀周篇
夫明鏡所以察形, 往古者所以知今, 人主不務襲跡於其所以安存, 而忽怠所以危亡, 是猶未有以異於卻走而欲求及前人也, 豈不惑哉!

6.《穀梁傳》宣公 9年
陳殺其大夫泄治, 稱國以殺其大夫, 殺無罪也, 泄治之無罪如何, 陳靈公通于夏徵舒之家, 公孫寧, 儀行父, 亦通, 其家, 或衣其衣, 或衷其襦, 以相戲於朝, 泄治聞之, 人諫曰:「使國人聞之則猶可, 使仁人聞之則不可.」君愧於泄治, 不能用其言而殺之.

7.《藝文類聚》(23)
韓詩外傳曰: 昔者, 禹以夏王, 桀以夏亡, 湯以殷王, 紂以殷亡. 故無常安之國, 宜治之民. 得賢則昌, 不肖則亡. 夫明鏡所以照形也; 往古所以知今也. 鄙語曰:「不知爲吏, 視已成事, 前車覆, 後車誡.」

8. 기타 참고자료
《韓詩外傳》(1, 5)・《新序》節士篇・《困學紀聞》(5)

211(7-17) 宋玉因其友見楚襄王
토끼와 사냥개

송옥宋玉이란 자가 친구를 통해 초楚 양왕襄王을 뵙게 되었다. 그런데 양왕은 이 송옥을 특이하게 달리 대해 주지 않는 것이었다. 송옥은 서운해서 그 친구를 원망하였다. 그러자 그 친구가 이렇게 말하였다.

"무릇 생강이나 계피는 땅이 있어야 살지만 그 땅 때문에 매운 것은 아니요. 또 여자는 중매쟁이가 있어야 시집을 가지만 그 중매쟁이가 무작정 두 사람을 친하게 해줄 수 있는 것은 아니라오. 그대가 임금을 아직 잘 모시지 못해 그렇지 나를 원망할 일이요?"

그러나 송옥의 의견은 달랐다.

"그렇지 않소이다. 옛날 제齊나라에 아주 교활한 토끼가 있었지요. 하루에 오 백리는 뛰지요. 그런데 이를 멀리 손가락으로 가리켜 보이면서 가서 쫓으라 하면 아무리 훌륭한 개인이라도 그 교토가 뒤에 뿌리고간 먼지라도 쫓을 수 있겠습니까? 그러나 만약 이 개를 줄에 매어 토끼 가까이 가서 손가락으로 가리키면 어떻게 되겠습니까?"

《시詩》에는 이렇게 말하였다.

"이제 겨우 편안하고 즐거우렸더니,　　　　將安將樂
　도리어 날 이렇게 버리시누나."　　　　　棄我如遺

宋玉因其友見楚襄王, 襄王待之無以異. 乃讓其友.

友曰:「夫薑桂因地而生, 不因地而辛; 女因媒而嫁, 不因媒而親. 子之事王未耳, 何怨於我?」

宋玉曰:「不然. 昔者, 齊有狡兔, 盡一日而走五百里. 使之瞻見指注, 雖良狗猶不及狡兔之塵. 若攝纓而縱紲之. 瞻見指注與?」

詩曰:『將安將樂, 棄予作遺.』

【宋玉】戰國時代 楚나라 사람으로 屈原의 제자. 楚辭作家로 유명하다.
【楚襄王】楚나라·頃襄王. 재위 36년(B.C.298~263). 懷王의 아들이며 이름은 橫이다.
【詩曰】《詩經》小雅 谷風. 이 詩는 '친구를 원망하는 詩', 혹은 '버림받은 여인의 詩'라 한다.

참고 및 관련 자료

1. 본장의 내용은 《新序》와 비교하여 누락, 생략된 부분이 많다.

2. 《詩經》小雅 谷風

習習谷風, 維風及雨. 將恐將懼, 維予與女. 將安將樂, 女將棄予. 習習谷風, 維風及頹. 將恐將懼, 寘予于懷. 將安將樂, 棄予如遺. 習習谷風, 維山崔嵬. 無草不死, 無木不萎. 忘我大德, 思我小怨.

3. 《新序》雜事(五)

宋玉因其友以見於楚襄王, 襄王待之無以異. 宋玉讓其友. 其友曰:「夫薑桂因地而生, 不因地而辛; 婦人因媒而嫁, 不因媒而親. 子之事王未耳, 何怨於我?」宋玉曰:「不然. 昔者, 齊有良兔曰東郭㕙, 蓋一旦而走五百里, 於是齊有良狗曰韓盧, 亦一旦而走五百里, 使之遙見而指屬, 則雖韓盧不及眾兔之塵, 若感躓而縱緤, 則雖東郭㕙亦不能離. 今子之屬臣也, 躓迹而縱緤與? 遙見而指屬與? 詩曰:『將安將樂, 棄我如遺.』此之謂也.」其友人曰:「僕人有過, 僕人有過.」

4. 《藝文類聚》(89)

韓詩外傳曰: 宋玉因其友以見於楚襄王, 襄王待之無以異. 宋玉讓其友. 其友曰:「夫薑桂因地而生, 不因地而辛; 女因媒而嫁, 不因媒而親.」

5. 기타 참고자료

《太平御覽》(409, 977)·《北堂書鈔》(33)·《渚宮舊事》(3)

212(7-18) 宋燕相齊
선비는 쓰기 어렵구나

송연宋燕이란 자가 제齊나라의 재상으로 있다가 쫓겨나 집으로 돌아와서는 자기 문위門尉인 진요陳饒 등 스물여섯 명을 불러 놓고 이렇게 물었다.

"여러 대부들 중에 누가 능히 나와 함께 다른 제후의 나라로 가겠는가?"

이 질문에 진요 등은 모두 엎드려 있을 뿐 아무런 대꾸를 하지 않는 것이었다. 송연은 이렇게 탄식하였다.

"슬프도다! 어찌 선비는 얻기는 쉬운데 쓰기는 이리도 어려운고?"

그러자 진요가 나서서 이렇게 말하였다.

"그대께서는 쓸 줄을 모를 뿐입니다. 그대께서 쓸 줄을 모르시니 모두가 불평의 마음을 갖게 되는 것입니다. 이 까닭으로 자기에게서 잃고, 탓은 남에게 돌리는 것입니다."

송연이 물었다.

"자신에게서 잃고서 탓은 남에게 돌린다니 무슨 뜻이오?"

이에 진요는 이렇게 설명하였다.

"세 말의 곡식도 없어 선비들은 고생하는데 그대께서는 집에 기르는 오리에게 이를 주고도 남는 것이 있습니다. 이것이 그대가 잘못한 하나입니다. 또 과수원의 배와 밤들은 후궁의 여자들이 서로 던지며 노는 장난감처럼 여기고 있으나 우리 선비들은 일찍이 그 하나 얻어 먹어본 적이 없습니다. 이것이 두 번째의 잘못입니다. 그런가하면 훌륭한 비단이 집안에 널려 있어 바람에 닳아 낡아가고 있건만 선비들은 그를 가지고 옷 끝 가장자리하나 꿰매 입지 못하고 있습니다. 이것이 세 번째의 잘못입니다. 무릇 재물은 그대가 가벼이 여기는 바요, 목숨이란 선비들이 중하게 여기는 바입니다. 그대는 그대가 가벼이 여기는 바를 제대로 잘 쓰지 못하면서 우리 선비가 중히 여기는 바를 달라고 하시니 이는 비유컨대 납으로 만든 무른 칼을 준비해 놓고 그것이 간장검干將劍처럼 잘 들기를 바라는 것과 같으니 어찌 어렵지 않겠습니까?"

이 말에 송연은 부끄러운 기색을 하고 머뭇거리다가 자리를 피하며 이렇게 말하였다.

"이것이 바로 나의 과실이었구나."

《시詩》에는 이렇게 말하였다.

"누구는 좋은 술을 얻어먹는데	或以其酒
누구는 국물조차 맛도 못 보네."	不以其漿

宋燕相齊, 見逐罷歸之舍.
召門尉陳饒等二十六人曰:「諸大夫有能與我赴諸侯者乎?」
陳饒等皆伏而不對.
宋燕曰:「悲乎哉! 何士大夫易得而難用也?」
饒曰:「君弗能用也. 則有不平之心, 是失之己而責諸人也.」
宋燕曰:「夫失諸己而責諸人者何?」
陳饒曰:「三斗之稷, 不足於士, 而君鴈鶩有餘粟, 是君之一過也. 果園梨栗, 後宮婦人以相提擲, 士曾不得一嘗, 是君之二過也. 綾紈綺縠, 靡麗於堂, 從風而弊, 士曾不得以爲緣, 是君之三過也. 且夫財者, 君之所輕也; 死者, 士之所重也. 君不能行君之所輕, 而欲使士致其所重, 猶譬鉛刀畜之, 而干將用之, 不亦難乎?」

宋燕面有慙色, 逡巡避席曰:「是燕之過也.」

詩曰:『或以其酒, 不以其漿.』

【宋燕】人名. 管燕·宋衛·燕相 등 각 기록마다 그 이름이 다르다.
【門尉】守門長. 官職名. 문지기.
【陳饒】田饒로도 쓰인다. 陳氏는 齊나라에 들어와 田氏로 바꾸어 결국 陳氏와 田氏는 같은 성씨이다.
【干將劍】원래 吳나라 대장장이 干將과 莫邪 부부.《吳越春秋》참조.
【詩曰】《詩經》小雅 大東의 구절.

참고 및 관련 자료

1. 본 장은 다른 기록에 비해 누락, 탈락, 생략된 부분이 많다.

2.《詩經》小雅 大東(085)

3.《戰國策》齊策(四)

管燕得罪齊王, 謂其左右曰:「子孰而與我赴諸侯乎?」左右嘿然莫對. 管燕連然流涕曰:「悲夫! 士何其易得而難用也?」田需對曰:「士三食不得饜, 而君鵝鶩有餘食; 下宮寺羅紈, 曳綺縠, 而士不得以爲緣. 且財者君之所輕, 死者士之所重, 君不肯以所輕與士, 而責士以所重事君, 非士易得而難用也.」

4.《說苑》尊賢篇

宗衛相齊, 遇逐罷歸舍, 召門尉田饒等二十有七人而問焉, 曰:「士大夫誰能與我赴諸侯者乎?」田饒等皆伏而不對. 宗衛曰:「何士大夫之易得而難用也!」饒對曰:「非士大夫之難用也, 是君不能用也.」宗衛曰:「不能用士大夫何若?」田饒對曰:「廚中有臭肉, 則門下無死士. 今夫三升之稷不足於士; 而君鴈鶩有餘粟. 紈素綺繡靡麗, 堂楯從風雨弊, 而士曾不得以緣衣; 果園梨栗, 後宮婦人摭而相擿, 而士曾不得一嘗, 且夫財者, 君之所輕; 死者士之所重也, 君不能用所輕之財, 而欲使士致所重之死, 豈不難乎哉?」於是宗衛面有慚色, 逡巡避席而謝曰:「此衛之過也.」

5. 《新序》雜事(二)

昔者, 燕相得罪於君, 將出亡, 召門下諸大夫曰:「有能從我出者乎?」三問, 諸大夫莫對, 燕相曰:「嘻! 亦有士之不足養也.」大夫有進者曰:「亦有君之不能養士, 安有士之不足養者? 凶年饑歲, 士糟粕不厭, 而君之犬馬, 有餘穀粟; 隆冬烈寒, 士短褐不完, 四體不蔽, 而君之臺觀, 裨巾兼錦繡, 隨風飄飄而弊. 財者, 君之所輕; 死者, 士之所重也. 君不能施君之所輕, 而求得士之所重, 不亦難乎?」燕相遂慙, 遁逃不復敢見.

6. 기타 참고자료

《藝文類聚》(91)・《意林》(1)・《文選》〈別賦〉注,〈廣絶交論〉注,〈苦熱行〉注・《太平御覽》(719)・《群書治要》

213(7-19) 傳曰善爲政者
정치를 잘하는 자

이렇게 전해오고 있다.

정치를 잘 하는 자는 정성情性의 마땅함을 따르고 음양陰陽의 질서에 순응하며, 본말本末의 이치에 통순하게 하고 하늘과 사람 사이의 원리에 합당하게 한다. 이렇게 하면 천지가 만물을 잘 길러 모든 것이 풍요롭고 아름다워진다.

그러나 정치를 잘 모르는 자는 정욕이 본성을 누르게 하고, 음이 양을 타고 오르게 하며, 말末이 본本을 거역하게 하고, 사람이 하늘의 뜻을 어그러뜨리게 한다. 그리하여 그 기氣가 굽히면 일어설 수 없고 답답해도 풀 수가 없도록 만들어 버린다. 이렇게 하면 재해가 발생하고 괴이한 일이 생기며, 만물이 상해를 입어 곡식도 제대로 여물지 못한다.

이 까닭으로 움직이는 일마다 덕을 상하게 하고, 가만히 있으면 어떻게 구원을 해야 할지를 모르게 되니, 그럼으로써 느리게 나타나는 일에 대해서는 이를 알지 못한 채 계속하게 되고, 빠르게 나타나는 일에 대해서는 이를 알아채지 못한 채 날마다 이치에 거꾸로 나가면서 잘 다스려지기를 바란다.

《시詩》에는 이렇게 말하였다.

"하는 일마다 백성을 해치면서도　　　　　廢爲殘賊
무엇이 잘못인지 알지 못하네."　　　　　　莫知其尤

曰: 善爲政者, 循情性之宜, 順陰陽之序, 通本末之理, 合天人之際. 如是, 則天氣奉養, 而生物豐美矣. 不知爲政者, 使情厭性, 使陰乘陽, 使末逆本, 使人詭天, 氣鞠而不信, 鬱而不宜. 如是, 則災害生, 怪異起, 羣生皆傷, 而年穀不熟. 是以其動傷德, 其靜亡救. 故緩者事之, 急者弗知. 日反理而欲以爲治.

詩曰:『廢爲殘賊, 莫知其尤.』

【詩曰】《詩經》小雅 四月. 이 詩는 "此亦遭亂, 自傷之詩."―朱子(난을 당하여 그 슬픔을 애상한 것)라 하였다.

참고 및 관련 자료

1. 《詩經》小雅 四月

四月維夏, 六月徂暑. 先祖匪人, 胡寧忍予. 秋日淒淒, 百卉具腓. 亂離瘼矣, 爰其適歸. 冬日烈烈, 飄風發發. 民莫不穀, 我獨何害. 山有嘉卉, 侯栗侯梅. 廢爲殘賊, 莫知我尤. 相彼泉水, 載淸載濁. 我日構禍, 曷云能穀. 滔滔江漢, 南國之紀. 盡瘁以仕, 寧莫我有. 匪鶉匪鳶, 翰飛戾天. 匪鱣匪鮪, 潛逃于淵. 山有蕨薇, 隰有杞桋. 君子作歌, 維以告哀.

2. 기타 참고자료

《文選》何敬祖〈雜詩〉注

214(7-20) 魏文侯之時
찔레나무를 심어 놓고

위魏 문후文侯 때였다. 자질子質이라는 자가 벼슬을 하다가 죄를 얻어 그 곳을 떠나 북쪽 조趙나라 간주簡主에게 가서 이렇게 말하였다.
"이제부터는 내 다시는 사람에게 덕을 심지는 않겠소이다."
간주가 물었다.
"무슨 뜻입니까?"
자질은 이렇게 설명하였다.
"당상堂上 벼슬의 반은 내가 심어준 것이요, 조정의 대부 중에도 반은 내가 심어 놓은 선비들이며, 변방에 있는 사람 중에도 반은 역시 내가 심어준 사람들입니다. 그런데 지금 그 당상의 선비들은 나를 법대로 하겠다고 겁을 주고, 변방의 사람들은 나를 무력으로 협박하고 있습니다. 이 까닭으로 나는 다시는 사람에게는 덕을 심지 않겠다는 것입니다."
이 말에 간주는 이렇게 탄식하였다.
"아! 그대의 말은 잘못되었소. 무릇 봄에 복숭아 오얏나무를 심어 두면 여름에는 그 그늘의 혜택을 보고, 가을에는 그 과실을 따 먹을 수 있소. 그러나 봄에 찔레를 심게 되면 여름에 그 잎을 써 먹을 데가 없을뿐더러 가을이 되어도 그 가시밖에 얻을 것이 없소. 이로 말미암아 보건대 무엇을 심느냐에 달린 것일 뿐이오. 지금 그대가 심은 것은 훌륭한 사람이 아니오. 그러므로 군자는 먼저 선택한 후에 심는 법이라오."

《시詩》에는 이렇게 말하였다.

"큰 수레 뒤는 따르지 마소.　　　　　　無將大車
　그 먼지 몽땅 뒤집어쓰니."　　　　　　惟塵冥冥

魏文侯之時, 子質仕而獲罪焉.
去而北遊, 謂簡主曰:「從今已後, 吾不復樹德於人矣.」
簡主曰:「何以也?」
質曰:「吾所樹堂上之士半; 吾所樹朝廷之大夫半; 吾所樹邊境之人亦半. 今堂上之士惡我以法; 邊境之人劫我以兵. 是以不樹德於人也.」
簡主曰:「噫! 子之言過矣. 夫春樹桃李, 夏得陰其下, 秋得食其實. 春樹蒺藜, 夏不可採其葉, 秋得其刺焉. 由此觀之, 在所樹也. 今子所樹, 非其人也. 故君子先擇而後種也.」
詩曰:『無將大車, 惟塵冥冥.』

【魏文侯】戰國 초기 魏나라의 영명한 군주. 이름은 斯. 혹은 都. 재위 50년 (B.C.445~396)
【子質】인명. 다른 기록에는 陽虎의 일로 되어 있다.
【簡主】趙簡子를 말한다. 그러나 위문후가 즉위한 것은 조간자가 죽은 후 33년 뒤이므로 구체적으로 누구를 지칭하는지는 알 수 없다.
【今堂上之人】이 구절 다음에 "惡我於君, 朝廷之大夫" 아홉 글자가 삽입되어야 한다고 보기도 한다.(《太平御覽》)
【詩曰】《詩經》小雅 無將大車의 구절.《荀子》,《韓詩外傳》,《毛詩》등을 통해 보면 이 詩는 '소인들끼리 서로 어울리는 것을 탄식한 것'이라고 한다.(屈萬里)

참고 및 관련 자료

1. 《詩經》 小雅 無將大車

無將大車, 祇自塵兮. 無思百憂, 祇自疧兮. 無將大車, 維塵冥冥. 無思百憂, 不出于熲. 無將大車, 維塵雝兮. 無思百憂, 祇自重兮.

2. 《韓非子》 外儲說左下

陽虎去齊走趙, 簡主問曰: 「吾聞子善樹人.」 虎曰: 「臣居魯, 樹三人, 皆爲令尹; 及虎抵罪於魯, 皆搜索於虎也. 臣居齊薦三人, 一人得近王, 一人爲縣令, 一人爲候吏; 及臣得罪, 近王者不見臣, 縣令者迎臣執縛, 候吏者追臣至境上, 不及而止. 虎不善樹人.」 主俛而笑曰: 「夫樹柤梨橘柚者, 食之則甘, 樹枳棘者, 成而刺人, 故君子愼所樹.」

3. 《說苑》 復恩篇

陽虎得罪於衛, 北見簡子曰: 「自今以來, 不復樹人矣.」 簡子曰: 「何哉?」 陽虎對曰: 「夫堂上之人, 臣所樹者過半矣; 朝廷之吏, 臣所立者亦過半矣; 邊境之士, 臣所立者亦過半矣. 今夫堂上之人, 親却臣於君; 朝廷之吏, 親危臣於衆; 邊境之士, 親劫臣於兵.」 簡子曰: 「唯賢者爲能報恩, 不肖者不能. 夫樹桃李者, 夏得休息, 秋得食焉. 樹蒺藜者, 夏不得休息, 秋得其刺焉. 今子之所樹者, 蒺藜也, 自今以來, 擇人而樹, 毋已樹而擇之.」

4. 《藝文類聚》(86)

韓詩外傳曰: 子質事魏文侯, 獲罪而北遊, 謂簡主曰: 「吾所樹堂上之士半, 朝廷之大夫半, 邊境之人亦半. 今堂上之士惡我於君. 朝廷之士危我於法, 邊境之人劫我矣.」 簡主曰: 「夫春樹桃李, 夏得陰其下, 秋得食其實. 春樹蒺藜, 夏不得採其葉, 秋得其刺焉. 今子所樹, 非其人也.」

5. 기타 참고자료

《古類書》(敦煌寫本) 第一·《繹史》(87)·《齊民要術》(4)·《太平御覽》(632)

215(7-21) 正直者
모든 사람이 다 따라 나서면

    정직한 사람은 도에 순응하여 행동하고, 공평무사公平無私하게 하며, 편안함만을 위해 뜻을 제멋대로 하지 않으며, 위험을 모면한다고 격한 행동을 하지도 않는다.
    옛날 衛위 헌공獻公이 망명하였다가 돌아와 복귀해서는 교외에 이르러 자기를 따라 나와 고생하였던 자들에게 그 공으로 읍을 나누어 준 다음 궁으로 들어가려 하였다.
    그러자 태사太史인 유장柳莊이 이렇게 말하였다.
    "만약 한 사람도 임금을 따라나서지 않고 남아서 사직을 지키려 하였다면 누가 그 무거운 짐을 지고 따라왔겠으며, 또 모두가 다 따라 나섰다면 누가 남아서 사직을 지켰겠습니까? 임금께서는 귀국하면서 이제 사사로움을 베풀고자 하시니 이 어찌 잘못된 일이 아니겠습니까?"
    이 말에 임금은 그 일을 취소해 버렸다. 이렇게 보면 유장은 공정한 사람이다.

    正直者, 順道而行, 順理而言, 公平無私, 不爲安肆志, 不爲危易行.
    昔者, 衛獻公出走, 反國, 及郊, 將班邑於從者而後入.
    太史柳莊曰:「如皆守社稷, 則孰負羈繫而從? 如皆從, 則孰

守社稷? 君反國而有私也, 無乃不可乎?」
　於是不班也. 柳莊正矣.

【衛獻公】춘추시대 위나라 군주. 대부인 孫林父에게 齊나라로 축출당하였다가 돌아왔다. 재위는 축출 전의 B.C.576~559년, 복위 후의 B.C.546~544년이다.
【柳莊】인명.

참고 및 관련 자료

1. 《韓詩外傳今註今譯》에는 본 장과 다음 장을 하나로 연결하였다.
2. 《說苑》談叢篇
君子有終身之憂, 而無一朝之患, 順道而行, 循理而言, 喜不加易, 怒不加難.
3. 기타 참고자료
《太平御覽》(359, 429)·《北堂書鈔》(37)

216(7-22) 昔者衛大夫史魚病且死
죽음으로 간언한 사어

옛날 위衛나라 대부 사어史魚라는 사람이 병들어 장차 죽게 되었을 때 그 아들에게 이렇게 일렀다.

"내 자주 거백옥의 어짊을 얘기하였건만 끝내 그는 등용되지 못하였고, 미자하의 불초함을 말하였건만 역시 그를 물러나게 하지 못하였다. 남의 신하가 되어 살아서 어진 이를 천거하지 못하고, 불초한 자를 물리치지 못하였으니 죽어서 정당正堂에서의 치상을 받을 수 없다. 그러니 내 죽거든 방 안에 빈소를 차려라. 그것으로 족하다."

위군이 그를 정당에 모시지 않은 까닭을 묻자 그 아들은 아버지에게 들은 대로 임금에게 고하였다. 그러자 위군은 서둘러 거백옥을 불러 귀하게 높여 주었고, 미자하는 물러나게 한 다음, 그 시신을 정당으로 모시게 하여 예를 다한 후에 그 자리를 떠났다.

이처럼 사어는 살아서는 몸으로 간언을 하였고, 죽어서는 그 시신으로 간언을 하였으니 가히 곧은 이라고 말할 수 있다.

《시詩》에는 이렇게 말하였다.

"그대 자리를 잘 받들어	靖共爾位
공정하고 곧기를 좋아하도다."	好是正直

昔者, 衛大夫史魚病且死, 謂其子曰:「我數言蘧伯玉之賢, 而不能進; 彌子瑕不肖, 而不能退. 爲人臣, 生不能進賢而退不肖, 死不堂治喪正堂, 殯我於室, 足矣.」

衛君問其故, 子以父言聞. 君造然召蘧伯玉而貴之, 而退彌子瑕, 徒殯於正堂, 成禮而後去. 生以身諫, 死以尸諫, 可謂直矣.

詩曰:『靖共爾位, 好是正直.』

【史魚】 인명. 史鰌, 자는 子魚. 춘추시대 衛나라 대부.
【彌子瑕】 인명. 衛 靈公 때의 인물. 임금의 총애를 이용하여 '愛憎之變'의 고사를 남겼다.
【蘧伯玉】 春秋시대 衛나라의 대부. 이름은 瑗. 《論語》에 그 인물의 훌륭함을 칭찬한 기록이 보인다.
【詩曰】《詩經》 小雅 小明의 구절.

참고 및 관련 자료

1. 《詩經》 小雅 小明(109)

2. 《韓非子》 說難篇
昔者, 彌子瑕有寵於衛君. 衛國之法: 竊駕君車者罪刖. 彌子瑕母病, 人聞有夜告彌子, 彌子矯駕君車以出. 君聞而賢之, 曰:「孝哉! 爲母之故, 忘其犯刖罪.」異日, 與君遊於果園, 食桃而甘, 不盡, 以其半啗君. 君曰:「愛我哉! 忘其口味, 以啗寡人.」及彌子色衰愛弛, 得罪於君, 君曰:「是固嘗矯駕吾車, 又嘗啗我以餘桃.」故彌子之行未變於初也, 而以前之所以見賢而後獲罪者, 愛憎之變也.

3. 《新序》 雜事(一)
衛靈公之時, 蘧伯玉賢而不用, 彌子瑕不肖而任事. 衛大夫史鰌患之, 數以諫靈公而不聽. 史鰌病且死, 謂其子曰:「我即死, 治喪於北堂. 吾不能進蘧伯玉而退彌子瑕,

是不能正君也, 生不能正君者, 死不當成禮, 置尸於北堂, 於我足矣.」史鰌死, 靈公往弔, 見喪在北堂, 問其故? 其子以父言對靈公. 靈公蹴然易容, 寐然失位曰:「夫子生則欲進賢而退不肖, 死且不懈, 又以屍諫, 可謂忠而不衰矣.」於是乃召蘧伯玉, 而進之以爲卿, 退彌子瑕. 徙喪正堂, 成禮而後返, 衛國以治. 史鰌, 字子魚, 論語所謂「直哉! 史魚」者也.

4.《孔子家語》困誓篇

衛蘧伯玉賢而靈公不用, 彌子瑕不肖反任之, 史魚驟諫而不從, 史魚病將卒, 命其子曰:「吾在衛朝, 不能進蘧伯玉退彌子瑕, 是吾爲臣不能正君也. 生而不能正君, 則死無以成禮. 我死, 汝置屍牖下, 於我畢矣.」其子從之, 靈公弔焉, 怪而問焉, 其子以其父言告公. 公愕然失容曰:「是寡人之過也.」於是命之殯於客位, 進蘧伯玉而用之, 退彌子瑕而遠之. 孔子聞之:「古之列諫之者, 死則已矣, 未有若史魚死而屍諫, 忠感其君者也, 不可謂直乎?」

5.《說苑》雜言篇

彌子瑕愛於衛君, 衛國之法: 竊駕君車罪刖. 彌子瑕之母疾, 人聞, 夜往告之. 彌子瑕擅駕君車而出, 君聞之, 賢之曰:「孝哉! 爲母之故犯刖罪哉!」君遊果園, 彌子瑕食桃而甘, 不盡而奉君, 君曰:「愛我而忘其口味.」及彌子瑕色衰而愛弛, 得罪於君, 君曰:「是故嘗矯吾車, 又嘗食我以餘桃.」故子瑕之行未必變初也, 前見賢後獲罪者, 愛憎之生變也.

6.《史記》韓非子列傳

昔者, 彌子瑕見愛於衛君. 衛國之法, 竊駕君車者罪至刖. 旣而彌子之母病, 人聞, 往夜告之, 彌子矯駕君車而出. 君聞之而賢之曰:「孝哉, 爲母之故而犯刖罪!」與君游果園, 彌子食桃而甘, 不盡而奉君. 君曰:「愛我哉, 忘其口而念我!」及彌子色衰而愛弛, 得罪於君. 君曰:「是嘗矯駕吾車, 又嘗食我以其餘桃.」故彌子之行未變於初也, 前見賢而後獲罪者, 愛憎之至變也. 故有愛於主, 則知當而加親; 見憎於主, 則罪當而加疏. 故諫說之士不可不察愛憎之主而後說之矣.

7. 기타 참고자료

《文選》〈演連珠〉注,〈楊荊州誄〉注,〈齊故安陸昭王碑〉注・《後漢書》〈戴馮傳〉注,〈朱穆傳〉注,〈虞詡傳〉注・《藝文類聚》(24,《逸禮》)・《太平御覽》(363)・《冊府元龜》(548)

217(7-23) 孔子閑居
아랫사람의 도리

공자孔子가 한가히 있는데 자공子貢이 곁에 모시고 있다가 여쭈었다.
"청하여 여쭙건대 남의 아래에 처하는 도리는 어떠해야 합니까?"
이 질문에 공자는 이렇게 대답해 주었다.
"훌륭하도다! 너의 질문이여. 사람의 아래에 처하는 도는 마치 흙과 같을진저."
그런데 자공이 그 뜻을 깨닫지 못하자 공자는 다시 이렇게 설명해 주었다.
"무릇 흙이란 이를 파 들어가면 좋은 샘을 얻을 수 있고, 여기에 오곡五穀을 심을 수 있으며, 초목을 자라게 하고 조수어별鳥獸魚鼈을 다 길러 준다. 살아 있는 것은 세워 주고 죽은 것은 받아 주어 그 공이 많건만 말이 없어 두고두고 칭송을 받는다. 그러므로 능히 남의 아래가 되는 자는 오직 이런 흙과 같을진저!"
이에 자공은 이렇게 말하였다.
"저 사賜는 비록 민첩하지 못하나 이 말씀을 잘 섬기겠습니다."
《시詩》에는 이렇게 말하였다.

"예의에 어긋남 하나도 없네."　　　　　　　　式禮莫愆

孔子閒居, 子貢侍坐,「請問爲人下之道奈何?」

孔子曰:「善哉! 爾之問也. 爲人下, 其猶土乎!」

子貢未達, 孔子曰:「夫土者, 掘之得甘泉焉. 樹之得五穀焉. 草木植焉. 鳥獸魚鼈遂焉. 生則立焉, 死則入焉. 多功不言, 賞世不絕. 故曰: 能爲下者, 其惟土乎!」

子貢曰:「賜雖不敏, 請事斯語.」

詩曰:『式禮莫愆.』

【子貢】孔子의 제자 子賜. 端木賜.
【詩曰】《詩經》 小雅 楚茨의 구절.

참고 및 관련 자료

1. 《詩經》 小雅 楚茨(073)

2. 《荀子》 堯問篇
子貢問於公子曰:「賜爲人下而未知也.」孔子曰:「爲人下者乎? 其猶土也. 深抇之而得甘泉焉, 樹之而五穀蕃焉, 草木殖焉, 禽獸育焉, 生則立焉, 死則入焉. 多其功而不息. 爲人下者其猶土也.」

3. 《說苑》 臣術篇
子貢問孔子曰:「賜爲人下, 而未知所以爲人下之道也.」孔子曰:「爲人下者, 其猶土乎! 種之則五穀生焉, 掘之則甘泉出焉, 草木植焉, 禽獸育焉, 生人立焉, 死人入焉, 多其功而不言, 爲人下者, 其猶土乎!」

4. 《孔子家語》 困誓篇
子貢問於孔子曰:「賜旣爲人下矣, 而未知爲人下之道, 敢問之.」子曰:「爲人下者, 其猶土乎? 汨之之深, 則出泉; 樹其壤, 則百穀滋焉, 草木植焉, 禽獸育焉, 生則出焉, 死則入焉, 多其功而不意, 恢其志而無不容, 爲人下者, 以此也.」

5. 《孔子集語》交道篇

韓詩外傳七: 孔子閒居, 子貢侍坐,「請問爲人下之道奈何?」孔子曰:「善哉! 爾之問也! 爲人下, 其猶土乎?」子貢未達, 孔子曰:「夫土者, 掘之得甘泉焉, 樹之得五穀焉, 草木植焉, 鳥獸魚鼈遂焉; 生則立焉, 死則入焉; 多功不言, 賞世不絕, 故曰: 能爲下者, 其惟土乎?」子貢曰:「賜雖不敏, 請事斯語.」

218(7-24) 傳曰南假子過程本
군자는 사모의 대상일 뿐

이렇게 전해오고 있다. 남가자南假子가 정본자程本子의 집을 방문하자 정본자는 그를 위해 뱀장어 요리를 해 주었다. 남가자가 이를 보고 물었다.

"듣건대 군자는 뱀장어를 먹지 않는다면서요?"

이에 정본자는 이렇게 말하였다.

"이야말로 군자가 먹는 음식이오. 그렇지 않다면 내 어찌 함께 먹자고 하겠소?"

그러자 남가자는 이렇게 말하였다.

"무릇 사람들이 고상한 것을 비유하는 것은 그처럼 덕을 널리 베풀겠나는 뜻을 두고 있기 때문이오, 반대로 낮은 이에게 비유하는 것은 행동이 좁다는 뜻을 그렇게 나타내는 것입니다. 또 선한 것을 비유하는 것은 스스로 그 단계를 밟아 오르겠다는 뜻이며, 악한 것을 비유하는 것은 스스로 그로부터 물러서겠다는 뜻입니다.

또 《시詩》에 이렇게 말하지 않았습니까?

'높은 산은 우러러보게 되고　　　　高山仰止
좋은 행동은 따라야 하지.'　　　　景行行止

그러니 어찌 나를 군자에 비유할 수 있겠습니까? 뜻으로 그렇게 되기를 사모할 따름일 뿐이지요."

傳曰: 南假子過程本, 本爲之烹鱣魚.

南假子曰:「聞君子不食鱣魚.」

本子曰:「此乃君子食也, 我何與焉?」

假子曰:「夫高比, 所以廣德也, 下比, 所以狹行也; 比於善者, 自進之階, 比於惡者, 自退之原也. 且詩不云乎!『高山仰止, 景行行止.』吾豈自比君子哉? 志慕之而已矣.」

【南假子】인명. 자세한 사적은 알 수 없다.《說苑》에는 '南瑕子'로 되어 있다.
【程本子】程本, 春秋시대 晉나라 사람. 호를 程子라 하였으며 뒤에 子華子로 바꾸었다. 저서에《子華子》가 있다.
【詩不云乎】《詩經》小雅 車舝의 구절. 이 詩는 "此燕樂其新婚之詩"(신혼의 燕樂에 쓰이는 것)라 한다.

참고 및 관련 자료

1.《詩經》小雅(車舝)

間關車之舝兮, 思變季女逝兮. 匪飢匪渴, 德音來括. 雖無好友, 式燕且喜. 依彼平林, 有集維鷮. 辰彼碩女, 令德來教. 式燕且譽, 好爾無射. 雖無旨酒, 式飮庶幾. 雖無嘉殽, 式食庶幾. 雖無德與女, 式歌且舞. 陟彼高岡, 析其柞薪. 析其柞薪, 其葉湑兮. 鮮我覯爾, 我心寫兮. 高山仰止, 景行行止. 四牡騑騑, 六轡如琴. 覯爾新昏, 以慰委心.

2.《說苑》雜言篇

昔者, 南瑕子過程太子, 太子爲烹鯢魚. 南瑕子曰:「吾聞君子不食鯢魚.」程太子曰:「乃君子否? 子何事焉?」南瑕子曰:「吾聞君子上比所以廣德也, 下比所以狹行也, 於惡自退之原也. 詩云:『高山仰止, 景行行止.』吾豈敢自以爲君子哉? 志向之而已.」孔子曰:『見賢思齊焉, 見不賢而内自省.』

219(7-25)　子貢問大臣
어진 이를 추천할 줄 아는 자

자공子貢이 훌륭한 신하에 대하여 묻자 공자孔子는 이렇게 말하였다.
"제齊나라에는 포숙鮑叔, 정鄭나라에는 자피子皮 같은 이가 있었지."
그러자 자공은 이의를 달고 나왔다.
"아닙니다. 제나라의 관중管仲, 정나라의 동리자산東里子産이겠지요."
공자가 다시 설명하였다.
"자산은 남을 추천하는데 뛰어났던 인물이지."
"그렇다면 어진 이를 추천하는 것이 어진 이보다 더 어질다는 말씀입니까?"
이 질문에 공자는 이렇게 대답하였다.
"어진 이를 알아볼 수 있는 것은 지智이며, 어진 이를 추천하는 것은 인仁이며, 어진 이를 끌어들이는 것은 의義이다. 이 세 가지를 갖추었다면 그밖에 다시 무엇이 더 있어야 한다는 말이냐?"

子貢問大臣. 子曰:「齊有鮑叔, 鄭有子皮.」
子貢曰:「否. 齊有管仲, 鄭有東里子産.」
孔子曰:「産薦也.」
子貢曰:「然則薦賢賢於賢.」
曰:「知賢, 智也; 推賢, 仁也; 引賢, 義也. 有此三者, 又何加焉?」

管仲(管夷吾) 《三才圖會》

【子貢】端木賜, 子賜. 孔子의 제자.
【鮑叔】管仲을 桓公에게 추천한 春秋 초기의 인물.
【子皮】罕虎. 春秋時代 鄭나라 公孫舍의 아들로 子産을 추천한 인물.
【管仲】鮑叔에 의해 桓公에게 추천되어 환공을 春秋五霸의 수령으로 키운 인물.
【東里子産】春秋時代 鄭나라의 유명한 大夫. 이름은 公孫僑, 자는 子産. 東里라는 곳에 살았다. 定公·獻公·聲公을 섬겼다.

참고 및 관련 자료

1. 《說苑》 臣術篇

子貢問孔子曰:「今之人臣孰爲賢?」孔子曰:「吾未識也, 往者齊有鮑叔, 鄭有子皮, 賢者也.」子貢曰:「然則齊無筦仲, 鄭無子産乎?」子曰:「賜, 汝徒知其一, 不知其二, 汝聞進賢爲賢耶? 用力爲賢耶?」子貢曰:「進賢爲賢.」子曰:「然, 吾聞鮑叔之進筦仲也, 聞子皮之進子産也, 未聞筦仲子産有所進也.」

2. 《孔子家語》賢君篇

子貢問於孔子曰:「今之人臣孰爲賢?」子曰:「吾未識也. 往者齊有鮑叔, 鄭有子皮, 則賢者矣.」子貢曰:「齊無管仲? 鄭無子產?」子曰:「賜! 汝徒知其一, 未知其二也. 汝聞用力爲賢乎? 進賢爲賢乎?」子貢曰:「進賢賢哉!」子曰:「然! 吾聞鮑叔達管仲, 子皮達子產, 未聞二子之達賢己之才者也.」

3. 《孔子集語》臣術篇

韓詩外傳七: 子貢問大臣, 子曰:「齊有鮑叔, 鄭有子皮.」子貢曰:「否. 齊有管仲, 鄭有東里子產.」孔子曰:「產薦也.」子貢曰:「然則薦賢賢於賢.」曰:「知賢, 智也; 推賢, 仁也; 引賢, 義也. 有此三者, 又何加焉?」

4. 기타 참고자료

《新論》(劉晝) 薦賢篇

220(7-26) 孔子遊於景山之上
세 사람의 희망 사항

공자孔子가 경산景山에 올라 놀 때 자로子路, 자공子貢, 안연顔淵도 함께 따라 갔었다. 공자가 이렇게 말하였다.

"군자는 높은 곳에 오르면 반드시 부賦를 지어 그 느낌을 나타내어 보는 법이다. 너희들이 원하는 것이 무엇인지 그 원하는 것을 말로 표현해 보아라. 내丘가 장차 깨우쳐 주마."

자로가 먼저 나섰다.

"유由는 긴 창을 들고 삼군을 휘젓고 다니되, 젖먹이는 어미 호랑이가 뒤에 있고, 적군이 앞에서 밀려온다 해도 벌레처럼 뛰고 용처럼 분격하여 나가서 싸우고 있는 두 나라의 환난을 해결해 주고 싶습니다."

이 말에 공자는

"용사勇士로다!"

라 하였다. 이번에는 자공이 이렇게 말하였다.

"두 나라가 맞붙어 장사들이 진을 치고, 먼지가 하늘을 뒤덮을 때 저 사賜는 한 자짜리 무기도, 한 말의 양식도 없이 중재를 하여 두 나라의 환난을 풀어 주고 싶습니다. 내 의견을 듣는 나라는 살 것이요, 내 의견을 듣지 않는 나라는 망할 것입니다."

이에 공자는 이렇게 말하였다.

"변사辯士로다!"

그런데 안회顔回는 소원을 말하려 하지 않는 것이었다. 공자가

"회回야. 너는 어찌 소원을 말하지 않느냐?"

라고 묻자 안연은 그제야 이렇게 말하였다.

"두 사람이 이미 말을 하였으니 저는 감히 바라는 것이 없습니다."

공자는 이에 이렇게 말하였다.

"뜻이 다르다. 각각 하고 싶은 바가 있는 것이다. 회야, 너도 원하는 바를 말해 보렴. 내 너에게 깨우쳐 주마."

그러자 안연이 입을 열었다.

"원컨대 작은 나라의 재상이 되어 임금은 도道로써 백성을 통제하고, 저는 덕으로써 교화하여 군신은 한마음, 내외가 서로 상응토록 하겠습니다. 그러면 열국列國 제후諸侯들이 바람에 풀이 눕듯이 따르지 않는 자가 없겠지요. 그리하여 힘 있는 자는 스스로 나서고, 늙은 자는 부축하여 나오며, 교화는 백성에게 행해지고, 덕은 사만四蠻에까지 베풀어져서 무기를 버리지 않는 자가 없도록 하며, 그 나라 사방 문에 폭주輻輳해 오도록 하였으면 좋겠습니다. 그래서 천하가 모두 영원한 안녕을 얻어 온갖 곤충들조차 각각 타고난 자기 성품을 즐기며, 어진 이를 추천하고 능력 있는 자를 부려 각각 그 일을 맡기는 것입니다. 그렇게 되면 임금은 그 윗자리에서 편안하고 신하는 그 아래에서 화목하여 팔짱을 끼고 아무런 작위가 없어도, 움직이면 그것이 도에 맞고 조용히 있으면 그대로 예에 맞을 것입니다. 인의를 말하는 자에게 상을 내리고, 전쟁과 싸움을 말하는 자에게는 죽음을 내리면 어찌 자로由가 나가 구할 일이 있겠으며, 자공賜이 나서서 해결할 일이 있겠습니까?"

이 말에 공자는 이렇게 평하였다.

"성사聖士로다. 대인이 나타나니 소인이 숨고, 성자가 일어서니 현자가 엎드리는구나. 안회가 정치를 맡는다면 자로나 자공의 능력은 어디 써먹을 데가 있겠는가?"

《시詩》에는 이렇게 말하였다.

"펄펄 날리는 저 눈비도　　　　　　雨雪瀌瀌
볕만 나면 녹아들지."　　　　　　　見晛日消

孔子遊於景山之上, 子路・子貢・顏淵從.

孔子曰:「君子登高必賦. 小子願者何? 言其願, 丘將啓汝.」

子路曰:「由願奮長戟, 盪三軍, 乳虎在後, 仇敵在前, 蠡躍蛟奮, 進救兩國之患.」

孔子曰:「勇士哉!」

子貢曰:「兩國搆難, 壯士列陣, 塵埃漲天, 賜不持一尺之兵, 一斗之糧, 解兩國之難. 用賜者存, 不用賜者亡.」

孔子曰:「辯士哉!」

顏回不願. 孔子曰:「回何不願?」

顏淵曰:「二子已願, 故不敢願.」

孔子曰:「不同意. 各有事焉. 回其願, 丘將啓汝.」

顏淵曰:「願得小國而相之, 主以道制, 臣以德化. 君臣同心, 外內相應. 列國諸侯, 莫不從義嚮風. 壯者趨而進, 老者扶而至, 教行乎百姓, 德施乎四蠻, 莫不釋兵, 輻輳乎四門, 天下咸獲永寧, 蝗飛蠕動, 各樂其性. 進賢使能, 各任其事. 於是君綏於上, 臣和於下, 垂拱無爲, 動作中道, 從容得禮. 言仁義者賞, 言戰鬬者死. 則由何進而救? 賜何難之解?」

孔子曰:「聖士哉! 大人出, 小子匿; 聖者起, 賢者伏. 回與執政, 則由賜焉施其能哉?」

詩曰:『雨雪瀌瀌, 見晛曰消.』

【景山】구체적으로는 알 수 없으나 다른 기록에는 農山, 戎山 등으로도 되어 있다.
【子路】공자의 제자 仲由.
【子貢】端木賜.
【顏淵】顏回.
【詩曰】《詩經》小雅 角弓의 구절.

참고 및 관련 자료

1. 이는 본 《韓詩外傳》 卷九 「游於戎山之上」의 내용과 관련이 있는 듯하다.
2. 《詩經》 小雅 角弓(119)
3. 《說苑》 指武篇

孔子北遊, 東上農山, 子路·子貢·顏淵從焉. 孔子喟然歎曰:「登高望下, 使人心悲, 二三子者, 各言爾志. 丘將聽之.」子路曰:「願得白羽若月, 赤羽若日, 鍾鼓之音上聞乎天, 旌旗翩翩, 下蟠於地. 由且舉兵而擊之, 必也攘地千里, 獨由能耳. 使夫二子爲我從焉.」孔子曰:「勇哉士乎! 憤憤者乎!」子貢曰:「賜也, 願齊楚合戰於莽洋之野, 兩壘相當, 旌旗相望, 塵埃相接, 接戰搆兵, 賜願著縞衣白冠, 陳說白刃之間, 解兩國之患, 獨賜能耳. 使夫二子者爲我從焉.」孔子曰:「辯哉士乎! 僊僊者乎!」顏淵獨不言. 孔子曰:「回! 來! 若獨何不願乎?」顏淵曰:「文武之事, 二子已言之, 回何敢與焉!」孔子曰:「若鄙, 心不與焉, 第言之!」顏淵曰:「回聞鮑魚蘭芷不同篋而藏, 堯舜桀紂不同國而治, 二子之言與回言異. 回願得明王聖主而相之, 使城郭不脩, 溝池不越, 鍛劍戟以爲農器, 使天下千歲無戰鬪之患, 如此則由何憤憤而擊, 賜又何僊僊而使乎?」孔子曰:「美哉德乎! 姚姚者乎!」子路舉手問曰:「願聞夫子之意.」孔子曰:「吾所願者, 顏氏之計, 吾願負衣冠而從顏氏子也.」

4. 《孔子家語》 致思篇

孔子北遊於農山, 子路·子貢·顏淵侍側, 孔子四望, 喟然而歎曰:「斯致思, 無所不至矣. 二三子, 各言爾志, 吾將擇焉.」子路進曰:「由願得白羽若月, 赤羽若日, 鐘鼓之音, 上震於天; 旌旗繽紛, 下蟠于地, 由當一隊而敵之, 必也攘地千里, 搴旗執馘. 唯由能之, 使二子者從我焉.」夫子曰:「勇哉!」子貢復進曰:「賜願使齊楚, 合戰於漭瀁之野, 兩壘相望, 塵埃相接, 挺刃交兵, 賜著縞衣白冠, 陳說其間, 推論利害, 釋國之患, 唯賜能之. 使夫二子者從我焉.」夫子曰:「辯哉!」顏回退而不對. 孔子曰:「回! 來, 汝奚獨無願乎?」顏回對曰:「文武之事, 則二子者卽言之矣, 回何云焉?」孔子曰:「雖然, 各言爾志也. 小子言之.」對曰:「回聞薰蕕不同器而藏, 堯桀不共國而治, 以其類異也. 回願得明王聖主輔相之, 敷其五敎, 導之以禮樂, 使民城郭不修, 溝池不越, 鑄劍戟以爲農器, 放牛馬於原藪, 室家無離曠之思, 千歲無戰鬪之患, 則由無所施其勇, 而賜無所用其辯矣.」夫子凜然曰:「美哉德也!」子路抗手而對曰:「夫子何選焉?」孔子曰:「不傷財, 不害民, 不繁詞, 則顏氏之子有矣.」

5. 《孔子集語》論人篇

韓詩外傳七: 孔子游於景山之上, 子路・子貢・顏淵從. 孔子曰:「君子登高必賦, 小子願者何? 言其願, 丘將啓汝.」子路曰:「由願奮長戟, 盪三軍, 乳虎在後, 仇敵在前, 蠢躍蛟奮, 進救兩國之患.」孔子曰:「勇士哉!」子貢曰:「兩國構難, 壯士列陣, 塵埃漲天, 賜不持一尺之兵, 一斗之糧, 解兩國之難, 用賜者存, 不用賜者亡.」孔子曰:「辯士哉!」顏回不願, 孔子曰:「回何不願?」顏淵曰:「二子已願, 故不敢願.」孔子曰:「不同意, 各有事焉, 回其願, 丘將啓汝.」顏淵曰:「願得小國而相之, 主以道制, 臣以德化, 君臣同心, 外內相應, 列國諸侯莫不從義嚮風, 壯者趨而進, 老者扶而至, 教行乎百姓, 德施乎四蠻, 莫不釋兵, 輻輳乎四門, 天下咸獲永寧, 蟬飛蠕動, 各樂其性, 進賢使能, 各任其事, 於是君綏於上, 臣和於下, 垂拱無爲, 動作中道, 從容得禮, 言仁義者賞, 言戰鬪者死, 則由何進而救, 賜何難之解.」孔子曰:「聖士哉! 大人出, 小子匿, 聖者起, 賢者伏. 回與執政, 則由賜焉施其能哉!」

6. 기타 참고자료

《太平御覽》(436)・《類說》(38)・《說郛》(7)

221(7-27) 昔者孔子鼓瑟
공자의 거문고 연주에 담긴 뜻

　옛날 공자孔子가 슬瑟을 타고 있었는데 증자曾子와 자공子貢이 문에 기대어 듣고 있다가 곡이 다 끝나자 증자가 이렇게 말하였다.
　"아! 선생님의 거문고 소리는 거의 탐랑貪狼한 뜻과 사벽邪僻한 행위의 느낌이 있구나. 어찌 그리 어질지 못하며 이익을 쫓아가기가 그리 심한고?"
　자공도 그렇다고 여겼으나 대답은 아니 하고 안으로 들어갔다. 선생님이 보니 자공이 무엇인가 과실을 충간하고자 하나 어찌해야 좋을지 모르는 모습이기에 거문고를 놓고 기다렸다. 이윽고 자공이 증자가 한 말을 고하자 공자는 이렇게 감탄하였다.
　"아! 증삼曾參은 천하의 현인이로다. 음을 그렇게도 익히 알고 있구나! 방금 내가 탄 곡조는 쥐가 나와서 놀며 이리가 그 집에 나타나 대들보를 따라 살금살금 움직이다가 갑자기 사라지는 모습이었다. 그 모습이 눈을 증오스럽게 뜨고 등을 굽혀 무엇인가를 찾아도 얻지 못하는 그런 형상이었다. 그래서 내가 타는 소리가 그렇게 좋지 못하였던 것이다. 그런데 증삼이 나를 탐랑하고 사벽하다고 하였으니 이 어찌 딱 맞춘 것이 아니겠는가?"
　《시詩》에는 이렇게 말하였다.

"집안에서 나는 음악소리건만　　　　　　　鼓鍾于宮
　그 소리 밖에까지 들려 나오네."　　　　　聲聞于外

昔者, 孔子鼓瑟, 曾子·子貢側門而聽.

曲終, 曾子曰:「嗟乎! 夫子瑟聲殆有貪狼之志, 邪僻之行, 何其不仁, 趨利之甚?」

子貢以爲然. 不對而入.

夫子望見子貢有諫過之色, 應難之狀, 釋瑟而待之. 子貢以曾子之言告.

子曰:「嗟乎! 夫參, 天下賢人也. 其習知音矣! 鄉者, 丘鼓瑟, 有鼠出游, 狸見屬屋, 循梁微行. 造焉而避. 厭目曲脊, 逆色獲而不得, 丘以瑟爲其音. 參以丘爲貪狼邪僻, 不亦宜乎!」

詩曰:『鼓鐘于宮, 聲聞于外.』

【曾子】曾參.
【子貢】端木賜.
【詩曰】《詩經》小雅 白華의 구절.

參考 및 관련 자료

1. 《詩經》 小雅 白華(130)

2. 《孔叢子》 卷上

孔子晝息于室, 而鼓琴焉. 閔子自外聞之, 以告曾子曰:「嚮也, 夫子之音清徹, 以和淪入至道. 今也更爲幽沉之聲. 幽則利欲之所爲發, 沉則貪得之所爲施. 夫子何所之感, 若是乎? 吾從子入而問焉?」曾子曰:「諾!」二子入問夫子. 夫子曰:「然. 女言是也. 吾有之向見, 猫方取鼠. 欲其得之. 故爲之音也. 女二人者, 孰識諸?」曾子對曰:「閔子.」夫子曰:「可與聽音矣.」

3. 《孔子集語》 六藝(上)

韓詩外傳七: 昔者, 孔子鼓瑟, 曾子·子貢側門而聽, 曲終, 曾子曰:「嗟乎! 夫子瑟聲殆有貪狼之志, 邪僻之行, 何其不仁, 趨利之甚.」子貢以爲然, 不對而入. 夫子望見

子貢有諫過之色, 應難之狀, 釋瑟而待之, 子貢以曾子之言告. 子曰:「嗟乎! 夫參, 天下賢人也, 其習知音矣! 鄕者, 丘鼓瑟, 有鼠出游, 狸見屬屋, 循梁微行, 造焉而避, 厭目曲脊, 逆色獲而不得, 丘以瑟爲其音, 參以丘爲貪狼邪僻, 不亦宜乎!」

4. 기타 참고자료

《北堂書鈔》(109)・《類說》(38)

222(7-28) 夫爲人父者
아버지로서의 의무

무릇 아버지가 된 자는 반드시 인자한 사랑을 품고 그 자식을 기르며, 어루만져 주고 먹여 주고 입혀 주어 그 몸이 온전히 커 나가도록 해야 한다. 그리고 그 자식이 앎이 있기 시작하면 반드시 엄격한 태도와 바른 말로 이를 앞서 인도하며, 그가 속발束髮하게 되면 훌륭한 선생님을 모셔 그 기능을 이루도록 하며, 열아홉 살이 되어 뜻이 보이면 손님을 불러 놓고 관례冠禮를 치러 죽더라도 자기 뜻을 족히 지켜 나갈 수 있도록 한다.

혈기가 맑고 안정되었을 때가 되면 그를 장가들여 가정을 정해 주며, 믿고 따라 삶에 의혹이 없도록 해 준다. 이미 관례까지 치른 아들에게는 말참견을 하지 않는 법이며, 속발을 지낸 아들은 매를 대지 않는 법이다. 그런 아들의 간언은 미약하다 할지라도 들어주어 더 이상 걱정을 하지 않도록 해 주어야 하는 것이니 이것이 곧 아비 된 자의 도리이다.

《시詩》에는 이렇게 말하였다.

"아버님이여 날 낳으시고	父兮生我
어머님이여 날 기르셨네.	母兮鞠我
쓰다듬고 먹여 주시고	拊我畜我
키우시고 길러 내고	長我育我
돌아보고 받아 주고	顧我復我
드나들며 안아 주셨네."	出入腹我

爲人父者, 必懷慈仁之愛, 以畜養其子. 撫循飮食, 以全其身. 及其有識也, 必嚴居正言, 以先導之; 及其束髮也, 授明師以成其技. 十九見正, 請賓冠之. 足以死其意; 血脈澄靜, 娉內以定之. 信承親授, 無有所疑. 冠子不言, 髮子不笞. 聽其微諫, 無令憂之. 此爲人父之道也.

詩曰:『父兮生我, 母兮鞠我. 拊我畜我, 長我育我. 顧我復我, 出入腹我.』

【束髮】 어린 시절에 머리를 묶는 것.
【冠】 成人式. 《禮記》 曲禮(上)에 "人生十年曰幼, 二十曰弱, 冠. 三十曰壯, 有室. 四十曰強而仕"라 하였다.
【詩曰】 《詩經》 小雅 蓼莪의 구절. 이 詩는 '효자가 그 어버이를 끝까지 모시지 못함을 안타까이 여기는 내용'이라 한다.(詩序)

참고 및 관련 자료

1. 《詩經》 小雅 蓼莪

蓼蓼者莪, 匪莪伊蒿. 哀哀父母, 生我劬勞. 蓼蓼者莪, 匪莪伊蔚. 哀哀父母, 生我勞瘁. 缾之罄矣, 維罍之恥. 鮮民之生, 不如死之久矣. 無父何怙, 無母何恃. 出則銜恤, 入則靡至. 父兮生我, 母兮鞠我. 拊我畜我, 長我育我. 顧我復我, 出入腹我. 欲報之德, 昊天罔極. 南山烈烈, 飄風發發. 民莫不穀, 我獨何害. 南山律律, 飄風弗弗. 民莫不穀, 我獨不卒.

2. 기타 참고자료

《文選》〈洞簫賦〉注

임동석(茁浦 林東錫)

慶北 榮州 上茁에서 출생. 忠北 丹陽 德尙골에서 성장. 丹陽初中 졸업. 京東高 서울 敎大 國際大 建國大 대학원 졸업. 雨田 辛鎬烈 선생에게 漢學 배움. 臺灣 國立臺灣師 範大學 國文硏究所(大學院) 博士班 졸업. 中華民國 國家文學博士(1983). 建國大學校 敎授. 文科大學長 역임. 成均館大 延世大 高麗大 外國語大 서울대 등 大學院 강의. 韓國中國言語學會 中國語文學硏究會 韓國中語中文學會 會長 역임. 저서에 《朝鮮譯 學考》(中文)《中國學術槪論》《中韓對比語文論》. 편역서에 《수레를 밀기 위해 내린 사람들》《栗谷先生詩文選》. 역서에 《漢語音韻學講義》《廣開土王碑硏究》《東北民族 源流》《龍鳳文化源流》《論語心得》〈漢語雙聲疊韻硏究〉 등 학술 논문 50여 편.

임동석중국사상100

한시외전 韓詩外傳

韓嬰 撰 / 林東錫 譯註

1판 1쇄 발행/2009년 12월 12일
2쇄 발행/2013년 9월 1일
발행인 고정일
발행처 동서문화사
창업 1956. 12. 12. 등록 16-3799
서울강남구신사동563-10 ☎546-0331~6 (FAX)545-0331
www.dongsuhbook.com
잘못 만들어진 책은 바꾸어 드립니다.

*

이 책의 출판권은 동서문화사가 소유합니다.
의장권 제호권 편집권은 저작권 법에 의해 보호를 받는 출판물이므로 무단전재와 무단복제를 금합니다.
이 책의 일부 또는 전부 이용하려면 저자와 출판사의 서면허락을 받아야 합니다.

*

사업자등록번호 211-87-75330
ISBN 978-89-497-0584-2   04080
ISBN 978-89-497-0542-2   (세트)